U0799319

法律和社会科学

LAW AND SOCIAL SCIENCES

第15卷 第2辑（2016） 苏力 主编 贺欣 执行主编

法律出版社
LAW PRESS·CHINA

法律和社会科学　第15卷第2辑（2016）

主　　编：苏　力（北京大学法学院）
副 主 编：侯　猛（北京大学法学院）
　　　　　贺　欣（香港城市大学法律学院）
本卷执行主编：贺　欣（香港城市大学法律学院）

编辑委员会：
艾佳慧（南京大学法学院）
陈若英（北京大学法学院）
邓　峰（北京大学法学院）
胡　凌（上海财经大学法学院）
凌　斌（北京大学法学院）
刘思达（多伦多大学社会学系）
汪庆华（中国政法大学法学院）
尤陈俊（中国人民大学法学院）
赵旭东（中国人民大学人类学研究所）
张芝梅（中国社会科学院社会学研究所）
缪因知（中央财经大学法学院）
陈柏峰（中南财经政法大学法学院）
成　凡（华中科技大学法学院）
高丙中（北京大学社会学系）
李学尧（上海交通大学法学院）
强世功（北京大学法学院）
桑本谦（中国海洋大学法政学院）
唐应茂（北京大学法学院）
王启梁（云南大学法学院）
赵晓力（清华大学法学院）
张永和（西南政法大学行政法学院）
朱晓阳（北京大学社会学系）

学生编辑：邱遥堃　肖炜霖

投稿信箱：lss_2006@yeah.net
本刊微信号：LSS_2014
主办单位：北京大学比较法和法律社会学研究所

本卷各篇文章中的观点均属于作者个人，
并不必然反映主办单位或其他机构、个人的观点。

法律和社会科学　　第 15 卷第 2 辑(2016)

目　录

“司法制度与文学叙事”

对 话

LAW AND SOCIAL SCIENCES

Volume 15 Number 2 2016

Contents

Symposium on Judicial Reform and Literature Narrative

Comments

Dialogues

《法律和社会科学》(2016)
第15卷第2辑,第1~21页

解析最高人民法院:中国最高人民法院研究的方法论评述

张泰苏*

摘要:现有对中国最高人民法院的研究可以分为三类:一是采用自上而下与相对形式主义进路的关注法院的形式权力与限制的研究;二是关注最高人民法院日常运行的更微观导向且现实主义的研究;三是分析最高人民法院行为趋势与动机的研究。这些研究都缺乏严格的更个人主义的政治经济学模型,因此,缺乏一个不仅对最高人民法院本身,也对它与之互动的外部政治实体有说服力的行为解释。改进的方法也就是,把研究方法从总体制度层面“下降”到制度分析与个人层面,传记和建模的结合,建立最高人民法院法官的行为模型。

---

* 耶鲁大学法学院副教授,电子信箱:taisu.zhang@yale.edu。原文为英文,邱遥堃译。本文的主要内容曾在最高人民法院“中国应用大讲堂(第六期)”上做过主题演讲,笔者感谢蒋惠玲、胡伟新、黄斌等法官的评议。本文如无特别修饰或说明,“法院”均指“最高人民法院”。

导　论

中华人民共和国最高人民法院(以下简称最高法院)尽管被正式称为法院,却是一个混合裁判、行政与立法功能的机构。[①] 它是中国最高级别的法院,享有法律案件的终审权力。同时,它也是中国法院系统的中央管理者,尽管不是唯一的管理者,监督下级法院的制度结构、薪酬模型和人事。最后,它在中央立法中扮演着有限但重要的角色,享有一系列只能被描述为"立法权"的权力。所有这些功能的基础是这样的基本事实:最高法院就像中国的任何其他法院一样,本质上是一个政治实体。不论在理论上还是实际上都会被纳入政党—国家的体制,最终受其监督和管理。

或许是因为它的混合性,对最高法院的学术研究,在研究重点、方法论和结论上都有显著差异:十分常见的是,学者们专注于法院的半政治性质,并以此作为中国缺乏"法治"的例子,而无论如何定义并评估"法治"的概念。[②] 采取自上而下的视角,就基本能够看到法院在政

---

① 最系统的考察还是 Susan Finder, *The* Supreme People's Court *of the People's Republic of China*, 7 J. Chinese L. 145 (1993)。这几年来有一些更新:例如, Randall Peerenboom, China's Long March toward Rule of Law 280 - 330 (2002); Benjamin L. Liebman, *China's Courts: Restricted Reform*, 191 CHINA Q. 620 (2007); Fu Yulin, *Functions of the Supreme People's Court in Transition*, 3 Peking Univ. L. J. 299 (2015)。

② 例如, Stanley Lubman, Bird in a Cage: Legal Reform in China after Mao (1999); Jerome Alan Cohen, *The Chinese Communist Party and "Judicial Independence"*: 1949 - 1959, 82 HARV. L. REV. 967 (1969); He Weifang, *Zhongguo sifa guanlizhidu de liangge wenti* (*Two Problems in China's System of Judicial Administration*), 1997 (6) Soc. Sci. China 117, *available at* http://www.boxun.com/sixiang/000218/10.htm; Xu Aiguo, *Weifazhi er douzheng—Xi Suli de* Fazhi ji Bentuziyuan (*The Struggle for the Rule of Law: An Analysis of Suli's* The Rule of Law and Native Resources), *in* 1 Peking Univ. L. Anthology 274 (2002)。这篇文献在 Zhu Suli, *The Party and the Courts*, *in* Judicial Independence in China: Lessons for Global Rule of Law Promotion 52 (Randall Peerenboom ed., 2009) 中受到批判性检验; Randall Peerenboom, *Judicial Independence in China: Common Myths and Unfounded Assumptions*, *in* Judicial Independence in China, p. 69。

党—国家体系中较为脆弱的法律和政治地位。这些研究很容易在某种程度上，准确地将法院描述成为容易与外部政治和意识形态压力达成妥协。近年来，学者们已经尝试超越这一笼统的否定的评价，更为审慎地观察法院的内部制度和功能。① 即使法院缺少法律权威去行使违宪审查权，以及受制于其他党组织机构的提名，这难道必然意味着它在非宪法性事务上，不能有效行使最高上诉法院的功能？党周期性的意识形态收紧，实质上干预了法院的法律和行政功能吗？如果是，又是在多大程度上呢？一旦进入复杂的制度实践，“外部政治影响”经常变得不那么明显，而法官的法律和行政性机构才是首先需要面对的。同时，一种更细节导向的进路可能导致一定程度的分析困惑：如果我们关注它的行政性的规则制定功能，而不只是裁判功能或司法解释的立法功能，这样最高法院看起来就非常不同。

本文尝试整理这些差别很大而且质量不一的文献，识别差异，初步建议弥合差异的途径。本文首先将现有研究分为三种类型：研究法院可以做什么、实际做什么以及它为什么做。从类型一到类型二、三研究的转变，从很多方面来说，这是从主要是形式主义到更现实主义方法的进步。每一类都有自己的争议点，有些是经验性的，有些是规范性的。

一般而言，本文会论证说这一“领域”缺乏严格的政治经济学模型。这不仅影响类型三研究的彻底性，也影响类型一、二的研究。几乎没有例外，关于最高法院的研究，都是不涉及党的领导人、官僚和法官的个人动机的研究。② 有些研究尝试理解某些集体实体的制度动机——政治局、中央政法委、最高法院，等等。但到最后，这些研究从根本上来说是不完整的，因为缺乏更个体主义的政治经济分析模式。相

① Hou Meng, Zuigao Renmin Fayuan Yanjiu: Yi Sifa de Yingxiangli Qieru (A Study of the Supreme People's Court of China: From the Angle of Judicial Influence) (2007); Peerenboom，参见上注；Eric C. Ip, The Supreme People's Court and the Political Economy of Judicial Empowerment in Contemporary China, 24 Colum. J. Asian L. 367(2011)。更一般地，请看以下第二部分的讨论。

② 请看以下第三部分的讨论。

应地,这一领域目前缺乏一个有说服力的行为解释,不仅是涉及最高法院自身,还包括与其互动的外部政治实体。这就提出了严肃的方法论挑战,即使是在面对描述诸如法院权威的边界这样简单的问题时也是如此。

作出这一批评后,本文尝试找出一些可能的进路:虽然对党的领导人进行政治经济的分析,有一大批社会科学定性和定量的文献,但试图理解最高法院法官动机的研究却少之又少。至少部分是因为法院经常被忽视,被认为与更宏大的中国治理计划无关或无足轻重。直观地说,建立最高法院法官的行为模型提出了独特的挑战:考虑到中国法学界一般的智识趋势,他们(至少潜在地)更可能已经把稳定法治的社会政治规范内加以内化,从而可能显示出不同于政府有关机构的一般意识形态倾向。① 任何揭示最高法院决策的政治经济学的尝试,都应当将这些可能性考虑在内。

本文组织结构如下:第一部分考察那些采纳自上而下和相对形式主义进路的著述,这些研究大部分关注法院形式上的权力与限制。第二部分转向更微观导向的、有关法院日常运作的研究,研究它如何运用被授予的权力,而不是讨论权力是什么。第三部分讨论少数尝试分析法院行为趋势与动机的研究。第四部分讨论以一种更为个体主义的进路去研究法院行为,并对这一进路作简要概述。

一、最高法院的制度边界

对许多中国法学者来说,围绕最高法院的核心议题是"法院可以做

① 这些趋势在,例如 Albert H. Y. Chen, *Toward a Legal Enlightenment: Discussions in Contemporary China on the Rule of Law*, 17 UCLA Pac. Basin L. J. 125(1999)中受到讨论。最近对中国法官认知特点的研究是 Zhuang Liu, *Formalities and Utilitarian Decision: An Experimental Investigation of Chinese Judges*(July 10, 2016), *available at* http://ssrn.com/abstract=2807656。

什么”。[①] 当然，讨论在制度和政治的重大约束条件下，法院的运作以及总是这样运作，已是老生常谈。但更重要的问题是“约束有多大”，以及进一步而言，“这些约束条件给法院留下了何种权力？”关于最高法院的每一项研究，在某种程度上都需要应对这些问题，因为它们几乎是一个人了解法院其他所有问题的逻辑前提：例如，关于法院如何使用先前判决作为法律先例的研究，必然包括考察法院发展和运用先例是否受到外部约束。类似的，如果不先了解最高法院所面临的约束和压力，就想理解最高法院在特定议题上的制度动机，在逻辑上是不可能的。

除了这些分析的必要性以外，约束议题要求且持续要求如此之多的学者关注，在很大程度上是因为最高法院在“法治”辩论中扮演了核心角色，该辩论在过去30年中的大部分时间内支配了中国法律界。该主张经常是这样展开的：为了使中国拥有真正的、即使是在法律受到普遍服从的狭义意义上的“法治”，必须有一个真正独立和职业化的司法，最好是能有充分的宪法和行政审查权，这样就可以有效制衡政府其他部门的权力。[②] 相应地，司法特别是最高法院在任一既定时间的独立程度和有力程度，经常被认为是中国在迈向“法治长征”（此即某位

---

① 除了在第2页注②中引用的来源以外，也请看，Yuhua Wang，Tying The Autocrat's Hands：The Rise of The Rule of Law In China（2015）；Hualing Fu，*Building Judicial Integrity in China*，39 Hastings Int'l & Comp. L. Rev. 167（2016）；Carl F. Minzner，*China's Turn Against Law*，59 American Journal Of Comparative Law 935（2011）；Liebman，*China's Courts：Restricted Reform*，191 CHINA Q. 620（2007）；Fu Hualing，*Putting China's Judiciary into Perspective：Is it Independent，Competent and Fair?*，*in* Beyond Common Knowledge：Empirical Approaches To The Rule Of Law 193（Erik Jensen & Tom Heller eds.，2003）。

② 请看，例如，Lubman，Bird in a Cage：Legal Reform in China after Mao（1999）；Liebman，*China's Courts：Restricted Reform*，191 CHINA Q. 620（2007）；Fu Hualing，*Putting China's Judiciary into Perspective：Is it Independent，Competent and Fair?*，*in* Beyond Common Knowledge：Empirical Approaches To The Rule Of Law 193（Erik Jensen & Tom Heller eds.，2003）；Ji Weidong，*Hexianxing Shencha he Sifa Quan de Qianghua*［*Constitutional Review and the Strengthening of Judicial Power*］，2002（2）Zhongguo Shehui Kexue［Soc. Sci. in China］。除了苏力的文章以外，这几乎是Building Constitutionalism in China（Stephanie Balme & Michael Dowdle eds.，2009）中文章的共识。

学者的著名论述)道路中取得进步多少的"晴雨表"。[①] 移除法院权威的诸多约束,曾经几乎是宪治进步的同义词。学者花费大量时间和精力专注于分析齐玉苓案,就是一个最好的例证。[②] 最近,国内外学者开始质疑最高法院行使违宪审查是否确实是法治的必要或可欲条件。[③] 但大多数时候,希望将打破法院的宪法性和政治性桎梏的那些规范性想法,在法学界仍具有巨大的影响力。

学者在两个不同层面研究这些桎梏:一是相对稳定的制度也就是宪法层面;二是迅速发展的政治层面。前者处理法院权威的正式法律定义,即是表述在宪法、制定法、判例和正式法规中。虽然这些年来已经发生了一些变化,但变化缓慢且犹豫不决。早期研究作出的基本观察,如斯坦利·卢布曼(Stanley Lubman)、苏珊·芬德(Susan Finder)、兰德尔·皮伦布姆(Randall Peerenboom)和其他学者的研究,至今大部分仍然仅限于呈现真实。[④] 法院权威的主要领域——裁判、司法管理和发布司法解释——自20世纪80年代以来一直不变。此外,它仍受政法委员会的监督,当然,这是在党的领导下进行的。在一个短时期(2001~2008年),齐玉苓案提出了一个无力但诱人的可能性:最高法

---

① 这个短语来自 Peerenboom, China's Long March toward Rule of Law 280 – 330 (2002),虽然我们必须注意到 Peerenboom 本人实际上十分怀疑这一测量。

② 几乎没有不提到这一案例的中国宪法学研究。用谷歌搜索"齐玉苓案违宪审查"得到326个结果。例如,Yan Lin & Tom Ginsburg, *Constitutional Interpretation in Lawmaking: China's Invisible Constitutional Enforcement Mechanism*, 63 Am. J. Comp. L. 467 (2015); Keith J. Hand, *An Assessment of Socialist Constitutional Supervision Models and Prospects for a Constitutional Supervision Committee in China: The Constitution as Commander?*, *in* China's Socialist Rule of Law: Deepening Reform and International Implications (John Garrick & Yan Chang Bennett eds., forthcoming 2016); Zhu Guobin, Constitutional Review in China: An Unaccomplished Project or a Mirage?, 43 Suffolk Univ. L. Rev. 625 (2010); Thomas E. Kellogg, *Constitutionalism with Chinese Characteristics? Constitutional Development and Civil Litigation in China*, 7 Int. J. Con. L. 215, 220 – 26 (2009)。

③ 例如,Lin & Ginsburg,参见上注;Keith J. Hand, *Resolving Constitutional Disputes in Contemporary China*, 7 University of Pennsylvania East Asia Law Review (2011), *available at* SSRN: http://ssrn.com/abstract = 1971955; Zhu Suli, "*Judicial Politics" as State-Building*, *in* Building Constitutionalism in China,第5页注②。

④ 相对缺乏正式的制度变革可以通过第2页注①引用的各种调查中概括的框架的基本相似性来观察。

院可以取得某种违宪审查的权力，但 2008 年该案批复被废止，令这种可能性在可预见的未来不复存在。① 最近，最高法院和另两个法律实施机构获得发布“指导性案例”的权力。该权力如最高法院资深法官所言，将成为美国判例法的中国版本，从而可能给予法院一个新的维度的权力。② 一大波研究追随着每一个新发展，大多最终得出这个结论：制度上没有什么大的改变，法院的正式边界与二三十年前十分类似。指导性案例制度可能会有所改变，但到目前为止，它没有实质改变现状。

第二层面——政治影响与干预——可以说是真实行为发生的地方。制度上，党领导并监督法院，但更为有趣的问题是：确切地说，领导和监督的程度，似乎在过去的一二十年中每几年就会发生剧烈变化。自从肖扬担任首席大法官任期的最后几年以来，学者投入大量精力去评估外部实体施加给法院的政治压力：法院是否如一位学者所声称的那样，是被迫在走法治回头路？③ 党的领导是否命令它强调调解胜于裁判，并把民众主义因素纳入它的决策过程？党的领导是否对法院自 20 世纪 90 年代末期以来采取的支持法治与审判权独立的立场感到不适？几年后，法科出身的前湖南省委书记周强成为首席大法官，该问题变得稍微乐观了一些④：周强是否会有更多追求司法改革的余地？党迈向“法

---

① 请看上页注②引用的来源。

② 例如，*Chinese Common Law? Guiding Cases and Judicial Reform*, 129 Harv. L. Rev. 2213(2016)；Jinting Deng, *The Guiding Case System in Mainland China*, 10 Frontiers L. China 1 (2015)；Björn Ahl, *Retaining Judicial Professionalism: The New Guiding Cases Mechanism of the Supreme People's Court*, 217 China Q. 121, 123(2014)；Seth Gurgel & Ping Yu, Stare Decisis *in China? The Newly Enacted Guiding Case System*, *in* Reading The Legal Case: Cross-Currents Between Law And The Humanities 142(Marco Wan ed., 2012)；Jocelyn E. H. Limmer, *China's New "Common Law": Using China's Guiding Cases to Understand How to Do Business in the People's Republic of China*, 21 Willamette J. Int'l L. & Disp. Resol. 96(2013)。

③ Minzner, 第 5 页注①。

④ 请看，例如，Fu(2016)，第 5 页注①；Caitlin E. Schultz, *Placing Power in the Cage of Law: Judicial Independence in China*, 44 Cap. U. L. Rev. 393(2016)；Yongnian Zheng & Wei Shan, *Understanding Xi Jinping's Rule by Law Campaign*, 7(2) East Asian Policy 5(2015)；Carl Minzner, *Legal Reform in the Xi Jinping Era*, 20(1) Asia Policy 4(2015)；Paul Gewirtz, *What China Means by "Rule by Law,"* N. Y. Times(Oct. 19, 2014), *available at* http://www.nytimes.com/2014/10/20/opinion/what-china-means-by-rule-of-law.html? _r=0。

治""依法治国"或甚至"宪治"的道路,是否随着领导层的更替而转向更为积极的方向?如果不触发其正式制度能力的任何变化,政治和意识形态力量可以给法院施加巨大影响。相应地,法院观察者只要希望真实理解法院的限制,就必须进入而且实际上已经进入政党政治领域。

然而,这种分析存在严重的方法论困难,部分现有文献还没有克服:评估党的领导对通常的法律改革的态度,特别是对最高法院的态度。这至少是一个高度不精确的科学。它必然有赖于系统解析与解释模糊和充满政治行话的演讲,从经常是故意使人困惑的信号的多层次中发掘意图。鉴于缺乏正式的法律法规,主要来源材料是在高度复杂且谨慎的政治语境中发布的没有约束力的声明。本质上,它是北京学——克里姆林宫学的中国版本——的实践,伴随着观察并理解一个中央集权国家所通常面临的问题。

高质量的北京学,通常要求对中国中央政治如何运作的深刻理解,最好是一个某种程度上可证伪的模型。遗憾的是,鉴于中国政治模式,一个完全可证伪的模型是不现实的。但到目前为止,这种建模很少被用于最高法院。[①] 在这项工作上,大陆学者(无论是法律学者还是政治学者)从事研究空间有限,但外国学者同样面临他们自己的约束。直到最近,跨学科研究才成为中国法学研究的显著特征。因此,指导大部分最高法院研究的政党—国家形象,在很大程度上是简化的:党希望更加职业化的司法和可预测的执法,能够带来各种利益——经济活动机构更低的交易和信息成本、对下级政府更强的控制、更高的社会信任水平、更多外国投资、可能更少的腐败、促进政治合法性,等等——但不希望支付其成本,特别是如果它们稀释了自己的权力。[②]

① 主要的例外是Wang,第5页注①。

② 请看,例如,Wang,第5页注①;Fu(2015),第5页注①;Tom Ginsburg & Tamir Moustafa,Rule By Law:The Politics Of Courts In Authoritarian Regimes(2008);Ling Li,*The Chinese Communist Party and People's Courts:Judicial Dependence in China*,64 Am. J. Comp. L. 37(2016);Cigi Mei and Margaret M. Pearson,*Killing a Chicken to Scare the Monkeys? Deterrence Failure and Local Defiance In China*,72 CHINA J. 75(2014);Yongshun Cai & Lin Zhu,*Disciplining Local Officials in China:The Case of Conflict Management*,70 CHINA J. 98(2013)。

这很可能是真的，但它没告诉我们多少东西，又省略了太多东西。在最明显的层面上，党不是一个统一实体，而是一群个体的集合——而且在最高层级，它是一群动机截然不同的个体的集合。有关个人动机的论断，要比党作为一个整体的一般论断，更为具体、在经验上更可证实，因此，需要在严肃分析中扮演更为核心的角色。这将会带来全方位的派系政治、集体行动难题和沟通问题，这些问题原本不受关注，但几乎肯定是有关最高法院的政治决策被评估和公布过程的一部分。例如，近年来在周强治下"回归"司法职业主义，直观上好像很可能的是与周永康（政法委员会前任书记）的政治失势并遭到刑事检控相关，或者与习近平开展晚近党史上最大且最持久的反腐行动的一般政治决策有关。这种重大的人事更替与随之而来的力量再平衡，是针对最高法院所受政治影响的任何严肃模型都应当考虑（如果不是必然接纳）的东西。这只是因为是否决定接纳它们，会显著改变模型的预测：给予这种政论形态一定权重的模型相比于不这样做的模型，会认为党对司法职业化的认可不那么彻底、更有保留且远为易变。因此，先前最高法院的研究缺乏对个体和派系层面政党政治的严肃考察，是一个严重缺陷。乐观地说，我们可以期待近来带有政治科学训练的学者进入这一领域，并加以弥补。①

规避研究中央层面政党政治的部分挑战的一个可能办法是：转而观察法院积极行使的整个一系列权威——把注意力从党的领导所发送的信号转移到法院的实际运行。至少存在两种可能的理论为这一进路辩护，即使你的最终目标只是划定法院的权威界限时也是如此：第一，你可能相信法院总是会通过充分运用其法定权力来最大化其政治影响力，这样，我们可以通过记录法院任何收缩或扩张行为来评估外部政治

① 除了 Wang，第 5 页注①以外，一些其他政治学者和社会学者已经开始研究相关问题：例如，Rachel E. Stern，*The Political Logic of China's New Environmental Courts*，72 The China J. 53（2014）和 Mary E. Gallagher & Baohua Dong，*Legislating Harmony：Labor Law Reform in Contemporary China*，*in* From Iron-Rice Bowl To Informalization：Markets，State And Workers In A Changing China 36（Mary E Gallagher et al. eds.，2011）（它们例证了分别在环境保护和劳工标准领域使用法院来控制地方抵抗的新尝试）。

压力的质和量。第二,你可能假定法院的大多数核心功能事实上受到党的领导的直接监督,因此研究法院最重要的行为,就是去研究党的指示和偏好,这是非常重要的。① 无论采用何种理论,这里的重点只是:要理解最高法院的制度能力和限制,就需要有一个相当复杂的模型,涉及党中央政治、最高法院活动、行为模式和动机。如上所述,现有文献还没提供前一种进路。后一种进路则引导我们进入第二部分。

二、最高法院实际如何运行

正如以上讨论所显示的,我归入"类型二"的论文经常与"类型一"分享同样的主题。例如,两类论文最近都显著提到新的指导性案例制度,不过采取的角度不同。类型一论文关注授予最高法院的或新或旧的权力,而类型二论文关注最高法院实际上如何行使这些权力。有时,后者只是做描述工作而没有更高的追求,但这些描述性分析常常为进行更宽议题的讨论提供经验基础。例如,某些"类型二"论文正如上文所指出的,尝试通过描绘法院实际行使的权力来确定其权威范围——因此其研究是"类型一"论文的数倍。② 另外,某些学者尝试评估法院能否有效或合理行使分配给它的权力。③ 而另一组论文关注分析法院的行为趋势与动机:为什么它如此行为。由于它具体的方法论挑战,这后一种研究或许最好被视为一个单独的分析类别,作为第三部分的主题。

---

① 这一假定似乎驱动了 Minzner,第 5 页注①;和 Zang Dongsheng, *Rise of Political Populism and the Trouble with the Legal Profession in China*, 6 Harv. China. Rev. 79(2010)中的分析。

② 例如,上注引用的来源。

③ 例如, Li Shichun, *Anli zhidao zhidu de ling yi tiao silu—Sifa nengdong zhuyi zai Zhongguo de youxian shiyong* [*An Alternative Path for the Guiding Cases System—The Limited Applicability of Judicial Activism to China*], 2009(6) Faxue [Legal Stud.] 59, 61 – 62; Hou Meng, *Jingji Tizhi Bianqian zhong de Zuigao Renmin Fayuan* [*The Supreme People's Court of China in the Process of Structural Economic Change*], 23(2) Zhongguo Zhengfa Daxue Xuebao [Journal of the Chinese University of Political Science and Law] 66(2005)。

由于同样关注——也可以说是迷恋——测量最高法院的权威范围，可以说大部分“类型二”论文关注法院运行中更有政治意味且更有争议的方面。例如，非常明显的一类研究关注法院的改革口号所显示的理念、思路，不时出现于法院的年度报告或晚近的五年规划中。① 这些口号中最突出的包括：伴随王胜俊主导的“平民主义”改革的“司法为民”，或其继任者周强近年来提出的更支持司法职业主义和改革的思路。这些研究的基础是基于社会主义制度形塑的理念：法院通过开展运动来运作，在此过程中，中央意识形态指示指导这些具体变革。这促使法院的外部观察者特别关注法院措辞和意识形态框架。其他研究更多关注具体的制度变革而非一般措辞，将关注投入于大多数学者认为是“改革”的领域，像指导案例制度这样的新权力、最高法院与地方政府关系的变化，特别是通过新的巡回法庭制度，产生招募司法人员的新需求，等等。②

结果是，学者好像经常更多关注变化而非不变的现象。例如，自2012年以来，更多研究关注指导案例制度、新的巡回法庭以及司法人事改革，比关注法院运行的所有其他方面的研究加起来都多，这倒也情有可原。在某种程度上，这是很自然的，毕竟这些是重要且激动人心的改革，学者有兴趣拓展调研这些领域，也是理所当然。但这也留下了令人不适的学术缺憾。例如，在过去的几十年中，极少有研究在实质上推

---

① 这类研究特别关注带来“司法平民主义”修辞兴起的肖扬到王胜俊的转变。例如，Minzner，第5页注①；Benjamin Liebman, *A Return to Populist Legality? Historical Legacies and Legal Reform*, *in* Mao's Invisible Hand(Perry & Heilmann eds. ,2011)。

② 关于指导性案例，请看第7页注②引用的来源。关于央地关系，包括最高法院现在在审查地方法院决定方面发挥的作用，请看，例如，Hou Meng, *Zuigao Renmin Fayuan Xunhuiting: He Qu He Cong* [*The Circuit Courts of the Supreme People's Court of China: Origins and Future Development*], 2015(1) Beida Falu Pinglun [Peking Univ. L. Rev.] 65; Xiaoning Long & Jun Wang, *Judicial local protectionism in China: An empirical study of IP cases*, 42 Int'l Rev. L. & Econ. 48(2015); Eric C. Ip, *Judicial Review in China: A Positive Political Economy Analysis*, 8 Rev. L. & Econ. 331(2012); Hou，第10页注③。关于在习的领导下实施的新的人事改革和司法独立措施，请看，例如，第7页注②引用的来源；Jonathan J. Kinkel & William J. Hurst, *The Judicial Cadre Evaluation System in China: From Quantification to Intra-state Legibility*, 224 China Q. 933(2015)。

进了我们对法院如何起草并发布司法解释的理解,而事实上这可以说是法院最重要的工作。[①] 类似地,除了少数例外,最近学界几乎不关注最高法院如何实际审查下级法院的决定。[②] 这与下级法院研究形成了鲜明对比。后者往往远为技术性且细节导向,更为关注裁判与法律解释的具体机制而不是其他。[③] 当然,最高法院明显比地方法院更政治化,但它确实仍然作为司法机构而运作,事实上这也是它把大部分日常资源投入的地方。因此,学者最近表现出较少偏好去深入研究这些"正常"司法功能的细节,令人担忧。

尽管这些经验研究不够均衡,已有研究还是在若干基础问题上产生了一些共识:第一,法院在其日常运作的很多方面,几乎肯定是享有很大程度上的自主权与裁量权。[④] 特别是,很少有研究揭示出针对法

① 偶尔有关于具体司法解释的评论,请看,例如,Benjamin Minhao Chen & Zhiyu Li, *Interpretation of the Supreme People's Court on Several Issues concerning the Application of Administrative Litigation Law of the People's Republic of China*, 25 Pac. Rim L. & Pol'y J. 133 (2016); Samuel Bufford, *Supreme People's Court Interpretations of China's Bankruptcy Law: Translations and Commentary*, Penn State Law Research Paper 9 – 2015 (2015),但极少有(如果有的话)关于这些解释借以发布的制度机制和结构的研究。

② 存在一些例外,请看,例如,Susan Trevaskes, *China's Death Penalty, the Supreme People's Court, the Suspended Death Sentence and the Politics of Penal Reform*, 53 British J. Criminology 482 (2013)。

③ 请看,例如,Xin He & Yang Su, *Do the "Haves" Come Out Ahead in Shanghai Courts?*, 10 J. Empirical Leg. Stud. 121 (2013); Nicholas C. Howson, *Corporate Law in the Shanghai People's Courts, 1992 – 2008: Judicial Autonomy in a Contemporary Authoritarian State*, 5 East Asia L. Rev. 330 (2010); Xin He, Enforcing Commercial Judgments in the Pearl River Delta of China, 57 Am. J. Comp. L. 421 (2009); Donald Clarke, *Empirical Research into the Chinese Judicial System*, *in* Beyond Common Knowledge: Empirical Approaches to the Rule of Law 171, 164 – 192 (Erik Jensen & Thomas Heller eds., Stanford University Press 2003)。

④ 例如,Peerenboom,第 2 页注①;Taisu Zhang, *The Pragmatic Court: Reinterpreting the* Supreme People's Court *of China*, 25 Colum. J. Asian L. 1, 8 (2012); Eric. C. Ip, *The Supreme People's Court and the Political Economy of Judicial Empowerment in Contemporary China*, 24 Colum. J. Asian. L. 367 (2011); Hualing Fu & Richard Cullen, *From Mediatory to Adjudicatory Justice: The Limits of Civil Justice Reform in China* (Nov. 25, 2008), *available at* http://papers.ssrn.com/sol3/papers.cfm?abstract_id = 1306800; Jonas Grimheden, *The Reform Path of the Chinese Judiciary*, 30 Fordham Int'l L. J. 1000 (2007)。("The reform process of the Chinese judiciary ... is impressive... [It] has been making headway towards enhanced professionalism, stature and independence.")

院裁判功能的系统性外部干预的证据。极有可能是因为，政党—国家体制的其他部门，甚至政法委员会的职业官僚，缺乏定期干预的资源与专业知识。法院其他的主要功能，比如监督司法系统和发布司法解释，必然涉及与中央与地方的其他政府机构进行大量互动。但在这些方面，学者同样把法院描绘成一个独立分支，而且是有重大但有限的立法和行政权的机构。在这里，它的法律专业性要比其他政府实体更具有一定制度影响力和优势。甚至法院的主要改革口号，它工作中最政治化、最受审查的方面，至少在某些场合可以说与党中央指示“不同步”：例如，它在低调推动实质性的司法职业化议程的同时，也在响应党所推动的平民主义的争议解决方式。① 一般而言，最高法院已经成为中国法律实施体制中非常有力而且也较为独立的政治实体，而且显示出进一步发展的迹象。

第二，正如前文所指出的，最高法院为司法职业主义和“法治”提供了某种程度上稳定且经常保持沉默的支持，包括被称为是“人民司法”的王胜俊时期。② 最高法院法官职业训练的总体水平在过去二十年来有所提高，它的裁判的一致性亦然。

推动法院脱离地方政治的力量仍保持稳定，最高法院在司法内集中裁判权威的尝试亦然。这些尝试与“司法大众化”在顶峰时期推动的调解工作共存不易，但仍未停止。近年来，这些在周强的领导下有很大变化，周强公开支持司法职业化。不管如何强调调解和“司法大众化”的其他做法。

第三，正如前文已经表明的，最高法院是一个高度复杂的实体，不会轻易顺从于统一的意识形态表征。③ 看上去自相矛盾的口号和倡议——例如，司法职业化和大众化——有时候同时出现，经常没有正式解释。这表明最高法院至少会考虑互相竞争的压力来源，且有时候必须平衡不同的激励。毫无疑问，它受到党的政治指示的影响，在某种程

① Zhang，第 12 页注④；Ip，第 12 页注④。

② 请看第 12 页注④引用的来源。

③ Zhang，第 12 页注④。

度上是党的领导的作用,但它已经显示出追求其他具有潜在竞争性目标的想法和能力。这算不上是最高法院日常运作的唯一张力来源,但很可能是最重要的来源。

别的不说,这些基本结论构成了对略为普遍的旧观念——最高法院仅仅是对党的盲从——的有力反驳。恰恰相反,它在大量且不断增多的一系列法律事务上享有相当大的制度力量,且有时候实际上可以拒绝(诚然是微妙地拒绝)党的组织或个别领导人一般修辞规劝。没有外部实体能够以任何定期的形式监视并控制最高法院的运行,政法委员会以及相隔更远的政治局都不能,他们好像也没多大兴趣这样做。能够独立自主的时候,法院好像更偏爱司法职业化而非大众化,偏爱争议解决的正式模式而非替代模式。换句话说,在大多数时候,它就像常规的"国家最高法院"那样行事,只是没有违宪审查的权力。

但这只是一个非常肤浅、初步的结论,它引发了大量更深、更有趣的问题:最高法院能否胜任它的工作?相应地,它的权力是否应当被扩张或进一步限制?更根本地,为什么它如此行为?什么动机、压力和限制影响了它的运作?换句话说,一个真实的能够解释过往事实模式并预测未来的"法院的行为理论"是什么样的?

建立"法院的行为理论"不仅是在更深层次理解它的学术尝试,也是如果我们要对它做出任何规范论断,包括它在违宪审查或其他形式的权力制衡中所扮演的潜在角色,就必须采取的步骤。以制度能力这样简单问题为例,如果不至少建立法院决策过程的某种基本模型,就没有逻辑上可靠的办法来评估它在任何具体问题上的制度能力。有人可能论辩说一个好的评估只需要衡量结果和后果,而不是动机与激励。但如果还适用的话,这只适用于向后看的评估,却不适用于向前看的评估:把过往行为投射到未来需要假定行为的稳定性,而一旦我们深入探查这一稳定性,就会再次面临有关激励、动机、制度结构等的基本问题。①

如果学者就像这一领域多数人试图做的,去评估扩张法院的权力

① 这是一个持续折磨第10页注③引用的研究和其他像它们一样的研究的问题。

特别是违宪审查权的可欲性,更不用说可行性,那么,探查法院动机的需求就变得更加尖锐。① 这里不可能有任何能够借以投射未来的对过往表现的事后评估,只有基于对法院如何以及为何行为的系统理解的知情推测:能否信任它行使新形式的权威,根本上取决于我们认为它会如何行使它们。例如,它是否会从事寻租行为或公然滥用权力,因此就至少需要对法院如何决策的某种理论。

最后,即使目标纯粹是经验性的,"最高法院的行为理论"也经常是必要的:描述"法院做了什么"可能是一件简单事情,但任何对法院活动进行分类或组织进入更有用的分析范畴的尝试,必然需要一些概念去寻求理解。换句话说,任何概括的尝试,任何找出相对于个体行动的某种议程的尝试,都需要对法院动机和目标的某种理解。

遗憾的是,这一领域的已有文献相当匮乏。许多,很可能是大部分研究隐含地假定了某种运行模式,但没有明确地指出它,更别提尝试证明它了。例如,大量论文似乎相信法院或多或少是党的傀儡,但在很大程度上没能充实勾连出这一看法的轮廓或后果。甚至确实尝试正面解决行为问题的少量研究,包括我的研究,一般都能从更严格的建模中受益。这是第三部分的主题。

三、最高法院的行为理论

最近的学术研究支持把最高法院描绘成略为独立,虽有限制但有能力促进其自身议程的机构。但这自然引发一个随之而来的问题:"它的议程是什么?"处理这一问题的大多数学者(包括我自己)一般把法院视为很大程度上理性的效用最大化者,寻求既在绝对意义上也在相对于其他政府实体(特别是其他执法机构)的意义上,最大化其自身权力和权威的实体。② 因此,法院在促进法治和司法职业化方面有长

① 请看第5页注②引用的来源。

② 例如,Zhang,第12页注④;Ip,第12页注④。

期利益。这些目标会增加法律专业在国家机器运行中的重要性,因而会提高法院的权力和权威。但正因为法院对这些目标的支持是基于实用主义的计算,所以在短期到中期时段,它很容易被存在竞争的其他考虑所颠覆,至少会被反制:来自党的压力、预算困难、社会敌意,等等。因此毫不意外的是,在政治压力大或财政困难大的时期,法院抑制了它对司法职业化工作的推进,转而支持调解或强调对政治的忠诚。一旦压力消退,法院支持司法职业化和法治的趋势就再次走到前台。在大部分情况下,把法院描绘成实用主义者与它最近的表现是相符的。

但是,这种解释存在大量缺陷——我自己先前的研究也同样如此:首先,它的现状可能模糊得令人沮丧。"权力"和"权威"是极具可塑性的术语。当我们主张法院谋求它们时,确切地,我们想要表达的是什么?换句话说,"权力"和"权威"的概念,当适用于作为统一机构的最高法院时,将它们限缩到可以证伪假设的地位是极其困难的。可以想象,只要我们愿意玩语词边界游戏,它们运行我们将法院所做的任何"符合其长期利益"的行为正当化。一般来说,学者主张法院寻求扩大其制度权威。例如,取得发布指导案例或可能是进行违宪审查的能力,并保护自己免受外部干预。① 但这些并不必然总是符合其利益:取得更多权威也可能使最高法院面临更广泛的社会政治压力和抱怨,而且有时候独立的代价是失去获取某些政治资源的渠道。因此,必须有某些更难捉摸和可能更抽象的"权力"和"地位"的看法,这样就能够允许法院衡平这些想法。问题是,不像在同侪群体中的个人财富或个人排名,给整个机构的"权力"或"地位"赋予任何精确定义是非常困难的,机构毕竟没有一个肉体上的"自我意识",不论学者如何强调它的政治力量。

那么,如何解决这个问题?把"权力"替换为像"效用"这样同样模糊的概念,不会对解决问题产生任何帮助。我们应该把最高法院视为"法治"或某些其他意识形态的忠实代理人吗?它已经过于经常且剧

① 例如,Zhang,第12页注④;Ip,第12页注④;第5页注②引用的来源。

烈摇摆于任一连贯的意识形态基础，因此这一理论并不容易成立。[①]但更重要的是，“法院”成为意识形态代理人，究竟意味着什么？

最后，根本的问题是：把“最高法院”当做统一实体，学者就会陷入困境，为此创造出一个统一的“效用功能”的任务特别困难，极有可能，会蔑视这样的简化。毕竟，法院是由个体法官组成的集体，每个法官都有他们自己的动机与目标。它由一群数量更少但仍多元的大法官集体领导。在大法官中，首席大法官是最资深但并非占支配地位的人物，他们的利益可能也可能不与彼此或其下级一致。当然，存在在这些个体之中产生某种程度统一的制度基础，但这种统一性至少既可能是制度化群体思考的产物，也可能是个体利益的均衡。面对这些问题，最佳解决方案很可能是：把法院解构为它的个体组成部分，并由此进行建模，但不要忽视它的制度架构。

至少有一个人尝试去做某些这类工作：在最近的一本书中，北京大学教授侯猛勾勒了最高法院大法官所面临的某些个人激励，例如进一步晋升，并简要讨论了激励能如何影响他们的决策。[②] 虽然值得高度赞扬且十分重要，但侯猛的尝试还是远远没有产生一个法官或最高法院行为的可用模型。除对“向下流动”，最高法院大法官离开北京去领导一个省的高级法院，如何能够影响最高法院对下级法院控制的略带猜测性的讨论以外，侯猛并没有明确把这些激励同任何有关司法政策制定或裁判的可检验论断相联系。但他的研究所指示的方向无疑是正确的：要真正理解最高法院如何运行，我们就必须把它放在中国的一般官僚政治结构中，并理解最高法院的行为和表达如何能影响其决策者的个人前途。这将会允许我们逆向分析，检查这些效果如何对最高法院领导产生行为激励。

最重要的因素很有可能是，进一步晋升或在政党—国家体制内部调动的前景：最高法院大法官没有终身职位，且正如侯猛所指出的，有时候不把晋升为大法官当做终极的职业目标。在一些案例中，他们寻

① Zhang，第 12 页注④。

② Hou，第 3 页注①。

求进一步晋升至其他无疑更有权势的国家或党的体制机构。甚至对于那些认为最高法院大法官的职位是其职业生涯顶峰的人来说,由于年龄相关的原因,他们也需要从最高法院离开以后需要一个落脚点。在侯猛所调查的36名大法官中,只有8人在离开以后直接退休——其余继续担任人大或政协的职位。[①] 换句话说,大多数大法官在服务期间,至少会有一些想法去寻求自身的政治前途。而且,其中有部分可能是最有抱负、活力和影响力的大法官,会有更强烈的想法。这是最高法院法官(还不仅仅是大法官)区别于下级法院法官的地方:虽然后者的职业选择很大程度上限于法院系统,但前者经常有超越法院系统的退出机会。直观地说,这必然对他们作为法官和管理者的决策产生影响。问题是,正如在以下第四部分讨论的,这只是潜在的许多影响因素中的一个。真正的挑战是平衡、合并这些因素成为某种连贯模型。如果该领域学者真的希望理解法院如何以及为何如此行为,最终需要转向这一方向,而且越早越好。下一部分就这种努力如何可能进行提供了某些初步思考。

四、迈向行为模型

创建最高法院法官行为模型的第一步,是编制一个细目清单,列出潜在影响他们法律和行政思考的因素。在最基础的层面上,所有等级的法官都会因展示法律专业而得到回报,而如果他们犯了法律错误,就可能遭受严重的声誉和制度后果。但这一以职业方式适用和解释法律的基本激励,很容易受到其他激励的阻碍有时会被推翻。这包括但不限于:避免党的谴责与制裁的需求、追求更大社会政治威望和地位的欲望、确保高质量退出机会的需求、追求经济舒适的欲望,以及避免彻底反腐措施的需求。中国法院系统中司法终身制与制度独立的缺乏,往

① 同上。

往放大并复杂化了它的成员必须兼顾的物质考虑,最高法院的法官和大法官也不例外。

甚至匆匆一瞥,也能使我们知道这些激励经常相互抵触。类似地,对于究竟是什么产生了推出的好机会的计算是极度含糊的:一方面,如果法院享有更高水平的独立和社会政治威望,前大法官和法官就很可能对其他政府实体具有更高价值。另一方面,如果他们激烈地尝试使法院脱离外部政治影响,他们就也冒着自断后路的风险。经济激励同样通常与受到反腐调查的危险相抵触,但对许多法官,甚至大法官,特别是那些来自较低收入背景的人而言,经济保障的诱惑极大。法官如何平衡这些相互矛盾的刺激,在很大程度上是一个个人选择,而且是一个具有高度个人特质的选择。

使问题更加复杂化的,是无数可纳入考虑的意识形态因素:最高法院法官几乎都不是无意识形态分子,他们中的许多人可能真诚地忠于某些世界观,不论这是中国特色的社会主义,或民族主义,法治信念,或源于历史传统的合理争议解决的某种概念。[①] 你可以说从司法等级中升上来的最高法院领导,通常是作风强硬且疲于应付的官僚,几乎从不会有意允许意识形态承诺推翻实用主义利益。即使这是真的,意识形态也仍然可以对他们的决策施加巨大影响:正如认知科学研究所一直主张的,意识形态倾向可以经常是潜意识地塑造对物质自我利益的认识。[②] 例如,一个具有自由主义倾向的法官,很可能高估一个更加独立的司法部门能够给它的成员带来的职业利益。但是一个更加保守主义的法官,可能会低估。换句话说,意识形态倾向不仅仅是要么支持,要

① 对这些不同意识形态流派的深度调查,请看,例如,Samuli Seppänen, Ideological Conflict and the Rule of Law in Contemporary China(2016)。

② Richard H. Thaler & Cass R. Sunstein, Nudge: Improving Decisions About Health, Wealth, and Happiness (2008); Dan M. Kahan, *Gentle Nudges vs. Hard Shoves: Solving the Sticky Norms Problem*, 67 U. Chicago L. Rev. 607 (2000); Dan M. Kahan, *Social Influence, Social Meaning, and Deterrence*, 83 Va. L. Rev. 349 (1997); Lawrence Lessig, *The Regulation of Social Meaning*, 62 U. Chi. L. Rev. 943 (1995); Kenworthey Bilz & Janice Nadler, *Law, Psychology and Morality*, *in* 50 Moral Cognition and Decision Making: The Psychology of Learning and Motivation 101 (D. Medin et al. eds., 2009).

么反对某人所认识到的物质利益的外部因素,还是这些利益形成过程中的组成部分。一些研究也暗示:群体机制,特别是等级机制,能够通过把声誉利益附着于某种流行偏见的方式来加强意识形态偏见,从而推动个体进一步巩固这些偏见。① 司法官僚制并不比任何其他种类的等级群体更少受制于这些机制。

建立一个或一组司法行为模式,其能够很好解释所有这些相互纠缠且经常相互矛盾的因素,是否可能?所幸的是,最高法院的官僚本质属性让这一任务更容易些。能强化意识形态偏见的群体机制,同样能制造意识形态和行为的同质化。② 法院就像大多数官僚机构一样,对它的成员施加了大量的这种同质性,特别是通过它的人事决定:晋升至少部分是因为其与上级在个人与意识形态上能够相容。这确保了时间与回报链条上大量行为的连续性,这基本上限缩了学者必须考虑的行为可能性的范围,而将自上而下研究法院的进路加以正当化。

学者可以但尚未采取的最明显的步骤之一是:对一个或几个大法官进行深度传记研究:他们在法院系统中的个人职业之旅、他们的演讲、发布的判决书、学术作品,以及如果可能的话,私人写作、他们留给同事与上级的印象。最高法院大法官通常是秘密且谨慎的,但他们工作的性质要求他们留下大量书面线索。对这些书面线索的严肃定性研究,将会为潜在的分析抽象与进一步建模提供坚实的基础。这样的研究不会与学术传记有所不同,虽然它在理想状况下会比大多数传记更注意相关的理论和制度文献。

至少就目前而言,研究最高法院最有回报的角度很可能是定性而非定量。相比于下级法院,最高法院远为秘密,且可得的公开资料太少,不足以支持大多数形式的定量研究。更重要的是,建模要求对以上所列因素间的互动模式至少有某些假定,否则就不会知道要控制什么

---

① 请看 Kahan,上注;The Cultural Cognition Project at Yale Law School,http://www.culturalcognition.net/(last visited,Feb. 2,2015)。

② Robert C. Ellickson,*The Market for Social Norms*,3 American L. & Econ. Rev. 1 – 49 (2001);Jonathan Bendor & Piotr Swistak,*The Evolution of Norms*,106 Am. J. Sociology 1493 (2001).

因素、要把什么因素作为独立变量、要把什么因素分解为其他变量的功能。在许多情况下，必须在经验测试之前作出假定——但没有某些对最高法院法官和大法官如何思考的深度理解，就不能作出这些假定。因此，鉴于对这些问题的研究甚少，定性分析很可能应当先于定量。

总而言之，现在对最高法院的研究相比于对地方法院研究的发展层次较低。这一领域还没发展出对不论是最高法院法官，还是他们日常互动的政治行动者的个人激励的深度理解。这妨碍了学者发展出真正系统性的、可证伪的关于最高法院运作与行为，甚至其制度权力与限制的理论。为处理这些问题，本文建议了研究的众多“重置”：把我们的研究方法论从总体制度层面，“下降”到制度分析与个人层面的传记和建模相结合。这将使该领域与社会科学中常规的“最佳实践”更为一致，也与通常适用于西方特别是美国法院的前沿研究的方法论一致。[1]

---

① 某些这类文献被总结在 Lee Epstein et al., *The Political (Science) Context of Judging*, 47 St. Louis Univ. L. J. 783 (2003)。

《法律和社会科学》(2016)
第 15 卷第 2 辑,第 22 ~50 页

中国的法院信息化：数据、技术与管理

芦 露*

摘要：自 1985 年以来这三十多年中国司法制度的改革,同时重叠于一段信息通讯技术(ICT)的革命史。信息时代改变了技术要素在法治建构中的比例。信息通讯技术对司法的影响已经超越了技术基建,还同时扰动了传统的审判管理、审判及其关联。若以司法数据与信息基建为线索来看中国法院这三十多年的信息化进程,即可得到一个“三期”模型。

一、引 子

信息通讯技术(Information and Communication Technology,ICT)在司法系统应用的推广和深化,可称是这些年中国司法改革诸多战略之中,共识高、争议微的少数了。本文要谈的,就是这些年中国的法院信息化。

---

* 北京大学法学院博士研究生,电子信箱:ellenlu@pku.edu.cn。

韦伯关于近代法治的解说，提示了认识法院信息化的一个起点，也给出了联系技术与法治的一般突破口。在他的描述中，形式法治对可计量性孜孜不倦的求取和满足，是现代法治的重要特征。而信息通讯技术作为充分发展了可计量性的技术，走得仍是助推理性之路。信息化之前的工业化是与世俗法治相配合的。工业技术的应用，在成就物质辉煌和理性自信之外，也顺势助推了法律领域的主体性革命。人的理性取代冥冥神意，当上了新的法的精神。相对而言，信息通讯技术的发展，所引发的、则主要不是法律思维上这般改天换地的哲学震动了。远程通讯技术补强了在场原则，即时通讯软件补强了口头原则，这些都是在不改变法律思维基本属性的基础上，对形式理性应用场域的拉伸。关联似乎都指向了一处，即信息通讯技术作为强化形式理性的工具意义，但其对法院的影响仅止于此吗？这是法院信息化进程中值得一谈再谈的问题。本文在这里集中讨论的，只是该问题的一个面向，即技术与管理的关联，具体地说，就是法院信息化进程与审判管理间的互动。

如果说因为市场经济的晚生、理念上的水土不服，中国法治现代化的转型失了与经济关联的可计量性先机，那么，自 1985 年起的这三十多年间，中国司法制度则恰当其时地浸润于信息化之变，并逐渐有意识地引导了一场由信息通讯技术主导的“可计量性”变革。近代中国的法治转型多少有些身不由己，而信息化对我们这三十多年间的法治发展来说，却足可以称得上友好。至少在追赶快节奏的信息化、消化技术进步所带来的信息能力增长等层面，地理上的隔断、制度上的个性不是问题，毕竟信息化是要打破“他者”的存在。世界中的法院系统在信息化建设上，意志和趋向只有一个。对司法系统而言，信息通讯技术在法院组织的成本控制和价值挖掘方面，贡献不可谓不彻底。无论法院组织分布何处，法官的主体地位为何，只要其还为一组织，纵使审美大不相同，审“真”观却是一致的，也都致力于探寻信息时代司法正义的实现形式，也都要默默消化信息通讯技术进入法院后的制度涟漪。

全文结构为：首先建立了一个有关法院信息化进程的分期模型。要解释下“历史三期”。这个冠名其实更接近修辞。下文组织了大量的事实,但却并不特别讲究时间因素,所给出的时间节点的定位,也只是大概的,反而理念上的转化要重要些,所以从理想型的角度对待"历史三期"会更恰当。其次讨论了审判管理与信息化进程的互动。在分期模型的夹叙夹议中,这种言说就已经在了。但集中讨论能更清晰。所以才有了这样一小段行文。

二、法院信息化的历史三期

一段法院适应信息变革的历史,不只是法院信息通讯的技术普及和升级史。信息基建当然包含其中,且辗转贯通了从自动化办公到网络化及大数据存储和分析的演进。但应该还有些其他什么,比如司法统计。首先,司法统计部门是向法院提供审判管理依据的技术部门,但在实际业务执行中,特别是在基层法院,司法统计不仅与业务部门存在人员重叠,常由法官兼职,也常由研究室人员直任。① 后一种情况既可以说是没有司法统计,但反过来也可以说是没有审判管理。而正是伴随着信息通讯技术的应用深入,审判管理和司法统计才有了各自独立的生存空间,我们也才能在这里大谈什么关联和互动。再来,若把审判管理当作一种信息管理,则其基础是流动着的司法数据。司法统计作为传统的司法数据入口,曾经垄断了面向管理者的司法数据的供给。但在法院信息系统、案例库以及最近自最高人民法院而下的信息数据平台建设纷纷展开后,它在逐渐丧失其垄断地位。自司法统计的地位变迁,直观可见的是司法数据的丰富,但也是审判管理与数据管理的分合。而信息通讯技术正能将司法数据从时空限制中解放出来,其所导致的无纸主义,十分符合审判管理者的质效追求。总而言之,司法统计既与本文要谈的关系两方分别关联,又同时是其互动展开的重要场域,

① 根据《最高人民法院关于人民法院司法统计工作的若干规定》第1条第5款的规定,"司法统计工作由研究室(处、科)管理;尚未设立研究室(处、科)的法院,由办公室管理"。规定如此,但大部分基层法院的人员配备都不甚专业,临时聘用人员或者兼职非常常见。

在进行历史还原时不得不谈。因此,这里对法院信息化分期的展开,最终采用了双线叙事:一条线索是信息通讯技术的基础建设;另一条是信息载体即数据史,且特别突出了司法统计的浮沉。

下文对中国法院信息化历程的三期划分,在很大程度上参考了电子政务中的阶段论,且还特别突出了计算机和互联网的位置。这当然不是说,传统的信息通讯技术,如短信、电话、视频乃至于基本的面对面谈话和纸媒上的沟通,不应包括在法院信息化的进程之中,或者说我们的法院对这类技术无动于衷。考虑到成本和技术适应性,在少数地区和某些情形下,这些不那么信息化的信息通讯技术的作用恐怕会更实在。更何况司法公开中法院也表现出了对多样化信息途径的支持。这也不是说,诸如最高人民法院在死刑复核程序中采用远程提讯、远程庭审,执行人与执行法官使用 QQ 互通有无,等等,这些最新的远程通讯和实时通信软件在法院中的应用不值一提。所以要省去对以上信息通讯技术应用的讨论,部分为行文紧凑,但更主要的方面,取决于本文对信息化的理解。在本文看来,信息化既不等于信息通讯技术得到了实际的广泛应用——所以不是越多越广越好,更不是以信息而得名——要知道人类社会自其初生之时就从来不缺信息。而是因为,只有在计算机和互联网时代,信息与其实体存在相分离,取得了虚拟的真实、出现了一个与人类实体生活空间相区分的独立空间,而此时信息的加速流通和信息知识的生产也在逐渐壮大,乃至成一独立产业,所谓的信息社会和在转型中所出现的信息化进程,也才称得上存在。所以,这里的历史分期,在某种意义上,是比照法院在最新近互联网时代的信息化特征,溯流而回的痕迹还原。说到底,本文关心的不是法院信息化进程中具体技术的应用,而是计算机和互联网出现后,法院系统的管理/控制问题。

1. 信息化筹备与陈词数据时期

早在 1986 年最高人民法院的工作报告中,郑天翔就提出了计算机进法院的设想;但直到 20 世纪 90 年代后半期,在庭审记录、文书制作、信息收集和处理、诉讼档案管理、人事管理等方面的电脑办公才真正开始了实践。而又一直到《人民法院第三个五年改革纲要》(2009 ~ 2013)近前,全国范围内法院的计算机办公建设才告完结。在财力和技术力的双重限制下,数据录入和处理方面的人工劳动,成为这一时期司法数据的主要特征。但是,信息化筹备期不等于没有信息化的成分。只不过,虽有个人计算机的使用,却不具规模效应;虽有 Word 及 Excel 等通用型办公软件的逐渐投入应用,却也只是在平淡地强化通用型数据处理能力,并未深入干预司法活动的流程。这一时期有司法统计而无审判管理。2000 年前后,法院提出要加强审判管理,直接契机是为应对诉讼危机,而在法院恢复重建的早期,案件上升只是"正常的现象",虽有些积案,可不足以令法院感受到案多人少的压力。[①] 和缓环境下上级法院虽对下级法院不乏针对审判工作的领导、评价、监督和制约,但其强度和结构都与今天的审判管理不同。

1983 年前后发布的工作通知中,最高人民法院强调的是司法统计在国家统计中的位置,特别是反映"社会风气变化"的意义。[②] 身处闹哄哄的经济转型之中,服务党和国家的政策法规制定,是排在"改进审判工作"前面的司法统计第一任务。[③] 与此理念相映衬的,是流动于系统中的陈词数据。这是一种以自下而上的信息分类和汇总为基本原理,配合以卡片(收结案卡片)、报表、统计台账等形式而存在的数据。同单位制时期的其他组织一样,陈词数据在司法系统中最重要的流动时点,就是作年终陈词之时。年终汇报中频繁出现的、用以总结当前阶段司法活动总体成果的数或基本指标,也是所有陈词数据中跑得最远的,虽然速度并不尽如人意。伊宁法院与最高人民法院,有三千多公里的直线距离,步行要月,坐火车一天零六小时到达,而传真不过数秒,但陈词数据的流动时间却比步行还要慢,最快也要超过 20 天。[④]

考核数据时期的基本指标——结案收案数,这时也用,只不过意义

---

① 关于"正常的现象",参见《1981 年最高人民法院工作报告》。

② 参见最高人民法院同国家统计局于 1983 年 4 月 16 日下发的《关于加强协作进一步做好司法统计工作的通知》等。

③ 参见 1985 年 11 月 28 日最高人民法院颁布的《关于加强司法统计工作的若干规定》。

④ 根据 1985 年 4 月 29 日公布的《最高人民法院关于加强司法统计工作的通知》,"高级人民法院的综合月报、季报应在下月 20 日前报最高人民法院"。如果算上这个季报从基层法院到高级法院的时间,从基层法院到最高人民法院的数据流动时间显然要超过 20 天。

不同。很难定位这些指标进入司法系统的准确时刻，但若以最高人民法院的工作报告来看，他们很早就被当做描述法院业务的客观工具来用了。1981 年的最高人民法院工作报告是其首次公开亮相。江华的这份报告，在刑事、民事、经济案件的汇报条目下，都使用了案件审结数。这种计件度量现阶段仅作描述总结之用，远不得见其在考绩数据时期的威力。作为“人民群众对于民事纠纷敢于提起诉讼”和改革开放政策贯彻执行的佐证，民事案件的汇报中还额外使用了收案数。1982 年的最高人民法院工作报告中，使用了走私贩私、贪污、受贿、投机倒把、诈骗公共财物、盗窃公共财物、倒卖珍贵文物这七类经济犯罪案件的审结数。报告对审结数细分的缘由也说得很清楚。当时五届人大常委会通过了《关于严惩严重破坏经济的罪犯的决定》，作为法律执行机关人民法院必须回应修法，而大政法格局又意味着法院还要“在当地党委统一领导部署下，积极地投入当前正在开展的打击经济领域犯罪活动的斗争中来”。① 严打经济犯罪既然是当时法院的工作重心，在汇报工作时摆出数字增强业绩说服力，是再自然不过的了。而其后各类指标的新创和公布，也无不源于在上者的政策关切，成于法院的业绩汇报，并决定性地成为司法统计中的常数。最高人民法院 1984 年工作报告中，第一次出现了针对经济案件的诉讼标的统计。② 1985 年的最高人民法院工作报告第一次使用了调解率。③ 1986 年的工作报告第一次引用了刑事发案数并首次公布了刑事案件收案数。④ 刑事案件标签下也出现了以刑期为分类标准的审结数统计。⑤ 1988 年最高人民法

---

① 参见《最高人民法院关于坚决执行全国人大常委会〈关于严惩严重破坏经济的罪犯的决定〉的通知》。

② 例如，“自 1984 年 4 月至 1985 年 2 月，各级人民法院共审结各类经济纠纷案件八万余件，争议标的总金额十七亿元……”

③ 例如，“在人民法院办结的民事案件中，调解解决的占 85% 左右”。“1984 年各级人民法院受理的经济纠纷案件为八万五千多件……”

④ 例如，“1985 年全国各级人民法院受理一审刑事案件二十四万六千多件，人犯二十七万七千多名，分别比上一年下降 43% 和 54%”。

⑤ 例如，“其中，判处五年以上有期徒刑、无期徒刑、死刑（包括死缓）的，占 42%；判处五年以下有期徒刑、拘役、管制、免予刑事处分以及无罪释放的，占 58%”。

院工作报告第一次在经济案件汇报中使用了执行率。①

这类总结陈词性质的司法数据,能以量的形式描绘总体上的司法产出,但在充实"严重""转好"等文词的形容意义外,并未发挥更多的信息功能。究其原因,一则数据的简陋实属无奈,毕竟信息能力发展的基础是信息通讯技术应用的支持。人工录入和计算耗时耗力,导致数据的实效性不强。② 即便基层人民法院原始记录中的月报都是由每月的第一天起至最后一天截止的,但将记无遗条的原始数据上呈至最高人民法院就是另一回事了。一个直接表现是,在早期最高人民法院的工作报告中,统计年要扣除掉两三个月的数据汇集和整理的时间,因此都大大短于实际的业务年。比如,1980年9月2日所作的工作报告以同年6月底为统计截止日;在1981年12月7日所作的工作报告中,1980年10月至1981年9月方为司法统计中的一年;在1982年12月7日的工作报告则又以同年1月至9月为统计区段,1985年4月3日的工作报告中统计年则是1984年4月到1985年2月。二则受限于功能定位。这时期的司法统计,作为最重要的司法数据来源,其主要目的是用最节省的客观方式,向其政治领导就司法权运行的总体情况做一说明,次要功能才是辅助决策。这非常符合计划经济时代组织内的汇报习惯,决策和任务都是上面给定的,效果反馈依靠的是由上方发动的实地调研以及下面的"严重"反映。退一步讲,即便最高人民法院有心用司法数据支持司法决策,但在手头只有陈词数据的情况下,也巧妇难为。司法统计中以陈词数据为模板组织起来的日常数据流,是自下而上经过层层上报而汇集的总量数据,全局观足具但事实敏感不够,大量细节和事实都被筛除了。它反映的不是正在发生的事实,而是过去了的抽象事实,并不足以支持司法决策。三则既然司法组织中的管理者对司法数据的期望不高,只要能最直白、最宽泛地将总体状况说明白就行,那么零星的几个指标数据也就够用了。而且由于它更多为在上的

① 例如,"据不完全统计,经济纠纷案件判决后未能执行的,1985年、1986年均为20%左右,1987年上升到30%左右,有的省高达40%以上"。

② 延迟问题在年报、月报、季报中都存在,虽然文中主要用了年报数据来说明。

政策关切和意志所主导，所以也仅在管理者主动扩充或转移关注点后，司法数据所覆盖的事实领域才会稍稍具体而广些，除去上文提到的几处第一次，1989 年最高人民法院工作报告中首先披露青少年犯罪统计、1992 年新增的毒品犯罪和拐卖人口犯罪统计，也皆从此理。①

2. 自动化与考绩数据时期

始自 1995 年的法院硬件设备现代化，陆续拉开了一系列锻炼内功的信息通讯建设，这在 2010 年后仍未间断施工。这期间，法院信息化进入了阶段二，实现了自动化办公，新提出的法院信息化战略也在逐步兑现中。1996 年最高人民法院发布的《全国法院计算机信息网络建设规划》，第一次构想了司法系统信息化建设的全景。到 1999 年，《人民法院第一个五年改革纲要》（1999～2003）把硬件设备的信息化建设全面提上了日程。按当时的计划，要在三年内实现最高人民法院同各地区中高级人民法院之间的联网，五年内争取全国法院计算机网络系统的全面覆盖。2002 年，第一次全国法院信息化工作会议召开，全国法院信息化建设全面启动。2007 年，紧随《全面加强人民法院信息化工作的决定》的公布，第二次全国法院信息化工作会议，布置了信息化建设的新一轮目标，提出要在 2010 年建设完成覆盖全国各级法院的业务网络。到了 2010 年初，全国已有 9835 个人民法庭接受了最高人民法院输送的法律应用软件。② 2011 年，在《国家电子政务工程建设项目管理暂行办法》施行后的第三年，由全国各级人民法院协同参与的国家司法审判信息系统建设（简称天平工程）也正式启动。各地方在省高级人民法院的统一规划下，相继开始建设配套项目。

此间的全部信息基建，一方面地方上信息基建的水滴石穿地推进，另一方面则围绕着地方性数据交换的贯通和背离——打通地方内部的信息孤岛，争取区域内法院上下组织，乃至于突破区域界线的信息联网。就前者而言，继 1998 年"案件审判信息管理"被确定为信息化建

---

① 1989 年任建新院长在报告则第一次列出了针对青少年犯罪的司法统计和行政案件统计。"1988 年判处的罪犯中，14 岁以上不满 18 岁的未成年人占 8.9%，比上年增加 13.8%。"

② 参见《2010 年最高人民法院工作报告》。

设的切入点后,最高人民法院于2000年起,开始在全国法院推广"人民法院案件信息管理与司法统计系统"的应用,这既是司法统计系统信息化始端,也同时是以案件管理为内容的审判管理成立的先导要件。案件从立案、案中到结案的全程信息录入、流转和管理,都由该信息系统记录;司法统计系统则将数据的收集、汇总、整理、传送等人工统计步骤自动化。计算机应用软件的设计中,在架构层面把审判管理与司法统计切割开来的同时又连接了起来。在司法统计之外,审判管理有了新的常规数据流接入,也即"法院信息"。一开始这个"信息系统"只是应统计需要而为流程信息留痕,其后经其他应用软件的开发,而渐渐有了"综合信息管理系统",允许审判管理者于系统中完成大部分相关操作。局域网建设的一个方面也正是,由最高人民法院推广的该司法统计系统与法院审判管理中所使用的管理软件间,保持稳固的系统统计关联,司法统计系统要"能从案件流程管理的各环节中自动生成任意数据报表和台账……能够按一定要求提取案件数据并生成所需非制式图表。"①此后经最高人民法院坚持不懈地推动,该系统成为全国各级人民法院的基本装备,唯一有变的,是不同法院所使用的系统版本。②

至于第二个发展方向,这得从法院的信息孤岛化谈起。法院的信息孤岛化有两个表现:第一,各法院各自为据,互不沟通。这是通过数据分享能解决的方面。联网前,上下级法院间并不是不能实现数据沟通。比如,"人民法院案件信息管理与司法统计系统"就设计了一个数据交换系统部门,允许上级法院以此为中介进入下级法院,但经此而知的数据,真实性无从印证,实效性也不强,效果并不好。而联网,继而是大数据时期,天平工程启动后,省高级人民法院对地区内司法数据的集中存储,既打消了关于数据真实性的疑惑,又把延后的审判管理变成了进行时。这恐怕是数据分享最理想的情况了。仅2015年,最高人民法

---

① 《信息化时代下的人民法院司法统计——以法院调研为视角看司法统计信息化的进路》,载中国法院网,http://cqfy.chinacourt.org/article/detail/2011/10/id/650540.shtml,最后访问日期:2016年9月23日。

② 《试论基层法院司法统计工作与审判管理》,载中国法院网,http://www.chinacourt.org/article/detail/2013/06/id/1015521.shtml,最后访问日期:2016年9月23日。

院就已与北京、天津、上海、重庆、四川五地方法院实现了案件信息的实时共享和传输。在局部联网所能实现的地区性司法数据交换之外，实现了溢出区域的数据沟通。而中国的法院联网，起步不早，发展也仍有留有空间。人民法院专网、局域网建设的系统目标在2005年《国家“十一五”规划期间人民法院物质建设规划》中才出现。到了2010年，符合标准的一级网已在全国范围内全部开通，90%以上的中级人民法院也开通了二级网，但只有约60%基层人民法院开通了三级网。① 信息孤岛化的第二个表现是系统的不相兼容问题，这得由标准化来治。应用系统的多样化开放往往会导致系统不兼容。本文主要以最高人民法院的视角组织和整理事实，但法院系统的信息化从来都不是自上而下的单向设计。最高人民法院通常只提供意图和方向，单对那些不能被放到地区中去的部分才考虑得更实际些。只有在一波试点终了，接受了高级人民法院的反馈评估后，最高人民法院才会公布一个更清晰的意图和样板，顶层设计的模糊性才能被降低。虽然最高人民法院致力于向全国各级法院推广“人民法院案件信息管理与司法统计系统”，但介于该系统的设计目的，只要财力技术力允许，每个地方法院理论上也都会选择开发更具特性的业务和管理系统。且在天平工程启动后，就已经由建议而转为任务了。法院内业务应用软件的开发，往往引入市场竞争，由软件公司招投标竞取。法院业务和管理应用软件市场的存在，意味着软件产品的多样化。举例来说，尽管北京紫光华宇垄断了近1300多家法院的《法院综合信息管理系统》，但通达海、华为等软件公司也在不遗余力地推广自己的电子政务方案，并分割了另外的法院用户。如果不能解决不同应用软件间的兼容问题，联网前于不同系统间搬运数据会成问题，联网则后会影响数据共享的顺利实现。正因如此，最高人民法院在2002年通过的《人民法院计算机信息网络系统建设管理规定》和《人民法院信息网络系统建设规划》中，才会有“网络应用软件……必须遵循最高人民法院制定的全国法院计算机网络建设标

① 《国家司法审判系统工程通过评审》，载人民法院网，www. chinacourt. org/article/detail/2010/11/id/437165. shtml，最后访问日期：2016年9月23日。

技术标准”,“各级人民法院在计算机信息网络建设中要严格执行各种技术标准,不得各行其是”等强调标准化的表述。

这一时期,各专门应用软件,以司法统计业务为突破口,在逐步向法院的核心业务区块延伸。虽然它并不触发业务组织的重组和程序再造,但在改善审判效率方面效果显著。而最关心法院审判效率的审判管理,显然承惠最大。信息通讯技术有了在司法统计之外的大型演武场,而专门业务软件(审判流程管理等)的出现,也同时在司法统计之外开辟了新的司法数据流。审判管理者所能读到的事实变多了,而其对司法数据的要求也更多了。除了“反映社会风气变化”的调查取向外,还要充当一种激励机制,敦促法官高效履职。司法统计工作由研究室而渐归属于新设的审判管理办公室。审判管理者提出一组理想的业绩目标,而该数据将层层下达至每一个基层法院发挥效力。一时间,“司法统计”变得要命了,数字变得重要了。[①] 用司法数据监控审判的、对诉讼进行质效管理的新型审判管理出现了。审判管理所仰仗的考绩数据,同陈词数据一样都是数,但这是一组有来有往的数,司法活动的质效凝结在这个数里,对行使审判权的评价也由这个数来体现。

若论考绩数据的源头,这也得追溯到20世纪90年代。在经济转型先后解放了农民和市场的劳动和流通热情后,一些法院开始尝试用岗位责任制来解放法官的业务热情。业务目标被分解为若干指标,并将诸如结案率、收案率、改判率等源于陈词数据的指标吸收为考核项目,指标好则晋职升阶、授奖颁誉,指标低则启动问责程序。一直到1999年《人民法院第一个五年改革纲要》,这项起于地方法院实践的改革才被搬上体制改革的全日程。只不过已经由法院内部的管理目标优化举措大大扩充,并开始带上些许上级法院对下级法院行使审判监督

① 例如,有基层法官提到,“上级法院以司法统计数据作为开展审判业务绩效考核和质效评估后,笔者所在法院才开始真正重视起来,但由于操作时间短,加上思想观念上的滞后性,仍有相当一部分法官对审判管理软件及司法统计软件应用不到位,案件信息录入不及时、不全面、不准确,存在缺项、漏项等现象”。参见孟凡文、祝太平:《试论基层法院司法统计工作与审判管理》,载中国法院网,http://www.chinacourt.org/article/detail/2013/06/id/1015521.shtml,最后访问日期:2016年9月24日。

和指导权的意思。作为落实纲要所追求的“具有快速反应和宏观分析能力的现代司法统计工作和管理体系”的一步,2000 年最高人民法院编制并实施了《审判质量检查方案》。而此时,考绩数据对审判行为所带来的扭曲效应也日渐清晰。法院间的业务竞争成了“数字更好看”竞争、唯数据论和数据造假愈演愈烈,同地区不同审级的法院在改发案件上由沟通、案件请示、分析研讨及反馈等预防性措施中表现出行政化倾向,公、检、法在刑事审判中合作作业的倾向强化,年底不收案,不适当的调解结案,执结才立案等问题,一时都来了。[①] 由此,最大限度地抑制司法统计的恶劣副产品、改良司法统计使之贴合审判实际和法官全面工作的地方实践顺势开始。到 2005 年,最高人民法院在总结地方经验的基础上,把审判质量和效率评估体系的转型写入了《人民法院第二个五年改革纲要》(2004 ~ 2008),[②]就此宣告全国范围内常制已成,不再仅于个别地区或个别工作检查时段被援引。随后以 2008 年

① 分别参见江厚良:《绩效考评与刑事程序失灵:从现状到解决——以审判、检察业务绩效考评为中心的讨论》,载《建设公平正义社会与刑事法律适用问题研究:全国法院第 24 届学术讨论会获奖论文集(上册)》,第 297 ~ 306 页;《不因“结案率”下降拒收案只为公正与效率下真功——吉林中院暗访年终立案确保司法统计真实》,载《北方法制报》2007 年 1 月 23 日第 A04 版;孙宪忠:《“调撤率”不宜作为法院绩效考核指标》,载《中国社会科学报》2013 年 4 月 10 日第 7 版。

② 江苏省高级人民法院于 2003 年 12 月就制定下发了《关于在全省法院建立审判质量效率同一指标体系和考评机制的实施意见》,其做法是综合指数评估,即高级人民法院对中级人民法院设置了 14 项指标并分别赋予相应权重(各中级人民法院根据本地区实际,制定辖区基层人民法院审判绩效考评办法,自行确定考评指标及指标权重),考评时以全省中级人民法院指标的最低值和最高值为极值,采取幂函数功效系数和加权算数平均合成法,计算各法院的审判质效综合指数;重庆法院自 2004 年起开始对全市基层人民法院、2008 年起对全市中级人民法院实行工作目标年度考核,其内容是,参考全国和全市法院案件质量状况,直接设置各项指标的考核标准和分值,达到考核要求才能获得该项目的分值;否则,按照一定数值或比例扣除相应得分。比如,对中级人民法院“立案变更率”的考核标准是千分之一,分值为 1 分,每超过 0.1 千分之,则减去 0.02 分。同时设置少量加分指标,若优于考核标准,除获得该项指标基本分值外,还可获得一定加分。各项指标得分之和即为审判执行工作考核得分。只是当 2008 年《指导意见(试行)》和 2011 年《指导意见》出台之后,各地法院有意识地将最高人民法院确定的案件质量指标体系纳入了考核范围。参见孙启福:《案件质量精细化管理的局限及其克服——以最高人民法院〈关于开展案件质量评估工作的指导意见〉为中心》,载《法律适用》2012 年第 6 期;陈忠、吴美来:《案件质量评估与审判绩效考核衔接机制研究——以重庆法院实践为样本》,载《法律适用》2014 年第 3 期。

《最高人民法院关于开展案件质量评估工作的指导意见(试行)》的正式公布为分界,此转型正式开始。在 2009 年到 2013 年的一系列改革文件先后取效后,最高人民法院尝试用司法数据的科学化来抵销审判管理权对审判权的扭曲之意已是昭昭。[①] 首先是部门和法官个人业绩档案的建立,这项改革的实施基本上宣告了审判质量评估由运动式的周期排查向常制转变的最终完成,司法数据也同时进入了法官个人和单个法院的历史。再次是少数单薄的指标被扩充和调制为一个从审判公正、审判效率和审判效果三个方面下的 20 项子项指标组成的立体指标体系。[②] 举例来说,年终结案率考评的本意是督促法官提高审判效率,但追求高结案率的法院也可能选择拒绝立案、延期立案或者立案但却编入次年的案号的策略,而这显然有损于当事人的诉权。一个应对办法就是再引入结案均衡度指标考核来压缩结案数量的月份间异动。就法院而言,一年 12 个月之中,如果每月审结的案件在数量上大致相当,而且收案数接近的月份的数量也越多,结案均衡度就会越高。此外,还包括全方位审判管理的切入。对应于审判管理从重点截取部分程序予以评价,开始延展至对全审判过程及包括质量管理在内的流程管理、效率管理等内容的追踪式记录和评估,由此生成的司法数据对司法事态的覆盖面也被拉宽和切深了。

在这场最高人民法院开启的全面评估运动之中,最高人民法院一开始即对各省高级人民法院就质检结果通报排名,各地方法院也在目标和任务的层层分解与下压下,相继踏入了司法质效的排位赛场。高级和中级人民法院的审判管理办公室纷纷就下级法院在办案数、裁判文书、审判流程、卷宗质量等若干指标统计考评,再给分、排位、张榜公布,后政治部再据此计算出岗位责任制下的得分,分配赏罚。法官,特

① 《第三个五年改革纲要 2009 ~ 2013》(2009 年 3 月)、《最高人民法院关于基层人民法院审判质量管理工作的指导意见》(2010 年 12 月 9 日)、《最高人民法院关于案件质量评估工作的指导意见》(2011 年 3 月)、《人民法院案件质量评估编制办法(试行)》(2013 年 6 月)等。

② 试行提出的是 33 项子指标,而经过近四年试点,到 2013 年的正式稿中,进一步被精简为 20 项。

别是基层法官们在连续的考绩竞争之中,自觉尊荣感丧失,同流水线上计件过活的工人的已经没有了差别。一直到2014年年末,最高人民法院宣告取消其对省级法院的统计考核排名,并建议高级人民法院抑制对辖区内法院考核竞赛的冲动。① 但此举无心取消考绩数据的直接效力,至多是缓和了最高人民法院间的数据竞争。高级人民法院响应号召者停赛者则寥寥。②

问题还是那一个。怎样才能最大限度地抑制数据对审判行为的扭曲,最大限度地辅助审判行为的优化?考绩数据的指标化设计在不断经历科学升级,但问题似乎从未真正得到解决。扭曲效应的产生至少有两重原因,而这些都是考绩数据自身无力克服的。其一,尽管《人民法院案件质量评估编制办法(试行)》为地方法院设置适合自身的个性化指标留下了余地,但考核数据毕竟是总量数据。必须要"一把尺子量高低"。在这一点上,它同陈词数据一样,无法处置审判权行使的地区间差异,差异或者被作齐平化隐藏,或者制造坏数据。比如,在法院或法官的人均年结案数指标的考评上,那些地处低诉讼区位的法院当然会输在起跑线上,但这样的区位因素又是经济社会历史等条件综合决定的,同法院或法官的工作效率干系不大。某些位处农区的基层法院,受案量在闲忙两级的差别会非常明显,因此,即便不存在年底不立案或突击结案的不规范行为,但其受案均衡度指标也不会好看。③ 第二,如果数据不具考核功能,差异完全可以安然自存。但当中国法院整

---

① 2014年12月23日下午,最高人民法院党组书记、院长周强主持召开党组会议,听取最高人民法院研究室、审管办关于案件质量评估工作和审判绩效考评工作运行情况的汇报。会议决定,最高人民法院取消对全国各高级人民法院考核排名。2015年周强在最高人民法院工作报告中指出,健全审判监督指导机制。尊重司法规律,克服监督指导工作中的行政化倾向,取消对高级人民法院的统计考核排名,指导高级人民法院取消对辖区法院不合理的考核指标。

② 江苏省高级人民法院似是一个孤例。参见《取消不合理考核指标之后》,载《人民法院报》2015年4月15日第1版。

③ 比如,"我们基层的案件受理还是有一定的季节性的,比如农忙的时候案件就少,春节后案件就比较多"。参见张建:《法官绩效考核制度中结案考核及其悖论——以J市人民法院的司法实践为例》,载《法律社会学评论》2015年第00期。

体进入了“案多人少”的诉讼高增长时期,加之社会转型中随时抛向法院的新麻烦,审判管理者除了向企业学管理,用赏罚激励法官提高办案效率、达成审判任务之外,还能有什么办法呢?在上级人民法院对下级人民法院审判权运行状态充满信心之前,要求其改变审判管理思路,取消考绩数据的直接效力,似是很难。

3. 网络化与大数据时期

2010年前后,因大数据、云处理、人工智能技术逐渐成熟投入应用,人类关于信息社会的构想又被重置了。办公自动化时代的信息通讯技术以及作为其表征的考绩数据,其理想运转情况,是技术和数据的隐身,在不触动司法活动及审判管理的前提下,加强之。但网络及大数据的到来则会彻底改变这状况。在大数据语词相继渗入法院的日常后,法院在接纳信息网络化的同时,也将不得不调整其与公众及协作者的影射关系。

2013年8月,在第四次司法统计工作会议上“大数据、大格局、大服务”的统计理念正式提出,同年最高人民法院信息技术服务中心正式组建。[①] 2014年《人民法院第四个五年改革纲要》(2014~2018)将大数据理念列为一个指导方向,并同时要求建立全国法院裁判文书库和全国法院司法信息大数据中心,逐步构建符合审判实际和司法规律的实证分析模型。2014年6月,人民法院数据集中管理平台建成,各省高级人民法院所存储的区域内司法数据,被要求上传到这一平台,自此,分散在全国四级共3500多个法院的司法数据真正进入了海量存储、集中管理的大数据时代。既然全面的自动化办公和联网,已令信息不再为司法统计单个模块所掌握,综合性质的信息管理部门建设也开始了。2015年最高人民法院信息管理中心建成,该平台“集中了全国法院近4年4800万件案件数据和2100万份裁判文书”,[②]每五分钟更

① 《全国法院第四次司法统计工作会议在青海召开——周强强调要大力加强司法统计工作》,载《人民法院报》2013年8月23日第1版。

② 袁定波:《法院信息化建设驶上“快车道”》,载《中国审判》2015年6月20日版,http://www.chinatrial.net.cn/magazineinfo255.html,最后访问日期:2016年9月23日。

新一次数据,并以“日均4万至5万件案件数量递增。”①全国范围内司法数据的终端汇聚、实时分析和管控进一步成为现实。而各地高级人民法院、中级人民法院也在筹组信息中心、筹建数据管理平台。不仅司法统计由审判管理办公室转入信息中心,其他与数据互通互联、统一调度有关的技术作业,也一并集成在此综合性信息管理部门之下,信息通讯技术于人民法院第一次有了自己的组织建制。

大数据在司法系统中的应用才刚崭露头角,其影响原未充分展现,对它的品评更不可能是总结性的。但若对比其与前两种司法数据,还是能看出三处不同。

其一,描述事实方面的无偏见性。

“要想改进,第一步就是要看看摆在面前的事实。”②大数据所以能做到如是描述法院系统的全部制度事实,首先就在于对海量数据的无差别存储。

陈词数据和考绩数据曾经贡献了大量关于司法制度现实的直接说明。但其是在某预设前提下进行的,因而其关于数据的存取首先是有目的达成的意味在里面。拿陈词数据来说,许多调研报告和实证研究中的陈词数据会在主张自己的普遍性意义,但其实,它们不过是从地区或者全国法院中抽取的小容量样本信息上做了个分类汇总,距全面、深入覆盖法院的系统真实而言,相差甚远。介于样本的选择并非随机,研究者总是优先考虑典型性或是可行性——在被选择的法院存在某种便利的社会关系以便获取资料,这至多具有局部突出性。依靠对典型案例解剖麻雀式样的解读或者随机抽样模拟的客观分析,永远无法解决围绕分析对象代表性的质疑,抑或普遍性与个别性之间的矛盾,而当网络集存和共享数据变得简单易行时,法院在生产正义的过程中的全部动作和步骤、所有的案例生成和消灭,都能被信息化之后,全样本数据

① 袁定波:《法院信息化建设驶上“快车道”》,载《中国审判》2015年6月20日,http://www.chinatrial.net.cn/magazineinfo255.html,最后访问日期:2016年9月23日。

② “Law and Social Reform”, in *The Mind and Faith of Justice Holmes, His Speeches, Essays, Letters and Judicial Opinion*, ed. By Max Jemer, The Modern Libray, 1943, p. 401. 转引自苏力:《送法下乡——中国基层司法制度研究》,中国政法大学出版社2000年版,第993页。

似乎就近在眼前。大数据存储和信息共享,已经允许组织管理者绕开层层递进式的、经过处理了的总量数据,径直攫取原始形态的各类数据。至于考绩数据,从表面上看,在自上而下的层层数据目标传达和自下而上的层层数据反馈间,数据流贯通了全系统,但同陈词数据一样,它也是经分类汇总后的总量数据,以审判管理者的需要为先。譬如,司法统计中通用的表式或者指标的编制,设计上就以处在上层或终端的审判管理者的需求为起点,但审判管理者需求的内容,与审判权运行实际产出的内容毕竟不一样。总量数据善于用最简洁明了的数字,解读符合管理需要的法院系统的要点,其探求制度真实的好奇心并不重要。所以,只见树林而不见树木也是当然。为了量上的总括度,精确度被牺牲是划算的。

若说总量数据向管理者奉上的只是以管理目标达成为中心的局部数据。那么大数据就能如是还原全部司法过程和全部系统事实。在这一点上,大数据对传统司法统计的冲击是颠覆性的。技术的发展已经可以做到不统而计,种类各异的内容都可被数据化而可静待管理者处置。因为此时,各种司法信息都已有了电子形态。数据载体已不仅仅是“数”。案例(文字)、庭审实况(视频)、犯罪者强制携带的电子手环所发布的地点等也都进入了司法系统的数据流通。① 单单比较数字和文字的比特单位就知道,如果没有云存储和云处理技术的发展,司法系统是不可能承受有如此丰富形式和庞大数量的数据的。其实传统司法数据中,为便利管理终端阅读而使用的“数量化”策略,也并未被放弃,只不过有了海量数据的存储后,单薄的事实发现随时都可以为大数据分析所充实,它的抽象也就变得可爱了。

其二,以无偏见数据的海量存储为基础,大数据分析所能达到的深度不同以往,对司法决策的支持也有不同意义。

大数据之前的司法统计,也从未放弃过用数据分析支持决策。要

① 比如,某论坛中,一名法官谈到人民法院案件信息管理与司法统计系统时,称“该软件对案件相关信息字段统计比较全,但对法律文书等格式的文件无法进行查询”。参见法治论坛,http://bbs.chinacourt.org/index.php? showtopic=19108,最后访问日期:2016年9月23日。

“利用司法统计资料，经常分析研究社会风气和社会治安的变化情况”，要“通过统计资料了解审判工作的基本情况”。[①] 在用好司法统计支持司法决策方面，最高人民法院是不遗余力的。但单将司法统计在冠名上归类到“调查研究工作”下，对实际司法统计中数据分析的发展没多大用。[②] 更何况传统司法统计部门中的数据分析本身，就不可能达到审判管理所期望的深度和广度。尤其在当代信息通讯技术允许我们索求更多事实和结论的时候。虽然人民法院通过信息和统计应用系统占有了大量的数字，但自动化时期与筹备期相比，也同样未离系统事实更近。其中根源至少可以从两方面来谈。

其一，在存在数字的地方，它的分析虽则使用数字，但却不是量化分析，而更接近于一种描述性的量化报告。它用的是总量数据，套路是在分类、对比基础之上作汇总性描述，数据的使用被当作规范性解说的证据，不是以数据说理，而是以数据说事。[③] 由于通常是解说在先，事实的发现或者数据的搜寻在后，这样前后的协调不顺，常常会使以数据说事沦为牵强附会。大数据分析则是一项彻底的量化分析。从理论源头上看，它的运作更接近于计量经济学的量化方式。固然此种分析模式也离不开一个意志给定的预判——这被称为假设的东西，在司法统计分析中被称为管理目标。但它却是一种更加心平气和的精确计算。用密实的算法为支撑来检测模式、趋势及原始数据的相关性。在提出假设、建立模型、输入数据检验模型、根据输入调整假设，最终得到最优模型的这一长串动态过程中，所搜寻的不是确定无疑的答案，而是一个具有更高的拟合优度、更强鲁棒性、更小残差的、更能准确描述事实的“最优假设”。

---

① 参见《最高人民法院、国家统计局关于加强协作进一步做好司法统计工作的通知》(1985 年)，《最高人民法院关于人民法院司法统计工作的若干规定》(1985 年)。

② 参见《最高人民法院关于加强人民法院调查研究工作的规定》(2000 年)。

③ 例如，请参见佟季：《定分止争六十载——统计数据中的民事审判》；张洪阳、艾晶：《民初女性被告人的婚姻家庭状况分析——基于 1914 ~ 1919 年司法统计的考察》、张洪阳、艾晶：《民国初年女性被告人的经济和职业状况分析——基于 1914 ~ 1919 年司法统计》。事实上，不仅在这里，整个法学研究量化方法的应用中，它也是产品最多的，但不是在冠之以“调查报告”“研究报告”“实证研究”之名并展示一二表格，就是量化实证方法。

其二,传统数据分析与其说是对审判权运行状态的分析,不如说是对审判权运行结果的分析,因为它所处理的只是数字,而且具有时间和数量含义的数字。最典型的使用时间和数量作分析单位的场合,恐怕就是生产领域了。这样一来,难道人均结案率不是在衡量法官的生产效率?审限内结案率不是在催促法官快快干活?如果它们是在促成某种公正,这种公正也仅仅是效率公正。而另一种关于司法公正的理解是由质量路径进入。这是一种能具体到个案上的追问,追问某伤害案件的判刑是否公正、某诽谤案件的判决是否公正,某国家赔偿的判决是否公正,而一般人所关心的司法公正议题恐怕也正是这种类型。这种纯粹的个案公正,必须要求考虑到的,是案例中的大小事实,是伤害轻重、赔偿有无及多少等这样的"非数字",以及各因子之间的相关性。这就向法院提出一个要求——监控个案的公正区间。也就是说,法院组织必须要知道,什么样的裁量权波动在正常范围以内,什么样的判决又是异常的裁量权滥用,而某一个案又处在哪个区间。但在传统数据分析中,除了数量和时间指标外的原始信息,都在汇总上呈后消失了。层级越高的法院,对下面审判实情的认识就越抽象。除了一堆总量数据外,对个案的情形是不得而知的。而大数据的分析模式在还原裁量权的正常波动方面,似乎有天然优势。因为它能存储海量数据,还能通过深度分析,给出更贴合实际的可能解答。以土地征收为例。同人们对司法公正的模糊理解一样,在确实的实证分析出现前,尽管人们十分关心自己拿到的钱款是否合理以及那个作为背景的"合理的"行政补偿范围,但诸讨论总会因深度分析的缺乏而不自觉地变成一场假想——假象政府土地征收价格什么情况下合理、什么情况下看似不合理以及什么情况下真的不合理,至于土地征收的现实到底是"什么情况",一概一无所知。一个美国研究者认为合理的政府征收价格就是市场价格,既而全面检验了那些模糊的讨论中常常出现的影响因子,这包括建造时间、建造面积、同地段建筑物数目、是否位于边角地带、是否拥有停车位或商业拓展空间等财产特征,继而将其化为矢量指标,代入既往全部可知的8000份某地土地交易案中,得到并验证了一个财产特征与市场价格的相关系数,也即建立起一个有关市场价格的模型。① 这时,如果要知道1992～2002年纽约州430起土地征收中,每一笔补偿款是否合理,只需要比较这些强制征收案中的基本值,即根据关系式所估量出的该批土地的市价,与实际征收款之间的差距即可。② 诉讼当事人对这样的数据说理并不一定能接受,但科学的审判管理者,却是向来都要讲道理、摆证据的,更何况他要做的是在茫茫案件中挑出不合格品。大数据的相关分析难道不正是个好工具?

其三,网络化特别是外网中广泛的大众参与,都正在拆除司法公正的生产围墙,将其推向社会化大生产。

如上所述,大数据分析是一种相关性分析,善于挖掘事物间真实而又轻易被忽略了的相关关系。对那些尚未培养起心因性联想,纳入既定因果关系或者概率链条的所谓非关联事物,直接讨论因果关系是无从下手的。但相关性分析却没有这么的高门槛,它能在不断地建模调试后,揭示表面上乖悖无涉的事物间的真实关联。人工智能加上网络集存的海量数据所能实现的事实分析已经展示了这种相关性分析的前景。谷歌数据挖掘工程分析师对猪流感爆发的预言就是一例。谷歌能成功预言猪流感爆发,是在检索和分析网络用户对"关于医学的"的搜索关键词时得到的,而这个趋势跟踪系统所做的其实不过是训练计算机去不断做计量分析。如果我们能够开拓计算机学习在司法数据方面的应用,或许也能提前捕捉和预测到司法制度的变异信号。③ 但前提

---

① 实际的回归分析模型要比这里所说的更复杂,因为存在一系列不会波动的哑变量以及误差。该模型参见 Yun-chien Chang, An empirical study of compensation paid in eminent domain settlements: New York City, 1990 - 2002, 39 *J. Legal Stud.* 1:201 - 244(2010)。

② 不仅是理论研究者习惯于忽略真实性问题节省思考,根据该文的解释,征收者和被征收者也会因为缺乏关于一般情况的整体认识才会不自觉遵循就近一致原则,向其熟悉的附近案例靠近,这才导致补偿价格在极端区域聚拢。

③ 这并不高深。计算机学习的原理不过是对多层神经元网络模型的执行罢了,而网络则恰好为计算机提供了最充分的学习资源,让其在亿兆次失败和成功中调整出最恰当的模型说明事实。计算机所能完成的,人工一样可以完成。只不过前者强大的计算能力提供了人们偷懒的机会。所以,这里的计算机学习或者人工智能都没有偏题,因为其原理仍然是计量经济学的。

是,不去预设相关性分析的边界。这在某种程度上意味着要放弃贴在数据上的内部标签,要让司法业务人员之外的社会动作也能进入司法数据。而人民法院的数据改革也已经在这么做了。这个司法数据的社会化过程包括两个方面。

一方面是司法系统与国家的其他组织部门之间的数据交换。进入 2007 年,各人民法院的信息化应用从数据采集、存储和对审判流程管理开始向对审判数据的综合利用和分析方向过渡。2008 年开始,法院系统在执行联动理念下,要求参与建设统一的国家信用体系。2009 年发布的《人民法院第三个五年改革纲要》,继续把法院与其他国家职能机构间的信息协调当作一个建设目标。到 2014 年,最高人民法院的执行指挥系统已经能"与 20 家银行业金融机构的'总对总'查控,在全国范围内通过网络实现对被执行人和被执行财产的查找和控制"。① 另一方面则是司法系统与当事人及一般社会公众之间的数据交换。2013 年 11 月,中国裁判文书网同各高级人民法院裁判文书的传送平台联通,截至 2016 年 8 月,中国裁判文书网所公布的全国各级人民法院生效裁判文书已近 2000 万份——在 2015 年 2 月文书存量仅约为 629 万份,访问总量已超过 16 亿次。② 2014 年,中国执行信息公开网和中国审判流程信息公开网相继开通,办事咨询、案件查询、联系法官、进展推送、电子送达接受、执行失信人公示等均可在线完成。截至 2014 年年底,审判流程信息公开网已公布了 429 个开庭信息,36,272 个审判信息项目,访问总量则突破 76 万次;执行信息公开网已公开 2789 万余条被执行人信息,提供执行案件信息查询 1930 万余人次。③ 信息通讯技术最新近的应用成果是电子法庭,这是目前司法公开所能达到的最高阶段。所谓电子法庭,即

① 《法院信息化建设驶上"快车道"》,载《中国审判》2015 年 6 月 20 日版,http://www.chinatrial.net.cn/magazineinfo255.html,最后访问日期:2016 年 9 月 23 日。

② 该数字来自中国裁判文书网,http://www.wenshu.court.gov.cn,最后访问日期:2016 年 9 月 23 日。

③ 该数字来自《中国法院的司法公开》(白皮书)。详细内容参见贺小荣:《〈中国法院的司法公开〉(白皮书)有关情况的新闻发布稿》,载最高人民法院网,http://www.court.gov.cn/zixun-xiangqing-13731.html,最后访问日期:2016 年 9 月 23 日。

网络诉讼服务平台，各地称呼略有不同，湖北省称诉讼服务网，广东省称诉讼服务中心，而上海用平台称之。大众既可由网页端也可以由移动端接入该服务。当事人及其律师在与法院订立在线诉讼服务协议后，即可通过身份信息验证，登录各自的专属服务通道，在线完成预立案、案件进度查询、材料交转、证据交换、文书送达等诉讼环节。① 此外，网上信访、联系法官、预约阅卷、视频观看等庭审外活动也在同一平台实现了电子交流。电子法庭的出现，意味着法院的司法数据流有了外部新接口。一般公众可以在审判直播网观看庭审实况，对照执行失信人公示名单审查交易对象的个人信用，直接向网络立案系统提交起诉状并实时跟进案件状态；在普罗大众使用法院供给的外部司法数据之时，其自所提交的资料、点击和访问信息以及网上留言，等等，也同时将被记录、存储，并可在条件适合时被分析，乃至于辅助审判管理者由社会动态而预言诉讼活动的走向和变动。当人民群众在每一个司法案件中都感受到公平正义之时，司法组织也正可以测度他们的所感受到的司法正义。

司法数据的社会化接入，似乎还能缓解审判管理中的一项顽疾，即数据不准之症。虽然自动化时期起，法院系统中数据计算、传递的失误就在减少，但与收集有关的非系统误差同时也被暴露得更彻底了。司法统计专业化不足和业务庭法官消极对付司法统计，从源头上造成了

① 2013 年，上海市最高人民法院率先开通了第一个省级诉讼服务平台。在上海，包括知识产权法院、海事法院、铁路运输法院在内的一应法院，上至高级人民法院下至基层人民法院，也都各自建有电子法庭。北京、江苏、安徽、四川、重庆、甘肃、吉林等省高级人民法院，也各有自己功能或强或弱的电子法庭。最简易的电子法庭，如甘肃最近建成的诉讼服务平台，只保留了网上立案预约。电子法庭在目前阶段，至多能促进流程流畅，尚不能取代在地的诉讼。除去北京针对北京律协律师的网上直接立案系统外，网上立案性质上只是预立案。主要目的是为当事人免去因诉讼材料不全而有的无谓奔波。通过了形式审查后，预立案将转化为立案预约，当事人及律师仍需依约前往法院提交资料、缴纳费用、完成正式立案。电子法庭所能覆盖的诉讼类型，大多为一审民商事案件和一审申请执行。有的地方多开放了知识产权案件的立案申请，有的则多了一审行政案件。除了上海、北京等少数地方外，大部分电子法庭只贯通了高、中级两级法院。而且，网上立案在落地前，仅仅是法院的便民措施，通过系统申请预立案这一事实，并不引发诉讼时效的中止、中断等效力。此外，网上证据交换的启动以双方当事人均同意为前提。电子送达也常常是法院在实体送达之外，根据当事人意愿附加的送达渠道。诉讼费用的在线支付也还未普及，更别说减刑假释、诉讼保全等重要法庭职能还未上网。

数据的不准。而其实,这两个原因说的不过是一件事,即数据流的源头仍被普通法官不情愿地捏在手中,统计数据的流动仍然存在一个由业务庭而外的横向运动。① 业务法官的疲倦、拖延、敷衍都情有可原。"案件信息录入相当于审判人员相对纸质卷宗的重复劳动,增加了工作量",②"工作是干出来的,不是统计出来的"③,"司法统计工作……干不出业绩,抓不出成就"。④ 这些受情绪影响的不敬业,以及考绩数据时期被扭曲了的审判行为,是法官的默默抵抗,但除了加剧审判管理者对上计数据的不信任外,它根本不可能引致基层法院工作的专门化。法官们的抗议无效。而在线诉讼的使用,却提示了另一条出路。电子法庭加上外网专网间数据的无障碍同步,就可以让当事人担当不占编制的司法辅助人员了,数据流动的始点被交到了当事人手中,由其完成资料的数据化,即录入电子数据。即可推至法院外。电子法庭的网上立案系统,已经卡定了各式表头,当事人所要做的,只是在系统监督下按要求填空。虽说信任很难,特别还是让审判管理者信任被监督对象,这简直是悖逆制度天性。但诉讼当事人就不同了。要知道,作为利益当事人,其对数据的灵活处理和懒惰是会自讨苦吃的。提交的数据要接受另一方当事人和法院的联合审查,迟延或欺骗都会引发消极的程序后果。审判管理者又有什么理由怀疑数据来源上的不准呢?民主化似乎可以部分替代法院的专业化。但新的问题也会出现,比如信息安全,再比如数据鸿沟,毕竟直到2015年,中国的互联网普及率也仅为48.8%。

---

① 吴红艳、夏南:《司法统计发展路径的实证研究——以成都市中级人民法院司法统计历年档案为依据》,载《法律适用》2011年第4期。

② 《信息化时代下的人民法院司法统计——以法院调研为视角看司法统计信息化的进路》,载中国法院网,http://cqfy.chinacourt.org/article/detail/2011/10/id/650540.shtml,最后访问日期:2016年9月23日。

③ 张芷宁:《司法统计分析工作感悟》,载鸡西市中级人民法院网,http://jxzy.hljcourt.gov.cn/public/detail.php?id=1791,最后访问日期:2016年9月23日。作者为鸡西市鸡冠区法院的一名负责司法统计分析的新法官。

④ 王洋洋:《基层法院司法统计工作中存在的问题与对策》,载富裕县法院网,http://qqherfy.hljcourt.gov.cn/public/detail.php?id=3,最后访问日期:2016年9月23日。作者为富裕县人民法院法官。

三、法院信息化、审判管理与审判

前文以司法数据及信息基建为线索，区分出了三类司法数据以及法院信息化的三个阶段。这三个分期，时间上只大致相承，逻辑上虽前后相继，但事实上却常相重叠。这三类司法数据，长于各自对应的历史分期，一类的出现也都离不开前一类的铺垫。陈词数据早于考绩数据，但它本身也并不是全无年终考核的意思。大数据最晚，可其信息基础却得往上推至考绩数据时期，那时完成的基础司法统计系统的普及、开启的业务和信息管理系统开发，都是网络时代云存储和云计算的应用前提。大数据的优势在于使全样本数据成为可能，并在数据分析的深度和广度上实现了跃迁，但陈词数据的清楚简约、考绩数据对目标达成的激励，也自有其位置，他们都流通于当下的司法系统。前两类数据常会叠加在一处，如结案量在信息化准备期就只是陈词数据，但到因自动化时期审判管理的出现而转为考绩数据。

在这三十多年间三种司法数据的交叠之间，一个趋势贯穿始终，那就是随信息化进程而日渐突出的精细化。曾有一个时段属于按季度或年度制作和输送着的各类统计报表，后来又出现了评估指标来敦促日日重复着的立案、分案排期、审理、合议、裁判、送达、归档的动作，再后来，不仅统计报表和评估数据自身被越分越细，裁判文书，审理过程，网站点击量这些信息，也都开始为司法数据所收容。从陈词数据到考绩数据再到大数据，表面上是司法数据不断精细，但其实也正是审判管理的从无到有、从疏松到精细。毕竟法院的全称是法院组织。求真是组织成活的基本目标，信息能力在深度和广度方面能有何种增长，决定着求真目标能否达成以及完成得好坏。组织中的管理者，其所能见的，不是生物性或社会性的存在，而是经标准化语言过滤了的数据。正是通过搜集、整理、分析和应用数据，它才能掌握制度中正在发生的、预测其可能发生的并及时行动。所以，组织的维系与发展，要依赖这源源不断流向中枢，又流回基层的数据回路，这个数据回路内容越丰富、流通越通畅，组织的存活就越容易。法院虽不会因数据的失败而解体,但司法数据的好坏与审判管理强弱的关联还是挺直接的。受困于数据的人工处理,准备期的陈词数据不仅只能粗略给出审判权运行的总量结果,且其对事态的描述总落后于事态的发展。审判管理也只能气弱,毕竟数据反馈的反射弧太长,所知的数据也太抽象。自动化时期的考绩数据,不再是纯粹的描述工具,而有了自上而下的效力,其使用目的,起先是提升效率后来则兼提质效。这正是审判管理对诉讼爆炸最切实的反应。大数据则代表了一种对审判权更平淡、却也更彻底的管控,此时数据监控的范围不仅贯通了全法院系统,甚至开始向法院与系统外的信息交换处延伸。因为信息通讯技术的改善,实时的数据交换和指令反馈也已成为可能,审判管理者完全可以对普通法院的日常审判,给出持续不断的评估并同样要求持续不断的进步。网络化时代的审判流程管理和案件管理系统,首先都是时间集约型的,他们按照合乎程序规定的方式将司法过程精确拆解,又借助数据分享和集中管理,令系统中的每一个动作都为最上的管理者可见。在每一个流程节点上,系统都在督促法官看灯应对,绿灯亮了,是审限已过1/3;黄灯亮则是提前预警,表示审限已过了2/3,要加速了;红灯亮时,案件就已被纪检组督办。在生产正义的流水线上,系统让管理者变得勤勉又一丝不苟。而也显然也有助于案件周转时间的缩短。

技术的“中性”面皮已经为多人揭穿。① 而信息通讯技术带给法院的,也显然并不中性。审判管理攀附着信息通讯技术的发展而越来越强,越来越准,也越来越平常。但“统治的理性”的激活,是信息通讯技术带给法院系统的唯一变化吗?② 显然也不是。③

---

① 例如马尔库塞的技术统治论。

② 例如可参阅“技术理性是统治着一个特定的社会的社会理性”。转引自[美]马尔库塞:《马克斯·韦伯著作中的工业化与资本主义》,上海三联书店1989年版。“在技术的中介中,文化、政治和经济融合为一个无所不在的系统,这一系统同化或者排斥所有的替代,它的生产力和潜在的增长稳定了这个社会,同时把技术进步适应于其统治的框架中,技术的理性变成统治的理性。”“社会控制的现行形式在新的意义上是技术的形式。”转引自[美]马尔库塞:《单向度的人》,刘继译,上海译文出版社2006年版。

③ 其对司法权行使的直接影响这里略去不谈。有文章就讨论过法官判决越来越长的问题。当法院的业务管理系统中有了文书制作板块,能生成标准文书模板后,恐怕文书不仅会越来越长,还会越来越像。

当在线诉讼服务将司法转移出了物理空间，藏身于屏幕之后的法官对当事人而言可以是面目模糊的；当庭审活动登上了滚动播出的节目单，法槌、法袍、国徽的象征意义还能征服视频前场外人员的情绪和理性吗？法官的权威还能从哪里寻得？似乎只剩下了数据的公开与互动。“看得见、听得懂”的最终落脚点是“信得过”。法院的正当性不能纯然仰仗司法权的健康运行，更重要的还是向外部展示这种健康形象。用透明、服务性的互动，赢取司法的公信力。认知心理学的一些应用型研究也说明了这一点。在知之甚少的情况下，公众会自动用自己的情感和所认准的民间经验来评价法院系统，这就所谓的由无知引发的认知偏差。而一旦当公众对司法活动有所了解，无论那是一种程序知识还是实体知识，他们都将更加服从法庭的决定。也就是说，即便是简单的法条阅读，也有助于纠正这种认知偏差。① 更何况中国法院始自肖扬时期的司法公开早已突破了无指向性的信息公开阶段，而由主动的数据公示和授权下载，迈向了更高阶的电子互动阶段。公众已可以在法院的门户网站上，实现数据交换，直接开启或进入司法程序。从数据库和闭锁型应用软件为特征的自动化时期，到网络化时期，法治的形式美德，特别是司法的可接近性被发挥到了极致，并逐渐转向了高度参与性，这是技术民主的胜利。

信息通讯技术的自然使用，在克制司法体系骨子里的精英主义，使其不至于变成与大众相决绝的精英体系。但反过来，要在信息化时代走群众路线，又离不开精英的高效组织。电子司法的接地气必须以整体规划和部门内部的一体化为先。也就是说，如果没有最高人民法院和高级人民法院在全国和地区主持的信息基建和区域内数据的一体化，如果没有最高人民法院把法院与侦查机关、起诉机关、鉴定机关等其他司法机构，以及人大政协统计局、工商、税务、公安、土地资源管理

---

① Tom R. Tyler and Gregory Mitchell, Legitimacy and the Empowerment of Discretionary Legal Authority: The United States Supreme Court and Abortion Rights, 43 *Duke Law J.* 4: 703 – 815 (1994); James L. Gibson; Gregory A. Caldeira; Vanessa A. Baird, On the Legitimacy of National High Courts, 92 *Am. Polit. Ssc. Rev* 2: 343 – 358 (1998).

等部门拉到一起,在法院与法院之外推动系统关联和信息分享,司法与大众的沟通之桥是搭不好的。信息化时代的数据规模的增长将是几何级的,如果司法的数据孤岛不被打破,大数据的全面存储集中管理是不可能的;如果各分立的功能区域无法被整合在一个集成平台,在各个系统间的重复登录和切换只会令人不胜心烦。

四、结语:过去与未来

尽管在信息社会,信息通讯技术的影响方得显著,但在之前历史悠久的司法活动中,它也在司法技艺中占有一角。司法推理的一个重要的步骤是找法或曰法的发现。这其中固然存在许多微妙的权衡,但案例汇编、法律检索的基础辅助显然也不可或缺。大陆法系的法源主要是官定法律,信息技术的介入被前压在立法环节,成了汇编技术;而如果不嫌弃技术的原始,判例法系基于判例的案卷汇编和法律检索,则可称得上是司法环节最早的信息技术应用了。在前计算机时代,律师和法官们就已经制造了一个人工检索系统。他们收集案例并给每个案例一个代码,用卡片记录有效的检索关键词并加以分类。

但是,只有到了计算机和互联网所主导的新时代,信息脱离于其物质实体并自成一个不能为自然空间所还原的虚拟存在,信息通讯技术(ICT)对司法的影响也才更为人所见。虽则编码和分类的原理仍复现于当前的诉讼辅助系统,但计算速率和灵活性上的量的提升已经引发了司法(法院)品格的质变。

2000年前后,世界范围内当即有法院系统进入网络化阶段并开始积累在线司法经验,同这些地区相比,中国法院在信息通讯技术应用方面的敏感度,起初并不高。这正同整个中国社会信息化进程的晚生相一致。毕竟自1994年起,中国才启动了互联网商用并全面接入国际互联网,也是同年,中国方才开通首个电子政府平台,即中央人民政府门户网站。作为一项核心政治战略,政府要服务信息化建设,在20世纪

80 年代就喊出来了。① 而服务于信息化建设的政府本身的信息化建设，却启动得较晚。② 起步晚也有起步晚的好处。公共部门只需跟在社会部门在信息通讯技术领域的新创后趋步即可。事实似乎也正如此，与自动叫好服务由商业银行，经政务大厅，继而抵达信访立案的阳光大厅的漂移之路一样，信息通讯技术的创新传播路径也经历了电子商务（e-commerce）到电子政务（e-government）再电子司法（e-judiciary/justice）的平移，对成熟技术和成功经验的移植，是软件技术公司参与法院信息化建设后带来的后发效应。它不能代替法院完成由自动化而网络化的适应性转变，但却常能为法院提出一个“中性的”转变模板。

信息通讯技术进法院，拉低了法院系统的运行成本、支持了司法决策的科学化、强化了审判管理，还渐渐松动了生产正义的传统方式。网络化时代，法院系统在换活法。法院得到网页和移动端去开荒辟土，而司法精英与普罗大众的关系，似乎也一并被耕作了。与革命法制时期的优良传统相汇合，技术民主令法院在其始终坚持的专业化发展之外，无法懈怠对公众的交代。而当在线司法突破了时间空间限制，于多样化领域和差异化地域内流行起来，司法的公正形象是得到了加固？还是因裁量权非齐平化的暴露，而进一步动摇了公众的司法认知？还是说司法公开带来的信心提升能填补这种动摇？不定的前景还不止于此。一个世纪前就失败了的永动机之梦会复燃吗？司法的核心功能，判断，没有为概念法学的机械逻辑所消解，也就不可能为同样逻辑严谨的、计算机的机械劳动所取代。但是，当人工智能与案例搜索算法深度融合后，司法售卖机会成真吗？有了大数据，有了无可计数的机器学习的锻炼，机器能比任何实践理性者都更实践理性，但一个像法官一样思考的虚拟大脑可能取代肉身的法官吗？技术乐观主义者不会拒绝任何一种可能性，即便它目前看起来像部科幻小说，而中国的法院是技术乐

① 诸如，“开发信息资源，服务四化建设”（邓小平语）。“四个现代化，哪一个也离不开信息化”（江泽民语）。

② 20 世纪 80 年代的美国全国绩效评估委员会（NPR）1993 年的报告，就提出了用信息技术改造政府，建设高效政府的主张，1998 年美国通过了《文书工作缩减法》设定五年内实现无纸化办公，2000 年克林顿政府即建立了第一个政府网。

观主义者吗?恐怕比起基层人民法院,高级人民法院和最高人民法院看上去更像是法院系统中的技术乐观主义者,他们都资金充沛而野心勃勃。但是,审判管理者们欢迎虚拟法官吗?虽然在某些重复性劳动极高的简易案件中,一个自动化法官足够。可这会成为虚拟法官唯一的用武之地吗?我们唯一可以预言而确定不被打脸的,似乎只有一点。那就是,作为一个容纳了30万以上数众就业人口,业务活动分布在9,634,057平方公里土地之上的庞大组织,中国法院绝不会放弃信息化带来的任何便利和远大前景。①

① 中级人民法院的总数来自作者对31个高级人民法院下中级人民法院名单的统计,这个数字并不包括铁路法院、农垦法院、林区法院、矿区法院、海事法院、知识产权法院以及新疆兵团法院。基层法院和法庭数,以及法官人数来自最高人民法院院长在2011年10月在第十一届全国人大常务委员会第二十三次会议上所作的《关于加强人民法院基层建设、促进公正司法情况的报告》。详细内容可参见中国人大网,http://www.npc.gov.cn/wxzl/gongbao/2011-12/30/content_1686377.htm,最后访问日期:2016年9月23日。

《法律和社会科学》(2016)
第15卷第2辑,第51~86页

法院能否在强弱当事人之间中立
——以上海法院2724份裁判文书为样本

贺 欣 苏 阳*

摘要:本文利用2724份上海法院的裁判文书对格兰特关于强势一方相对于弱势一方在诉讼中占有优势的论断进行了检验,发现强势一方不仅更容易胜诉,而且胜诉的可能性要大大高于弱势一方。总体而言,机构诉讼主体在诉讼中要比个人诉讼主体占优势。如果将诉讼主体按照机构及社会性质分类,政府机构和政府企业是最大的赢家,占有巨大的优势;而农民处于最为不利的地位,其他个人和企业居于二者中间。强势方的优势在不同法律领域的不同案件类型中都会呈现。与已有的比较研究成果相呼应,我们也对诉讼主体能力理论有所质疑。我们推断,在中国,司法不平等的原因不仅在于资源的差异,同时也在于法律的渊源以及法院的性质。

* 贺欣,香港城市大学法律学院教授,电子信箱:lwxin@cityu.edu.hk;苏阳,美国加州大学尔湾校区社会学系副教授,电子信箱:su.yang@uci.edu。原文为英文,发表于Journal of Empirical Legal Studies,2013年第1期,由香港城市大学法律学院博士生叶艳译成中文。

法院的理想运作模型是中立审判,但现实中的法院通常偏向于有钱、有权者。卢梭将此视为"法的普遍精神"。[①] 中国的一句谚语是这样说的:"衙门八字开,有理无钱莫进来。"

道理众所周知,法律学者的任务是对其幅度予以定量。如此一来,我们才能够在不同的法律体系中对其进行比较,进而能够洞悉不同法律体系的性质以及它们带来社会变化的可能。事实上,从格兰特开创性的分析[②]开始,围绕这一论断的研究已经树立了权威性地位,并获得了典范式的影响力。由格兰特提出,并经过许多学者检验的假设是,尽管有制度性的安排来防范特殊主义、私人权力以及不平等,但资源优势者仍然在美国的法院系统中占有诉讼优势。"资源优势者"及"无资源优势者"这样一些俗语,通过探究诉讼输赢的社会预测指标,成为揭开法院系统内部运作及内在矛盾的研究利器。数据分析已经被用以比较两造胜诉可能性方面的差异。据统计,到2003年为止,已经有184篇相关论文发表在像法律与社会评论这样的主要期刊上。[③]

这一研究领域已经拓展到了美国之外的法院系统,包括对英国上诉法院的研究,[④]对加拿大最高法院的研究,[⑤]以及在与普通法系完全

---

① Rousseau, Jean-Jacques, *Emilius and Sophia: Or, A New System of Education*. Vol. 2. London: T. Becket and P. A. de Hondt, 1763, p. 200; See Haynie, Stacia L., Resource Inequalities and Litigation Outcomes in the Philippine Supreme Court, 56 *Journal of Politics*: 752 – 772(1994).

② Galanter, Marc, Why the "Haves" Come Out Ahead: Speculations on the Limits of Legal Change, 9 *Law & Society Review*: 95 – 126(1974).

③ Glenn, Brian, The Varied and Abundant Progeny, in H. Kritzer and S. Silbey eds., *In Litigation: Do the Haves Still Come Out Ahead?*, Stanford: Stanford University Press, 2003, pp. 371 – 420.

④ Atkins, Burton M., Party Capability Theory as an Explanation of Intervention Behavior in the English Court of Appeal, 35 *American Journal of Political Science*: 881 – 903 (1991).

⑤ McCormick, Peter, Party Capability Theory and Appellate Success in the Supreme Court of Canada, 1949 – 1992, 26 *Canadian Journal of Political Science*: 523 – 540(1993).

不同的法律体系内的研究。[①] 在这些比较研究中，纵然格兰特的假设得到了来自一些国家的研究结论的支持，但这一假设在其他国家的研究中被证伪的时候，我们同样可以获得颇有价值的洞见。诉讼的结果在美国法院是这样，但在一些国家又是那样，这为理解这些法院系统的运作提供了一个独特的有利视角。在不同的社会里，诉讼主体的能力代表的东西可能大相径庭。[②] 同样地，不够独立于政治可能使法院偏向于某些特定类型的当事人，例如，在以色列以及菲律宾，法院就会偏向于穷人和社会底层阶级。[③]

直到前不久都少有研究对中国司法系统在实现社会正义中的作用进行实证评估分析。[④] 这种状况现在已经被少数一些经过社会科学训

---

① Dotan, Yoav, Resource Inequalities in Ideological Courts: The Case of the Israeli High Court of Justice, 33 *Law & Society Review* 4: 1059 - 1080 (1999); Haynie, Stacia L., Resource Inequalities and Litigation Outcomes in the Philippine Supreme Court, 56 *Journal of Politics*: 752 - 772 (1994); Hendley, Kathryn, Peter Murrell, and Randi Ryterman, Do Repeat Players Behave Differently in Russia? in H. Kritzer and S. Silbey eds., *In Litigation: Do the "Haves" Still Come Out Ahead?*, Stanford: Stanford University Press, 1999, pp. 236 - 272.

② Hendley, Kathryn, Peter Murrell, and Randi Ryterman, Do Repeat Players Behave Differently in Russia?, in H. Kritzer and S. Silbey eds., *In Litigation: Do the "Haves" Still Come Out Ahead?*, Stanford: Stanford University Press, 1999, pp. 236 - 272.

③ Dotan, Yoav, Resource Inequalities in Ideological Courts: The Case of the Israeli High Court of Justice, 33 *Law & Society Review* 4: 1059 - 1080 (1999); Haynie, Stacia L., Resource Inequalities and Litigation Outcomes in the Philippine Supreme Court, 56 *Journal of Politics*: 752 - 772 (1994); Haynie, Stacia L., C. Neal Tate, Reginald S. Sheehan, and Donald R. Songer, Winners and Losers: A Comparative Analysis of Appellate Courts and Litigation Outcomes, Paper presented at the annual meeting of the American Political Science Association, San Francisco, CA, September 2, 2001.

④ Clarke, Donald C., Empirical Research into the Chinese Judicial System, in E. Jensen and T. Heller eds., *Beyond Common Knowledge*, Stanford: Stanford University Press, 2003, pp. 164 - 192.

练的学者,①以及一些从社会科学视角来对法院系统进行评估的律师②所打破。他们要么通过对普通民众或诉讼当事人进行调查的方式,③

① Michelson, Ethan, Climbing the Dispute Pagoda: Grievances and Appeals to the Official Justice System in Rural China, 72 *American Sociological Review*: 459 - 485 (2007); Michelson, Ethan, Justice from Above or Below? Popular Strategies for Resolving Grievances in Rural China, 193 *The China Quarterly*: 43 - 64 (2008); Pei, Minxin, Guoyan Zhang, Fei Pei and Lixin Chen, A Survey with Corporate Litigants in Shanghai, in R. Peerenboom ed., *Judicial Independence in China*, New York: Cambridge University Press, 2010, pp. 221 - 233; Landry, Pierre, The Institutional Diffusion of Courts in China, in T. Ginsburg and T. Moustafa eds., *Rule by Law: The Politics of Courts in Authoritarian Regimes*, Cambridge: Cambridge University Press, 2008, pp. 207 - 234; Balme, Stephanie, Local Courts in Western China: The Quest for Independence and Dignity, in R. Peerenboom ed., *Judicial Independence in China*, New York: Cambridge University Press, 2010, pp. 154 - 179.

② 苏力:《送法下乡》,中国政法大学出版社2000年版; Peerenboom, Randall, Seek Truth from Facts: An Empirical Study of the Enforcement of Arbitral Judgments in the People's Republic of China, 49 *American Journal Comparative Law* 2: 249 - 327 (2001); Peerenboom, Randall, Judicial Independence and Judicial Accountability: An Empirical Study of Individual Case Supervision, 55 *The China Journal*: 67 - 94 (2006); Woo, Margaret and Yaxin Wang, Civil Justice in China: An Empirical Study of Courts in Three Provinces, 53 *American Journal of Comparative Law*: 911 - 940 (2005); He, Xin, Why Do They not Take the Disputes? Law, Power, Politics in the Decision-Making of Chinese Courts, 3 *International Journal of Law in Context* 3: 203 - 225 (2007); He, Xin, Enforcing Commercial Judgments in the Pearl River Delta of China, 57 *American Journal of Comparative Law* 2: 419 - 456 (2009); He, Xin, Routinization of Divorce Law Practice in China: Institutional Constraints' Influence on Judicial Behavior, 23 *International Journal of Law, Policy and the Family* 1: 1 - 27 (2009); Fu, Hualing, Access to Justice in China: Potentials, Limits, and Alternatives, available at http://papers.ssrn.com/sol3/papers.cfm?abstract_id=1474073 (2009)。

③ Michelson, Ethan, Climbing the Dispute Pagoda: Grievances and Appeals to the Official Justice System in Rural China, 72 *American Sociological Review*: 459 - 485 (2007); Michelson, Ethan, Justice from Above or Below? Popular Strategies for Resolving Grievances in Rural China, 193 *The China Quarterly*: 43 - 64 (2008); Landry, Pierre, The Institutional Diffusion of Courts in China, in T. Ginsburg and T. Moustafa eds., *Rule by Law: The Politics of Courts in Authoritarian Regimes*, Cambridge: Cambridge University Press, 2008, pp. 207 - 234; Peerenboom, Randall, Seek Truth from Facts: An Empirical Study of the Enforcement of Arbitral Judgments in the People's Republic of China, 49 *American Journal Comparative Law* 2: 249 - 327 (2001); Peerenboom, Randall, Judicial Independence and Judicial Accountability: An Empirical Study of Individual Case Supervision, 55 *The China Journal*: 67 - 94 (2006).

要么通过对法官或诉讼当事人进行访谈的方式,[1]来对这个问题进行研究。这些研究对于了解中国法院的制度逻辑和运作模式,以及法院裁判与法外社会力量之间的关系,都具有开创性的价值和意义。然而,尽管有了这些进展,对中国法院的实证学术研究仍然处于初创阶段。尽管公众调查和田野访谈这两种惯常的方式能够提供一些洞见,但它们仍然仰赖于公众或法律专业人士的主观阐释。如果能像西方研究者经常做的那样,获得一些法院文件或档案,此类研究的客观性将大为提升。

近年来,一个很好的机会让我们得以开展这样的研究。大概近两年来,中国许多地方的法院开始向社会公众公开裁判文书。最早公开的裁判文书来自上海法院。对 2689 件上海法院裁判文书进行的编码和分析是本文的基础所在。

一、比较视野下格兰特的命题

格兰特的开创性论文[2]提出,诉讼经验、经济实力以及作为多次参加诉讼的主体所具有的策略性地位,都具有非常重要的作用;由于拥有

---

① Liebman, Benjamin & Tim Wu, China's Network Justice, 8 *Chicago Journal of International Law*: 257 – 321 (2007); Balme, Stephanie, Local Courts in Western China: The Quest for Independence and Dignity, in R. Peerenboom ed., *Judicial Independence in China*, New York: Cambridge University Press, 2010, pp. 154 – 179; He, Xin, Why Do They not Take the Disputes? Law, Power, Politics in the Decision-Making of Chinese Courts, 3 *International Journal of Law in Context* 3: 203 – 225 (2007); He, Xin, Enforcing Commercial Judgments in the Pearl River Delta of China, 57 *American Journal of Comparative Law* 2: 419 – 456 (2009); He, Xin, Routinization of Divorce Law Practice in China: Institutional Constraints' Influence on Judicial Behavior, 23 *International Journal of Law, Policy and the Family* 1: 1 – 27 (2009); Gallagher, Mary, Mobilizing the Law in China: "Informed Disenchantment" and the Development of Legal Consciousness, 40 *Law & Society Review*: 783 – 813 (2006); Gechlik, Mei Ying, Judicial Reform in China: Lessons from Shanghai, 19 *Columbia Journal of Asian Law* 1: 97 – 137 (2005).

② Galanter, Marc, Why the "Haves" Come Out Ahead: Speculations on the Limits of Legal Change, 9 *Law & Society Review*: 95 – 126 (1974).

上述这些因素,有资源优势者赢得诉讼的机会更多。在当事人力量不同这一因素之外,格兰特指出法院系统本身存在缺陷,使得资源,而非案件本身的是非曲直,决定了谁能胜诉。这些缺陷中最主要的是案件量,它导致审判旷日持久以及审判成本的增加,而这正是强势一方通常能够加以利用的情况格兰特同时援引了一个事实,即"法律规则",尽管意在公平,却赋予强势一方以先天优势,这要么是因为法律规则具有保护占有者或所有者不被突然起诉的倾向,要么是因为法律规则本身的复杂性让获得法律服务非常重要。大体上,格兰特的中心论点是诉讼主体的能力。他的两点洞见激发了大量的实证研究。一个是他对于"一次性参与者"和"反复参与者"之间的标志性区分,这是很容易被观察到的关于诉讼主体的一对概念。适用有资源优势者和无资源优势者这样的指代语使许多定量研究成为可能。在他的另一个洞见当中,他令人信服地指出,即便理想中的法律安排——比如司法独立、正当程序、有严格职业操守和司法能力的法官等——并不缺位,有资源优势者仍然会不可避免地占有诉讼优势,因为强势一方的优势并不会因为这些法律安排而消弭。

很显然,在提出这些论断的时候,格兰特考察的是当代美国法律制度。他并没有提到美国的制度与理想的法律制度之间究竟有多大的差距。而他的理论是否可适用于世界其他地区的法律制度也并不明晰。惠勒(Wheeler)及其他学者在他们关于美国州最高法院的实证研究中提出了一个更为宽泛的理论。他们提出,三个方面的原因——分别与法律、法院(法官)以及当事人及其律师的特征相关——可以用于解释格兰特关于强势一方赢率更高的论断。为方便后文讨论,我们将这三个方面分别称为法律假设、法院(法官)假设以及诉讼主体能力假设。第一个假设认为法律本身可能存在有利于或不利于强势一方利益的规范性倾斜;第二个假设认为法院本身,尤其是法官本身,可能带有有利于或不利于强势一方利益的偏见;第三个假设认为强势一方的当事人可以运用更多的资源、拥有更多的诉讼经验,或者处于一个更好的策略性地位。惠勒及其他学者从他们关于美国州最高法院的诉讼案件的特

定研究数据中得出来的证据更为支持第三个假设，即诉讼主体能力的因素要超过其他两方面因素。其他一些关于美国和英国法院的研究也都得出了类似的结论。[①]

如果从比较的视角来考虑这个问题，一个国家司法上的不平等不仅仅要从诉讼主体资源上的不平等来理解。在那些法治仅仅是一种激励而非实践，并且正式的法院系统历史不长的国家，法律，从一开始就承载着意识形态，可能倾向于某些利益集团。法院容易被外在影响以及腐败所渗透甚至可能是常态而非例外。基于这个原因以及其他方面的原因，在这样的体系当中，富裕阶层和权势阶层可能就会明显地占有诉讼优势。另一方面来讲，基于政治稳定等政治原因，我们同样有理由相信在某些法律领域弱势阶层可能更有优势；比如，研究者们发现，至少在菲律宾和以色列的最高法院，弱势的诉讼主体似乎比强势一方赢得了更多的案件。[②] 其他少数一些考察发展中国家诉讼差异的研究同样提出了诉讼主体能力理论的问题。海尼（Haynie）和多坦（Dotan）均作出如下推断：倾向于无资源优势者的政治意识形态以及对国家政权合法性的顾虑已经注入了司法裁判的形成过程中。[③] 在这些体系中，无资源优势者胜诉的可能性更高，因为在那里法律至少是代表着一种缩小贫富差距的象征性努力。[④]

---

① Atkins, Burton M., Party Capability Theory as an Explanation of Intervention Behavior in the English Court of Appeal, 35 *American Journal of Political Science*: 881 - 903 (1991); Songer, Donald R. and Reginald S. Sheehan, Who Wins on Appeal? Upperdogs and Underdogs in the United States Courts of Appeals, 36 *American Journal of Political Science*: 235 - 258 (1992); Songer, Donald R., A. Kuersten, and E. Kaheny, Why the Haves Don't Always Come Out Ahead: Repeat Players Meet Amici Curiae for the Disadvantaged, 53 *Political Research Quarterly*: 537 - 556 (2000).

② Haynie, Stacia L., Resource Inequalities and Litigation Outcomes in the Philippine Supreme Court, 56 *Journal of Politics*: 752 - 772 (1994); Dotan, Yoav, Resource Inequalities in Ideological Courts: The Case of the Israeli High Court of Justice, 33 *Law & Society Review* 4: 1059 - 1080 (1999).

③ 同上。

④ Haynie, Stacia L., Resource Inequalities and Litigation Outcomes in the Philippine Supreme Court, 56 *Journal of Politics*: 753 - 754 (1994).

二、转型中的中国法院

在中国经济和法律改革三十多年之后,中国已经具有一个"薄"版本的法治。法院系统在多个方面得以加强,以应对由于经济发展和社会变化所带来的纠纷数量激增。法官数量接近20万人,律师数量大约为14万人,大概有400个法学院。法院每年约审理800万起案件。① 然而,司法体系远未成熟。因此,在中国的司法与社会语境下,是哪些方面的原因造成有资源优势者可能,或者说不可能,占有更大的胜诉机会?根据上文所讨论的三个假设,②我们的讨论分为三个部分:法律、法院与诉讼主体的能力。

(一)为何在中国强势一方会占有诉讼优势

是否法律存在倾向于强势一方的规范性倾斜?这个问题首先可以从意识形态方面来考虑。在改革早期,由于国家将发展置于最优先的地位,出现了一种新传统。经济发展成为政府官员绩效考核中最为重要的度量因素,政府对境内外投资产生了急切的追求。这一传统潜在地具有有利于有资源优势者的特质以促进经济发展。

法律本身是否倾向于有资源优势者?这个问题也可以从法律制定的角度来考虑。与保险、医疗和交通运输有关的法律和规则不但是由相关的部委起草的,也是由这些部委来负责解释的。这些领域的国有独资企业或有国资背景的公司很自然地就受到这些法律和规则的保护,因为,他们代表着国家的利益。这些企业或公司,尤其是那些巨头垄断者,远比普通社会公众更能够影响法律制定和法律修正程序。在

---

① Peerenboom, Randall and Xin He, Dispute Resolution in China: Patterns, Causes and Prognosis, 4 *East Asia Law Review* 1:1 - 61(2009); Cohen, Jerome, China's Legal Reform at the Crossroads, *Far Eastern Economic Review*, March:23 - 27(2006).

② Wheeler, Stanton, Bliss Cartwright, Robert A. Kagan, and Lawrence M. Friedman, Do the Haves Come Out Ahead? Winning and Losing in State Supreme Courts, 1870 - 1970, 21 *Law & Society Review*: 403 - 445(1987).

行政法领域同样如此，行政机构毫无二致地处于有利地位。

当调整患者和国有医院之间关系的具体规则是由卫生部发布的情况下，可以想见患者和国有医院之间的诉讼的结果会是怎样的呢？在非政府性质的产业中，因为商业机构相较于个体公民而言，能够对政府施加更大的影响力，可以想见，在法律规则本身的性质方面，即便在他们的案件进入到法院之前，个人诉讼主体就已经处于不利地位。

就中国法院（法官）因素而言，第一，法院的官员由地方政府任命，而法官的职业发展很大程度上由这些法院官员所控制。由此，相较于对法律和伦理负责，法官更要对官僚和政治阶层负责。第二，如同其他的政府机构，法院不能免于腐败。[①] 不仅政府权力很容易被转化为对法院的影响力，商业机构和富人阶层也可以通过政府官员来影响案件结果。第三，法官专业化，包括专业伦理，几乎未能发展，因而法官易于受到法外因素的影响。自法官法通过以来，初任法官必须具备法律职业资格，许多大学毕业生取代退伍军人成为中国的法官。尽管越来越多的法官接受了正规的法律教育，但他们中的大部分都是刚才法学院毕业，无论在法律还是社会生活方面都缺乏经验。[②]

法院的司法决策结构同样为此种影响提供了途径。审判委员会是法院系统的最高决策机构，其组成人员通常是法院的行政领导，而非实际审理案件的三名法官。它仍然是关起门来决定那些重要或复杂的案件。通过这一渠道，政府、党、上级法院以及其他法外力量得以频繁地在幕后影响着法院的裁判。[③] 在只有一个脆弱的制度来监督法官行为的情况下，司法裁判可能会被诉讼当事人拥有的那些具有中国特色的资源所影响，亦即是政府关系、财富，以及道德不端（腐化法院的意愿）。

---

① Li, Ling, Corruption in China's Courts, in R. Peerenboom ed., *Judicial Independence in China*, New York: Cambridge University Press, 2010, pp. 196 – 220.

② Cohen, Jerome, China's Legal Reform at the Crossroads, *Far Eastern Economic Review*, March: 23 – 27(2006).

③ 吴英姿：《审判委员会讨论的群体决策及其规制》，载《南京大学法律评论》2006 年第 1 期；He, Xin, Black Hole of Responsibility: The Role of The Adjudication Committee in the Chinese Court, *Law & Society Review*(2012), forthcoming。

从诉讼主体的能力方面来讲,有资源优势者与无资源优势者在法律代理方面的差异很大。尽管律师数量迅速增长,但总体供应仍然是不足的。因而法律服务点费用高昂。由于职业伦理的缺失,许多律师提前过滤掉了一些由无资源优势者提起的案件,只有那些能赚钱的案件,使得其他的案件没有律师来代理。① 此外,地方的律师会避免接受一些由贫穷个体提起的对抗非法征税、警察强势、未经补偿的土地征收以及非法拖欠工资的案件。② 而且,法律援助制度长期发展不足。③

(二)为何在中国弱势一方会占有诉讼优势

然而,仍然可能提出弱势一方应当享有更大的胜诉概率的替代性假设。近年来,鉴于这个国家的经济已经起飞,相较于经济发展而言,执政党将更多的重心放在了社会稳定方面。法律的规范性倾斜可能被近来的发展趋势所影响。从20世纪90年代后期开始,中国的体制努力尝试将"和谐"或"稳定"带到这个新兴的繁荣使有资源优势者与无资源优势者之间的矛盾加剧的社会。法律制度的许多发展都反映出了这一变化。例如,2007年的诉讼费收费办法④极大地降低了进入法院的门槛,因而使更多的无资源优势者能够通过司法途径寻求正义。2008年的劳动合同法,以许多工业国家的劳动立法为蓝本,倾向于劳动者权益的保护。加强行政法律的努力使受政府行为影响的主体有更多的机会采用诉讼的方式保护他们的利益。⑤

从法院的角度来说,同样存在在某些特定领域法院裁判可能支持弱势一方当事人的理由。首先,中国法官的任职表现是由一些诸如审

---

① Michelson, Ethan, Justice from Above or Below? Popular Strategies for Resolving Grievances in Rural China, 193 *The China Quarterly*: 43 - 64(2008).

② Cohen, Jerome, China's Legal Reform at the Crossroads, *Far Eastern Economic Review*, March:23 - 27(2006).

③ Fu, Hualing, Access to Justice in China: Potentials, Limits, and Alternatives, available at http://papers.ssrn.com/sol3/papers.cfm? abstract_id = 1474073(2009).

④ 《诉讼费用交纳办法》(2007年)。

⑤ 《全面推进依法行政的规定》(1999年11月18日发布);《全面推进依法行政实施纲要》(2004年3月22日发布)。

理案件数、结案率、上诉率和信访投诉率等指标来量化。[①] 这使法官进行裁判时不仅考虑案件本身的是非曲直,还要考虑裁判行为在整个官僚体系中意味着什么;有时,他们甚至可能害怕对败诉裁判不满的当事人"闹事",进而影响其裁判结果。从实证角度来说,我们预期在诸如医疗过失这样一些麻烦丛生的案件当中,法官们会以牺牲案件本身的是非曲直为代价来换取案件快速了结。典型的情况是,法官们可能部分支持被指控的医疗过失的受害者,他们在此种诉讼中明显地居于弱势地位。同样地,正如在一个基于实地研究数据的早期研究中所展现的那样,法官自身也会从此种做法中获益:他们不仅仅解决了纠纷,还保护了自己免于受到高上诉率或其他潜在责任的影响[②](He 2009b;He and Ng 即将发表)。其次,作为国家机构的法院必须考虑党/国的需要,在那些诸如涉及公共秩序的有重大影响案件的审判中尤其如此,[③]由此,弱势一方当事人可能因此而受益,比如,当社会稳定成为地方政府的首要考虑时,法院在处理群体性的劳动纠纷时法院必须与政府的立场保持一致。[④] 换句话说,中国法院易于被政治化。此种倾向可能影响裁判结果,使其更多地考虑潜在的抗议者的利益,以化解不满和平息冲突。也就是说,在那些富含政治意味的诉讼领域,比如涉及群体性劳动争议的案件中,无资源优势者可能比有资源优势者更占诉讼优势。

---

① 艾佳慧:《社会变迁中法院人事管理》,北京大学法学院 2008 年博士学位论文;He,Xin,Routinization of Divorce Law Practice in China:Institutional Constraints' Influence on Judicial Behavior,23 *International Journal of Law,Policy and the Family* 1:1 – 27(2009)。

② He,Xin,Routinization of Divorce Law Practice in China:Institutional Constraints' Influence on Judicial Behavior,23 *International Journal of Law,Policy and the Family* 1:1 – 27 (2009).

③ He,Xin,Why Do They not Take the Disputes? Law,Power,Politics in the Decision-Making of Chinese Courts,3 *International Journal of Law in Context* 3:203 – 225(2007);Fu,Yulin and Randall Peerenboom,A New Analytic Framework for Understanding and Promoting Judicial Independence in China,in R. Peerenboom ed.,*Judicial Independence in China*,New York:Cambridge University Press,2010,pp. 95 – 133.

④ Su,Yang and Xin He,Street as Courtroom:State Accommodation of Labor Protests in South China,44 *Law & Society Review* 1:157 – 184(2010).

三、基于裁判文书的中国法院研究

(一)数据来源

如上文提到的,近些年来,中国许多地方的法院开始将其裁判文书向社会公开。为提升司法程序的透明度,呼应"为人民司法"的新口号,最高人民法院在《人民法院第三个五年改革纲要》中明确提出将裁判文书上网的尝试。

许多省一级的高级人民法院,比如北京、上海、云南以及安徽的高级人民法院,首先开始了这方面的努力,同时其他地区的法院也在跟进。例如,河南高级人民法院提出,2009 年年底实现省内三级法院所有裁判文书上网;到 2009 年 9 月,已经有 25,167 份裁判文书上网。[①] 根据高级人民法院的说法,"所有"裁判文书是指除了涉及国家秘密、商业秘密、个人隐私以及未成年犯罪以外的所有的裁判文书。如果涉案一方当事人反对公开裁判文书,那么这种情况下的公开必须经过法院的同意。早在 2004 年,上海法院就已经开始了裁判文书上网工作;[②]到 2009 年,已经有 100,000 份裁判文书上网。上海法院比河南省高级人民法院显得更为谨慎。上海高级人民法院颁布的一项相关规则规定由主审法官或合议庭来决定一份裁判文书是否应当公开。

判决书与调解书与本研究直接相关,因为只有这两种类型的裁判文书才包含案由、当事人信息以及诉讼结果这样一些有意义的信息。一个典型的判决书会列明诉讼主体、各方代理人(法律代理或其他)、个人诉讼主体所隶属的机构、争议事项、当事人的诉辩主张、法院对争议事项的认定以及诉讼结果。根据案件的复杂程度不同,裁决可能由

---

① 《河南法院一年 25,167 件裁判文书上网》,载中国青年在线,http://www.btophr.com/s_article/32045.shtml,最后访问日期:2009 年 10 月 12 日。

② 《上海法院网公开上万份裁判文书以接受社会监督》,载新华网,http://www.sxxz.gov.cn/templet/display.php? id = 2269,最后访问日期:2009 年 10 月 12 日;上海法院网,http://www.hshfy.sh.cn/shfy/gweb/index.html,最后访问日期:2011 年 11 月 2 日。

合议庭通过普通程序审理而作出,也可能由独任法官通过简易程序审理而作出。所有这些信息使我们能够收集到关于诉讼主体的性质、争议性质与诉讼结果之间关系的数据。

这些裁判文书不仅记录了案件是如何作出裁决的,同时还提供了救济形式和金额、诉讼主体是组织体还是个人、当事人的法律代理人、个人诉讼主体的职业背景、组织体的类型等信息。所有这些额外的信息都构成了构建预测当事人胜诉率的自变量的基础。

本文的基石是我们的数据收集环节,涉及对上海法院裁判文书的编码和分析。作为中国的工业、金融和商业中心,上海是汽车、电子、电信、机械、纺织、钢铁、石化这些关键产业的制造集中地,人口占全国的1%(1600万人口,不包括400万名外来移民),但上海地区2003年的GDP接近3750亿美元,大约占全国总GDP的25%。2003年,单是上海市区的GDP就增长了11.6%,接近730亿美元,实现人均GDP 4500美元,占到中国总产出的5%以上。①

所有这些外在的社会经济因素对于法院体系内部司法改革的效果都有着巨大的影响。② 从强大且多元化的地方经济中汲取丰富的财政资源,法院能够提供更高的工资(平均人均GDP的两倍)来吸引法学院毕业生。与中国其他地区相比,上海法院的职业化程度相对较高。有充足的资源支持,上海法院的机构建设相较于资源较少地区的法院来说产生了更为正面的效果。根据一个假定,上海法院的腐败似乎更为隐形。③ 作为中国改革发展的橱窗,上海是司法公开的先驱。这就解释了为什么上海是最早将裁判文书上网的地区之一。同时,实证调查显示,上海法院在合同执行的效果、当事人对法院和法官的印象方面都

---

① http://www.export.gov/china/shanghaicontacts.asp,最后访问日期:2009年9月20日。

② He, Xin, Enforcing Commercial Judgments in the Pearl River Delta of China, 57 *American Journal of Comparative Law* 2:419 – 456(2009); He, Xin, Routinization of Divorce Law Practice in China: Institutional Constraints' Influence on Judicial Behavior, 23 *International Journal of Law, Policy and the Family* 1:1 – 27(2009).

③ Gechlik, Mei Ying, Judicial Reform in China: Lessons from Shanghai, 19 *Columbia Journal of Asian Law* 1:97 – 137(2005).

是相当正面的。[①] 所有这些发现表明上海法院是中国整体状况下的非典型代表,因为它们相较于其他地区的法院而言处于更有优势的地位。因此,我们在本研究中并不希冀以上海法院来代表整个中国的法院。与之相反,我们认为上海法院处于转型中国法律发展的前沿。我们期望本研究能够预示着一个新时期的来临,在这个时期中我们能够获得有全国代表性的中国法院裁判文书样本。

(二)样本

上海高级人民法院掀起了三级法院裁判文书上网的第一波浪潮。截至我们数据收集阶段的末期,已经有10万份裁判文书上网,涵盖的时段为2004年到2009年,涵盖的领域包括劳动争议、保险纠纷、物业管理、房屋拆迁、房屋买卖、交通事故、医疗过失以及行政争议案件。[②] 我们从基层法院选取了3000个案件作为样本。我们首先选定了感兴趣的12个争议事项领域,使用关键词搜索所有可获得的裁判文书。然后我们随机从经识别的这些裁判文书中取样。为了在每一个争议领域都获得足够数量的样本,我们在取样中设置了不同的比率;比如,就合同债务纠纷,我们选取的样本数量较少,就医疗过失、劳动争议、房屋纠纷、行政争议及其他一些案件,我们中不同程度上选取了更多的样本。我们在对裁判文书进行阅读的基础上设计了一个编码本,其中包含了可获得信息的变量清单。研究助理团队把每份选定的裁判文书打印出来,将其信息编码录入计算机。

最终的数据序列包含了2908个案件,我们放弃了其中4个,因为这四个案件缺失了相应信息,我们无从判定当事人是个人还是机构诉讼主体。我们又放弃了180个案件,因为裁判文书中没有体现谁胜诉

---

① Pei, Minxin, Guoyan Zhang, Fei Pei and Lixin Chen, A Survey with Corporate Litigants in Shanghai, in R. Peerenboom ed., *Judicial Independence in China*, New York: Cambridge University Press, 2010, pp. 221 – 233.

② 在我们进行研究时,大部分都是2008~2009年的案件,只有少数案件来源于其他年份。这些数据都显示在上海法院的上海法律文书检索中心网站上:http://www.hshfy.sh.cn:8081/flws/index.jsp,2010年2月访问。

（亦即是原告胜诉、被告胜诉或双方均部分胜诉）。[①] 我们分析的最终案件数是2724件（见表1）。

表1 机构诉讼主体（RPs）与个人诉讼主体（OSs）之间的胜诉差异

	原告胜诉	双方均部分胜诉	被告胜诉	案件总数
全部案件	38.07%	33.55%	28.38%	2724(100%)
OS vs. OS	55.00%	32.14%	12.86%	420(100%)
OS vs. RP	19.49%	32.03%	48.48%	1021(100%)
RP vs. OS	43.06%	39.89%	18.06%	504(100%)
RP vs. RP	50.06%	32.86%	17.07%	779(100%)

数据来源：上海法院裁判文书（2008～2009年）。

很显然，我们的样本对于上海法院的案件而言不具有代表性，法院不会将一些案件公开（比如，政治敏感性案件）。换句话说，使用公开渠道无法获得真正有代表性的样本。同时，先期研究指出，在基层法院审理的大量的平常案件中，政治敏感性或其他原因敏感性案件的比例非常小。[②] 鉴于我们样本的数量较大，就我们意图衡量强势诉讼主体与弱势诉讼主体胜诉可能性这一目的而言，裁判文书样本选择上的偏误应当是影响不大的。

（三）确定胜诉与败诉

在一个典型的裁判文书中，我们可以通过两个方面的信息来判断是哪方胜诉：法官判决原告应当承担的诉讼费比例（诉讼费分担LFS），以及判决给原告的金钱数目占原告诉讼请求主张的数目的比例（支持金额AA）。根据中国的诉讼费收费办法，[③]败诉方应当负担全部诉讼费用，在部分胜诉和部分败诉的情况下，法官有权对诉讼费的分配进行裁量。

---

① 下文将会描述，我们判定谁胜诉的依据是对于原告的诉讼请求支持了多少以及诉讼费用是如何由当事人分担的。

② He, Xin, Debt-collection in Less Developed Areas of China: An Empirical Study from Shaanxi Province, *China Quarterly*, No. 206, 253－27(2011).

③ 《诉讼费用交纳办法》(2007年)。

在大部分情况下,法官倾向于根据支持金额与主张金额之间的比例来分配诉讼费用。然而,现实情况通常更为复杂。①

首先,在人身损害、交通事故、医疗过失这些侵权案件当中,受害方通常会请求比实际能够支持的金额多得多的赔偿数目,特别是高额的精神损害赔偿金。根据我们对中国法官的访谈,在这种情况下,法官首先会行使自由裁量权将诉讼费用与诉讼请求金额区分开来,根据他对于谁在多大程度上赢得了案件的感知来进行诉讼费用的分担。其次,一些特定类型的案件的诉讼费是一个固定的而且很小的金额,例如,劳动争议的案件受理费只有10元,大部分行政案件的受理费是50元。在这两类案件中,法官可能直接叫强势一方负担诉讼费,而不管谁赢了案子。基于这些考虑,我们采用以下规则确定案件的胜诉与败诉。

1. 在人身损害、交通事故和医疗过失三个诉讼诉讼领域,我们使用诉讼费来确定胜诉、败诉或部分胜诉。

(1)如果被告被判定负担100%的诉讼费用,则为"原告胜诉";

(2)如果原告被判定负担100%的诉讼费用,则为"被告胜诉";

(3)如果判定双方分担诉讼费用,则为"双方部分胜诉"。

2. 在其他9个诉讼领域——合同债务、劳动纠纷、行政争议、保险纠纷、房屋拆迁、社区纠纷、房地产纠纷、财产纠纷及其他纠纷中,我们使用支持金额来确定胜诉、部分胜诉和败诉。

(1)如果原告的请求金额全部得到支持,则为"原告胜诉";

(2)如果原告的请求金额全部没有得到支持,则为"被告胜诉";

(3)如果原告的请求金额得到部分支持,则为"双方部分胜诉"。

3. 为减少缺失案件的数量,如果一个案件中缺乏诉讼费用分担的相关信息,我们使用支持金额予以确定;如果一个案件中支持金额的信息缺失,我们使用诉讼费用分担的信息予以确定。

(四)度量诉讼主体的能力

如果我们能够获得个人诉讼主体的社会经济地位以及机构诉讼主

---

① 我们采访了三位中国内地法院的法官,2009年,他们正在香港城市大学攻读在职的法律学位。

体的经济实力或政治力量的信息，则最为理想不过。然而，裁判文书并未提供此种信息。所幸的是，我们仍然获得了一些能够帮助我们区分强势一方和相对弱势一方诉讼主体的参数。在先期研究[①]的启发之下，我们收集了三个方面的有用信息。首先，我们能够确定一方诉讼主体是个人（所谓的一次性诉讼参与者 OS）还是机构（所谓的反复性诉讼参与者 RP）。其次，基于个人诉讼主体的职业信息，我们可以进一步在个人诉讼主体之间区分强势一方和弱势一方。在表格中，我们展示了四个群体的个人诉讼主体：无法确定其职业的不明身份个人（UKI）、农民、城市工人以及白领。在上海这样的语境下，农民实际上更可能是从农村来的外来务工人员，尽管也可能有一些是乡村农民。在逻辑分析模型中，我们只将个人诉讼主体分为两个组别：农民与其他个人。最后，我们同样对机构诉讼主体进行了分类，分为非政府企业、国有独资企业以及政府机构三类。

（五）其他度量

裁判文书记载有参与诉讼的当事人是否从专业的律师事务所聘请了律师的信息。就机构诉讼主体而言，我们将其内部法律顾问也计算在内。由此，我们对有律师代理的诉讼主体与无律师代理的诉讼主体进行了区分。

如上所述，当前样本实际上由 12 个法律争议领域的子样本所组成，包括合同债务、人身损害和劳动争议。我们首先对整体样本进行了分析。鉴于不同诉讼领域法律程序和诉讼动态均有所不同，我们同样也对每个诉讼领域的案件的胜诉率进行了检视。

四、是否“资源优势者”占得诉讼优势？

在展示强势方是否，以及在多大程度上胜诉的调查结果之前，我们

---

① Galanter, Marc, Why the “Haves” Come Out Ahead: Speculations on the Limits of Legal Change, 9 *Law & Society Review*: 95 – 126 (1974); Wheeler, Stanton, Bliss Cartwright, Robert A. Kagan, and Lawrence M. Friedman, Do the Haves Come Out Ahead? Winning and Losing in State Supreme Courts, 1870 – 1970, 21 *Law & Society Review*: 403 – 445 (1987).

首先需要了解原告与被告在胜诉率上是否有差别。表1的第一行展现出了相关的结果。在我们样本中的2724个有效案例中,原告完全胜诉的比例是38.07%,被告完全胜诉的比例是28.38%。换句话说,当事人的诉讼地位会对胜诉比例产生影响,原告胜诉的可能性比被告高出近10%。考虑到这些都是一审案件,这里体现的原告的优势并不出乎意外。原告选择提起一个诉讼,通常是作为尝试过其他所有途径之后的最后一个救济渠道(Felstiner et al.,1980~1981),因此,他或她能够在起诉之前就对提起诉讼的优劣得失做一个衡量;与之相较,被告是被动地卷入到这场诉讼之中,即便在胜诉前景渺茫的情况下也无法避开这场诉讼。举例来说,正如我们在后文提到的情形,一个人只有在别人欠他或她钱的情况下才会提起合同债务的诉讼进而成为原告。换句话说,此类案件本身的是非曲直通常比较清楚。无怪乎现有的实证研究表明,在大部分的收债案件中,原告通常会胜诉。① 然而,原告占据优势的规则也有例外的情形,比如政府作为被告的行政案件中,情况就有所不同②。上述发现表明,探讨胜诉率时,我们必须考虑所涉当事人是原告还是被告。

第二个需要注意的地方在于,在我们样本中的绝大部分案件中,没有任何一方是完全胜诉的。在33.55%的案件中,双方当事人都是部分胜诉(或者说部分败诉)。然而,在其他国家,大部分案件都可以被简单地划分为全输或者全赢。我们所掌握的数据中的许多部分胜诉的案件都是属于在法庭的主持下和解的,很大程度上是因为法官基于他们自身绩效考核的考虑,会尽可能避免后续的强制执行、上诉或者投诉。此类案件同样涵盖了这样一种情形:由于案件本身具有复杂性,或者由于意图展示其对遭受严重损失的特定当事人群体的同情,又或者由于想要安抚那些可能对其判决不满的败诉方,法官会在判决中让双方当事人均取得部分的胜利。

---

① He, Xin, Enforcing Commercial Judgments in the Pearl River Delta of China, 57 *American Journal of Comparative Law* 2:419 - 456(2009); He, Xin, Debt-collection in Less Developed Areas of China: An Empirical Study from Shaanxi Province, *China Quarterly*, No. 206,253 - 27(2011).

② 朱景文:《中国法律发展报告(1979~2004)》,中国人民大学出版社2007年版。

(一)“资源优势者”确实在很大程度上占有诉讼优势

在表1的其余部分,我们初步展现了个人诉讼主体(OSs)与机构诉讼主体(RPs)之间的胜诉率差异。四种案件类型(个人诉个人、个人诉机构、机构诉个人、机构诉机构)之间的比较显示出一个清晰而且一致的范式:机构诉讼主体比个人诉讼主体在诉讼当中更占优势。个人诉讼主体在作为原告时的诉讼地位优势并不足以抵消其作为个人起诉机构时所处的劣势。从原告的角度来看,如果其相对方也是个人,作为个人的原告有55%的可能获得全部胜诉的结果,但在相对方是机构的情况下,他或她全部胜诉的几率就下降到了19.49%。从被告的视角来看,机构作为被告,如果是被个人起诉,机构的胜诉率达到48.48%,但如果是被机构起诉,其胜诉率就下降到17.07%。这个表格中的一个例外情形是,在将个人诉个人与机构诉个人的案件相比较时,机构的优势并不能显现:在原告是个人情况下,作为被告的个人的胜诉率要比原告是机构情形下的胜诉率要低。如果此种对比失之于在计算“净优势”①时过于理想化的话,我们可以进一步审视那些用以比较个人起诉机构案件与机构起诉个人案件的数据。作为原告,个人在起诉机构时的胜诉率是19.49%,而在个人作为被告时,机构作为原告的胜诉率是43.06%;因此,相较于个人诉讼主体而言,机构诉讼主体享有23.57个点的“净优势”。作为被告,个人在被机构起诉时的胜诉率是18.06%,而在个人作为原告时,机构作为被告的胜诉率是48.48%;因此,相较于个人诉讼主体,机构诉讼主体享有20.42个点的“净优势”。相较于其他地区研究显示的机构优势,这里的优势幅度非常大。比如,在关于美国州最高法院的研究中,惠勒及其他学者指出平均的“净优势”值为5.2%。② 在另外

---

① Wheeler, Stanton, Bliss Cartwright, Robert A. Kagan, and Lawrence M. Friedman, Do the Haves Come Out Ahead? Winning and Losing in State Supreme Courts, 1870 – 1970, 21 *Law & Society Review*: 403 – 445 (1987); Songer, Donald R. and Reginald S. Sheehan, Who Wins on Appeal? Upperdogs and Underdogs in the United States Courts of Appeals, 36 *American Journal of Political Science*: 235 – 258 (1992).

② Wheeler, Stanton, Bliss Cartwright, Robert A. Kagan, and Lawrence M. Friedman, Do the Haves Come Out Ahead? Winning and Losing in State Supreme Courts, 1870 – 1970, 21 *Law & Society Review*: 422 (1987).

一个研究当中,颂尔(Songer)和希恩(Sheehan)报告的“净优势”值为28.6%。①

如果上述胜诉率的差异确为实质性的,我们再进一步将个人诉讼主体的社会经济地位及机构诉讼主体的类型具体化,差异将更为显著。对于大约1/3的个人诉讼主体,我们能够收集到据以确定其职业的信息;我们把这些个人分为农民、工人(源于城市)和白领三类,把剩下的个人标识为“不明身份个人”。我们将大部分机构诉讼主体划分为私人企业、国有独资企业和政府机构三类。表2就具体类别的个人诉讼主体和机构诉讼主体进行了更为详尽的比对。我们从是否有足够多的案例从而能够得出有意义的百分比出发来选择比较对象。总体上看,表格中的数据传递了四个方面的信息。

表2 上海法院不同类型当事人胜诉比例表

	原告胜诉	双方部分胜诉	被告胜诉	总数
农民诉农民	45.71%	48.58%	5.71%	35(100%)
农民诉企业	12.96%	44.45%	42.59%	54(100%)
农民诉政府机构	0.00%	0.00%	100.00%	41(100%)
工人诉企业	10.19%	62.96%	26.85%	108(100%)
白领诉企业	14.93%	64.17%	20.90%	67(100%)
不明身份个人诉白领	69.23%	26.92%	3.85%	27(100%)
不明身份个人诉不明身份个人	58.68%	27.78%	13.54%	288(100%)
不明身份个人诉企业	28.04%	32.63%	39.33%	567(100%)
不明身份个人诉政府机构	7.50%	0.83%	91.67%	70(100%)

① Songer, Donald R. and Reginald S. Sheehan, Who Wins on Appeal? Upperdogs and Underdogs in the United States Courts of Appeals, 36 *American Journal of Political Science*: 243(1992).

续表

	原告胜诉	双方部分胜诉	被告胜诉	总数
企业诉工人	4.88%	56.10%	39.02%	41(100%)
企业诉白领	38.10%	28.57%	33.33%	21(100%)
企业诉不明身份个人	38.72%	42.62%	18.66%	359(100%)
企业诉企业	47.18%	40.00%	12.82%	585(100%)
企业诉政府机构	5.88%	0.00%	94.12%	51(100%)
政府企业诉不明身份个人	89.66%	8.62%	1.72%	58(100%)
政府企业诉企业	85.84%	13.28%	0.88%	113(100%)

数据来源:上海法院裁判文书(2008~2009年)。

第一,最大的败诉方是农民群体。尽管我们无法计算出其他诉讼主体相较于农民群体的"净优势",但已有的数据已经能够清晰地显示农民(包括"农民工",即进城务工人员)处于最为弱势的底层。在我们的样本中,农民起诉企业的胜诉率只有12.96%;起诉政府机构的胜诉率低至0%。与之相对照的是,城市工人、白领、身份不明的个人起诉企业的胜诉率分别是10.19%、14.93%、28.04%;不明身份个人起诉政府机构的胜诉率为7.5%。[①]

第二,最大的赢家是政府机构以及政府企业。在我们的样本案例中,政府机构或政府企业的胜诉率在85.54%以上。举例来说,政府部门在与农民、不明身份个人及企业的诉讼中,胜诉率分别为100%、91.67%、94.12%。同样地,政府企业在与不明身份个人、企业的诉讼

① 目前,中国仍然存在城乡二元结构的户口制度,将居民划分为城镇户口和农村户口。这有些类似于种姓制度,农村居民在经济机会方面处于显著的弱势地位(Solinger,1999)。这一历史问题在改革时代仍然存在;许多农民涌入城市从事最低级的工作,而另外一些人则被留在农村,成为繁荣经济中新的被压迫者。很显然,由于成为城市中的外来务工人员,农民现今已经卷入了上海诸法院的诉讼当中;他们构成我们样本中8%的个人诉讼主体。正如其他学者指出的那样,农民以及农民工处于中国社会的最底层,财富、权力以及社会关系对他们而言,遥不可及(Solinger 1999;He 2003,2005;Halegua 2008)。

中,胜诉率分别为89.66%、85.84%。这使他们的诉讼相对方,无论是私人企业,还是个人,胜诉率几乎为零。

第三,我们发现企业相较于个人而言处于优势,但当诉讼相对方具有政府背景时,企业的胜诉率也非常低。将“企业诉不明身份个人”案件与“不明身份个人诉企业”案件相比较,企业作为原告的“净优势”值为10.68%,作为被告的“净优势值”为20.67%。这再一次表明,企业,作为我们定义当中的资源优势者,相较于个人,或者说无资源优势者,拥有更多胜诉的机会。然而,当企业面对的是政府机构或者政府企业时,就像我们在第二点指出的那样,他们的胜诉率将低至10%以下。

(二)法律代理差异及其效果

胜诉差异的主要原因之一在于,强势一方能够在诉讼程序中利用更多的资源与经验。是否能够获得专业的法律代理可能是此种失衡当中最为重要的方面。我们的数据显示大部分个人诉讼主体都没有专业的律师代理。在我们的研究当中,原告有律师代理的案件比例在24.62%~40.79%;被告有律师代理的案件比例则低于20%,在有些情况下低至9.09%(见表3)。比较而言,机构诉讼主体具有法律代理的比例显著较高,他们或者有内部法律顾问代理,或者从律师事务所中外聘律师代理。正如表3下半部分显示的那样,在我们样本当中,企业作为原告时,其具有专业律师代理的可能性为73.33%,在其作为被告时,具有专业律师代理的可能性为67.19%。具有政府背景的机构诉讼主体更加可能获得专业的法律代理:就政府机构而言,具有专业法律代理的概率为85.71%(作为原告时)和57.21%(作为被告时);就政府企业而言,具有专业法律代理的概率为93.85%(作为原告时)和72.50%(作为被告时)。表3中的数据按照具有法律代理的可能性从低到高将诉讼主体分为了三类:个人、企业以及政府企业或者政府机构。①

① 整体而言,基本范式是,在所有类别当中,原告拥有法律代理的概率要高于被告。此种区别可能源于原告在提起诉讼之前有机会对胜诉可能性进行评估的事实。换句话说,如果他们无法请律师,他们可能不会选择提起诉讼。而被告时被动卷入诉讼当中的,他们无从选择。尽管被告不能获得法律服务,他们也必须参加到诉讼之中。这种状况在法律援助体系运行不畅的国家更为明显。

表3　不同诉讼主体拥有法律代理概率比较

	作为原告		作为被告	
	律师代理比例	总数	律师代理比例	总数
农民	40.79%	152	11.11%	54
工人	24.62%	130	18.18%	33
白领	32.73%	110	17.65%	68
不明身份个人	35.08%	975	9.09%	737
企业	73.33%	1065	67.19%	1454
政府企业	93.85%	179	72.50%	40
政府机构	85.71%	7	57.21%	229
不明身份组织	66.67%	6	66.67%	9

数据来源：上海法院裁判文书(2008～2009年)。

正如表4所示的明显对比，法律代理对于诉讼方的胜诉率会产生影响。这个表格中的数据代表着原告方的胜诉率，四栏则显示出是否有法律代理的效果比对。原告有律师会增加胜诉的可能性，而对方有律师会使得原告胜诉可能性降低，如果我们检视表4中的全部数据，情况基本如此。举例来说，从所有案件来看(行1)，“有诉无”的组合当中，原告的胜诉率为48.83%，而“无诉有”的组合当中，原告的胜诉率仅为21.57%。然而，当案件被划分为四种类型的时候，情况却有所变化。

表4　有无法律代理与原告胜诉概率比较

	无诉无	无诉有	有诉无	有诉有
所有案件	42.69%	21.57%	48.83%	37.79%
	759	408	602	807
个人诉个人	60.22%	33.33%	53.93%	34.21%
	269	18	89	38
个人诉机构	23.75%	16.47%	32.76%	20.00%
	261	334	58	275

续表

	无诉无	无诉有	有诉无	有诉有
机构诉个人	40.87%	—	47.15%	32.26%
	115	3	316	31
机构诉机构	46.49%	47.17%	60.43%	49.03%
	114	53	139	463

这表明是否有法律代理的差异并不是个人诉讼主体与机构诉讼主体之间胜诉率差异的主要原因。在统计学意义上,如果对有无法律代理这一变量进行控制,个人与机构之间胜诉率的差异会变小但仍然存在。比如,就像我们前面提到的,如表1显示,在我们的整体样本当中,在对法律代理这一变量进行控制之前,机构诉讼主体作为原告的"净优势"值为23.57%。相较而言,通过将表4中间两行的数字进行比对,在双方均没有律师代理的情况下,机构诉讼主体作为原告的"净优势"值为17.12%;在原告有律师代理但被告没有律师代理的情况下,机构诉讼主体作为原告的"净优势"值为14.39%;在双方均有律师代理的情况下,机构诉讼主体作为原告的"净优势"值为12.26%(由于案件数量不够,"无诉有"案件中的净优势值无法计算出来)。简而言之,控制法律代理这一变量显著地减少了胜诉率的差异,因而证实了资源不平等的论断。同时,控制之后的差异也并不小,表明除了法律代理这一因素之外,仍然有其他原因造成了资源优势者与无资源优势者之间的胜诉率差异。

(三)具体诉讼领域的当事人

不同类型的法律关系之间结果差别也非常大,因此有必要关注不同领域法律关系及法律本身的具体构造。只有在一个典型的诉讼领域内,我们才能对一个典型的角色关系进行辨别;比如,离婚案件的争讼双方显然都是个人,劳动争议案件涉及雇主与雇员,行政诉讼案件的被告则是政府。通常来说,将雇主、发行人、诊所、开发商以及居民区的管理层划定为资源优势者并无疑义。有了这样一些信息之后,表5里面显示的数据就可成为我们进一步探讨哪一类的诉讼主体(个人、企业或政府)胜诉更多的依据。

表5　不同诉讼领域的胜诉率

	原告胜诉	双方部分胜诉	被告胜诉	案件总数
合同债务	60.83%	30.46%	9.16%	742(100%)
人身损害	43.98%	42.74%	13.28%	241(100%)
交通事故	28.70%	57.89%	14.04%	171(100%)
劳动纠纷	10.56%	58.10%	31.34%	284(100%)
行政纠纷	4.74%	0.00%	95.26%	232(100%)
保险纠纷	25.66%	30.09%	44.25%	113(100%)
医疗纠纷	19.33%	47.90%	32.77%	119(100%)
房屋拆迁	31.91%	4.26%	63.83%	188(100%)
社区纠纷	34.04%	44.68%	21.28%	329(100%)
房地产纠纷	42.98%	28.07%	28.95%	114(100%)
财产纠纷	56.19%	30.48%	13.33%	105(100%)
其他纠纷	71.43%	13.10%	15.48%	84(100%)

数据来源：上海法院裁判文书(2008～2009年)。

在每一个单独的诉讼领域，是否都是资源优势者占有诉讼优势？我们可以对原告和被告的胜诉率进行分析进而得出这个这个问题的答案，因为在每一个诉讼领域，法律关系都是清楚的。表5的数据显示，在合同之债的案件中原告的胜诉比例非常高。这一结论与已有的一些将高胜诉率归因于案件本身的是非曲直以及法院功能性运作的实证研究结论①相一致。通常情况下，商事组织之间发生债务纠纷，为了避免破坏仍然存续的法律关系，除非没有其他选择，原告一般不会提起诉讼。②

① He, Xin, Routinization of Divorce Law Practice in China: Institutional Constraints' Influence on Judicial Behavior, 23 *International Journal of Law, Policy and the Family* 1:1－27 (2009); He, Xin, Debt-collection in Less Developed Areas of China: An Empirical Study from Shaanxi Province, *China Quarterly*, no. 206, 253－27(2011).

② Macaulay, Stewart, Non-Contractual Relations in Business. A Preliminary Study, 28 *American Sociological Review*: 55－67(1963).

同时,表5显示出在行政案件中被告超乎寻常的高胜诉率,这也印证了前文关于政府机构相较于被政府行为影响的人来说具有巨大的诉讼优势的观点。就样本中的劳动案件而言,与其他研究显示的数据(Li & Zhang,2009)相比,原告胜诉的比例并不是很高。然而颇有意思的是,医疗纠纷案件部分胜诉的比例相对较高,但原告的胜诉率却非常低。

资源优势者与无资源优势者之间差异的幅度也有很大的不同。比如说,在行政案件当中,原告胜诉的可能性几乎为零,表明政府,或者说是被告在此类案件中具有压倒性优势。在样本中的保险案件中,被告(通常是企业)相较于原告(更可能是个人)而言胜诉率也非常高(44.25%),同样显示了强势方的诉讼优势。我们期待在交通事故案件中发现非常高的胜诉率,但结果显示胜诉率也就一般水平。值得注意的是,在人身损害、交通事故以及医疗事故案件中,部分胜诉的比例非常高(均高于40%)。对比而言,在行政案件、劳动争议案件和房屋拆迁案件中,部分胜诉的比例非常低(均低于10%)。有意思的是,在部分胜诉率最低的那些组别里面,资源优势者看上去要远远强于无资源优势者。例如,行政案件中的政府机构,远远要比受到政府行为影响的行政相对人更为强大,也占有更多的资源。与之相对应,在这些类别当中资源优势者的胜诉率也要高出很多(均高于60%)。在部分胜诉率最高的组别当中,原告与被告之间的权力和资源差异则并不十分明显。①

(四)多变量分析

为了检测上诉实证分析范式能否在多变量语境下仍然有效,我们运行了一系列的多元回归模式。我们将因变量设定了三种可能的结果——完全胜诉、部分胜诉(部分败诉)及完全败诉,并将其对应到有序分类评定模型当中。

---

① 比如,很难知晓在人身损害和交通事故案件中,诉讼双方之间的此种差异是否存在。由于许多部分胜诉的情况是在法院内形成和解,对此种范式的一种解释是,如果一方相较于另一方的资源优势越突出,其越不可能有意愿和解。

我们将自变量设定为三个类别:当事人背景度量、法律代理度量及诉讼领域度量。我们将诉讼主体分为四个类别:农民、其他个人、有政府背景的机构以及无政府背景的企业。加入原告与被告的因素,我们就当事人背景这一变量区分了8种类型的案件,并从中设置了6个虚拟变量("其他个人原告"和"其他个人被告"作为参照组)。就法律代理的度量而言,我们设置了1个虚拟变量以显示原告是否有法律代理,并设置了另外一个虚拟变量以显示被告是否有法律代理。同时,我们引入了这两个度量之间的交叉关系,进而就法律代理这一变量分出四种类型的案件。最后,将人身损害作为参照组,我们设置了11个虚拟度量来对12个诉讼领域进行具体化。

与分类评定模型相类似,有序分类评定模型预测结果发生的可能性,并将其记录为可能性(odds),在线性模型中(我们在此使用的即为线性模型)则记录为对数可能性(logarithm of odds)。在常规的分类评定模型中,只会出现一种结果,因此只能预测一种可能性(另一种可能性是作为参照),但在有序分类评定模型中会出现多个结果,因此可以预测两个或以上的可能性。在我们的研究中,表6的模型以对数可能性的形式预测了两种结果的可能性——完全胜诉和部分胜诉。基于自变量中一个单位的变化会导致两个结果产生同等变化的假设,只要评估一套系数即可得出两个结果。尽管如此,对两个结果所预测的可能性仍然有所不同,同时有序分类评定模型提供了两套不同的评估基线(类似于普通最小二乘法中模型中的截距,尽管这里是两个而非一个)。在表6中,这两套基线被记录为"分割点1"和"分割点2"。[①]为表述简便起见,在下文中我们使用"胜诉率",同时指代两种可能事件的概率——相较于部分胜诉的全部胜诉以及相较于完全败诉的部分胜诉。

---

① 关于有序分类评定模型背后的数理原则和推理,可参见Long(1997:114-47)。关于将有序分类评定模型运用于社会科学研究的清晰探讨,可参见Greeley and Hout(1999:828-31,Appendix B)。关于评估模型参数的卓越计算软件,可使用STATA公司的command OLOGIT(StataCorp 2003:95-104)。

表6　预测原告胜诉率的有序分类评定模型系数

	模型1	模型2	模型3
当事人背景			
除个人外的原告(参照组)			
农民原告	-0.723**	-0.723**	-0.890**
企业原告	0.438**	0.438**	0.242
政府企业或政府机构原告	2.608**	2.656**	1.954**
除个人外的被告(参照组)			
农民被告	1.274**	1.265**	1.024**
企业被告	-0.434**	-0.267	-0.389**
政府企业或政府机构被告	-3.486**	-3.366**	-1.600**
法律代理			
有律师代理的原告(PwC)		-0.044	0.044
有律师代理的被告(DwC)		-0.362**	-0.180
Pwc × DwC		0.076	-0.307
诉讼领域			
人身损害(参照组)			
合同债务			0.231
交通事故			-0.260
劳动纠纷			-1.315**
行政纠纷			-3.326**
保险纠纷			-1.111**
医疗过失			-0.899**
房屋拆迁			-1.453**
社区纠纷			-1.076**
房地产纠纷			-0.442**
财产纠纷			-0.021

续表

	模型 1	模型 2	模型 3
分割点 1	-1.304	-1.362	-2.218
分割点 2	0.420	0.370	-0.247
总数	2724	2724	2724
-2 对数似然函数值	5154.38	5140.67	4871.02

注：* $p < .05$；* * $p < .01$。

数据来源：上海法院裁判文书(2008 ~ 2009 年)。

表 6 中的发现非常直白地展现了不均等的胜诉几率。在四个类别的诉讼主体当中，最大的败诉方是农民，而最大的胜诉方是与政府有关的诉讼主体。“农民原告”的系数为负（例如，在模型 1 中为 -0.723）但“农民被告”的系数为正（在模型 1 中为 1.274），两者均具有显著性，显示农民身份本身就会降低其自身的胜诉几率并提高对方的胜诉几率。以指数计算后，这两个系数可以被转换成几率比例 exp(-0.723)或 0.482；exp(1.274)或 3.57。换句话讲，农民身份会将其自身作为原告的胜诉率降低一半，而当其作为被告时，会将对方胜诉的几率提升 3.57 倍。与之构成对比的是，在模型 1 中同样十分明显，作为政府机构或政府企业的身份会增加其自身的胜诉率并降低相对方的胜诉率。作为原告，政府机构或政府企业增加其自身胜诉率的指数为 exp(2.608)或 13.75，同时降低相对方的胜诉率的指数为 exp(-3.486)或 0.031，也就是说，是令人震惊的 32 倍的差异。

在对法律代理进行控制的情况下（模型 2），此种范式也基本成立。模型 2 同时也表明有无法律代理本身不会对原告的胜诉率产生很大的影响。在三个度量当中，只有被告有律师会产生显著但幅度并不大的影响：它降低原告胜诉率的指数为 exp(-0.362)或 0.696，也就是说不到 1.5 倍的差异。

在表格的最后一个模型中，我们引入了诉讼领域作为控制因素。不同诉讼领域之间胜诉率的差异与我们前面在表 5 中报告的结论相一致。当对诉讼领域进行控制时，诉讼主体的农民身份以及与政府相关的身份仍然具有显著且幅度较大的效果。举例来说，原告的农民身份会将其胜诉的几率减少

2.44 倍[在模型 3 中,胜算比 = exp(-0.890) = 0.411],原告的政府背景会将其胜诉的几率提升 7.06 倍以上[在模型 3 中,胜算比 = exp(1.954)]。

上述多变量分析传递出五个方面的信息,这些信息均与我们在之前的表格中所得出的结论相一致:(1)就胜诉率而言,资源优势者与无资源优势者之间存在巨大的差异;(2)具有政府背景的机构诉讼主体(政府机构或政府企业)享有巨大的诉讼优势;(3)农民处于非常不利的地位;(4)不具有政府背景的企业要比个人诉讼主体更有优势,尽管他们的优势要远比具有政府背景的机构诉讼主体小得多;(5)在对是否有法律代理这一变量进行控制的情况下,上述胜诉率的差异仍然是显著的且幅度较大。

五、诉讼主体能力理论之外的思考

在早期的研究当中,惠勒及其他学者①(同时可参见颂尔和希恩②)最初提出了如下假定:强势一方当事人在诉讼中占有优势可能是基于三个方面的因素——法律、法院及当事人拥有的资源。在将大企业与小企业、大规模的政府组织与小规模的政府组织进行比较分析之后,学者们排除了前两方面的因素。他们论证说如果仅仅是法律本身有着内在的规范性倾斜,或者法官抱有偏见,那么将不会出现他们在实际研究对比中出现的那些差异。

我们从中国法院得到的这些数据并不足以让我们否定假定中的三个因素;相反地,本研究中显示的推论行证据表明我们应当同时考虑这三个方面。从我们的数据出发,仍然可以主张资源具有很大影响。也就是说,在解释资源优势者与无资源优势者之间的胜诉率差异这一问题上,诉讼主体能力理论本身即便不足以解释一切,也依然是有效的。资源优势者与无

① Wheeler, Stanton, Bliss Cartwright, Robert A. Kagan, and Lawrence M. Friedman, Do the Haves Come Out Ahead? Winning and Losing in State Supreme Courts, 1870 - 1970, 21 *Law & Society Review*: 422(1987).

② Songer, Donald R. and Reginald S. Sheehan, Who Wins on Appeal? Upperdogs and Underdogs in the United States Courts of Appeals, 36 *American Journal of Political Science*: 243(1992).

资源优势者在是否能获得法律代理上存在很大的差异。表 3 中的数据显示中我们的样本中只有 11.1% 的农民被告有律师为其代理，而机构被告有律师代理的比例为 60% 以上，政府原告获得律师代理的比例则高达 93.85%。由此也可以主张法律代理起着非常重要的作用。总体而言，在所有的诉讼类别里面，有法律代理与无法律代理的诉讼主体在胜诉率上的差异并不是不显著。但在中国的诉讼中，诉讼主体能够中法庭中调用多大的资源所产生的影响仅仅是冰山一角。确实，在我们对法律代理这一变量进行控制之后，不同类别的诉讼主体之间这胜诉率上的差异仍然显著且幅度较大。这背后的因素应该远远超乎我们眼前所看到的这些。

诉讼主体能力理论，尤其是格兰特最原初的理论构架，对于法院或多或少独立于外在影响的假设，都持有一个合理程度的乐观态度。一方在诉讼中赢了另外一方，主要是基于其拥有经验或资源上的优势，而这些优势对于确保在现有法律规则框架下进行公平合理的对抗是非常有用的。然而，当在美国之外的法域尤其是发展中国家进行此种实证研究，这样的假定就会问题丛生。[①] 我们对上海法院的研究，呼应了以往的研究结论，证实了确实有必要在诉讼主体能力理论之外进行进一步的研究。

我们最为突出的发现之一是，当诉讼一方是政府或与政府有关时，对方胜诉的余地就非常小。在我们的研究当中，政府机构或政府企业，无论诉讼相对方是个人诉讼主体还是机构诉讼主体，其最低的胜诉率都高达 86.21%（政府企业诉不明身份个人）。如果不能理解中国法院在政府的影响下运作这一事实，就很难解释有政府背景的诉讼主体为何能够占有如此超乎寻常的胜诉比例。对法院的渗透主要是来源于两个渠

① Haynie, Stacia L., Resource Inequalities and Litigation Outcomes in the Philippine Supreme Court, 56 *Journal of Politics*: 752 – 772 (1994); Haynie, Stacia L., C. Neal Tate, Reginald S. Sheehan, and Donald R. Songer, Winners and Losers: A Comparative Analysis of Appellate Courts and Litigation Outcomes, Paper presented at the annual meeting of the American Political Science Association, San Francisco, CA, September 2, 2001; Kritzer, Herbert, The Government Gorilla, in H. Kritzer and S. Silbey eds., *In Litigation: Do the "Haves" Still Come Out Ahead?*, Stanford: Stanford University Press, 2003, pp. 342 – 371.

道,一个是制度性的,另一个则为社会性的。从体制上来讲,法院被作为"大政府"的一部分。就像人们注意到的那样,法官们在任命、晋升方面都受制于地方政府,而且,迄今为止,法官的待遇和物质保障也受制于地方政府。[①] 因此,即便不是完全不可能,法院也很难不在各种案件中对政府对利益有所倾斜。一个很有说服力对证据是,在我们的样本里的行政诉讼当中,被告会在95.25%的案件中完全胜诉,部分胜诉的比例是0%,人儿原告的胜诉比例仅为4.74%(见表5),这与本领域内大部分现有研究的结论相一致。[②] 由于与政府之间的紧密关系,政府企业也处于同样一种优势地位,他们也可以对法院施加同样的影响力。这表明政府并不仅仅是机构诉讼主体的一种具体类型。更为根本的是,这显示了法院是可以从外部加以渗透的。政府性质的诉讼主体与非政府性质的诉讼主体在胜诉的可能性上有90%左右的差异。此种差异仅从资源差别方面是难以解释得通的,相反地,这些差异应当从制度安排的角度加以理解。与我们关于政府享有巨大优势的观点相呼应,少数关于不同国家的现有研究文献指出了并非资源优势者而是政府占有诉讼优势的主导范式。[③] 克利策(Kritzer)认为此种范式并不仅仅是资源问题,相反地,其源于法院属于政府的一部分这一事实。贺欣写道:"……法院和法官并未独立于政府,而是政府的一部分。法院同样是国家机构。这导致一个可能的影响是,法官会对政府,或者对他们所归属的政府体制抱有某种程度的忠诚。"[④]

影响法院的制度性渗透可能也会以对法官行为进行约束的形式体现出来。在上文中,我们提到法院对于自身职业前景以及更大范围的政治因素的考虑可能会对诉讼结果产生影响。然而,现有的数据不足以让我们区分出政治敏感性案件并衡量其诉讼结果。但是,仍然有证据显

---

① 《基层法院经费将纳入中央预算　摆脱地方依赖》,载网易新闻,http://news.163.com/08/1205/05/4SCKC2QD0001124J.html,最后访问日期:2011年2月14日。

② 朱景文:《中国法律发展报告(1979~2004)》,中国人民大学出版社2007年版。

③ Kritzer, Herbert, The Government Gorilla, in H. Kritzer and S. Silbey eds., *In Litigation: Do the "Haves" Still Come Out Ahead?*, Stanford: Stanford University Press, 2003, pp. 342–371.

④ *Ibid.*, p. 343.

示,在医疗纠纷案件当中,法官可能倾向于支持无资源优势者,尽管此种倾斜不可能改变无资源优势者的整体弱势地位。在医疗纠纷案件中,尽管原告的全部胜诉率非常低,但双方均部分胜诉的比例是最高的。医疗过失行为但受害人试图通过法院来获得一些赔偿,但是他们通常无法完成证明医院有过失的举证责任。因为医院控制着所有的医疗记录,而且评估鉴定机构与医院通常都有着良好的关系,医疗过失的受害人要证明医生或医院的过失是非常困难的。然而,这种案件的原告很容易产生不满。医疗过失的受害人通常失去了他们至爱的人或者他们身体的某些部分,当他们在整个索赔过程中遭遇各种不幸或不如意时,就会变得非常不满。在最坏的情况下,他们可能会去自杀或者杀人,在最好的情况下,他们会对法院对裁判上诉或投诉。为了避免此种会对法官对绩效考核产生不利影响的上诉或投诉,法官会抓住医院的一些小问题然后给受害人提供部分或精神上的赔偿。由于医院一般有更有实力,因此即便被裁决给予受害人部分赔偿,医院也不太会去投诉。①

从社会意义上说,对法院对渗透可能表现为幕后的私人交易形式。一方并不是在法庭上公开运用其资源,而是通过强有力的社会关系。在一个法官行为道德准则并没有被有效地执行甚至根本不存在此种准则的社会当中,一方当事人的能力在可以被渗透的法院体系中就起到了非常重要的作用。在此种语境下,如果不同时引入可被渗透的法院这一假定,我们将无法依然采用诉讼主体能力理论来解释各类诉讼主体之间胜诉率上的差异。在某种意义上,这一发现也是本研究与现有研究文献的区别所在。现有的实证研究表明资源差异是为何资源优势者占有诉讼优势最为重要的原因之一②(Songer & Sheehan, 1992; Songer et al.,

---

① He, Xin, Routinization of Divorce Law Practice in China: Institutional Constraints' Influence on Judicial Behavior, 23 *International Journal of Law, Policy and the Family* 1:1 - 27 (2009).

② Wheeler, Stanton, Bliss Cartwright, Robert A. Kagan, and Lawrence M. Friedman, Do the Haves Come Out Ahead? Winning and Losing in State Supreme Courts, 1870 - 1970, 21 *Law & Society Review*: 403 - 445 (1987); Songer, Donald R. and Reginald S. Sheehan, Who Wins on Appeal? Upperdogs and Underdogs in the United States Courts of Appeals, 36 *American Journal of Political Science*: 235 - 258 (1992).

1999),但是当法院易于受到外界影响时,外部影响的因素就会盖过其他任何原因,包括诉讼能力原因。更多资源与更高的胜诉可能性之间的关联关系,无外乎以下两方面的原因:资源优势者占有诉讼优势,要么是因为他们有更多的经验、专业的知识和技能、更好的代理律师来帮助他们在诉讼中角逐,要么不过是因为他们可以通过资源和关系对法院的裁判施加更为有效或者更为直接的影响。

根据法律因素假设,有资源优势者与无资源优势者之间的鸿沟也可能是源于规范某些特定领域的法律的类别。我们的数据显示,在保险、医疗过失、房屋拆迁以及劳动争议案件中,被告(通常为强势一方),在诉讼中的进展比弱势一方要顺利得多。这可能是源于法律或规章的不同渊源。在中国,调整商业保险、医疗服务、房屋拆迁以及劳动力市场的法律通常是由中央政府的各个部委分别起草的。这些部委也被赋予制定法律实施规则的职责,同时他们也是在发生冲突或歧义时负责解释法律和规章的权威主体。由于国家部委与产业各界有着紧密的联系,许多商业主体还属于国有企业或政府关联企业,因此制定的法律将会倾向于保护商业机构的利益。由此产生的结果是,由于弱势一方通常是作为原告,被告在这些案件中普遍胜诉率都比较高,尽管原告通常都会占有一些诉讼优势,情况也同样如此。

类似的原因也可以用于解释行政诉讼中被告的高胜诉率。大部分行政法(尽管制定行政法的初衷是用于约束政府行为)是由政府自身制定的。除了少数由全国人民代表大会颁布的法律之外,对立法的过程并无多少制度上的约束。遑论仅仅依赖政府的自律来为行政诉讼的双方提供一个公平的诉讼基础有多么不现实了。因此,原告可能会处于非常不利的地位。

对照而言,在合同、人身损害和交通事故案件当中,原告的胜诉率通常都比较高。尽管可以将其归因于在这些案件当中原被告基本平等的事实(机构诉机构或个人诉个人),但同样可以归因于调整这些领域的法律主要是由全国人民代表大会及其常务委员会颁布的。立法者并无倾向于这些争议中任何一方的动机。在这些类别的案件当中,原告所享有的普遍优势因而不会被抵消。这些范式指出了法律规范中可能的倾斜对于胜诉差异的效用,克利策对此总结如下:“首先,政府制定法律,然后,法院又适用的是这些法律”。①

在这个部分,我们对惠勒及其他学者提出的三个假设的有效性进行了推导,并指出在中国这样的国家,我们在诉讼主体资源和能力之外来解释不同主体之间胜诉率上的巨大差异。我们的研究看起来是支持了海尼及其他学者的研究结论,他们以六个不同国家的情况对格兰特的论断进行了检验,在这项研究中,他们写道:“诉讼主体所拥有的资源差异也许并不是各方诉讼结果差异的最好解释,政府与法院之间的关系也许是决定性的因素”。②

六、结论与启示

本研究基于公开的裁判文书对上海法院的司法裁判情况进行了述评。我们发现就诉讼结果而言有资源优势者与无资源优势者之间存在巨大的差异。鉴于上海是中国最为富裕的城市,如果经济发展会提升法院表现这一论断成立,可以想见中国其他地区的情况会是如何③(Zhu,

---

① Kritzer, Herbert, The Government Gorilla, in H. Kritzer and S. Silbey eds., *In Litigation: Do the "Haves" Still Come Out Ahead?*, Stanford: Stanford University Press, 2003, p. 343.

② Haynie, Stacia L., C. Neal Tate, Reginald S. Sheehan, and Donald R. Songer, Winners and Losers: A Comparative Analysis of Appellate Courts and Litigation Outcomes, Paper presented at the annual meeting of the American Political Science Association, San Francisco, CA, September 2, 2001, p. 16.

③ Balme, Stephanie, Local Courts in Western China: The Quest for Independence and Dignity, in R. Peerenboom ed., *Judicial Independence in China*, New York: Cambridge University Press, 2010, pp. 154 – 179; He, Xin, Court Finance and Court Reactions to Judicial Reforms: A Tale of Two Chinese Courts, 31 *Law & Policy* 4: 463 – 486 (2009); Peerenboom, Randall and Xin He, Dispute Resolution in China: Patterns, Causes and Prognosis, 4 *East Asia Law Review* 1: 1 – 61 (2009); 朱景文:《中国法律发展报告(1979 ~ 2004)》,中国人民大学出版社2007年版; Clague, Christopher, Philip Keefer, Stephen Knack, and Mancur Olson, Institutions and Economic Performance: Property Rights and Contract Enforcement, in C. Clagueed., *Institutional and Economic Development: Growth and Governance in Less-Developed and Post-Socialist Countries*, Baltimore: Johns Hopkins University Press, 1997, pp. 67 – 90。

2007;Chong & Calderon,2000)。简而言之,如果在我们进行研究的时点上海法院的情况并不是那么典型,那么本文所反映的问题在中国的其他地区或其他时点将更为明显。

我们的分析为比较法学者提供了一些期待已久的来自中国的数据。自格兰特的开创性研究以来,对诉讼的定量分析已经被普遍用于研究美国、英国、加拿大及许多发展中国家的法律体系。中国并不在这一行列当中,因而也处于再分配正义比较研究的视域之外。中国法律体系内的胜诉率差异,以及我们关于司法资源不平等的初步结论,对于中国转型期的法律发展具有直接的启示意义。当前主要的争论之一是关于"形式"与"实质"的论辩:法律改革导向在形式上不断完善的制度,但是否司法上的平等也随着这一过程不断增进?一些学者质疑将"司法独立"这一最佳国际实践适用于中国的正当性。他们认为这一国际准则未能抓住地方性语境的复杂性,在践行实质上的(如果并非形式上)司法正义方面,中国目前的构架并不劣于其他任何的体制。① 在展示昭然的胜诉率差异并指出法律和法院是这些不平等的原罪的基础上,我们强烈建议需要进行进一步的法律改革。

从法院的政治环境来看,立法的过程也需要改革。有必要将立法权从行政管理者身上剥离,并赋予法院解释规则的权力。

本研究同时也揭示了有资源优势者与无资源优势者在获得法律代理方面的差异。农村进城务工人员获得法律代理机会的渺茫发人深省。尽管他们只是我们样本中的一小部分,但他们中国人口构成中的最大部分。对此,一个可能的改革方向是将个人诉讼主体转化为机构诉讼主体,也就是说,建立起更多的法律援助项目,增强法律服务的可获得性,同时促进和发挥非政府组织如工会、消费者协会和业主委员会等在代表不同界别无资源优势者利益方面的作用。

---

① Zhu,Suli,The Party and the Courts,in R. Peerenboom ed.,*Judicial Independence in China*, New York: Cambridge University Press, 2010, pp. 52 – 68. 一般论述可参见 Peerenboom,Randall ed.,*Judicial Independence in China*, New York: Cambridge University Press,2010。

《法律和社会科学》(2016)
第15卷第2辑,第87~126页

运输毒品案为什么越来越多
——Y省毒品犯罪刑罚威慑效应的个案经验研究

刘宗根*

摘要:Y省运输毒品案越来越多,而其他类型的毒品案稳中有降,这与刑罚威慑力不足之间存在相关性,而法律、政策、体制机制等多种因素综合作用造成刑罚威慑力不足,即司法并没有完全实现立法上毒品犯罪刑法规制的严厉性。此案勾画出刑事裁判的复杂图景,有助于辨析毒品犯罪严重命题之真伪,正确认识和矫正毒品犯罪刑罚严厉观,与此同时,该经验研究丰富和扩展了刑罚威慑理论,为寻找有效的毒品犯罪治理路径和客观、理性地看待中国司法提供启示和借鉴意义。

引 言

自1979年刑法颁布以来的近40年间,中国法制

---

* 昆明铁路运输中级人民法院法官,香港城市大学法律学院博士生,电子信箱:zonggenliu@126.com。

从无到有且已经形成法律体系,其中毒品①刑事法制日渐健全完善,刑罚配置的力度日趋严厉。② 在此期间,面对日趋严重的毒品犯罪,③法院等司法机关在一轮接着一轮的“严打”和专项斗争中不停制定和调整相应的司法政策,对毒品犯罪判处的重刑率始终高于其他刑事案件。因而无论是从传统刑罚威慑效应理论的逻辑演绎,还是从重刑治毒的经验考察,毒品及毒品犯罪问题应当得到有效遏制是其必然的结论。然而,毒品及毒品犯罪问题越来越严重已经是不争的事实。④ 这一事实与前述逻辑和经验严重地背道而驰,毒品犯罪刑法规制及其司法运作并没有实现毒品及毒品犯罪治理政策(法制)预先设想的效果,毒情反而越演越烈。对于这一背离和反常现象及其背后的原因,尚未受到我国学界高度关注和深度思考。

---

① 根据 1997 年《刑法》第 357 条和《禁毒法》的规定,毒品是指鸦片、海洛因、甲基苯丙胺(冰毒)、吗啡、大麻、可卡因以及国家规定管制的其他能够使人形成毒瘾的麻醉药品和精神药品;1961 年联合国大会通过的《麻醉品单一公约》、1971 年《精神药物公约》以及 1988 年《禁止非法贩运麻醉药品和精神药物公约》三个国际公约对毒品作出统一释义,“毒品”是指国家公约规定的受控制的麻醉品和精神药品。据此,刑法中的毒品概念与国际公认的毒品概念基本吻合。本文的研究对象为当代中国毒品法制实践。因此,本文中使用的“毒品”即采纳刑法学上和国际公约上通用的概念。

② 有学者按照《刑法》第 33 条规定的五种主刑,即管制、拘役、有期徒刑、无期徒刑、死刑,指示刑罚严厉性程度指标,对中国刑法中 415 个罪名严厉性程度进行测算,《刑法》第 232 条故意杀人罪刑罚综合指数为 158,第 127—2 抢劫枪支、弹药、爆炸物罪刑罚综合指数为 161,而第 347 条走私、贩卖、运输、制造罪刑罚综合指数为 150. 25,该罪刑罚配置的严厉性程度较高,参见白建军:《刑罚轻重的量化分析》,载《中国社会科学》2003 年第 6 期。

③ “毒品犯罪”从严格意义上讲不是一个专门的法律术语,它是泛指所有以毒品为对象的犯罪行为,考虑目前中国毒品犯罪高发领域集中在走私、贩卖、运输、制造罪,为论证本文主题的需要,本文所谓的“毒品犯罪”仅指《刑法》第 347 条规定的走私、贩卖、运输、制造毒品罪。

④ “我国已进入毒品问题加速蔓延期、毒品犯罪多发高发期、毒品治理集中攻坚期,毒品问题难以在短期内得到彻底解决,禁毒工作总体形势依然严峻”,参见马岩:《当前毒品犯罪形势及司法应对》,载《中国审判》2015 年第 13 期;“不可否认,改革开放以来,我国毒品问题从未像今日这般严峻,国家对毒品犯罪的治理也从未像今日这样重视”,“我国已由传统的‘毒品过境国’‘毒品受害国’转变为‘毒品消费国’‘毒品受害国’和‘毒品制造输出国’。整体上,毒品犯罪在当前呈现出‘在打击中发展,在治理中急剧蔓延’的基本形势”,参见何荣功:《要避免中央禁毒新政策被扭曲》,载《中国审判》2015 年第 13 期。

从海量的有关毒品及毒品犯罪研究的文献来看,[①]针对毒品犯罪问题日益严重,学界关注的热点从早先主张严刑峻法,转变到近年来以批评的眼光审视毒品犯罪的司法惩治过于严厉,强烈呼吁调整毒品问题严打刑事政策和废除品犯罪的死刑;[②]法院等实务界则一直高调宣称依法严厉打击毒品犯罪的坚决态度,“重刑率”是惩罚严厉程度的重要指标。但是,学界与实务界坚持的所谓毒品犯罪刑罚严厉性的观念和论述还只是停留在泛泛而谈的层面上,并没有对毒品犯罪刑罚程度这一法律现象进行量化分析,毒品犯罪刑罚严厉性这一命题缺乏精确化和明细化的实证数据支持。由此引申出以下问题:纸面上的毒品犯罪刑罚严厉是否就等于实践层面上的严厉?依法坚持严厉打击及“重刑率”是否等同于中国法院处置毒品犯罪的刑罚严厉?毒品犯罪越来越严重是否质疑着毒品犯罪法制的严厉性在司法实践中被打了折扣?实践中的毒品犯罪刑罚威慑力不足与毒品犯罪严重之间是否存在相关性?如果存在相关性,那么造成刑罚威慑力不足的原因究竟又是什么?沿着这样的问题导向,本文选择以法院内部处理毒品案件的实际运作作为研究的切入点,试图揭示毒品犯罪越来越严重的事实真相,找出毒品犯罪刑罚威慑力与毒品犯罪治理成效之间的相关性,在此基础上进一步发现和论证有效的毒品犯罪治理路径。

就具体研究过程而言,本文采用回溯性的诉讼档案研究方法,通过描述 Y 省毒品犯罪案件情况,发现 Y 省毒品犯罪案中运输毒品为高发和多发案件,而其他类型的案件比如贩卖毒品案等却呈现逐渐减少的

---

① 笔者登录中国期刊全文数据库,输入篇名关键词“毒品犯罪”,检索出包含该关键词的文献 980 篇;输篇名关键词“毒品”,检索出包含该关键词的文献 3631 篇;登录中国博士学位论文数据库输入篇名关键词“毒品”,检索出 17 篇博士论文;输入篇名关键词“毒品犯罪”,检索出 6 篇博士论文;登录中国优秀硕士学位论文全文数据库,输入题名关键词“毒品”,检索出 268 篇硕士论文;输入题名关键词“毒品犯罪”,检索出 136 篇硕士论文。最后访问日期:2016 年 4 月 17 日。

② 例如,赵秉志、徐文文在《〈刑法修正案(九)〉死刑改革的观察与思考》一文中,提出尽管《刑法修正案(九)》从多个方面对死刑制度进行了立法改革,但也存在一些不足之处。例如,在减少死刑罪名事后,应考虑一并废除运输毒品罪的死刑,参见赵国玲、刘灿华:《毒品犯罪刑事政策实证研究》,载《法学杂志》2011 年第 5 期。

变化趋势。根据传统的刑罚威慑效应理论,这一发现似乎预示着运输毒品犯罪刑罚规制没有发挥其应有的威慑效应,运输毒品犯罪案越来越多;而贩卖毒品犯罪却与此相反——刑罚威慑效应已经形成,因而贩卖毒品犯罪案数量逐年减少,犯罪得到有效遏制。如果按此逻辑推理,一个显而易见的问题便是,适用同一部刑法甚至同一法条,为什么贩卖毒品犯罪刑罚效应能够形成而运输毒品犯罪却不能?个中原因是什么?难道贩卖毒品犯罪案少还有其他原因所致?难道传统刑法威慑效应理论尚存在不周全甚至缺陷之处,以致还不能充分和有力地解释Y省运输毒品犯罪案日渐增多之现象?

深入法官定罪量刑过程,本文进一步发现,定罪与量刑并非纯粹是一个法律问题,更多是一个政策问题。为什么常规运输毒品案构成运输毒品犯罪案的基数,而涉毒枭和职业毒贩的案件少?为什么附带的运输毒品犯罪有其罪名而无实际刑罚之惩罚?为什么有些涉嫌贩卖的案件转换为运输毒品案?对于法院判处的刑罚,毒品犯罪人的反应如何?刑罚的威慑力究竟发挥到什么程度?这一问题直接关系到毒品犯罪法制实际运作的成效。总之,对以上这些问题需要在实证经验支持的基础上才能予以解释和回答,唯有如此,亦才能检验和判断中国毒品犯罪刑法运作的实际效果。

“毒品问题是一个法律问题,更是一个社会问题,需要从法社会学角度对其进行研究。”①本文即主要采用法社会学的经验研究方法,深入细致地观察毒品犯罪法制和毒品犯罪治理实践中存在的问题,试图“提炼出法律之上和法律背后的制约因素,总结法律制度产生、发展和变迁的基本规律,从而提出自己的理论”。② 一方面,本文使用参与观察法(participant observation),即笔者亲身作为法官参与毒品案件的审理,以法官的视角对毒品犯罪法制的实际运作过程进行观察;另一方面,注重运用实地调研所得的资料,从不同维度和层面去考证有关事实和基本前提,以加深对问题的理解。为了拓宽和深化论证的视野,增强对论文主题

---

① 何荣功:《二十年来我国毒品犯罪动向的实证分析》,载《犯罪研究》2012年第1期。

② 陈瑞华:《法学研究的社会科学转型》,载《中国社会科学评价》2015年第2期。

的解释力，本文以法社会学的经验研究方法为主，同时还使用了规范分析和文本分析方法，试图将两种研究进路结合起来，共同推进和深化对已有的研究结论的认识，尝试运用多种研究方法整体性地理解一个看似纯刑法和犯罪问题，从某种意义上，也是补充了刑法学和犯罪学的研究内容。

论文将首先描述和分析Y省毒品犯罪的基本情况，揭示该省运输毒品案越来越多这一重大发现。以人类学式的调查为基础，从毒品犯罪定罪与量刑视角，论文用两节来论证运输毒品犯罪多与刑罚威慑力不足之间存在相关性。在此基础上，论文从毒品犯罪行为人的刑罚感受视角，再次印证前述毒品犯罪刑罚威慑力不足的观点。最后是结论和启示。

一、Y省毒品案件基本情况

Y省位于中国西南边陲，毗邻世界上最重要的毒品种植生产基地之一——“金三角”地区，地处“金三角”—Y省—广东—香港—澳门—欧美国际毒品走私路线的上游。Y省有8个地州、27个市县与缅甸、老挝、越南接壤，边境线全长达4060公里，其中部分县市就与金三角地区山水相连，某些边境地区与境外村村相通，阡陌相连，语言相通，文化相似，并保留着互市、通婚、过耕等习俗。这种特殊的地理区位，造成自中国20世纪80年代初以来，贩毒分子竭力将Y省作为转运、贩卖毒品的通道，而且是最重要的毒品输入通道，中国每年查获的毒品海洛因大部分来自“金三角”地区。① Y省每年侦破的毒品案件约占全国的70%；缴获的毒品总量约占全国的80%。该省成为国内毒品的主要来源地，无形之中也就成为中国治理毒品问题的重要阵地。②

Y省毒品犯罪案件数量一直居于全国前列，从这种意义上讲，Y省毒品犯罪越来越严重，然而，深入毒品犯罪案件内部，发现毒品犯罪主

---

① 桂文：《女性毒品违法犯罪研究》，载《法律适用》2005年第5期。

② 1999年Y省被公安部确定为5个禁毒重点：3条贩毒通道（缅甸木姐—瑞丽—昆明、缅甸果敢—镇康—昆明、缅甸佤邦—孟连—昆明）和2个毒品集散地（昆明、大理）。

要以走私、贩卖、运输为主,制造毒品案件非常少。而进一步分析则发现,或者更为精准的表述,应当是 Y 省运输毒品罪越来越严重,而其他类型的毒品犯罪呈稳定甚至缓和的态势。

笔者首先通过查询 Y 省高级人民法院诉讼电子档案的归档数量和归档率,①来了解毒品犯罪的具体情况。根据诉讼档案的数据(详见图 1):

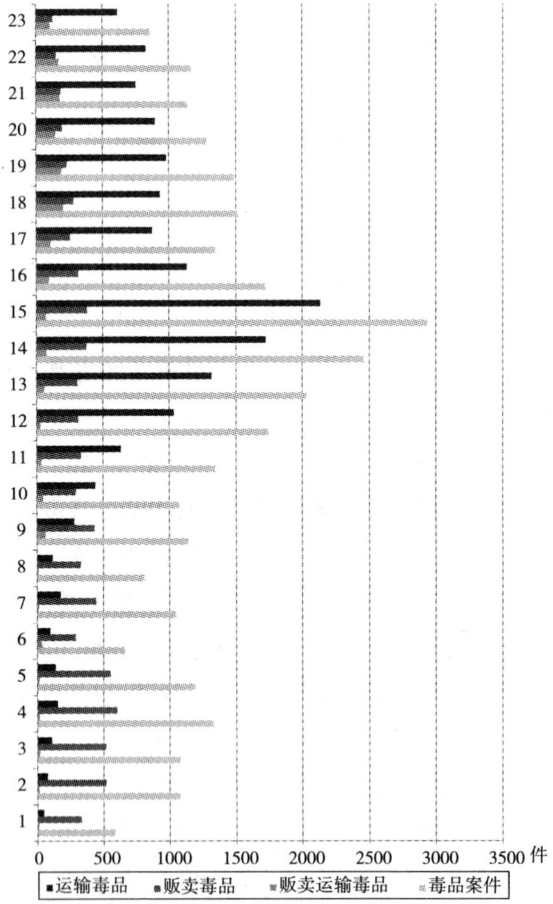

图 1　1991 ~ 2013 年 Y 省高级人民法院毒品犯罪案归档数据

① Y 省法院诉讼档案电子化加工是根据案由来进行分类进行,登录该院电子档案局域网后,可以通过输入案由进行查询。

1991~1999 年,Y 省高级人民法院审结的二审毒品犯罪案件(包括死缓复核和死刑核准案)中,贩卖毒品案件数最多,为 435 件,而运输毒品其次,为 286 件,贩卖并运输排列第三位,为 65 件;但是,从 2000 年开始至今毒品案件的案发数量发生急剧转变,运输毒品的案件数大幅度上升,排列第一位,贩卖毒品罪数量下降,排列第二位,贩卖并运输仍旧排列第三位,特别引起重视的是,有的年份,运输毒品罪的案件数量是贩卖毒品罪的三倍至四倍。比如,2004 年运输毒品罪为 1727 件,而贩卖毒罪只有 379 件,2013 年运输毒品案 613 件归档占整个毒品案件 860 件的 71.28%;而同期贩卖毒品 131 件,占毒品案件 15.23%。总之,从近二十多年各个毒品犯罪"子罪"案归档数量及比例情况可以看出,运输毒品案数量是越来越多,而贩卖毒品案却显示相反的变动态势。

Y 省毒品犯罪案件总量是由各个中级人民法院的毒品犯罪案构成。如果说从诉讼档案归档数量推断运输毒品罪数量大,尚缺乏强力有的说服力的话,那么,中级人民法院审结的一审毒品犯罪案件数量则可以补充说明案件的类型情况,例如,B 市中级人民法院包括其辖区四个基层人民法院,2010 年该法院共审结各类毒品案件 318 件,其中单纯的运输毒品案件 206 件,占全部案件数的 65%,以上数据还不包含贩卖、运输毒品罪 9 件、走私、贩卖、运输毒品罪 5 件、走私、运输毒品罪 18 件;2012 年,该法院共审结各类毒品犯罪 422 件,占全部案件数的 48%,该数据同样不包含贩卖、运输毒品罪 14 件、走私、贩卖、运输毒品罪 6 件、走私、运输毒品罪 41 件。从 D 州中级人民法院毒品案件审结情况来看,参见表 1,同样可以发现,运输毒品罪案件在该州法院全部毒品案件中占据大部分。

表 1　Y 省 D 州中级人民法院毒品案件类型分布表

类型 年份	运输毒品	贩卖毒品	走私毒品	并列定罪或其他罪名
2005 年	1239 件	90 件	59 件	16 件
2007 年	800 件	76 件	39 件	8 件
2008 年	486 件	58 件	29 件	24 件

为了增强Y省运输毒品罪案多论点的说服力,笔者亲自去C州监狱进行实地调研,经调查发现,参见图2和图3:

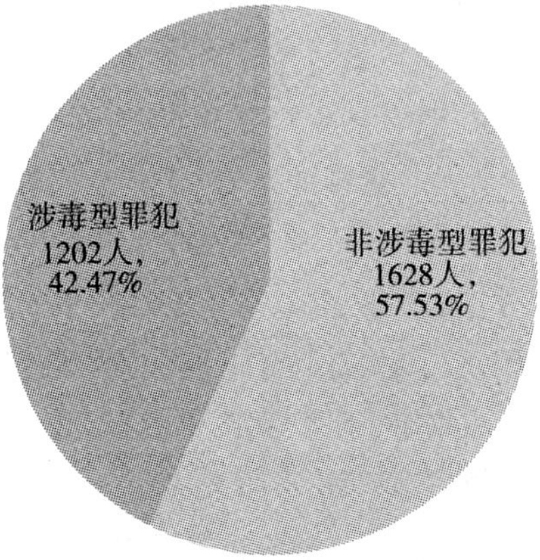

图2

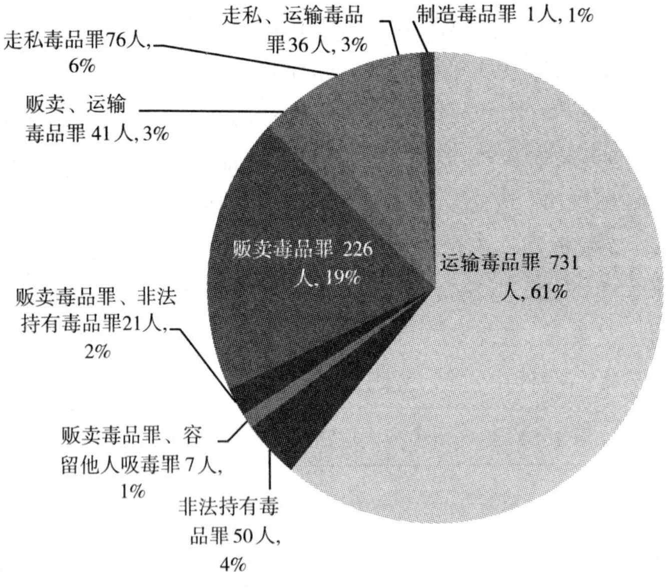

图3　Y省C州监狱在押罪犯犯罪构成

截至2016年4月26日,C州监狱实际在押罪犯2830人,涉毒型罪犯为1202人,占在押犯比例为42.47%;在1202人涉毒罪犯中,涉运输毒品罪为731人,排列第一位;贩卖毒品罪为226人,排列第二位;非法持有毒品罪50人,排列第三位。可见,从统计的概率上看,监狱在押罪犯的所显示的犯罪构成比例,也能大致反映出Y省毒品犯罪案件中运输毒品案多,于前述论据能够互相印证。

此外,全国法院审理的毒品犯罪案的地域分布情况可以反映出当地毒品案件的主要类型。为此,笔者登录无讼案例网,[①]输入关键词"运输毒品",搜索出65,925件运输毒品案,再查阅这些案件的地域分布,发现Y省运输毒品案就有29,913件,案件数居第一位,四川省为4607件排列为第二位,广东省为1962件;输入关键词"贩卖毒品",发现该类案件有301,468件,再查阅案件的地域分布,发现Y省贩卖毒品案12,836件,仅为运输毒品案的44%,但是,其他省份贩卖毒品案数量多,广东为36,293件,位居之首,湖南为23,181件,浙江为22,059件,上海为17,780件。可见,较之于其他省份,运输毒品案占据Y省毒品犯罪案件总量的较大比例,同时也可以看出毒品犯罪具有明显的地域特征。

二、为什么运输毒品案越来越多?

传统观点认为,国内吸食毒品人数日渐增加,毒品"消费"需求旺盛,Y省毗邻毒品源产地,独特的区位导致Y省成为毒品的运输通道,因而,运输毒品罪案多是非常容易理解的现象,无须再进一步追问这一现象背后还有其他深层次原因。但是,从毒品"生产"—"消费"全部过程来看,运输只是毒品犯罪链条上的一个环节而已,从理论上推测,制造毒品或者贩卖毒品案件数量都要大于或者等于运输毒品案件数。与此同时,新的研究表明,随着全国毒品犯罪态势日趋严重,Y省的毒情已由毒

① 载无讼案例网,http://www.itslaw.com,最后访问日期:2016年6月3日。

品过境地转变为毒品过境地与消费地并存,据官方统计,①Y省吸毒现象及其引发的艾滋病比较严重,截至2016年6月20日,全省收戒吸毒人员33,173名,按照国际通行显性与隐性呈1:5比例粗略计算,Y省吸毒人员数至少在15万名以上,更令人担忧的是,Y省毒情严重还表现在戒吸率低而复吸率极高,戒断后帮教工作难以落实,复吸率占80%以上,②由于Y省本地区域就存在大量的吸毒人群,毒品的刚性需求必然导致贩卖毒品行为日益增多,按照常理和逻辑,贩卖毒品案件(包括零星贩毒)应当在Y省毒品犯罪中占据大头。但是,非常令人困惑的是,如同上文所述,Y省毒品案件构成中,运输毒品案占据全部毒品犯罪案件的绝大多数,这一情形与前述推测完全相反。为什么相反?对此,依据现有的理论、政策包括法制、司法政策都无法解释这一现象。本节通过查阅诉讼档案、个案研读以及法官和毒品犯罪服刑人员的访谈,试图从定罪与量刑两个层面描述、研究和发现Y省运输毒品案多背后深藏的真实原因——刑罚威慑力不足。

(一)运输毒品案定罪研究:刑罚确定性不足

1. 常规运输毒品案:破案容易但严惩难

通过查阅Y省法院诉讼档案,本文发现,几乎所有的毒品犯罪判决书罗列的证据中,“抓获经过”③是排列第一位的证据,通过该证据记载的内容,以及通过被告人的供述及法院查明的事实部分,进一步发现,运输毒品案件案发地点比较固定,现场单一,主要是公安机关选择的固定查缉点,一般会选择高速公路收费出口或者国道和主要公路某个地点,

---

① Y省公安厅新闻办:《第四轮禁毒人民战争暨2016年“禁毒宣传月启动仪式新闻发布会”》,载Y省公安网,http://www.ga.yn.gov.cn/jingduxingdong/yunnanjingdu/201606/t20160620_384226.html,最后访问日期:2016年9月20日。

② 康树华:《当前毒品犯罪形势与对策》,载《毒品犯罪专题整理》,中国人民公安大学出版社2007年版,第306页。

③ 在有的法院作出的判决书中,抓获经过又称查获经过材料,是由侦查机关的办案人员就其查获毒品及犯罪嫌疑人的具体经过所作出的书面陈述,根据2013年中国《刑事诉讼法》第48条的规定,证据包括:(1)物证;(2)书证;(3)证人证言;(4)被害人陈述;(5)犯罪嫌疑人、被告人供述和辩解;(6)鉴定意见;(7)勘验、检查、辨认、侦查实验等笔录;(8)试听资料、电子数据。该材料应不属于法定刑事证据。

此外还有机场车站码头和公安在公路上的巡逻点；缉查方式比较简单，一般是侦查人员通过对来往车辆和人员“察言观色”，一旦发现或者感觉驾驶人员或者乘车人员、行人表情、言行和举止异常，就进一步盘问或者彻底搜查车辆和货物或者通过警犬辅助查毒；[①]从运毒方式来看，犯罪手段原始简单，主要有以下几种方式：(1)体内藏毒；(2)身体绑缚；(3)衣物藏毒；(4)包厢和交通工具匿毒。显然，毒品犯罪人实施的这种原始简陋的作案方式，侦查机关通过简单的检查和搜查就可以轻易破获。通过与侦查人员交谈，以及笔者亲自前往缉毒点观察，[②]了解到公安机关通常只要设卡查缉通常都会查获到毒品及犯罪嫌疑人。比如，在2015年11月至12月一个月时间里，Y省边防总队在C州至K市高速公路CX收费站临时设卡查毒，共计查获到100多公斤毒品。而一旦完成查缉的毒品数量，临时设卡点就取消；在固定缉毒点一旦毒品及嫌疑人被查获，侦查机关一般都不再延伸侦查，既不注重延伸取证，也不查毒品来源和去向，“只抓中间不顾两头”，这是常规运输毒品案件侦破中普遍存在的现象。因此，常规运输毒品案件中，所查获的毒品究竟是嫌疑人所有还是帮人运输无从查实，案件起诉到法院审判环节，一旦被告人辩称受他人指示、雇佣而运输毒品，法院既无法完全确认，也不能当然排除，只能在量刑时“留有余地”；但不管怎样，因为毒品是因为在公开查缉点——交通要道上查获，侦查机关将此类案件以运输毒品罪立案侦查，检察机关也只能以运输毒品罪起诉，法院也不得不接受这样的起诉罪名。可见，毒品犯罪案件这种简易的作案方式和独有的侦破方式，造成以运输毒品定罪的案件容易侦破，此类案件数量多也就很容易理解。

为弥补诉讼档案样本取样的局限性，进一步验证毒品犯罪证据的单一性，笔者查阅了所有的最高人民法院公布的毒品犯罪公报案例，发现凡是案件性质定为贩卖毒品犯罪或者贩卖和运输毒品罪的案件，案发地

---

① Y省边防总队自2003年首次利用警犬参与缉毒以来，截至2012年，共破案401件，缴获毒品128.402千克，抓获犯罪嫌疑人249人，参见《Y省边防一线警犬缉毒大扫描》，载新华网，http://www.yn.xinhuanet.com/drug/2012-06/26/c_131677422.htm，最后访问日期：2016年3月26日。

② 笔者于2016年4月前往楚雄州永仁县方山检查站，与驻站的缉毒民警进行交谈。

点不是在上述公安查缉的固定场所,而是在毒品买卖双方当场交易地点如住宅、宾馆房间和车站等比较隐蔽的地方,凡是案件性质定运输毒品罪的案件,案发地点一般都在公路、机场等交通要道的固定查缉点或者边防巡查点。此外,笔者与K市监狱联系,请他们帮忙查阅一下其管教的毒品犯罪判决书,以求证贩卖毒品案和运输毒品案的案发地点,其反馈贩卖毒品一般是在交货地点比如家中,而运输毒品一般是在运输过程中如公路边或机场等。可见,运输毒品案发现场的单一固定,自然会造成证据的单薄孤立,侦查机关一旦完成缉查任务,通常不会再延伸侦查毒品犯罪的"上线",最终以运输毒品罪结案并移送检察机关审查起诉。因此,毒品犯罪尤其是运输毒品罪中定罪依重被告人的口供以及非法定证据如"抓获经过""情况说明"等进入证据体系也就不足为奇了。

2. 附带的运输毒品案:罪名虚设

通过查阅诉讼档案,本文发现,运输毒品案总数中除了常规运输毒品案即单一运输毒品罪名占据较大比例外,运输毒品并列其他毒品犯罪的案件数量在是司法实践中并非少数,本文将这种类型的案件称为附带的运输毒品案。通过查询Y省高级人民法院诉讼档案数据汇总表,在已归档并已经进行过电子化加工的毒品犯罪刑事诉讼档案中,发现了一组耐人寻味的数据。

从1991年开始至2013年归档案件中,已经归档的案件数量与Y省高级人民法院统计报表显示的毒品数量基本一致,即整体显现案件数量不断增长的态势。例如,1991年已经归档毒品犯罪案件数量为583件,2005年2937件,2009年1488件,如前文分析,Y省毒品犯罪案件总体数量在2005年到达最高峰值,之后略有下降并保持在稳定的但仍然属于高位运行的状态,因此归档数据基本符合这一期间毒品犯罪的案发情况,同时从归档案件数量概率上看,此数据可以大体反映Y省毒品犯罪各子类罪的案发情况。

仔细查阅数据,发现在总的毒品案件中,附带运输毒品案数量经历由少到多的变动轨迹,如1991年只有9件,约占毒品犯罪案件2%;但是此后附带运输毒品案则基本呈现上升趋势,2009年为196件,约占毒品犯罪案件13.17%，2012年为176件，占比为15.04%。依据刑罚威慑效应理论，这一上升趋势预示着附带运输毒品案的刑罚威慑力发生着由强到弱的变化。深入卷宗材料内部，进一步发现，附带的运输毒品案又分为两种情形：一种是毒品贩卖人本人既是毒品所有人（卖家或者买家），又是毒品运输人，即为自己运输；另一种是在共同犯罪中，毒品所有人雇佣他人运输毒品，即为他人运输。

针对上述犯罪情形，1997年《刑法》第347条第2款规定，走私、贩卖、运输和制造毒品是并列和选择性罪名，对于该规定，有学者早在2004年经过实证调研后指出，运输毒品作为在性质上属于走私、贩卖、制造毒品的帮助行为，其法定刑应当为与走私、贩卖、制造毒品罪的法定刑有所区别。①"该观点基本上被我国学术界所接受，司法实务部门也在很大程度上给予认可，如《座谈会纪要》（2008年《全国部分法院审理毒品犯罪案件工作座谈会纪要》）"②

最高人民法院司法解释规定，毒品犯罪人对同一宗毒品实施两种以上犯罪行为，按照行为性质认定其罪名，但量刑不能重复计算，③即数罪不并罚。由此，对于为自己运输的犯罪，一般是按照贩卖毒品罪定罪量刑，而对于运输毒品罪只定罪不处罚，可见，毒品犯罪人虽然实施了贩卖和运输两种犯罪行为，按照一般刑罚原理，原本应当数罪并罚，但司法中只是对一罪处罚，因此从总的量刑上就减轻了毒品犯罪人的刑罚，运输毒品罪只有其罪无其罚，甚至可以说，对运输毒品罪完全可以"忽略不计"；对于为他人运输的犯罪，则分别量刑，即主犯一般是按照其实施的全部犯罪行为即贩卖和运输行为进行定罪，量刑又与第一种情形一样，不数罪并罚，只对贩卖毒品罪判处刑罚；而对于从犯（一般是受雇佣者）

---

① 周道鸾：《毒品犯罪的刑事政策和法律适用——Y省毒品犯罪调查》，载赵秉志主编：《刑法评论》（2006年第2卷），法律出版社2006年版，第282页。

② 何荣功：《我国"重刑治毒"刑事政策之法社会学思考》，载《法商研究》2015年第5期。

③ 参见最高人民法院于2000年4月4日发布的《关于印发全国法院审理毒品犯罪案件工作座谈会纪要的通知》（法〔2000〕42号）中"（一）关于毒品犯罪案件的定罪问题"；最高人民法院2008年12月1日发布的《全国部分法院审理毒品犯罪案件工作座谈会纪要的通知》（法〔2008〕324号）中"一、毒品犯罪的罪名确定和数量认定问题"。

则按照共同犯罪量刑的基本原则,比照主犯,按照其实施的运输毒品罪行为进行惩罚,正如前述分析,由于主犯总体量刑趋轻,即只量一罪——贩卖毒品罪,因而从犯量刑也就相应较轻。总之,附带运输毒品案中虽有运输罪之名,但无刑罚之实,即实质上运输毒品罪罪名被架空。

3. 涉嫌贩卖的运输毒品案:避重就轻的定罪

最高人民法院司法文件规定,对同一宗毒品可能实施了两种以上犯罪行为,但相应证据只能认定其中一种或者几种行为,认定其他行为的证据不够确实充分的,则只按照依法能够认定的行为的性质定罪。如涉嫌为贩卖而运输毒品,认定贩卖的证据不够确实充分的,则只定运输毒品罪。① 由于毒品犯罪的隐蔽性和毒品犯罪分子反侦查能力加强,加之毒品犯罪侦破方式的特殊性,即一般是公开设卡查缉,现场查获的证据仅限于当场从犯罪嫌疑人身上和随身携带物品和交通工具上查获,能够证明毒资和毒品买卖交易、毒品所有者的证据几乎缺失。因此按照最高人民法院的司法解释和侦查机关的通行做法,一些实际上是贩卖毒品案件就只能转换为运输毒品案,而根据最高人民法院相关司法解释和典型案例,运输毒品罪的社会危害性及其量刑总体上要比贩卖毒品罪“轻缓”,这就导致一些明明是贩卖毒品的嫌疑人借此规避法律,钻法律空子,得以减轻处罚。笔者在查阅诉讼档案过程中无意中收集到一起类似案件。②

P 市中级人民法院 2015 年 4 月 3 日审理了一件名为运输实为贩卖毒品案,根据被告人阿某的供述,2014 年 9 月 22 日中午,其在 Y 省西双版纳景洪市一不知名的路边以 36 万元从一汉族男子处购得毒品海洛因 11 块,拿到货后即将毒品捆绑在身上,并以 3600 元买了一辆摩托车。9 月 25 日,在国道 214 线 K2531 +900M 处,被告人阿某驾驶摩托车遇到在此公开查缉的公安民警并被现场抓获,从其身上搜获毒品海洛因 11 块共计净重 3825 克。检察机关以运输毒品罪名向法院提起公诉,虽然

① 参见最高人民法院 2008 年 12 月 1 日发布的《全国部分法院审理毒品犯罪案件工作座谈会纪要》(法〔2008〕324 号)。

② 参见 Y 省普洱市中级人民法院(2015)普中刑初字第 35 号刑事判决书。

被告人阿某供述被查获的毒品系其本人亲自购买，但经公安补充侦查，被告人尽管供述称其在景洪市某一陌生汉族男子处购买到毒品，但被告人不能提供该汉族男子的真实姓名、详细地址和联系方式，无法查证，唯一查获的被告人所用的手机有在案发前与某一号码的手机在2014年9月20日至25日通话达到377次，但该手机号为匿名身份人所有，也无法查实。因此，由于该案是在公安公开查缉的过程中查获，查获时被告人驾驶交通工具随身携带毒品，而在案没有毒资和买卖毒品的相关证据，按照最高人民法院司法解释的规定，类似行为虽然涉嫌贩卖毒品，但只能定为运输毒品罪。

笔者在主持C州中级人民法院审判委讨论案件过程中，[①]再次碰到类似案件，则不能不说这类案件的普遍性和严重性了。具体案情如下：

被告人杨某某，女，Y省大理人，早年嫁到甘肃为人妻，后返回大理居住，从事环卫保洁工作，月工资收入为1000元；2015年4月25日，楚雄州公安局在永仁县G108国道和京昆（G5）高速设卡进行双向公开查缉，凌晨三时许，一辆绿色高尔夫轿车驶离方山收费站后进入查缉点，民警遂对该车进行检查，发现车上乘坐两男一女三人，并对轿车前排后座进行检查为发现异常。在对轿车后备箱进行检查时发现一个花色密码箱，经询问杨某某自认是自己的，民警遂让杨某某开箱检查，发现箱底部有7块黑色胶带包裹毒品疑似物，民警当场控制三人，毒品经称量鉴定为海洛因2549克，后杨某某交代，毒品是一个叫“小马”之人[②]叫他帮带到甘肃，但是，杨某某对“小马”的具体姓名、住址、职业以及联系方式均交代不清，对毒品带到甘肃后交给谁也说不清，同时，民警还从杨某某身上搜到银行卡三张，经进一步核查，银行卡全在杨某某名下，三张卡在案发前几日频繁发生大额存取款交易，累计金额为123.39万元。合议庭

① 楚雄州中级人民法院每年受理的毒品犯罪数量不多，大约为50件，且多数为运输毒品案件，其他类型的毒品犯罪案件极少。凡刑事审判合议庭拟判处被告人死刑（包括死缓）或者合议庭判处意见分歧较大的案件均需上本院审判委员会讨论决定；一般情况下，每周一召开一次审判委员会；2016年3月14日下午，召开2016年第6次审判委员会。

② 毒品犯罪案件中毒品犯罪嫌疑人一般都会交待毒品不是其本人所有，而是以别号或者绰号为名的人让其运输。

经评议认定杨某某的行为构成运输毒品罪,拟判处死缓剥夺政治权利终身,并处没收个人全部财产。审判委员会在讨论此案中,注意到以下几个细节:一是被告人杨某某案发前为环卫工人,收入较低,不可能银行卡上的大笔现金,且这些现金进出均发生子案发前几日;二是根据公安机关提供的证据证实,被告人杨某某有多次往返于昆明和兰州之间的活动记录;三是被告人杨某某对毒品来源和毒品去处交代不清,因此不排除杨某某本人贩卖毒品的可能,但因杨某某矢口否认且本案是在运输途中抓获,根据最高人民法院大连会议纪要规定,本案性质只能认定为运输毒品,考虑最高人民法院核准的运输毒品死刑案件数量规定,本案海洛因2549克只能判处死缓并处没收个人财产。

根据本人经验和与法官交谈,上述涉嫌贩卖的运输毒品案频繁发生,无疑是法官受最高人民法院司法解释的影响,简单考虑毒品及被告人是在运输途中被抓获,即便被告人本人交代其购买毒品行为,可能因检察机关只是以运输毒品罪起诉,抑或侦查机关不再补充贩卖毒品的相关证据,所以法官为避免日后错案的追究,担心影响自己的业绩和工作评价,复杂事情简单化处理,法官不再将此案退回检察机关重新审查起诉,直接以运输毒品罪定案。

本文认为,虽然这一做法确实方便了法官审理案件,照顾了检察机关和侦查机关的感受,将复杂案件简单化处理,既保证了毒品犯罪人受到有罪处罚,避免背负"打击不力"或者放纵犯罪的指责和批评,也同时能够在审理期限内结案件,完成了既定的审判任务,提高了审判效率。但是,仔细揣摩这一看似习以为常的做法,却在无形之中,削弱了毒品犯罪刑罚的确定性,特别是在最高人民法院将运输毒品罪刑罚"趋缓"的背景下,大量的明为贩卖毒品罪却经过司法之手(包括公安机关仅以运输毒品立案取证),合法地转换"改头换面",转化为运输毒品罪,因而最终量刑会较之于贩毒毒品罪较轻。最高人民法院颁发的这一司法政策包括发布的典型案例及其司法实践,可能会助长这一转化情形变得越来越普遍,更有可能使潜在毒品犯罪人制造运输假象以求轻罚,而避开贩卖毒品的重罚。

类似案件并不是Y省法院的个别现象，在其他省份也同样存在，例如，来自江西省高级人民法院的调研报告显示，"根据2009年至2013年全省法院审理的毒品案件数量来看，贩卖、运输毒品仍是主要犯罪形式，五年中涉及该罪的案件共3620件，占全部毒品案件的36.77%，判处被告人数共计4653人，占全部毒品犯罪被告总数的71.09%"。[①] 但是，正如前文描述的那样，有些运输毒品罪案件并非典型意义上的运输，而是从贩卖毒品罪转换过来，江西法院的审理情况也是如此，"从审判实践看，许多案件法官内心确认是被告人应认定贩卖毒品罪，但是因为公安取证工作方面的欠缺，缺乏确实充分的证据证明其构成贩卖毒品罪，而只有降格处理定为运输毒品或持有毒品犯罪，轻纵了犯罪"。[②]

（二）Y省运输毒品罪量刑考察：刑罚严厉性反思

1. 常规案件量刑：同案不同罚

笔者登录Y省高级人民法院电子档案系统内部局域网，随机查阅6个年份的诉讼档案材料，即1997年、2000年、2003年、2005年、2007年和2009年（截至笔者访问时，该院只是对2009年之前的诉讼档案进行了电子化加工）。从6个年份的诉讼档案中，择取了每个年份10个案件，共计60件。首先查阅的是60件毒品刑事判决书首部（当事人和诉讼参与人的基本情况部分），确保所选择的案件当事人无前科和单个犯罪，以排除案件涉及法定加重情节。接着逐案查阅每件判决书上法院查明的事实部分，根据此部分内容，可以进一步了解案件侦破方式，毒品种类、数量，运毒方式；在此基础上，继续查阅判决书的说理部分，以此了解案件是否存在法定或者酌定情节，最后再看判决主文部分，掌握被告人最终量刑情况。

经过对比60件案件的量刑幅度，笔者发现，在相同年份，运输毒品

① 《坚决打击毒品犯罪全力维护社会稳定——江西省高级人民法院关于毒品案件审判情况的调研报告》，载《人民法院报》，http://rmfyb.chinacourt.org/paper/html/2014-06/26/content_83868.htm?div=-1，最后访问日期：2016年4月22日。

② 同上。

罪的量刑标准差距不大,但是不同年份判处的刑罚尺度不一,详见图 4:

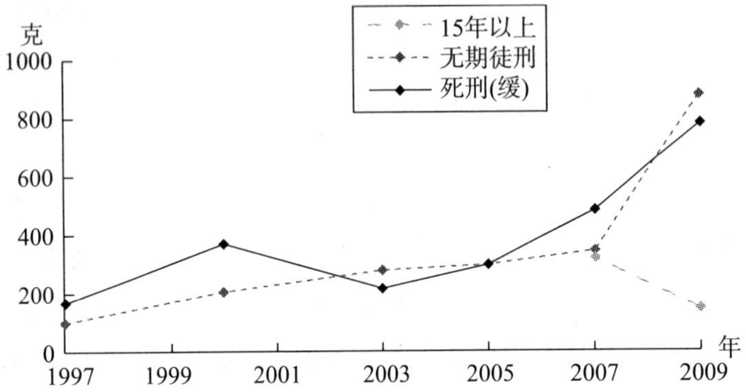

图 4　1997 ~ 2009 年 Y 省毒品犯罪量刑变化情况

1997 年、2000 年和 2003 年三个年份的运输毒品罪的量刑偏重,具体体现在,判决无期徒刑的毒品数量大致在海洛因 200 克至 400 克之间;判处死刑(包括死缓)的毒品数量大致在海洛因 170 克至 200 克。对此量刑趋于严厉的原因,笔者分析认为,1997 年新刑法颁布施行,该法保留和吸收了严禁毒品和严惩毒品犯罪的刑事政策,与此同时,当年中国又组织和发动了全国性的严厉打击各种治安和犯罪行动,反映在司法实践上就体现为毒品犯罪惩罚严厉。2005 年中国掀起新一轮禁毒人民战争,毒品犯罪案件数量激增,法院量刑继续延续前期的偏重尺度,判处死刑的毒品数量海洛因基本保持在 300 克至 400 克之间,例如黄某某运输毒品案,运输方式为体内藏毒,海洛因数量为 302 克,法院判处死缓。

几乎在同一时期,整个国家的治理政策悄然发生变化,在以人为本和和谐社会执政理念指导下,"维护稳定压倒一切",宽严相济刑事政策逐步成为指导刑事审判工作的基本刑事政策。[①] 最高人民法院相关司法政策随即作出回应和调整,具体到毒品犯罪领域,较之于前期的量刑幅度,判处死刑案件的毒品数量总的幅度略有放宽,如智某某同样是体

① 参见最高人民法院关于深入贯彻宽严相济刑事政策、依法严惩严重毒品犯罪的新闻发布稿(2012 年 2 月 14 日,最高人民法院新闻发言人孙军工)。

内带毒,触犯的是运输毒品罪,海洛因数量为300克,与黄某某毒品数量相差2克,法院判处智某某无期徒刑。显而易见,在2005年前后毒品犯罪量刑开始出现"轻缓"化的迹象,法院在严厉打击毒品犯罪和宽严相济刑事政策之间纠结和徘徊,毒品犯罪刑罚的严厉性开始呈现松动的趋势。

毒品犯罪刑罚发生明显的变化则在2007年,如上文所述,2007年1月1日后,最高人民法院将毒品犯罪案件死刑复核权收回,最高人民法院复核毒品犯罪死刑案件的毒品数量明显上升,就在这一年300克海洛因的运输毒品案件只能判处15年有期徒刑,判处死刑(包括死缓)的毒品数额至少要到达480克以上。随后,运输毒品死刑案件的毒品数量标准一路飙升,甚至上升到700克左右。

为了进一步了解2010年后运输毒品罪案件的量刑情况,笔者访问了中国裁判文书网和Y省司法信息公开网,按照前述同样的参数条件,随机查阅运输毒品罪案件刑事判决文书,发现量刑不仅与以往相同或者相近毒品数量的案件差异大,而且不同法院相同年份量刑差异仍然较大。例如,Y省D州中级人民法院(2014)D刑一初字第160号刑事判决书载明,被告人吴某体内带毒海洛因340克,法院判处其无期徒刑;P市中级人民法院(2014)P中刑初字第95号刑事判决书载明,被告人韩某某,包厢带毒海洛因2800克(毒品数量较上一案件8倍多),法院最终判处其无期徒刑;而在该法院另一起运输毒品罪案件中[Y省P市中级人民法院(2014)P中刑初字第47号],被告人莫某某,身体捆绑毒品海洛因3460克,法院也同样其无期徒刑。上述判决的同等刑罚——无期徒刑对应的毒品数量是2005年之前类似案件的8倍之多。换句话讲,2005年是Y省毒品犯罪量刑变化的转折之年——之前趋严,之后"轻缓"。同样的案情同样的毒品数量,法院刑罚结果差异很大,甚至是"生死两重天"。

作为毒品犯罪量刑的主体——法官,其对毒品犯罪刑罚程度的感受度是毒品犯罪刑罚严厉程度的直接且有力的证明,详见图5:

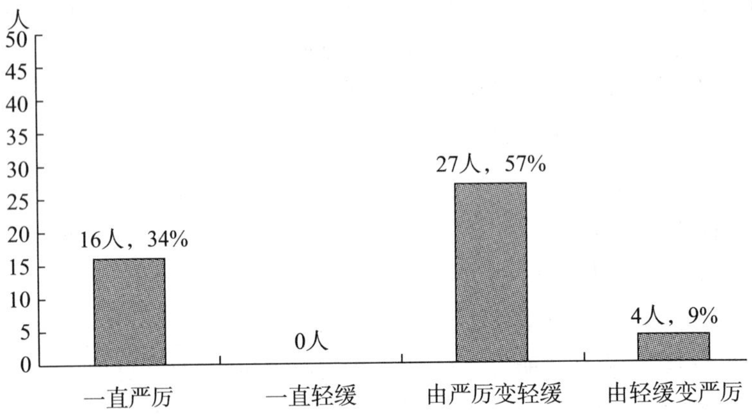

图 5　法官对毒品犯罪刑罚的感受调查表

根据笔者对 47 名毒品犯罪刑事法官的问卷调查,结果显示,有 27 名法官认为中国毒品犯罪刑罚程度由严厉逐渐转变为“轻缓”;有 16 名法官认为一直严厉没有变化,占 34%;有 4 名法官认为刑罚由“轻缓”变严厉。可见,法官对于毒品犯罪刑罚程度的认识并不统一,虽然大多数人认为认可由严“趋缓”,但是这里的严缓是相对于刑罚上的法定刑的判处。为了进一步证实运输毒品案中存在的“同案不同罚”现象的真实性和可靠性,笔者遂对毒品犯罪刑事法官进行访谈,详见图 6:

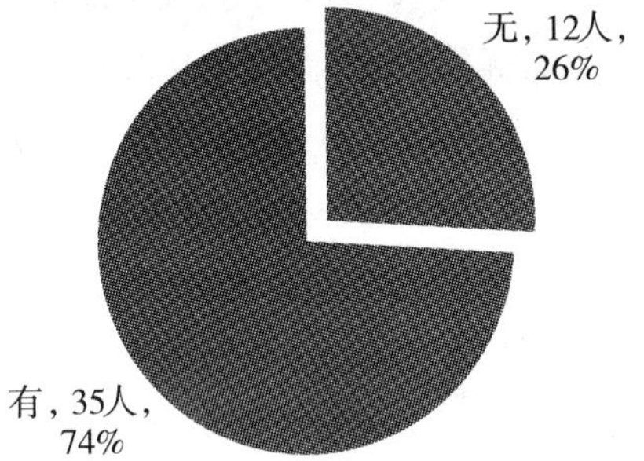

图 6　法官对“同案不同判”感受的调查

在受访的 47 名法官中,有 35 名认为“运输毒品罪量刑幅度变化较大,有‘同案不同判’的判断”,占受访法官人数的 74% 以上;只有 12 名法官认为没有这种感觉和判断,占受访法官人数的 26%。这一“活”的数据印证了前述诉讼档案和判决书上不会说话的数据所反映的“同案不同罚”这一潜在的现象。

毒品犯罪刑事司法实践中普遍存在的这种“同案不同罚”量刑现象必然会抵消毒品犯罪刑罚威慑力，正如有的学者指出，“刑事司法系统普遍存在的这种定罪量刑在时间上的不稳定性和空间上的不统一性，会使人们对刑罚与犯罪之间是否存在内在的必然联系产生怀疑，认为这种联系会为各种偶然的因素所割断，否认刑罚的确定性，从而影响罪犯和潜在犯罪者对刑罚危险的正确判断，削弱刑罚的威慑作用”。①

2. 特殊量刑：刑罚的预期性无法形成

特殊人群惩罚难。Y省高级人民法院司法统计报告公布的数据进一步证实，近年来女性犯罪尤其是怀孕妇女参与毒品犯罪人数上升，判处女性毒品犯罪分子从1998年的836人上升至2007年的1083人，2005年达1545人；未成年人毒品犯罪由1998年的38人上升至2007年的137人，2005年达332人。“一些毒枭为了逃避打击，规避风险，深藏幕后，以2000元至10,000元的价格，雇请正在怀孕和哺乳期的妇女充当马仔，操纵马仔从Y省边境运输毒品到布拖、攀枝花和西昌等地区，一旦被抓获，这些孕妇和哺乳期妇女只交代是帮别人运输，称其余什么也不知道。2007年12月，笔者在喜德县戒毒所调研时见到几十位被受审贩毒妇女，约2/3怀孕或携带租借婴幼儿，她们中有不少人系美姑、布拖和昭觉等县高寒山区的彝族农民。目前，凉山州个别地方甚至出现了年龄为61～65岁的老年妇女体内藏毒现象。”②“由于在打击特殊人群贩毒上存在法律的盲点、空白，未能对其给予有力的打击，逃避打击的‘可行’经验在贩毒‘圈子’内的广泛传播等，这些因素的存在，使得其他此类人群大力效仿，肆无忌惮第进行贩毒活动。”③

---

① 郭建安：《论刑罚的威慑效应》，载《法学研究》1994年第3期。

② 唐伟：《当前凉山州毒品犯罪的原因、特点及其对策》，载《中国刑事法杂志》2009年第12期。

③ 王亮、唐浩、关纯兴：《特殊人群涉毒问题调查及对策分析》，载《辽宁警察学院学报》2015年9月第1期。

另外,特殊人群中部分人员因为身体疾病等因素,生活较为艰难,大多无生活来源,因生理疾病,无固定场所进行收治,长期流浪社会,大多数以贩养吸,“对于他们的违法犯罪行为,公安机关难以关押、收拾,只能抓了放、贩再抓,循环往复,难以更深层次追究其刑事责任,打击处理困难”。① 从制度设计来看,刑事诉讼法规定了五种强制措施,即拘传、拘留、逮捕、取保候审和监视居住,在这五种措施中,只有拘留和逮捕可以较长时间将犯罪嫌疑人羁押,而羁押场所只有一个——公安机关的“看守所”。依照《中华人民共和国看守所条例》的规定,不收押怀孕的妇女,并且大部分拘留所没有收押危重病传染性疾病的病人的条件。根据笔者对看守所收押犯罪嫌疑人情况的调研,看守所及时收押情形不容乐观,经与看守所工作人员交谈,自 2009 年 2 月 Y 省发生“躲猫猫”事件后,看守所对送押的犯罪嫌疑人实施更为严格的检查,笔者曾经亲身经历一起司法拘留案件,当事人为女性,当地看守所以各种理由如有无事先进行体检、艾滋病检测、妊娠反应检查等拒绝收押,甚至有的案件当事人被强制送到看守所时,看守所工作人员对其进行体检,如果检测血压高也作为拒绝收押的正当理由。因此,逮捕或者拘留此类人群后要想羁押就无法实现。

正是毒品犯罪司法惩治中存在上述特殊待遇,一些毒品犯罪人得寸进尺,自己充当幕后人,指使、利用特殊人群实施毒品犯罪,正如有学者指出:“孕妇、哺乳期妇女及艾滋病、乙肝、癌症病人等殊群体涉毒犯罪在一些地方较为突出,对其羁押、送监执行均存在困难,而流散社会再犯率高,不利于有效打击毒品犯罪。”②针对特殊人群毒品犯罪刑罚量刑情况,笔者对五个中级人民法院刑事法官进行了问卷调查,详见图 7:

① 王亮、唐浩、关纯兴:《特殊人群涉毒问题调查及对策分析》,载《辽宁警察学院学报》2015 年 9 月第 1 期。

② 高贵君、马岩、李静然:《当前我国毒品犯罪的主要特点与加强禁毒工作的对策和建议》,载人民法院网,http://rmfyb. chinacourt. org/paper/html/2014 - 06/26/content_83863. htm,最后访问日期:2014 年 8 月 26 日。

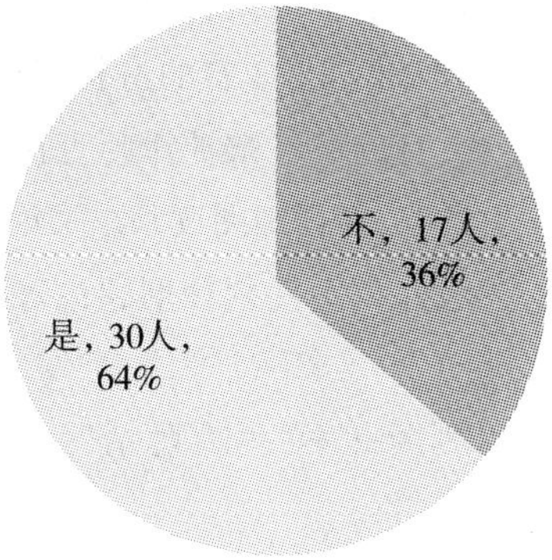

图 7　涉毒特殊人群增多与司法惩治力度关系的调查

在受访的 47 名法官中有 30 名法官，占受访总数 64%，认为近年来毒品犯罪案件出现特殊人群增多现象，与司法惩治（包括法院判处）较轻有关。

特情案件：无法说理的从轻或者减轻。针对毒品犯罪高度隐蔽性及取证难问题，为了提高毒品犯罪的破案率，长期以来毒品案件的侦办中一直使用特殊的侦破手段——犯罪引诱，在中国侦查机关习惯将这种引诱侦查称为"利用特情手段破获犯罪案件"（以下简称特情案件）。"犯罪引诱"可分为"犯意引诱"和"数量引诱"两种方式。最高人民法院司法文件规定，如对无法查清是否存在犯意引诱和数量引诱的案件，在考虑是否对被告人判处死刑立即执行时，要留有余地；①对不能排除"犯意引诱"和"数量引诱"的案件，在考虑是否对被告人判处死刑立即执行时，要留有余地。②

笔者登录访问 Y 省高级人民法院诉讼档案系统（内网），按照原先设定的样本变量，如单个罪名、毒品海洛因、某一年份等，随机查找个案，具体操作流程如下：在查找运输毒品案件中，发现毒品数量巨大，而量刑

① 参见最高人民法院 2000 年 4 月 4 日发布的《全国法院审理毒品犯罪案件工作座谈会纪要》第二部分"关于毒品案件中特情引诱犯罪问题"。

② 参见最高人民法院 2008 年 12 月 1 日发布的《全国部分法院审理毒品犯罪案件座谈会纪要》第六部分"关于特情介入案件的处理问题"。

畸轻,笔者则在查阅案件判决书中证据材料部分,根据侦查机关提供的“抓获经过”,发现该案的侦破线索,如有的材料直接注明该案的线索来源于公安机关的技侦手段;有的案件辩护律师直接提出案件性质特殊,如涉及特情、存在犯意引诱等;在仔细阅读判决书说理部分,根据笔者的审判经验和常识判断,一般此类案件判处刑罚的理由笼统、含混、模糊,如“考虑本案特殊性”“鉴于本案实际”等,一旦发现判决书说理部分出现上述语句,则大致可以判断此案“另有隐情”——属于采取特殊手段侦破的案件。

按照前述查找特殊个案的流程方法,笔者在随机查阅诉讼档案材料过程中,H州中级人民法院一审审理的金某某运输毒品案判决书引起了笔者的“好奇”。该判决书上罗列的证据之一“抓获经过”载明:“公安机关于2005年1月14日零时20分在弥勒县收费站将被告人金某某抓获,并查获毒品可疑物1370克。此案的线索来源系H州公安局用技侦手段获取的”,再查看法院认定的毒品数量海洛因1370克和量刑——死刑缓期二年执行。根据笔者的经验和直觉,认为该案属于“只可意会不可言传”的特殊案件。

为了详细说明该案的特殊性之所在,本文摘录该案判决书中法院认定的案件事实部分:

2004年七八月间,被告人金某某通过发短信认识了永德县一个叫“何秀”的女子。到2005年一月初的一天,何秀约金某某上昆明,并说要带毒品海洛因给他。2005年1月13日21时许,何秀在昆明新南汽车站旁的小肥羊餐馆将四块海洛因交给金某某。金某某当晚10时许携带海洛因乘坐保李孝的桑塔纳轿车回文山,途经弥勒县收费站时被蒙自县公安局抓获,当场从轿车后排座位内查获四块海洛因,经称量净重为1370克。

针对公诉机关指控的犯罪事实和运输毒品罪罪名,该案辩护人提出如下辩护意见:

辩护人欧某某认为被告人金某某携带毒品的事实存在,尽管侦查机关没有出具相关证明,但是现有证据表明本案属于预谋犯罪,被告人金某某有权依照规定得到从轻处罚。具体理由如下：第一，被告人金某某是2005年1月13日晚21点才知道手中持有毒品的；第二，侦查机关在2005年1月13日11点10分就知道被告人金某某即将带海洛因回文山贩卖，这一时间连被告人金某某自己都不知道将海洛因带回文山贩卖；第三，侦查机关在2005年1月13日白天就已经知道被告人金某某即将带毒品经过弥勒收费站；第四，侦查机关在2005年1月13日白天就办理好异地办理毒品案件审批，而这个时候被告人金某某也还没有得到毒品；第五，既然侦查机关已经办理了异地办案的批准手续，而且在中午11点10分就得知了即将发生犯罪，那为什么侦查机关不在当天晚上9点交货时将双方同时抓获；第六，侦查机关证实本案是通过技术侦查手段获得的犯罪线索，那侦查机关为什么不到通讯公司调取被告人及何秀当天或最近几日的通话详情，用于证实其进行犯罪准备活动。

面对辩护人提出的六条辩护意见，无论是公诉机关还是法院都没有直面回应，法院判决书对这看起来似乎有点道理的辩护词表现出相当程度的"沉默"，对辩护意见正确与否，支持与否，法院没有直接表态，而是使用非常笼统、含混的语句——"辩护人的辩护意见，合理部分，本院予以采纳"一笔带过。究竟为什么合理？还有哪些不合理？采纳的合理部分是否就合法？对量刑有何具体影响？等等，这些问题都没有在判决书中给予足够的解释。按照前文描述的各个年份运输毒品罪的量刑情况，2005年Y省运输毒品罪，排除其他法定或者酌定情节外，内部实际掌握的毒品海洛因数量一般在600克以上的，基本上量刑幅度为死缓或者死刑立即执行；1000克以上的可能会判处死刑立即执行。本案符合上述情形，而且毒品海洛因数量达到1370克，依据当年的量刑标准，该案被告人通常情形下应当判处死刑。但正因为本案可能系特殊案件，如判决书所述"鉴于本案实际"，依据刑法某条款，判决被告人金某某犯运输毒品罪，判处死刑，缓期两年执行。

这一份"不说理"的刑事判决书，在当今中国法院普遍存在判决书不说理或者说理不充分的背景下，其说理的重要性似乎也就显得不那么重要了，最多就是"见怪不怪"。但是，其带来的弊端还是值得深刻反思的,其中之一就是取证的合法性没有经过法庭审查,究竟本案是否存在特情?何秀是否就是侦查机关使用的线人?之前,刑事诉讼法对侦查机关使用特情行为并未作明确规定,最高人民法院以司法文件形式对实践中出现的这一侦破方式予以认可,但由于侦查机关出于保护线人的考虑,一般不会主动积极公开特情适用的具体情形,对于特情在使用中是否严格遵守有关规定情况不明的案件,侦查部门出于保护自身部门利益,通常都不会向法院透露和解释,更不会为了法院查清案件事实之需要而提出证据证明案件存在犯意引诱和数量引诱的情形,所以最高人民法院无奈之下对此情形做了变通规定,即涉特情或者可能涉特情的毒品案件,"在考虑是否对被告人判处死刑立即执行时,要留有余地"。上述案件正是无法查清是否存在特情以及是否存在犯意引诱等情形下,法院判处刑罚时"留有余地"。但是,2013年刑事诉讼法已经明确特情侦查的合法性地位,①司法实践中如何正面回应这一合法侦破手段确实是一个棘手的难题。而从最近三年的司法实践来看,毒品犯罪中涉特情使用及其效力问题并没有得到根本改观,法院对待这一问题仍沿用过去的"老办法"。

据此看来,凡涉及特情的毒品案件,法院对量刑不说理的做法可能还会持续下去。如果说法院在此类案件审理中表现出的种种无奈和尴尬,反映出仅仅是法院对公诉机关和公安机关的"配合有余"而"制约不足"的法治现状。而更为严重的后果在于,这种不说理的判决,稀里糊涂地将毒品数额大甚至巨大的被告人"留有余地"地减轻处罚,在当前最高人民法院要求中国法院裁判文书全面上网的背景下,可能会向社会公众和不特定的潜在犯罪人传递错误的信息——国家已经放宽毒品犯罪的刑罚,毒品犯罪会不会由此逐渐增多确实是一个值得深思的问题。

为了进一步补强说服力,笔者还对47名法官进行了问卷调查,详见图8:

① 2013年《刑事诉讼法》第151条规定:"为了查明案情,在必要的时候,经公安机关负责人决定,可以由有关人员隐匿其身份实施侦查。但是,不得采用可能危害公安安全或者发生重大人身危险的方法。对涉及给付毒品等违禁品或者财物的犯罪活动,公安机关根据侦查犯罪的需要,可以依照规定实施控制下交付。"

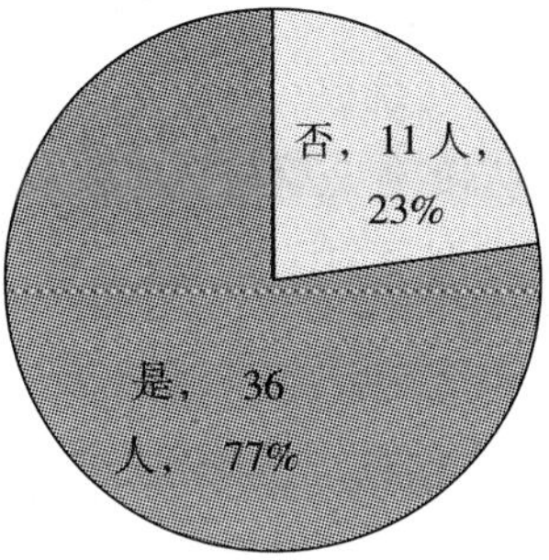

图 8　涉特情毒品犯罪量刑情况调查

其中有 36 名法官认为涉特情案件等特殊案件的量刑较其他正常案件要轻，占受访人数 77%，只有 11 人占 23% 受访人数给出否定答案；而在回答另一问题"涉特情、诱惑侦查或者控制下交付毒品案件，判决书上是否会写明具体的量刑理由"时（见图 9），41 名法官认为"不会"，只有 6 名法官认为"会"。

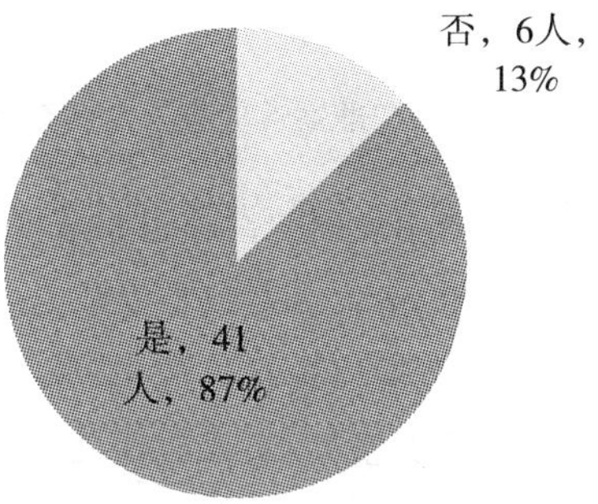

图 9　涉特情毒品犯罪判决书说理的量刑调查

3. 技侦证据案件：无可奈何的从轻

通过技术侦查手段侦破案件是侦查机关在毒品犯罪领域广泛经常使用的侦破方法，2013 年《刑事诉讼法》更是明确了技术侦查中依法收集的材料可以作为证据使用。[①] 毒品犯罪的自身特有的隐蔽性以及随

① 2013 年《刑事诉讼法》第 8 节技术侦查措施，第 148 ~ 152 条对刑事诉讼过程中如何具体适用技术侦查措施进行了具体规定，其中第 152 条规定规定，依照本节规定采取侦查措施收集的材料在刑事诉讼中可以作为证据使用。

着信息化时代的到来,毒品犯罪也日渐显现智能化和数字化,毒品犯罪分子反侦查能力不断提高,传统侦查方法难以有效应对毒品犯罪的新态势,技术侦查作为一种特殊的侦查手段在侦破毒品案件中得到普遍的适用,根据黄琰、刘夏对Y省刑事法官的调查,详见图10:

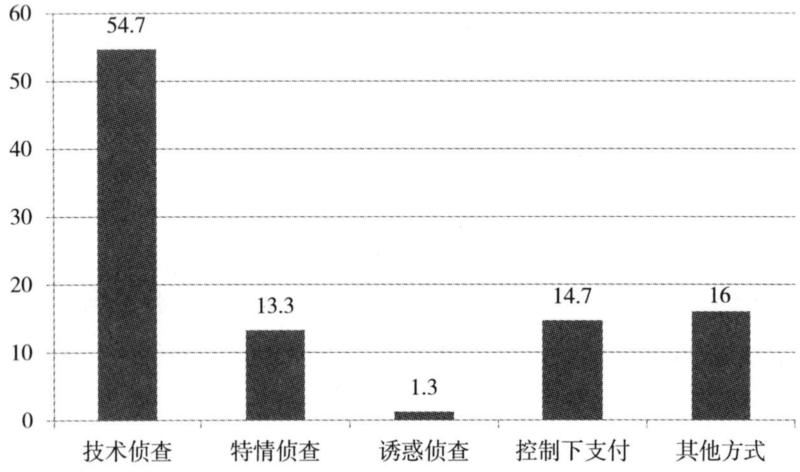

图10　毒品犯罪案件侦查方式调查表

在75名法官回答"在适用死刑的毒品犯罪案件中,主要是依靠何种方式侦查的"这一问题中,有41人认为主要依靠技术侦查,约占54.7%;有10人认为主要依靠秘密力量侦查,约占13.3%。"但司法实践中,侦查机关往往出于技侦工作的保密性,不愿提供相关书面材料,很多地区技侦材料转化、移送协调难等问题长期困扰着公诉部门和审判机关,导致很多案件因技侦材料不能转换,难以判断犯罪嫌疑人主管明知或无法准确、全面查明整个犯罪活动的经过,影响了案件认定处理",为不轻易放纵犯罪,也为了避免背负来自侦查机关"打击不力"的指责或者检察机关的抗诉,法官为增强内心的确信,一般采取变通与折衷的做法,自己亲自到侦查机关技侦部门,听或者看技侦材料,但由于听见和看到的内容最终无法形成书面材料,更无法在法庭上经过控辩双方质证,这些内容因不能成为证据材料正式进入案件证据和事实体系,显然也不可以出现在裁判文书中,法官为降低办案风险,一般在对毒品犯罪被告人定罪处罚时科处较其他通过正常手段侦破案件较轻的刑罚。

财产刑“空判”:刑罚的目的无法实现。财产刑作为刑法设立的一种刑罚方法,其立法初衷是通过剥夺犯罪分子的财产利益,使其丧失继续犯罪的物质基础和感受经济制裁的痛苦,以此实现对贪利型和涉财性犯罪的刑罚功能。① 然而,毒品犯罪财产刑的实际执行状况如何,长期以来一直游离于学界和实务界的视野,研究者更多关注、研究和讨论的是毒品犯罪主刑严厉抑或轻缓及其效果。

笔者对C州中级人民法院刑事法官和执行法官进行访谈和了解,该院毒品犯罪案件涉财产刑执行由执行局负责,截至访谈日,该院还没有对一起毒品案件执行过财产刑。令人匪夷所思的是,在与法官座谈了解交流中,感觉毒品犯罪财产刑的执行与否是一件无足轻重的小事,似乎在法院工作中从未被重视过,既无人主动执行也无人监管,尽管2014年最高人民法院明确将刑事案件涉财产执行职责由执行部门负责。在笔者主审的一件运输毒品案中,涉案的两名被告人都是毒品再犯,其中被告人岩某于1987年因贩卖毒品罪被判处有期徒刑九年,并处罚金5000元,1996年刑满释放;1998年再次贩卖毒品,被判处死缓,并处没收财产1万元,2014年刑满释放;另一被告人腾某于1989年贩卖毒品被判处五年有期徒刑,并处罚金3000元。经法庭调查,法院从未对两被告人执行过罚金和没收财产刑。

为进一步了解毒品犯罪人在服刑阶段财产刑执行状况,笔者与C州监狱10名毒品犯罪服刑人员进行了“一对一”的访谈,所有的十位受访人均表示其压根不知道法院判决书上财产刑处罚条款,法院也没有执行其财产或者罚金,典型的运输毒品行为人坦诚,本身就因为无固定经济来源,生活贫困才走上犯罪道路,其无财产更谈不上可供执行的财产;而贩卖并运输毒品行为人认为,其被抓获时除了随身携带的钱物被侦查机关收缴外,再无其他财产,法院也没有执行其其他财产。笔者在与C州监狱管教干部工作交谈中,当询问毒品犯罪附加刑的执行情况时,管教

---

① 据统计,刑法中共有150个左右的条文规定了罚金刑,60个左右的条文规定了没收财产刑,有200多个罪名可以适用罚金和(或)没收财产。

干部告诉笔者,毒品犯罪服刑人员财产刑义务履行与否,都不影响其正常减刑;被判处无期徒刑并处没收个人全部财产的服刑人员,即便要其履行其财产刑义务,因个人财产的范围与家庭共有财产无法区分也无法操作,但减刑还需正常开展,毒品犯罪人被判处无期徒刑后服刑2年一般都会减为有期徒刑。当进一步了解这种减刑做法的理由时,监狱部门负责人给我的解释是,毒品犯罪的减刑与财产刑履行并无必然联系,法律上没有强制性规定;服刑人员的减刑标准主要是看其是否确有悔改表现,比如认罪、遵守监规纪律、积极完成学习、生产任务经考核获记若干表扬或被评为改造积极分子等,财产刑履行与否不是主要考量指标。最后这位负责人略带“歉意”地补充说明,如果严格将财产刑执行设为减刑条件,那监狱关押的毒品犯罪服刑人员会越来越多,无论从经济还是管理压力上都不堪重负,难以承受。

总体来看,财产刑“空判”几乎是Y省毒品犯罪的普遍现象,但也不排除例外情形。据笔者的经验,Y省有的个别中级人民法院采取判前收缴罚金形式来执行并处没收财产刑附加刑,比如笔者曾经工作过的P市中级人民法院,自2000年至2010年,该院会选择一些毒品犯罪案,比如,比照最高人民法院近期核准的毒品死刑案的毒品数量,判断手头案件可能不会判处死刑的案件,或者被告人主动要求缴纳罚金的案件,由承办法官与被告人家属或律师联系,让其缴纳一定数额的罚金,但承诺的条件是不判处死刑或者减轻惩罚,其家属同意后将款项直接打入法院指定的公用账户,如果法院最终判处没有实现原先承诺的主刑条件,则法院会将款项返回给被告人家属。每年法院将此罚金等罚没款上交当地财政局,财政部门则根据市政府事先与法院达成的“协议”,以补充办案经费名义,返还法院70%罚没款。法院收到该笔款后,将按照1%的比例提存给刑事审判部门作为工作奖励,剩余款项用于全院干警的外出培训费用等。可见,该院采取这种“先执后判”的执行方式,倒不是法官真正出于履行严格执行毒品犯罪财产附加刑的法定职责,驱动其执行的主要动力还在于从返回的罚没款中“有利可图”,经济上的奖励回报是根本原因。可以想象,如果没有外部经济因素的刺激,法院监督和执行判决书设定的被告人财产附加刑义务的内生动力就会减退甚至消失殆尽。

毒品犯罪财产刑无法得以执行，更为糟糕的是，毒品犯罪人减刑不受财产刑执行的影响，一旦有限的刑期接受数次减刑后，犯罪人重获自由，在金钱的诱惑下，凭借毒品犯罪的既往经验，驾轻就熟地重抄旧业，再次走上毒品犯罪之路。根据 Y 省高级人民法院《关于重新犯罪情况的调研报告》，毒品犯罪人实施第二次毒品犯罪的概率即再犯率高达34%。毒品犯罪再犯率高，而毒品犯罪破案率又低，还会给公众尤其潜在的、不特定的犯罪对象造成错觉，以为毒品犯罪被抓获只是不幸的例外，一旦实施犯罪成功，金钱财物便可唾手可得，“一夜暴富”，万一不幸被判刑，最坏也不过坐几年牢房，而经由毒品犯罪赚取的钱物分文不会被执行，因此，毒品犯罪财产刑不执行还会激励潜在犯罪人铤而走险去实施犯罪。接受笔者访谈的毒品犯罪服刑人员坦诚，其最早接触毒品进而实施毒品犯罪，是受周围人贩毒“致富”的刺激和启发。显然，毒品犯罪财产刑“空判”不仅不能发挥其震慑作用，刑罚的特殊预防无法形成，反而还会激励潜在犯罪人实施犯罪，刑罚的一般预防功能也无从发挥。

三、刑罚威慑效应的感受：来自毒品犯罪行为人的证据

毒品犯罪法制及其刑罚实施效果如何，最具有说服力和解释力的当属毒品犯罪刑罚实施的直接客体——毒品犯罪行为人的反应，正所谓民间谚语所言“鞋子是否合脚只有自己的脚知道”。为印证毒品犯罪刑罚威慑效果，笔者在 C 市监狱，与 15 名毒品犯罪服刑人员开展面对面谈话。谈话地点是由监狱方指定监区办公室进行。以上人员由监狱干警统一带领进入指定场所等候，再逐个进入访谈地点。为了使服刑人员真实地发表内心真实想法，保证访谈信息的真实可靠性，笔者特地交代监狱方管理人员，让他们别介绍我的真实身份，善意地告诉他们我只是一名毒品问题的研究人员，为完成毒品犯罪课题需要他们配合做好调研，另外，为打消服刑人员背负“认罪态度不好，服刑改造态度不端正”的思

想顾虑,我在与他们做访谈时,让监狱方管理人员不在场,并承诺对谈话内容保密。尽管如此,我也不无担心,在中国监狱军事化教育改造机制下,这些服刑人员进过规训而变得驯服,为了表现他们被改造成功,他们对一些问题的回答和反应可能变得“口是心非”。

受访人(一):胡某某,47岁,宁夏人,法院以贩卖并运输毒品罪判处无期徒刑,现已执行13年。

问:你什么时候被抓的?

答:2003年。

问:法院定你什么罪名?

答;贩卖和运输毒品罪。

问:你老家是哪里?

答:我是宁夏人。

问:被抓之前你是做什么工作的?

答:原先做皮革生意。

问:生意做得如何?

答:当时生意还算不错。

问:既然生意好为什么还要想到贩毒?

答:生意虽然好但获取利润不多,在另一朋友(同案犯苏某某)怂恿和介绍下,我们两人来Y省D市下关区贩卖毒品。

问:那你上次贩运了多少毒品?可以赚多少钱?

答:我从毒贩那里购买了毒品海洛因700克,价格为每克102元,准备带到银川贩卖,当地价格为每克300多元,这样如果贩运成功的话,则每克毒品可以赚取200多元,共计可以“获利”14万元。

问:这一笔钱和你做生意赚的利润相比,你觉得数量大吗?

答:如果搞成了,这是一大把钱,做生意的话,一年纯利润也不过三四万块。

问:你不害怕被抓吗?

答:我第一次贩毒不知道会判这么重的刑,我的朋友说,公安查得不严,不会被抓的,一想到可以赚很多钱,我也没有考虑太多了。

问:你现在后悔吗?

答:后悔也来不及了。

问:出去后有什么打算?

答:还是老老实实做生意。

通过以上文字,我们可以发现,胡某当初并非身无分文,生活窘迫,2003年通过做生意还是可以赚取三四万元的收入,这一笔收入在当时中国西部地区也算是一笔丰厚的收入,但其将正常生意的利润与毒品贩卖所带来的"利润"比较,可以想象,14万元的"利润"不仅在现在可以说数目可观,何况在当时2003年前更是一笔非常惊人的数字。正是巨大的"利润"空间,胡某才会在权衡利弊之后作出实施毒品犯罪的"理性选择",可见毒品暴利一览无遗。

如果说胡某某当年是生意人,数额超过十万元的利润对其而言是巨大的诱惑,那么,对于没有任何收入来源的无业者或者低收入人群来说,一万元也是一笔巨额的"收入回报",甚至自由比少量金钱还重要。

受访人(二)李某某,23岁,农民,初中文化,法院以运输毒品罪判处其有期徒刑15年。

问:被抓之前你从事什么工作?

答:犯罪前在Y省K市打工。

问:打工当时能拿到多少薪水?

答:我在餐厅打工,K市打工平均工作都不高,大概拿到手的工资就是1000元左右。

问:你觉得薪水低了?

答:是的,除了手机费用和上网玩游戏、抽烟费用外,剩下不了几个钱,所以嫌工资少辞职不干。

问:工作没有了,你的生活来源从哪里来?

答:经老乡朋友介绍前往缅甸帮人运毒,他说运一次毒带到K市可以赚打工一年的工资。

问:所以你就答应了?

答:嗯。

问:你是怎么带毒品的?

答:采用体内藏毒方式,将360克海洛因分成51坨,用避孕套包装好后,从口腔塞入腹部。

问:你知道体内带毒是有生命风险的吗?

答:知道,但他们说只要在24小时内取出就不会有危险。

问:你带毒老板给你多少钱?

答:"老板"让我将毒品带到K市,每坨210元。

问:那你知道万一带毒路上被公安查获了是要判很重的刑?

答:知道点,但他们说没有关系,公安查不着的。

问:你就不害怕被抓着吗?

答:当时还是有点害怕,但一想到万一成功带毒,我就可以拿到1万多元的"报酬"。

问:你觉得1万元多吗?

答:这1万元对我来讲,是一笔"巨款",抵上在餐厅打工一年的工资。

笔者在审理毒品犯罪案件过程中,无意又发现一件运输毒品案件,庭审过程中,公诉人对毒品犯罪人的发问,发现该毒品犯罪人的贩毒贪利动机有别于上述两名受访人。

案情如下:被告人:黄某某,男,汉族,农民,文盲,1979年5月13日出生,贵州毕节人,2013年7月10日因犯盗窃罪被Y省K市G区法院判处有期徒刑10个月,2014年1月12日刑满释放。法院以运输毒品罪判处其无期徒刑。

以下是公诉人与被告人黄某某在法庭上的对话:

公诉人:公安人员从你身上查获到多少毒品?

黄某某:就是我带的那一包。

公诉人:什么样的毒品?

黄某某:麻黄素。

公诉人:毒品从哪来的?

黄某某:买的。

公诉人:你怎么买的?

黄某某:2015 年的 10 月 13 日还是 14 日我记不清了,我从 K 市到 P 市。

公诉人:是你一人去的吗?

黄某某:黎某某、张某、令某某和我,我们四个人一起去的。

公诉人:你们是怎么去的?

黄某某:我们从 K 市新南站包车去的,每人 150 元,我们各付各的。

公诉人:后来呢?

黄某某:我们又包了一辆面包车到孟阿,每人 100 元钱,到了孟阿后,我们又偷渡到板山,每个人 100 元钱,后来我们就在赌场玩。

公诉人:在赌场玩你是否买了毒品?

黄某某:我本来就吸麻黄素,张某说,板山的麻黄素便宜,买点回去,我就说好。

公诉人:张某问你要买多少?

黄某某:我说 5000 颗。

公诉人:是否告诉你多少钱一颗?

黄某某:五块五一颗。

公诉人:张某什么时候把毒品拿给你的?

黄某某:第二天,当时只有我一个人在宾馆,张某拿了 5000 颗,我付了 27,500 元,后来我又和他买了 1000 颗,又付给他 5500 元。

公诉人:你买毒品的钱从哪里来的?

黄某某:我从 K 市带了 1 万多元钱去,还有就是我在赌场里赢得了一部分。

公诉人:你买毒品做什么?

黄某某:用来自己吃。

公诉人:那你一个人吃的完那么多吗?

黄某某:吃不完,K 市和板山的毒品差价太大了,我想着运点回去,除了自己吃一部分,还可以卖一部分赚钱,在 K 市大概每颗可以卖到 20 元钱。

公诉人:那你为什么想着要把毒品运回去赚钱?

黄某某:我的一个儿子患有脑膜炎后遗症,案发时在贵州住院,之前也医了很多钱,我家的条件不好,没有那么多钱给他治病,我吸毒品知道这个东西利润很大,就想着运点回去了。

公诉人:你不知道带毒品是犯罪吗?

黄某某:我知道的,但为了多赚钱我也没有办法。

公诉人:为了钱你就去带毒品,你考虑过家人没有?

黄某某:我想不了那么多了,我就只想着能够挣钱给儿子治病。

从以上一问一答中,我们发现,被告人黄某某运输毒品(实际为贩卖毒品)的贪利的目的有二:一是为自己吸食,节约费用;二是贩卖赚取毒品价差。总之,该案例也再次证明了毒品犯罪的暴利。附带说明一下,本案被告人黄某某实际上实施的是贩卖毒品行为,但法院最后以运输毒品定罪,个中理由如上文阐述,在此不再赘述,同时该案例也再次印证了本文的发现,即Y省运输毒品犯罪之所以越来越多,其中有一部分运输毒品案是由贩卖毒品转换过来。

以上三个案例中,毒品犯罪人实施毒品犯罪追逐贪利目的各有不同,第一个案例胡某某作为一个经济理性人,在通过比较正常生意与毒品贩运所带来的利润差额后,毅然而然选择后者,对暴利的追求冲动完全压倒对法律惩罚的恐惧,由于其老家在中国西部宁夏,对于其个人财产状况无法查实,法院尽管在判处其无期徒刑的同时并无没收个人全部财产,但事实上对于财产刑流于形式;因此,就这一次犯罪而言,胡某某失去的仅仅是人身自由,而其所有的财产(之前一直做皮毛生意)却毫发未损。试想,如果这一次犯罪有幸"成功",那么他将获得的财富将是丰厚的,而这种"成功"的几率并非为零,而是至少为90%以上,因为如前文所述,中国毒品犯罪的破案率维持在10%左右。

而相对于胡某某,第二和第三案例中的李某某和黄某某来自社会底层,自身经济状况较差,更为重要的是,两个人就业能力和愿望极低,李某某嫌弃餐厅打工收入低主动放弃工作,黄某某本人就是"文盲"加吸毒人员,而实施毒品犯罪的成本低,李某某只要将毒品塞入体内并带回

K市就可以赚取其在餐厅打工一年的收入，黄某某实际出资1万多元（至于其交代其他钱是赌博所得无从考证），就既可以满足自己吸食毒品的需要，同时还可以赚得近9万元的“利润”，虽然两人最终没有幸免法律的制裁，但两人于胡某某一样，失去的仅仅是人身自由，两人本来就身无分文，法院对其判处财产刑也只是“例行公事”，根本谈不上剥夺其再次犯罪的经历能力。可见，“一本万利”的毒品犯罪暴利驱使着两人铤而走险，以身试法去“赌一把”，根本不会把法律、自由和家人放在心里。

四、结论和启示

本文以Y省运输毒品犯罪为样本，研究探讨了中国毒品犯罪治理政策日渐完善且刑法“从严”的背景下，为什么Y省运输毒品犯罪会越来越多？Y省独特的区位造成Y省成为毒品进入中国的主要通道及毒品“消费”需求旺盛当然是一个重要的因素，但这个因素本身尚不足以解释这个问题。因为，同样在Y省其他类型的毒品犯罪如贩卖、制造等，要么呈现数量由多渐少的趋势，要么一直保持低增长态势，这一点就是一个很好的反证。从这种意义上讲，Y省毒品犯罪严重是一个笼统、模糊的命题，确切地描述和表达应当为Y省运输毒品罪严重。这一发现有助于厘清和界定“毒品犯罪日趋严重”概念的内涵，将毒品犯罪的严重程度进行类型化处理，为精准地寻找有效的毒品犯罪治理策略提供路径。

一般来讲，实施运输毒品罪成本低，无需太多的知识、资金和技术，受到转型时期的一些社会底层人物的“偏爱”；同时侦破这类案件简单，便于侦查机关完成既定的缉毒考核任务。因此，运输毒品罪多也就不难理解。但是，深入运输毒品案审理程序的内部，进一步发现制度和政策因素人为地扩大了运输毒品罪的数量，这对于“从严”的毒品犯罪治理政策及37年的治毒实践而言就匪夷所思了。在运输毒品罪定罪环节，常规运输毒品案容易侦破因而案件基数大,但因侦破方式简单,造成证据单一,在侦查机关完成既定缉毒任务的情形下,此类案件的延伸侦查难,因而破案黑数大,特别是涉毒枭和职业毒贩的案件少之又少,“重点打击”的司法政策无法落实,毒品犯罪刑罚的确定性遭到致命的伤害;附带的运输毒品案在“数罪不并罚”司法政策的阴影下,将并列的运输毒品罪架空,有其罪名无其罚实;由于司法政策将运输毒品罪的刑罚从并列的刑罚条文中抽离出来,刑罚幅度让位并降格于贩卖毒品罪,在以侦查为中心的刑事诉讼模式中,涉嫌贩卖的运输毒品罪“避重就轻”地得以处理,显然,后两类运输毒品案的发生罪与罚的错位,动摇了罪刑法定和罪行相适应原则,更为严重的是,造成毒品犯罪行为人规避法律,纵容了越来越多的贩卖毒品人雇用别人运毒或者努力将贩卖毒品行为转换为运输毒品行为,最终造成运输毒品罪数量越来越多,而其他类型毒品犯罪逐渐减少。

在量刑环节,毒品犯罪刑罚的严厉性继续受到减损和折抵。“同案不同罚”引发运输毒品罪个案的毒品数量不停放大,而毒品有别于其他种类物,除了极其特殊用途外,其自身存在就足以构成对社会的潜在危害;特殊案件的刑罚无法落实罪责相适应原则,甚至特情案件受到特殊刑罚的“照顾”,误导公众对毒品犯罪刑罚严厉的判断和预测;弥漫的财产刑“空判”现象,不仅无法实现刑法的立法初衷,而且与主刑轻缓化交互影响,进一步抵消刑罚的威慑力,无法消灭毒品犯罪行为人企图实施毒品犯罪实现“一夜暴富”的犯罪动机,误导潜在犯罪人甚至社会公众对毒品犯罪刑罚的预期。

Y省运输毒品罪日渐增多反映出,运输毒品罪法制实施过程中,其刑罚的确定性和严厉性遭到严重破坏和贬损,静态或立法上“从严”的毒品犯罪法制无法得到一以贯之的执行,反而经由司法之手,其威慑力遭受减弱和虚置,即实践中的毒品犯罪法制存在运作不灵的严重问题。可以预见,如果毒品犯罪司法政策不及时进行调整,那么,潜在或显性的运输毒品案将会越来越多。按照此逻辑和经验判断,经由Y省输入到内地的毒品也将越来越多。“毒品犯罪自80年代中期在我国开始蔓延泛滥以来，经历了以过境贩毒为主到过境贩毒与国内吸食消费并存，再到以境外流入、国内消费为主的三个阶段。”①毒品“刚性需求”旺盛，特别是近年来毒品消费人群数量不仅没有减少，反而出现数量“井喷”，“消费”需求不减反增。“零星贩卖”即蚂蚁搬家式的毒品买卖又无法得到有效控制。运输毒品犯罪——毒品犯罪链条的中间环节越来越严重，实现了毒品犯罪从“制造”“贩卖”到“消费”的完美链接，大宗毒品的运输与少量毒品买卖之间形成了无缝对接，结果是中国毒品犯罪可能会越来越严重。

总之，本文的结论颠覆了毒品犯罪刑法制度及其实践严厉的传统认识和主流观点，指出了实践中的毒品犯罪刑罚威慑力不足与毒品犯罪严重之间存在相关性，在此基础上，本文重新并理性认识到有效执行毒品犯罪治理政策及发挥刑罚威慑效应的条件和机制，消除了“从严”的毒品犯罪法制无法遏制毒品犯罪的悲观看法，为发现新的有效治理毒品犯罪路径和方法进行了一次粗浅的尝试和有益的探索，期盼为尽快走出毒品犯罪“越治越严重”的怪圈有所助益。

诚然，本文以 Y 省毒品犯罪为研究样本，其个案经验并不能完全代表整个中国毒品犯罪情况，经验更是不可以复制，Y 省运输毒品犯罪多，不能自然推及其他省份运输毒品也是如此；相反，正如前文述及，广东、浙江和江苏等经济发达省份，贩卖毒品（零星贩毒）越来越严重而运输毒品案并不突出。但是，由于毒品犯罪各个环节之间的依存性，毒品“供给”与“需求”两者之间呈现正相关关系，从这种意义上看，Y 省毒品犯罪严重，具体来讲，运输毒品案越来越多，造成整个中国毒品“供给”市场活跃，而广东等发达省份零星贩毒严重——毒品“需求”旺盛，如果没有 Y 省运输毒品犯罪严重，其他省份毒品“消费”市场必然会受其影响。因此，本文关于 Y 省毒品犯罪经验研究可以成为反思、观察整个中国毒品犯罪日益严重的重要样本，甚至可以是研究中国毒品问题不可或缺的研究对象。

---

① 郑蜀饶：《毒品犯罪规律的新认识及禁毒策略的新思考》，载《法律适用》2007 年第 12 期。

尽管Y省毒品犯罪经验不可复制,但是基于该经验研究得出的结论对当下中国毒品及毒品犯罪问题治理具有一定的指导性和启发性。通过本文研究,发现中国毒品犯罪越来越严重就是一个含混不清甚至真伪不明的命题。中国地域辽阔,各地经济、社会、自然和人文条件迥异,犯罪类型、数量、人数、危害等刑事犯罪情况及社会治安形势自然不同。从整体上看,中国毒品犯罪日益严重,但从具体、局部、区域来看,毒品犯罪呈现地域化特征,类型化犯罪严重明显,即各地毒情形势不同。如果不承认这一点,就会笼统地、主观地判断各地毒品犯罪严重,那么最高人民法院制定的"区别对待""打击重点"司法政策就难以落实到位;如果认识不到Y省运输毒品犯罪严重,就会无视Y省毒情区别于其他地区,对待运输毒品笼统地、一概地予以轻缓化,甚至为了控制死刑数量,人为编制各种情节减少运输毒品犯罪死刑数。而广东、浙江等发达地区制造和贩卖毒品严重,特别是零星贩毒更为严重,针对这些地区的毒品犯罪,则要加大制造、贩卖毒品的打击力度,特别是严格惩治零星贩毒,斩断"市场"通往"消费"的链条。

Y省运输毒品犯罪严重与该地区运输毒品犯罪刑罚威慑力不足之间存在相关性,立法上运输毒品犯罪刑罚严厉与司法上运输毒品犯罪刑罚轻缓之间产生背离,由此,可以反思和观察其他地区毒品犯罪严重与该种类犯罪刑罚威慑力之间是否也存在相关性。比如,广东贩卖毒品案多,但进一步深入研究,会发现大宗贩卖毒品并不多,更多的是零星贩毒案,据此是否可以反思零星贩毒是否也存在破案率低、选择性执法、犯罪人规避法律、罪与名和刑与罚之间错位以及财产刑执行不到位等问题。Y省运输毒品犯罪严重反映出刑罚威慑力不足,直接质疑和反驳学界毒品犯罪刑罚严厉观和实务界坚持的"重刑率",冷静而清醒地看待毒品犯罪刑罚惩治,理性而客观地评价毒品犯罪轻缓化主张和死刑控制政策。

《法律和社会科学》(2016)
第15卷第2辑,第127~154页

司法联动下的包村法官

田少红*

摘要:在司法联动中,包村法官的角色发生了实质的拓展,从诉讼中拓展到诉讼外,从司法职能拓展到行政职能,表现出双重性。他们对这两种不同的角色定位明晰,表现出的态度完全不同:义不容辞地积极履行司法职能,下意识地排斥拓展的行政职能。但司法联动重新让他们与乡村社会建立良好关系,有助于案件的审理,有助于司法权威乃至法官权威的建立,因此其态度又是矛盾的。这种矛盾可以称为法官悖论,真实地反映了现代性与乡土性在法官身上留下的烙印。

2012年4月Y基层法院开始与辖区乡镇政府联动,推行法官包村制度。该项工作缘于最高人民

* 广西北海市人民法院法官,香港城市大学法律学院博士生,电子信箱:abcdef55806418@hotmail.com。

法院倡导的能动司法。① Y基层法院司法联动下的法官包村制度首先以P镇为试点。随后于2013年、2014年逐步在Y区各乡镇推行,至2014年2月Y基层法院与下辖的4个乡镇政府分别签订《建立司法协调联动机制的工作办法》,在乡镇所辖的48个行政村或社区分别设置司法联络点,全面铺开法官包村工作,共派出包村法官11名。包村法官定期进驻司法联络点,送法下乡、巡回审判、排查矛盾、调处纠纷,主动服务。

在全国各地法院陆续开展能动司法的实践中,也有类似法官进村的形式,称呼各有不同,如"法官村长""驻村法官"等。例如,陕西省陇县法院推出"一村一法官"的工作机制,人民法院报曾在2009年9月10日主办"陇县法院'能动司法模式'研讨会",②专题研究陇县法院的能动司法经验。

在司法联动中包村法官们是如何运作的,在乡村社会中他们遭遇了什么?对司法联动中法官个体的专门研究基本没有,我只能从对能动司法的研究中寻找相应的观点。支持能动司法的观点认为能动司法是一种司法策略,目的是实现纠纷解决的最大化和恢复受损的社会关系最大化。③ 基层法官正是通过能动司法形式表现出现的日常司法行为将村民的日常生活技术纳入现代法治中。④ 有学者认为,能动司法

① 2009年8月27日至31日时任最高人民法院党组书记、院长王胜俊到江苏调研,召开座谈会时,首次提出能动司法的概念。他要求,各级法院要调整理念,增强忧患意识和风险意识,增强能动司法的自觉性、前瞻性、有序性、针对性、规范性,高度重视经济运行中涉及司法领域的突出矛盾和问题,充分发挥能动司法的积极作用,在有效应对国际金融危机中为经济社会发展提供更加有力的司法保障。并鼓励广大法官深入企业、社区和农村进行调查研究,分析和归纳人民法院自身工作中存在的不足和问题,为加强和改进司法应对工作提供决策参考。参见《王胜俊:能动司法是人民法院服务大局的必然选择》,载中国网,http://www.china.com.cn/policy/txt/2009-09/01/content_18439292.htm,最后访问日期:2015年3月16日。

② 《陇县法院"能动司法模式"专题研讨会在京举办》,载陕西省陇县人民法院网,http://sxlxfy.chinacourt.org/public/detail.php?id=13,最后访问日期:2015年3月16日。

③ 栗峥:《国家治理中的司法策略:以转型乡村为背景》,载《中国法学》2012年第1期。

④ 张学文:《乡村司法策略的日常运作和现实考量》,载《政法论坛》第30卷第6期。

下法官“扩展了自己的角色场域——既要主动出击、四处走访调查证据，积极斡旋解决矛盾，又要‘入乡随俗’、平易近人，取得当事人信任，倾听民众心声、抚慰受害者的心灵；对于经济或知识上的弱势群体，法官还要代行律师的部分职能，为其提供法律咨询、主动调查、代写诉状等服务。”[①]体现了基层法官在能动司法背景下解决纠纷的灵活的实用主义。

这些观点主要将能动司法作为法官解决纠纷——主要是解决乡村社会的纠纷——的工作方式之一，认为纠纷的解决所主要关注的并非只是法律规范及其程序或者严格适用法律规范于具体案件的过程，更为重要的是裁判的结果，这个结果不仅要最大限度地符合法律，还要符合当地的民俗、情理和习惯以及特定时期的政治要求与政法策略，并且要有利于化解、协调利益的结构性矛盾、冲突，消除当事人之间的情感对抗和情绪对立，要让当事人“拿回自己的那一份”的同时“消气解恨”，进而“双方握手言和”，“案结事了”，恢复或维系一种和谐的人际关系与社会秩序。[②] 在他们看来，“手段不重要，目的重要”，也就是说，在基层社会纠纷解决的场域中，相对于纠纷的最后处理结果而言，方法和形式并不十分的重要，纠纷的解决才是最为重要和最有意义的事情。

这与十余年前苏力的《送法下乡》一文的观点基本一致。在该文中，他提出，“基层法院法官在处理问题时一个主要的关注是如何解决好纠纷，而不是如何恪守职责，执行已有的法律规则。”[③]他认为基层法官关注的是具体问题的解决，是结果的正当性，是以结果为导向，不是以规则为导向。面对案件，尽管必要的过场还是要走一下的，但是为了将法律效果发挥至最大，“他们会在当时当地各种条件的约束或支持下，权衡各种可能的救济（法律的或其他的），特别是比较各种救济的

---

① 李炳烁：《能动司法背景下我国农村基层法官角色的扩展：动因与路径》，载《学海》2011 年第 5 期。

② 方乐：《司法行为及其选择的文化注释——以转型中的中国法官为例》，载《法律科学》（西北政法学院学报）2007 年第 5 期。

③ 苏力：《送法下乡——中国基层司法制度研究》，北京大学出版社 2011 年版，第 133 页。

后果,然后做出一种法官认为对诉讼人最好、基本能为诉讼人所接受并能获得当地民众认可的选择。在这里,诉讼根据、法律规定的法官职责、有关法律的程序规定和实体规定都不那么重要。重要的是把纠纷处理好,要的是结果好,能保'一方平安'"。①

反对能动司法的学者则认为能动司法强调司法权力主动出击解决社会矛盾,牺牲了司法的中立性,最终的结果是使司法权变成大局的附庸,损害司法应有的公正性和中立性。② 还有学者认为能动司法试图从方法上松动法律规范和程序的严格,与现代法治的基本原则——依法办事相矛盾。能动司法以后果决定判断,使依法办事的法治原则没有了权威。"这使得法律对社会关系控制作用又一次出现危机"。③这些观点显然不赞成法官以纠纷解决的结果为重,而应严格依法裁判。

十余年前,正是法院进行民事审判方式改革、大举引进西方法律概念和制度的时候,苏力有针对性地从乡土性这个地方性知识角度分析基层法官的特点,是为了避免对乡土性的忽视。而今天,面对十余年现代法治建设,对能动司法下法官的研究,如果仍然偏重于强调乡村社会的乡土性对基层法官的制约和形塑,而忽视十余年来现代法治的现代性影响,显然是偏颇的。"法律作为国家权威的表现形式和人们生活理性的集中体现也必然成为广大农民的最终选择。至于目前在一定范围内存在的乡村'地方性知识与国家法律秩序'的冲突,充其量只能延缓国家法律进入的时间,调整国家法律进入的方式。"④农村也不再是"法律不入之地"。⑤ 当然,不可否认,乡村社会乡土性时至今日,甚至在相当长的时间内都会存在,因此,单纯强调现代法治对基层法官的要求,忘却乡土性仍然是不可取的。法官并不是只受现代性或乡土性的

① 苏力:《送法下乡——中国基层司法制度研究》,北京大学出版社2011年版,第133页。

② 刘志强:《论能动司法的语境及其困境》,载《法治研究》2011年第5期。

③ 陈金钊:《"能动司法"及法治论者的焦虑》,载《清华法学》2011年第3期。

④ 梁开银:《现代乡村社会结构变迁与民事纠纷解决路径选择》,载《社会主义研究》2005年第6期。

⑤ 强世功:《法制与治理——国家转型中的法律》,中国政法大学出版社2003年版,第222页。

单方影响，而是夹杂在这两者之间，左右平衡地穿梭。

本文从细微处入手，描写法官在能动司法名下的包村事务中，是如何在双重角色之间穿行，在逃避与难舍之间寻找平衡。通过描述包村法官在能动司法过程中的矛盾与纠结，进而揭示法官如何运用能动司法，试图在两种不同的权力场域达致平衡。第一部分论述包村法官在司法联动中所扮演的双重角色，从法官角色丛观点分析说明司法联动中法官角色的实质拓展：从司法职能拓展到行政职能。第二部分描述包村法官如何穿行于双重角色之间以及如何在双重角色中平衡、取舍和抉择。第三部分刻画了包村法官在不同角色下的表现。第四部分论证包村法官的矛盾与纠结反映了现代法治与乡村社会的冲突。本文并不试图评论法官双重角色的好与坏、对与错，亦不尝试寻找解决法官矛盾与纠结的对策，只是展示法官在司法联动中所扮演的双重角色，以及在这其中情愿或不情愿地穿行、抉择，时刻保持清醒头脑，以避免两种角色的混同，并进而以此说明基层法院在对乡村社会进行法律治理时的坚持与妥协。

一、包村法官的双重角色

在司法联动工作中，Y 基层法院一共派出 11 名包村法官，均为从事民商事审判法官，每名包村法官负责 4 ~ 5 个村（社区）的法律事务。根据 Y 基层法院与所辖四个乡镇政府签订的《司法协调联动机制的工作办法》，包村法官的主要职责有：(1) 积极与所包村委领导、司法联络员等及时沟通、协调，共同做好矛盾纠纷化解工作；(2) 开展法律咨询、宣传活动，为群众提供法律服务；(3) 及时了解群众思想动态，深入排查可能发生诉讼、上访等的矛盾隐患；(4) 深入开展法官下访、巡回审判等工作，解决群众实际困难；(5) 积极配合有关部门做好辖区内群众的息诉息访工作；(6) 其他化解社会矛盾纠纷的工作。

简言之，包村法官的主要任务是排查化解矛盾纠纷、法律咨询宣传和巡回审判，这其中审判是法官的本职，巡回审判是审理的一种方式，自然属于法官司法职能的范畴。而排查化解矛盾纠纷、法律咨询宣传应属于政府的司法行政职能。[①] 在包村法官的实际工作中,甚至包括帮扶救助困难群众、失学儿童,这与法官司法职能毫不相干,亦属于政府行政职能范畴。由此,我们观察到,在司法联动中,包村法官的角色表现出双重性:在巡回审判或进村调解案件时的法官履行的是司法职能,扮演的是法官角色;而在排查化解矛盾纠纷和法律咨询宣传、帮扶困难群众中,法官行使的实际不再是司法职能,而是行政职能,以法官之名行政府干部之实,扮演的是行政干部角色。

全国其他实行类似联动制度的法院不在少数。[②] 例如,宜阳县法院组织106名干警到全县353个行政村,每个干警分包3~4个行政村,进村入户,开展"法官村长"送法下乡及驻村法律帮扶活动。县法院在各村民委员会的显眼位置钉挂标有"法官村长"姓名、联系电话的法官村长联络牌,要求"法官村长"与所包行政村的村支书、村委会主任、人民调解员、人民陪审员进行一一对接,广泛征求群众意见和了解村情民意,掌握村法制建设及矛盾纠纷情况,及时为群众提供法律咨询和法律服务。同时,还要帮助困难家庭和孤寡老人解决实际困难,加强与村民的沟通联系,拉近与群众的距离。[③] 江苏东台市法院向村选派了20名"法官村长"。要求选派法官每周驻村不少于2天,通过开展巡回审判、指导人民调解、提供法律咨询、开展法治宣传等,"充分发挥好

① 《中华人民共和国宪法》第107条规定:县级以上地方各级人民政府依照法律规定的权限,管理本行政区域内的经济、教育、科学、文化、卫生、体育事业、城乡建设事业和财政、民政、公安、民族事务、司法行政、监察、计划生育等行政工作,发布决定和命令,任免、培训、考核和奖惩行政工作人员。乡、民族乡、镇的人民政府执行本级人民代表大会的决议和上级国家行政机关的决定和命令,管理本行政区域内的行政工作。司法部是主管全国司法行政工作的国务院组成部门,根据《国务院办公厅关于印发〈司法部主要职责内设机构和人员编制规定〉的通知》(国办发〔2008〕64号),承担主要职能:拟订全民普及法律常识规划并组织实施,指导各地方、各行业法制宣传、依法治理工作和对外法制宣传;指导、监督基层司法所建设和人民调解、社区矫正、基层法律服务和帮教安置工作。

② 在百度上输入"法官村长",一共搜索到相关结果174万个(2015年10月21日),说明全国范围内有相当多的法院实行了与Y基层法院司法联动类似的联动机制。

③ 宋会杰:《宜阳县开展法官村长驻村帮扶活动》,载洛阳网县区,http://mem.lyd.com.cn/xianqu/content.asp? id=76436,最后访问日期:2015年10月21日。

法治宣传员、矛盾调解员、法律咨询员、舆情信息员和工作指导员作用，增强基层群众法律意识，努力提升农村和谐度。”[①]2011年9月，河南省高级人民法院召开全省法院电视电话会议，要求全省法院推广洛阳法院“法官村长”工作机制。[②] 2011年10月，河南省信阳市中级人民法院根据安排部署了本院21个部门的163名干警分别负责联系全市172个乡镇，全市10个基层法院的809名干警负责联系全市3139个行政村（居委会、社区），“法官村长”正式诞生。[③]

可以看到，这些“法官村长”与Y基层法院的包村法官一样，都具有双重角色：司法职能——巡回审判和调解案件，以及行政职能——排查化解矛盾、提供法律咨询、开展法律宣传、帮助困难群众。

关于基层法官角色，比较流行的观点是认为法官角色是一个角色丛，在不同的时间、不同的场合、不同的人际关系中，法官占据不同的社会位置。面对不同的角色期待和角色要求，法官不断地转换所扮演的社会角色。法官角色丛的类型包括：一是职业法律人，即指法官以行使国家审判权为专门职业，执行法律、解决纠纷、实现社会正义。二是政治权力人，指法官在案件的审理过程中具有政治意识、大局意识，要服从于党和国家的工作大局。三是社会文化人，这是法官作为一般的社会个体在一般社会场域中生存的人本角色。[④]

同时有学者还认为法官在各角色的扮演中常会产生矛盾，造成角色冲突或角色错位，从而对具体案件的理性裁判带来影响。中国的法

---

① 《江苏东台市：选聘20名“法官村长”》，载中国共产党新闻网，http://dangjian.people.com.cn/n/2015/0629/c397214-27225921.html，最后访问日期：2015年10月21日。

② 《河南：法官接地气矛盾不出村“坐诊”变“出诊”》，载中国新闻网，http://www.chinanews.com/fz/2013/08-06/5128943.shtml，最后访问日期：2015年10月21日。

③ 张伟、董王超：《“法官村长是新农村建设的好帮手”——河南信阳法院化解基层社会矛盾工作纪实》，载《人民法院报》，http://rmfyb.chinacourt.org/paper/html/2012-12/18/content_55246.htm? div=-1，最后访问日期：2015年10月21日。

④ 赵秉志、张心向：《法官角色视野下的裁判理性——以2005“中国法官十杰”先进事迹介绍为分析范本》，载《法律科学》（西北政法大学学报）2009年第5期。持同样观点的还有代志鹏，他认为法官是行政人、社会人和法律人三种角色的合集，是“权力结构中的法官”“社会文化中的法官”“法律世界中的法官”三种角色的分化整合。参见代志鹏：《法官群体角色和个体扮演：以一起合同纠纷案件切入》，载《云南行政学院学报》2014年第6期。

官的角色转换是混沌、模糊、难以纯粹的。“当下中国的法官已经习惯了司法场域中的这种角色混沌不清的现状,即使身处司法场域,也不急于对自己进行角色定位。而是根据案件的实际需求对具体的社会情境做地道的角色回应,并在角色塑造的过程中,参照他所处的社会情境系统的具体要求,并尽可能多地排除其角色集合中的矛盾因素,同时汲取并重组他所承担的其他社会角色中的有利因素,进而在此基础上以一个综合性的角色(也即我们通常所说的‘多面手’)进入司法。”①

这种所谓的法官角色丛,有人称之为法官角色的拓展。然笔者认为,这种法官角色丛并不是法官角色的扩展,而只是法官在裁判时受到影响的因素。正如波斯纳所说的,法律的不确定性,“它创造了一个开放地带,在那里正统(法条主义)分析方法得不出令人满意的结论,有时还得不出结论,这就允许甚或规定了情感、人格、政策直觉、意识形态、政治、背景以及经历将决定一位法官的决定。”②所以,这种法官角色丛的观点实际与苏力的关于基层法官的观点本质相同,都认为法官不是单纯规则之治,而是受到许多法律之外因素的制约。

而本文中所观察到的包村法官角色的拓展则是法官职能从司法职能到行政职能的实质扩展,并非只是法官在裁判中所受影响的各种不同的法外因素,它与所谓的法官角色丛多有不同:

一是发生依据不同:前者不以是否有诉讼案件为前提,它直接来源于法院与政府签订的司法联动协议。后者以诉讼案件为依托,是影响法官裁判案件的因素。

二是发生过程不同:前者发生于诉讼外,拓展的主要部分在于法官提供诉讼外的法律服务。后者发生于诉讼中,发生于法官裁判案件的过程中。

三是性质不同:前者是法官角色的实质拓展,法官承担了一部分行

---

① 赵秉志、张心向:《法官角色视野下的裁判理性——以2005“中国法官十杰”先进事迹介绍为分析范本》,载《法律科学》(西北政法大学学报)2009年第5期。

② [美]理查德·波斯纳:《法官如何思考》,苏力译,北京大学出版社2009年版,第10页。

政职能,是按照司法联动协议要求、计划有意为之。后者实际只是法官裁判时所思考的因素,有可能是无意识的、不自觉的。例如,生长背景、经历等对政治意识、社会责任等的影响根深蒂固地深藏于法官内心,形成不同的人生观、价值观,进而下意识地影响到裁判。

四是表现不同:前者表现在法官具体的包村工作中。后者最终表现在案件的裁判结果上。

五是影响程度不同:前者个人意志不影响法官角色的拓展。后者受个人认识程度不同而各异。例如,某法官政治意识强,在裁判案件时可能会更多考虑政治因素。

六是内容的确定性不同。前者法官职能从司法职能拓展到行政职能,我们可以从包村法官在司法联动中的工作职责明显地观察到。后者则根据各个案件的具体情况、法官的不同而有所不同。例如,有些案件需要考虑政治因素,法官角色丛会被定义为法律人和政治权力人;有些案件侧重于情理,法官角色丛则会被定义为法律人和社会文化人。

比较之下,可以清晰地断定,在司法联动中,包村法官的角色发生了实质的拓展,从诉讼中拓展到诉讼外,从司法职能拓展到行政职能,表现出双重性:诉讼中的行使司法职能的法官和诉讼外行使行政职能的法官。在学者所说的法官角色丛状态下,法官的角色转换是混沌、模糊的,在各角色的扮演中常会产生矛盾,造成角色冲突或角色错位,从而对具体案件的理性裁判带来影响。与之截然不同的是,在司法联动中,包村法官对于司法职能和行政职能这两种不同角色的定位明晰,表现出的态度也是完全不同。

二、穿行于双重角色之间

在司法联动中,包村法官拓展了自己的角色,从诉讼中拓展到诉讼外,从司法职能拓展到行政职能。司法职能与行政职能截然不同,对各自角色的要求自然亦不同。在司法联动中,法官根据情境的不同,在不同的场域中扮演不同角色,按照双重角色的不同要求,穿行于这两种角色之间,并力图在这两种角色中寻找平衡、进行取舍和抉择。

(一)当两种角色互不冲突时

通常,当两个角色"和平共处"时,包村法官在不同时间、不同场域会按照不同角色的要求分别扮演。以工作地点为例。"场景为权力关系的展开提供了舞台,在任何特定的场景中,场景本身就是社会行动的一部分,场景本身和行动一样是场景成员通过努力构成的'成果'"。[①] 法官在法庭上审理案件与下乡调解纠纷时,在法庭和乡村这两个不同的场域,法官的表现各不相同。

法庭无疑是法律运作所特有的场景之一。在法庭上,法官身着法袍,高高坐在法庭中间的审判席上,背后是神圣的国徽,各方当事人分坐在审判席两侧,法官表情严肃,使用法言法语,严格依照法定程序开展庭审,当事人必须严格遵守法庭纪律。[②] 在这种仪式化或戏剧化的场景中,法官必须保持中立形象,为此,甚至不允许法官在法庭上或法庭下与任何一方当事人打招呼、闲聊,即使他们之间相互认识。否则有可能被另一方当事人投诉,认为法官和对方当事人认识,有可能影响案件的公正审理。包村钱法官一脸严肃地告诉我,曾经有一次开庭前,人民陪审员到庭发现与一方当事人认识,与之闲聊了几句。开庭时,另一方当事人当即提出,该人民陪审员与对方当事人相熟,申请该人民陪审员回避。最后审判长同意了该当事人提出的回避申请。"所以要很注意这些细节,否

① 强世功:《法制与治理——国家转型中的法律》,中国政法大学出版社2003年版,第195页。

② 福科指出,法庭的空间安排渗透了权力关系和意识形态,"我们至少可以说的是,法庭的空间安排意味着一种意识形态。这种安排是什么呢?一张桌子,它与两方当事人拉开距离,在这张桌子后,是'第三人',即法官们。首先,法官的位置指出他们对于每一方当事人都是中立的;其次,这意味着他们的裁决不是预先做出的,而是基于某种真理观和某些有关何为公正何为不公正的观点,对双方当事人进行口头调查之后做出的;第三,这意味着他们有权执行他们的裁决。"参见 Foucault, Micheal, On Popular Justice: A Discussion with Maoists, in *Power/Knowledge: Selected Interviews and Other Writings* (1972—1977), ed. by Colin Gordon, The Harvester Press, 1980。转引自:强世功:《法制与治理——国家转型中的法律》,中国政法大学出版社2003年版,第196页。

则一个不小心就有可能被投诉!”她十分认真地提醒我。

而在下村调解纠纷、接受法律咨询时,包村法官实际履行的是行政职能,有关法官的职业规范的要求就变得既不重要也没必要。法官、司法联络员、发生矛盾纠纷的村民围坐在村委会,甚至纠纷一方村民的家中,没有庄严的法庭,没有高高在上的法椅,没有法庭严格的座次安排,没有象征法庭威严的国徽,没有代表司法权威的法袍、法槌,没有庄严凝重的法庭氛围,甚至没有严格的语言程序,法官不是一个高高在上、冷漠疏离的中立角色,而更像朋友一般,亲切地、富有人情味地解释、说服、劝导和协调。在村民、司法联络员看来,此时的法官更像是“体察民情、为民做主的父母官”,大家可以推心置腹地谈心,法官甚至可以当面毫不客气地批评一方村民而不会招致不公正的投诉。

在法庭上,法官要严格遵守庭审规范,要表现出公正、不偏不倚的态度,要展示法庭的庄重威严和不可侵犯的法官权威,这是法官角色的必然要求。而在法庭外,在司法联动过程中,法官转换角色,成为下乡普法、调处纠纷的“政府干部”。在这个场域中,亲切热情的态度、诚恳的工作作风得到乡村社会的认同。在拉家常式的“欢声笑语”中,包村法官与司法联络员、村干部、村民建立朋友式的友谊,由此,基层法院与乡村社会得以建立良好的关系。

不仅如此,在司法联动中,包村法官们有意识地开展系列帮扶活动。例如,“三八”妇女节时,下村慰问困难妇女;“五一”劳动节时,和工会开展劳动者维权活动;“六一”儿童节时,和妇联共同开展关爱留守儿童的活动;“七一”建党节时,下村慰问困难党员;等等。P镇东山村留守儿童多,Y基层法院在该村建立“关爱留守儿童基地”,定期看望留守儿童,每年为3户特别困难家庭的留守儿童资助700元的助学金,帮助他们解决实际困难,并每半年一次向基地捐赠儿童课外书籍、文化用品,组织交心活动,通过“司法联络专线”对留守儿童的生活学习情况及时了解。

这些活动,体现的是包村法官所拓展的行政职能。然而,正是在履行这些行政职能的过程中,包村法官们建立并逐渐加深了和乡村社会的日常联系,使司法的触角得以顺利地延伸到乡村社会。正如有学者论述的"改革前,国家通过一元化的方式使自己直接走向了乡村,国家离农民的距离空前缩短。国家在组织修建水利工程的过程中,向农民展示了自身的强大能力,沟通了和农民日常生计的联系,由此确立着农民的国家认同。"农民建立起来的对国家的认知可以概括为:一是亲近。国家深入村庄的各种事务,国家的代理人——乡村干部在他们的生活中随处可见,他们用国家的语言说话,用国家倡导的方式工作和生活。二是人格化。县和人民公社干部经常下乡,工作作风大多扎实,是国家形象的代表。① 包村法官所拓展的行政职能正是利用村民对国家的这种认知,以亲近的方式、人格化的魅力深入乡村社会,并试图由此确立乡村社会对法官的认同,包村法官也得以更深地嵌入乡村社会。

(二)当两种角色发生交织时

司法权与行政权本应该是相互牵制的,当这两种职能融合在法官一人身上时,包村法官努力在两种角色之间平衡,既要维护法官的中立,又要扮演好"父母官"角色,完成法官包村任务。在司法联动中,法官小心翼翼地将两种角色尽量隔离,建立"防火墙",避免两种角色发生交织。例如,乡镇政府或司法联络员邀请包村法官参与调解。此时包村法官特别注意角色的定位:并不亲自主持调解,而是以解释相关法律规定为主,指导村民如何提供证据,尽量避免直接对纠纷提出明确的法律意见。那么,一旦发生诉讼,村民是否胜诉取决于其提供的证据是否充分,由此包村法官避免了将法律咨询与审判案件相混淆的风险,也避免了两种角色混同的风险。

当两种角色不可避免地发生交织时,包村法官会在其中划定一条基本底线:拓展的行政职能不能影响、妨碍法官司法职能的行使。在这两种角色中,司法职能是法官法定的基本职能,法官自然也将法官角色摆在第一位。当角色发生冲突时,包村法官会恪守法官职业规范,坚持法官的本职角色,避免法官中立、公正的形象受到影响。在包村法官看

---

① 仝志辉:《农民国家观念形成机制的求解——以江西游村为个案》,载[美]黄宗智主编:《中国乡村研究》(第4辑),社会科学文献出版社2006年版,第174页。

来,他们希望依靠自己积极热情的态度及熟练专业的法律知识赢得村民的尊重和信任,而不是利用为村民提供不恰当的法律"人情"。因为,对于包村法官,法官角色的拓展本身就是为了更好地维护法官角色的履行,为了更公正高效地行使司法职能。

通常两种角色的交织有两种情形:第一种情形是角色之间出现冲突、矛盾。其中冲突最大的可能在于乡镇政府的干部或者司法联络员不当利用与包村法官在司法联动中建立的良好关系,影响案件的审理。包村周法官说:"有段时间,有一个司法联络员对我特别热情,中午12点多了还帮我送达。我主动问他有什么需要帮助,他说有一亲戚打架,案件在我们法院,表面上是法律咨询,实际想让我帮忙。我指导他如何举证,但明确告诉他,案件的处理我帮不了。"包村王法官也遇到过同样的情况,村干部亲戚有案件在Y基层法院,村干部想通过包村法官影响办案法官,他说:"我和他们解释,案件的胜败取决于证据,但我可以帮忙督促提高办案的效率。"

两个角色发生交织的第二种情形是角色之间相互影响、相互协助。这种情况最常见于包村法官下村调解案件之时,特别是邀请司法联络员参与的情形。法官调解案件,本属司法职能,而法官下村调解,并邀请司法联络员参加,又多了几分劝解说和、平息矛盾的意味。此时,包村法官的法官角色与"父母官"角色交织并行。而这种交织有利于司法职能的实现——顺利地调解案件,于是在这个过程中,包村法官并不在意角色的准确定位:无论作为何种角色——法官还是"父母官",最终都是为了案件的妥善处理。当事人对这种角色的交织一般不会抗拒。

下面让我们看看法官在一场下乡调解中是如何运作的:这是一起系列案件,四个案件的原告是一家人,被告为两兄弟。四名原告分别起诉两被告,称2014年7月某日,被告的母亲康某因家中的电线杆被原告移动的问题到原告家理论,双方发生争执。之后,两被告带了十几名男子到原告家对原告一家人大打出手,造成原告一家人多处受伤,要求两被告赔偿医疗费及被砸坏物品的损失。四名原告主张的医疗费总计15,000余元,物品损失总计3330元。立案后,法官了解到,原、被告两家本是亲戚,后因生活琐事,多次争吵,积怨较深,村委会从中多次调解无果,这一次更是升级为动手打架,其中一名原告后脑受伤,住院20余天。基于此,法官考虑到,如果简单判决,双方的矛盾没有解决,很有可能还会发生新的争吵甚至打架,而且如果双方矛盾不能化解,即使判决也难以执行。法官决定到村委会调解,同时通知司法联络员(也是该村的村委主任到场)一同做调解工作。

开庭当天,一名原告杜某燕及其他原告的委托律师、一名被告及其委托代理人其母亲康某、村委主任到场。法官简单几句开场白后,即直奔主题,在征得双方同意调解的意见后,询问双方的具体调解方案。被告对赔偿没意见,但认为原告骂其母亲在先,其不同意道歉。原告则坚持要求被告道歉。双方僵持不下,法官宣布休庭,分头做双方调解工作。其间,被告有事请假离开,其母亲康某留下继续参加调解。

法官:你们把人也打得太狠了,打人家后脑,住了20多天院。

康某:是,但打架时也没想那么多。

法官:你看你的两个儿子都成年了,也娶了媳妇,其中一个媳妇马上就要生孩子了,你的家庭多好,不要为这些小事生事。公安已做鉴定,差一点就构成轻伤。

康某:是他们先骂我,我心里有气。

法官:吵架时难免乱说话,你不能往心里去。

康某:他们骂我克死我老公,这个是绝对不能说的,你们可以到村里去问问。

法官:他们说他们的,你不信就行了。无论如何,打人就是不对,等下开庭时你必须认识到这一点,承认错误。

康某:上次开庭时我已承认了。

法官:上次你是对我说,你要对原告说。希望你们以后和平相处,再不要打架。

康某:是,我也不想吵架、打架,我没那工夫和他们扯。

法官:等会你们双方要保证,如果有纠纷,找村委解决;村委解决不了的,可以到法院起诉,但再不能打架。

康某：好，只要他们不来吵我，我也不想吵。

法官：一是你要承认错误；二是你要做保证。

康某：好。

法官又去做原告的调解工作，进展顺利。于是法官宣布继续开庭。

法官：这次打架，被告要认识到自己的错误。

康某站起来：对不起！（向原告鞠躬）

法官：被告已认错，同意赔偿原告医疗费。村委主任也在这里，以后双方有纠纷，可以找村委，实在解决不了的，可以到法院起诉，双方不能打架，双方同意吗？

原告：同意。

康某：同意。

法官：医疗费、诉讼费由被告负担，其他费用原告放弃，双方是否同意？

原告：同意。希望以后双方和平共处。

康某：同意。

法官开始计算四名原告的医疗费，康某提出只赔偿原告杜某燕（即今天到庭的原告，正是她后脑受伤）医疗费，不同意赔偿其请求中的误工费、护理费、住院伙食补助费、交通住宿费、营养费；并提出其他三名原告不是被告打伤的，不同意赔偿医疗费等费用。调解再次僵持。法官再次休庭，单独做康某工作。几轮协商后，庭审继续。

法官：四个案件一共赔偿9000元，被告能否接受？

康某：算了，我没工夫和他们扯。

村委主任：你们都是一家人，因为小事，搞得这样麻烦。双方一人让一步，好解决。

康某：我没打原告杜某荣，不愿意赔偿他的医疗费。

法官：反正总数9000元，我们有四个案件，分分开，我们也好做。

康某：好吧，反正9000元，你们怎么写就怎么样吧。

法官：反正给原告9000元，原告一家人，他们愿意怎么分就怎么分，被告不用管了。

调解达成，庭审结束，法官通知双方下午到法院领取调解书，被告带上赔偿的9000元。庭审结束后,法官、村委主任又继续劝说双方,过去的事就让它过去,以后大家都说好话,不吵架。同去的苏副院长也再三告诫双方要尊重村委的调解,如果打架,造成严重后果的,有可能要坐牢。临走时,苏副院长叮嘱包村法官过后要再到村里找双方聊聊,尽量化解矛盾。双方当事人再三感谢法官,并保证以后不再争吵打架,村委主任也对法官迅速解决这起纠缠许久的纠纷表示感谢。

当天下午3时,上述当事人到Y基层法院,法官已制作好了四份调解笔录,被告赔偿原告杜某荣医疗费、财产损失共计300元(诉讼请求是医疗费151.37元、财产损失580元)、赔偿原告杜某燕医疗费7700元(诉讼请求是医疗费、误工费、护理费、住院伙食补助费、营养费及交通费共计13,814.19元)、赔偿原告陈某妹医疗费500元(诉讼请求是955.65元)、赔偿原告杜某成医疗费300元(诉讼请求是784.56元),四原告放弃其他诉讼请求。双方当事人当即在调解笔录上签名,被告当场履行了所有的赔偿款项,不需要法院另行制作民事调解书。四起案件至此在法律上算是圆满处理完毕。

在这起调解过程中,我们发现,包村法官的角色在法官与“父母官”之间不停转换,交织前行。一方面,这是一个已经进入诉讼的案件,法官遵循案件审理的基本的法律规范。比如,征求双方是否同意调解、双方分别出示证据、制作正式的调解笔录让双方签字等。另一方面,下村调解案件、邀请司法联络员参与,包村法官的目的不仅仅是审理裁决案件,更重要的是为了化解双方的矛盾。首先,包村法官特别选定在村委会调解,既不像在公共场合巡回审判那样广场化人数众多,让当事人没有面子,也不像在法庭上那样剧场化庄严肃穆,法官高不可及,更像家庭式的谈判,隐秘又随和。在这个“家庭式”的调解场所,双方围坐在村委会的会议桌旁,法官甚至连原、被告的牌子都没有摆放。其次,在调解过程中,法官毫不客气地批评被告打人行为的不当。被告心悦诚服,连声说是。接着法官又让被告向原告道歉、让双方保证再不打架。最后,调解结束时,法官还进行了一番法制宣传教育,告诫双方不能再打架。在这些“分镜头”中,法官俨然一位下村调处纠纷的政府干部:批评教育、劝解说和、化解矛盾。法官通过百忙中抽空下村的负责、随和的态度、耐心细致的劝说甚至恳切的批评,表现出"为人民服务"的父母官形象。

对于这起调解,确实存在有些学者所批评的问题:调解"这一通常做法的背后,往往也会表现出对于外在于人的那些既定的法律规则的相对'漠视'或者'忽略',以及对于'形式化'的审判方式所涉及的严格程序及其内容某种程度上地'规避'或者'明知故犯'。"①例如,对被告提出不同意赔偿的部分,法官没有进一步查明相关事实,而是买东西式地讨价还价:总共9000元行不行?最后的调解笔录也是法官运用"案卷制作术"制作出来的,双方当事人都不清楚各个原告所得的赔偿数额是多少,法官说了:"原告一家人,他们愿意怎么分就怎么分,被告不用管了。""反正总数9000元,我们有四个案件,分分开,我们也好做。"至于被告向原告当场道歉和双方保证再不争吵打架,更是不在法院审理的范畴。然而,正是在这个程序不严谨、案件事实不清晰(双方对赔偿标准有争议)、讨价还价式的调解中,法官不仅顺利解决了纠纷,平复了双方的矛盾,还收获了当事人和村委主任的称赞与感谢。在这里,包村法官通过对法官角色的拓展——行政职能的运作,成功地调解了案件,履行了司法职能。在这两个角色的转换过程中,包村法官其实与乡村社会共享"实质正义"的情感基础:打人就不对,就应该赔偿!(即使证据略显单薄)包村法官与当事人的关系经历了一个微妙的转换:从正式的诉讼关系到非正式的情感关系,而司法制度也随之被弱化、人缘化了。不同参与者的认知得以同化,形成共识,包村法官也就逐渐地被乡村社会所接纳、认同。

在这种交织的情形中,两种角色没有发生矛盾与冲突,拓展的行政职能不仅没有影响司法职能的行使,反而有利于司法职能的完成。借助于"父母官"的角色,通过非正式情感关系的转换,法官寻找到与乡村社会共通的基础,得以更顺畅地进入乡村社会。

---

① 方乐:《司法行为及其选择的文化注释——以转型中的中国法官为例》,载《法律科学》(西北政法学院学报)2007年第5期。

三、纠结中前行

对于双重角色的扮演,包村法官表现出的截然不同的态度。对于司法职能,包村法官义不容辞地积极履行。对于拓展的行政职能,包村法官下意识地排斥,认为这不属于法官职责范围。然而,他们又发现,司法联动重新让他们与乡村社会建立良好关系,有助于案件的审理,有助于司法权威乃至法官权威的建立。

(一)消极

对于包村工作中属于行政职能的行政事务,例如,诉前调解矛盾纠纷、法律宣传、困难救助等,包村法官缺乏积极主动,大多应付了事。这种消极分为包村法官主观上的消极和客观上造成的消极。

开展司法联动,主动下村调处纠纷、法制宣传、救助帮扶困难村民,这已超出司法职能的范畴。再加上现在案件日益增长,审判任务越发繁重。因此,主观上,包村法官对此表现出不愿意的态度。一位包村老法官就时常报怨:“这不是我的本职工作,执法办案才是第一要务。”有包村法官坦率地说:“东山村有一个小孩掉到井里身亡,司法联络员问我如何处理。我觉得很麻烦,难以确定被告、如何举证?相关工作太多,他们可能又请不起律师,我无法处理,就劝他们尽量协调,请村委出面做工作。对这类事情,我能推就推。”这种麻烦有两方面的考虑:一是法官要投入许多精力指导、帮助村民解决具体问题,甚至细致到如何写起诉书、如何提出诉讼请求、准备什么样的证据,等等;二是法官担心一旦村民在其指导下起诉,万一败诉,村民会将责任推到法官身上。毕竟法官当时只是听该村民“一面之词”,至于真实情况到底如何,对方又会提供什么证据,都在未知中,法官无法担保案件的胜诉。在这种消极的态度下,包村法官表现出来的是推诿,对待村民或司法联络员对个案的咨询,他们更多的只是提供相关的法律规定,而尽量避免谈及个人对纠纷的具体意见;有时甚至以法律程序的繁琐、举证困难等有意识地

“吓唬”村民不去法院诉讼。

客观上，法院基于“安全第一”的运作逻辑，对一些纠纷采取“暂不予受理”的回避态度。包村刘法官说：“法官下乡时村民提出的大多数纠纷都不属于法院管辖范围，如出嫁女纠纷、土地纠纷。还有较多的是村民强占土地，违章强建房屋纠纷，村干部制止无效，除了法律宣传，法院无能为力，法院解决不了村民的纠纷，满足不了村民的需求。小事没必要找法院，大事法院又解决不了，就如出嫁女纠纷、土地纠纷。”另一名包村苏法官曾生动地描述这种无能为力的尴尬感：“他们（指村干部）问我们这些出嫁女纠纷、土地纠纷如何解决时，我们只能顾左右而言他。”不能切实为村民解决纠纷，这让包村法官越发想要逃避：既然法官小事不用管、中事太麻烦、大事管不了，下村又有何用？

（二）被动的积极

在司法联动中，包村法官也有表现积极的时候，例如，定期下村了解社情民意、有纠纷时尽快下村调解等。不过，这种积极带有更多被动的因素。

为了确保司法联动工作的顺利推进，Y 基层法院明确规定了包村法官的工作任务：每周至少要和所负责村的司法联络员电话沟通一次，每月至少下村一次。乡镇政府或司法联络员邀请包村法官调解的，包村法官要尽快开展调解。包村法官每人有一本工作记录本，包村法官电话联络、下村调查、调解等司法联动工作必须记录，以备检查、考核。还明确了每年巡回审判的次数，同时将包村法官的上述工作任务列入考核，以此为据进行奖惩，乃至作为今后提拔的参考。①

---

① 为了让“法官村长”长期扎根农村，切实将纠纷化解于基层，罗山县法院设置了确保常态化运转的保障机制：该院将 86 名法官分别派驻至全县 273 个行政村，每名法官分包 2～4 个行政村，每月到村普法不少于 1 次、电话联系不少于 2 次，各个村庄都设有“法官村长”联络牌，公布法官联系方式，让法官与所包行政村建立起经常性的联系，统一安排，并及时跟踪督察、及时通报各部门法官工作开展情况。同时，健全经费保障和激励机制，对各部门和“法官村长”个人工作开展情况奖优罚劣，并把这项制度纳入了法院工作绩效考核。参见张伟、董王超：《“法官村长是新农村建设的好帮手”——河南信阳法院化解基层社会矛盾工作纪实》，载《人民法院报》，http://rmfyb.chinacourt.org/paper/html/2012-12/18/content_55246.htm?div=-1，最后访问日期：2015 年 10 月 21 日。

在Y基层法院压力型行政手段的强力推动下,包村法官有时表现积极。每次乡镇政府或Y区政府领导请求Y基层法院参与调解纠纷时,Y基层法院都会尽快派出包村法官。2015年1月因土地纠纷,P镇村民陈某先后四次组织人员,利用封堵大门、剪断电线等方式阻挠云天公司正常生产秩序,P镇党委政府分管政法的领导带队到现场维持公司秩序,三次召开协调会进行调处,历时一个月仍未能解决。云天公司是B市招商引资的企业,属市里纳税大户,其向相关市领导反映此事,B市政法委要求Y区党委政府妥善处理。P镇政府向Y区政府主要领导汇报,该主要领导打电话给Y基层法院院长,希望法院能"启动司法联动机制,派包村法官进行调解"的第二天,Y基层法院的包村法官即赶到纠纷现场,与P镇政府的相关工作人员共同组织调解,5天后,调解成立,纠纷解决,云天公司的工作秩序恢复正常。在一次重要上级领导的检查中,Y区政府主要领导在汇报会上提及此纠纷的解决,盛赞Y基层法院为大局服务、为地方经济保驾护航。Y基层法院院长感慨:Y基层法院一年审结多少案件,Y区党委政府的主要领导可能并不清楚,但调解这样一起纠纷,就让区领导记忆深刻,在不同场合多次提起。从功利的角度看为党委政府化解一起重大纠纷的效果比法院审理十件普通案件的效果都好。"在这样一种政治意识的导向下,Y基层法院领导要求包村法官对政府提出的调解纠纷请求一定尽快想方设法地落实,无论调解是否成功,但态度和行动务必积极。于是,从这一角度而言,包村法官在面对政府的调解请求时,表现积极,只是这种积极带有更多被动的因素。

(三)难舍

包村法官下意识地逃避,甚至有些被动地完成包村工作任务。然而,在访谈中,面对"法官包村工作是否有必要继续下去"的提问时,他们的回答居然出乎一致:"有必要。"他们的理由大约有以下三个方面:

一是可以和乡村社会建立良好的关系,有利于案件的裁决和执行。现代法治的不断发展,法院更多使用法律——技术治理,使得法院和乡村社会产生技术性疏离,而司法权威又迟迟未能完全树立,技术性疏离造成的不便使法院清楚地认识到与乡村社会保持良好关系的重要性。

包村王法官说:“法官包村是联系群众的纽带,我们下乡送达、开庭、调解,都要依靠村干部。法官包村后,我们和村干部比较熟,他们帮我们通知找人,有些人不愿意签收法律文书,他们还帮忙做工作。”当包村法官与司法联络员日渐熟悉之后,送达的艰难之路变得平坦许多。司法联络员会带法官到当事人家中,或者直接通知当事人到村委等候。如果当事人不在家,司法联络员也大多愿意将法律文书留下,承诺负责交给当事人并让当事人将送达回证寄回法院。对于法官的诉讼调解,司法联络员也会有所帮助。包村钱法官说:“巡回审判时,村干部是否在场,当事人的抵触心理不同。村干部也可以帮忙协调双方矛盾。有时需要了解一些案件的情况,问村干部,他们都会如实讲。”①

二是对德行治理的追求。在访谈中,大多数包村法官不约而同地提到“社会责任感”“对弱者的同情是天性”“对弱势一方,会更倾向”。包村刘法官说:“我是从农村出来的,小时在村里都说有纠纷时找村委、政府,但村干部来调解时多是‘和稀泥’,没有真正解决纠纷,容易造成大的纠纷。如果法官来调解,效果会更好。”包村钱法官有着类似的经历:“我家是农村的,当年我家的宅基地纠纷,多年都没有解决,要是当时有人能帮调解解决就好了。所以现在我遇到一些案件,能调解解决的,我尽量帮他们解决,哪怕多出一些力。”包村苏法官更是直言不讳:“我尽量兼顾实质正义和程序正义,这是党和国家的要求,也是法律要求。我也会考虑诉讼能力,如果双方能力失衡,我会尽量从程序上找路子,为自己的同情心披上合法的外衣,引导弱势当事人举证。如果弱势一方举证逾期,可提示申请法官调查取证,形式上对逾期举证行为口头训诫了事,实质没有惩

---

① 被执行人难找、执行财产难寻是造成执行难的重要原因,特别是在居住分散、交通不便的深山区,仅凭现有的执行力量寻找被执行人或被执行财产非常困难。为解决这一难题,洛阳法院开展“法官村长”工作以来,法官们积极发展群众力量,在栾川县僻远的三川、白土、狮子庙、秋扒等乡镇,“法官村长”加强与各乡镇司法所、村委会等基层组织的联系,发展执行联络员46名,构建遍布辖区的执行联络员网络。执行联络员充分发挥贴近基层、接近群众的优势,及时将被执行人的住址、财产状况等信息提供给执行人员,使一大批执行难案得以执结。人民法院报:《河南:法官接地气矛盾不出村“坐诊”变“出诊”》,载中国新闻网,http://www.chinanews.com/fz/2013/08-06/5128943.shtml,最后访问日期:2015年10月21日。

处的意义。现行程序法仍有许多模糊之处,法官对程序的控制权很大。例如,法官可以多次开庭,让诉讼能力较弱的当事人的证据出现在法庭上。我会在法律的框架内尽量往情理上靠。"

在这些包村法官的谈话中,可以看到,中国传统文化和主流意识形态对法官的影响:做一个惩强扶弱、伸张正义、包青天似的法官。

三是锻炼培训年轻法官,适应乡村社会。现在的年轻法官,多是从学校门到法院门,没有社会经验,更遑论对乡村社会的认识和了解。主管法官包村工作的苏副院长说:"法官包村对培训年轻法官,适应本土社会,效果相当明显。"年轻法官基本是法律本科或是硕士毕业,在学校,接受的是正统的法学理论教育,包括西方的法治思想、理论。在办案中,他们更多地使用法言法语,严格遵照程序、适用法律,更愿意使用"如果你不履行,法院将……(即使用罚款、拘留等强制措施)"等强制性语言,而这些有时并不适应乡村社会的情况,在有些情况下,强制性的语言反而更容易遭致村民的不满及至反抗。法官在下村过程中,在和村干部的联系中,在和司法联络员调解村民纠纷时,学习到村干部和司法联络员做村民工作的方式方法。对此,年轻的包村钱法官感受颇深:"了解当地的风土人情,提高了年轻法官的沟通能力及调解能力。"①

归结而言,其实包村法官的三点难舍的理由都从不同角度反映了法官试图深入乡村社会的需要和努力:和乡村社会建立良好联系——为了更好地解决乡村社会的矛盾纠纷;追求德行治理——为了树立法官的"高大形象",试图用传统道德赢得乡村社会的认同;锻炼年轻法官——为了了解并适应乡村社会。所以,包村法官难舍包村的真正原因在于——通过这样的方式,包村法官得以更顺畅地进入乡村社会,实现国家对乡村社会的法律治理。

① 在东台法院与许河镇联合举行的"法官村长在身边"主题实践活动上,12名法官被聘为法官村长。"我们的年轻干警大都是从家门到校门再到机关门的'三门'型干部,基层接触面窄、社会阅历较浅、群众工作能力不足,可以借此平台经风雨、见世面,加快成长速度,炼就为民本领。"院长周宏对活动开展寄予了殷切期望。参见东台法院:《乡村路上的美丽风景——东台法院"法官村长在身边》,载搜狐网,http://mt.sohu.com/20150720/n417106641.shtml,最后访问日期:2015年10月21日。

四、乡村社会中的现代包村法官

从包村法官的消极与难舍中,我们可以窥见法官的矛盾与纠结:既想纯粹地扮演法官的角色,履行司法职能;又希望获得——甚至有时不得不依靠——政府、司法联络员这种法律之外的支持与帮助,而获得这种支持与帮助的代价就是承担行政职能,扮演“父母官”角色。这种矛盾可以称为法官悖论。这种悖论真实地反映了现代性与乡土性在法官身上留下的烙印:

一方面,现代法治提出了法官职业化的要求。最高人民法院不遗余力地推进法官职业化①进程,强调法官正规化、职业化、专业化。最高人民法院关于“法官职业化”的各项措施和通过媒体报道、学术讨论等造成的强势话语,给法官所持有的认知框架带来深刻的影响。抱着对法官职业化的追求,包村法官才会消极地对待包村事务,不愿意承担不是“本职工作”的行政职能,而是注重自身业务素质的提高,立志成

---

① 2002年7月18日最高人民法院做出《关于加强法官队伍职业化建设的若干意见》,强调加强法官队伍职业化建设的步伐,明确法官队伍职业化的内容包括:一是法官职业化,即法官以行使国家审判权为专门职业,并具备独特的职业意识、职业技能、职业道德和职业地位。二是严格法官的职业准入。按照法官法规定的条件选任法官,进一步规范法官选任程序,统一法官选任标准,从学历、任职资格等方面提高法官职业准入“门槛”。一方面,确保准入的人员从一开始就具有良好的条件、较高素质;另一方面,确保不合格人员进不了法院,当不了法官。三是强化法官的职业意识。增强法官的政治意识、大局意识,审判独立意识和中立意识,平等意识,司法公正意识,司法效率意识、自尊意识,司法文明意识,司法廉洁意识。四是培养法官的职业道德。五是提高法官的职业技能。六是树立法官的职业形象。七是加强法官的职业保障。八是完善法官的职业监督。2013年10月8日最高人民法院做出《关于新形势下进一步加强人民法院队伍建设的若干意见》,明确法院队伍建设的指导思想是:高举中国特色社会主义伟大旗帜,以邓小平理论、“三个代表”重要思想、科学发展观为指导,深入学习贯彻党的十八大精神,紧紧围绕司法为民公正司法这条主线,着眼于多出党和人民需要的好干部,坚持“抓党建带队建促审判”总体工作思路,以推进正规化、专业化、职业化建设为方向,进一步深化干部人事制度改革,走内涵式发展道路,全面提高队伍建设科学化水平,努力打造一支政治坚定、能力过硬、作风优良、公正廉洁的高素质法院队伍,为实现“努力让人民群众在每一个司法案件中都感受到公平正义”工作目标,提供坚强的组织保障和人才支持。

为专家型的法官。[①]

另一方面,乡村社会的乡土性对法官的影响仍然不容忽视。包村法官对司法联动的难舍正是这种影响的深刻反映。为了更好地进入乡村社会,包村法官不得不与乡村社会建立良好联系,不得不熟悉乡村社会的现实需要,不得不尝试运用乡村社会的道德力量以加强认同。所以,我们可以看到,在前文展示的调解案件的过程中,法官说:“总共9000元行不行?”“原告一家人,他们愿意怎么分就怎么分,被告不用管了。”“反正总数9000元,我们有四个案件,分分开,我们也好做。”法官连损失的基本事实尚未查清却已经解决了纠纷。此情此景,一如十余年前苏力所说的,“基层法院法官在处理问题时一个主要的关注是如何解决好纠纷,而不是如何恪守职责,执行已有的法律规则”。[②]

同时,官方主流意识形态也有意地强化着“解决好纠纷”的导向。例如,最高人民法院在评选全国法院先进典型时,也多以深入人心的包青天形象作为评选的重要标准,其中又以和群众的血肉联系为落脚点。2006年2月27日《法制日报》报道了《2005“中国法官十杰”先进事迹》,这十名十杰中,有六位是基层法院的法官,绝大多数事迹都是与为群众服务有关。例如,“她总是不辞辛苦,深入调查,直至弄清事情真相,不让一位当事人蒙受冤屈。她在处理一起民间借款纠纷案件时,不顾沉重的病体,两次驱车到100多公里外原告的前妻处取证,终于还了被告一个清白。”“刘晓金经常翻山越岭把法庭开到田间地头、当事人家中,只要是群众需要,无论刮风下雨,不论白天晚上,随叫随到”。“当地群众评价她‘办起案来像黑脸包公,对待群众像对待父母’。她办案从来不是简单地一判了之,办理每一起案件,都坚持为群众的根本利益着想,不厌其烦、苦口婆心地给当事人做调解工作,争取他们握手言和、重归于好。她每年办案调解撤诉率都达75%以上。她心系群众疾苦,主动满腔热情地为群众排忧解难,11年来,她的足迹踏遍了辖区10个乡镇

① 张冠梓主编:《哈佛看中国——政治与历史卷》,人民出版社2010年版,第196页。

② 苏力:《送法下乡——中国基层司法制度研究》,北京大学出版社2011年版,第133页。

的几百个村庄，行程10万余里，走访了数千名当事人。”等等。①

① 例如：金秀兰：“有的案件仅靠证据很难认定案件的事实，她总是不辞辛苦，深入调查，直至弄清事情真相，不让一位当事人蒙受冤屈。她在处理一起民间借款纠纷案件时，不顾沉重的病体，两次驱车到100多公里外原告的前妻处取证，终于还了被告一个清白。”金桂兰曾审理过一起赡养纠纷案，原告早年丧夫，独自将两个儿子抚养成人，但两个儿子成家后却不赡养老人。对老人的处境，金桂兰十分同情，给老人买来了包子和粥，劝老人耐心等待，法庭会尽快处理。看到老人无钱坐车，她还给老人买了车票，将老人送到车上。黄学军：“2002年12月底，在酒吧当服务员的李某下班骑摩托车回家途中发生交通事故，下肢瘫痪，经法医鉴定为二级伤残。车祸发生后，老板陆续主动承担了医疗费等7.8万元，2004年7月后，老板便不再支付任何费用。李某没有任何经济来源，仍需专人护理和抚养孩子，万般无奈起诉到了法院，要求酒吧承担民事赔偿责任。一审中被告辩称双方属于劳动争议，应遵循先仲裁后起诉的程序，而且即使申请仲裁也已过时效，所以李某的请求不能得到法律保护。一审法院裁定驳回原告的起诉。走投无路的李某抱着最后一线希望提出上诉。二审开庭时，她被年过六旬的老父抬进了法庭，啼哭不止。黄学军深知被上诉人的抗辩理由不无道理，可是李某的伤害已经造成，酒吧老板的行为是不是有规避法律之嫌？当天晚上，她和书记员找到了酒吧老板，从法理讲到具体伤害的事实，讲明法律的缺憾并不等于责任人能规避责任的道理，终于在连续三晚的长谈之后，老板被感动了，“你们这样为当事人奔波，确实不易！”老板主动表示愿意调解，一次性赔偿李某3万元。钟蔚莉：“钟蔚莉定下了这样一条工作准则：宁可自己累十分，不让当事人等一分。”李昆仑：“作为一名共产党员，李昆仑始终以实际行动履行着党的全心全意为人民服务的宗旨，当地群众评价她“办起案来像黑脸包公，对待群众像对待父母”。她办案从来不是简单地一判了之，办理每一起案件，都坚持为群众的根本利益着想，不厌其烦、苦口婆心地给当事人做调解工作，争取他们握手言和、重归于好。她每年办案调解撤诉率都达75%以上。她心系群众疾苦，主动满腔热情地为群众排忧解难，11年来，她的足迹踏遍了辖区10个乡镇的几百个村庄，行程10万余里，走访了数千名当事人。她办案敢于接受群众监督，每到一处法庭工作，都主动向群众承诺“当日立案，一月结案，公正裁判，及时执行”。在她的办公桌上，常年摆放着“共产党员、人民法官李昆仑为您服务、请您监督”的牌子，以自己的真诚行动赢得了辖区群众的信赖与赞誉。姚丽青：“在审理的一起交通事故损害赔偿案中，原告是一位年近七旬的老人，唯一的儿子在车祸中死去，肇事车辆及出租车司机逃之夭夭。为了给老人讨回公道，姚丽青与同事跑遍了泉州附近的车队、居委会、派出所及社区里的商场小店。为了尽快查出眉目，她们连吃午饭的时间都舍不得耽搁，边啃着面包边查找线索。终于在晚上九点多找到了买主，也就是肇事车的实际车主。车主看到风尘仆仆的法官，惊讶地睁大眼睛说：“真是服了你们，能找到我这里来！”在姚丽青的耐心说服和教育下，买主当即同意承担赔偿责任，老人终于得到了五万余元赔偿金。刘晓金经常翻山越岭把法庭开到田间地头、当事人家中，只要是群众需要，无论刮风下雨，不论白天晚上，随叫随到；他耐心为群众解难事、诚恳办实事，对急办及当事人距法庭较远的案件，实行快立案、快审理、快裁判、快执行，提高了办案效率，减轻了当事人的诉累；对孤寡老人和困难当事人，他常掏钱帮助、慰问，实施司法救助；他为人热情，处事公道，断案注重以案释法、以情感人、以理服人，使输赢双方皆服，在当地党政组织及人民群众中具有很好的口碑，因此，他工作的法庭所在地群众一遇到纠纷难断事，首先想到的就是请他出面协调，群众亲切地称他为“母舅”。参见《2005“中国法官十杰”先进事迹》，载新浪网，http://news.sina.com.cn/o/2006-02-27/08308310547s.shtml，最后访问日期：2015年10月22日。

从这些先进事迹看,最高人民法院所评选的先进,与其说是杰出法官,不如说是一心为民的"父母官"更贴切。最高人民法院试图以"父母官"的形象来塑造法官形象,这种导向透露的是对乡村社会渴望"包青天"的回应。所以包村法官才会将"惩恶扶善""匡扶正义"作为义不容辞的责任。对此有的学者提出"清官文化"的概念,认为清官意识或清官文化基本的价值理念是从来不肯向脱离实际生活因而略显僵化的法律规则和"呆板做作"的司法程序作出让步的,它要求法律必须"从生活中来,到生活中去";要求法官必须"了解民众之疾苦,体恤民情,把握民意,为民做主"。①

应然层面的现代法治要求和实然层面的乡村社会的大众化需求之间的冲突难以避免。在访谈中,包村法官们表现出了不同的彷徨和茫然。包村刘法官说:"我有点混乱,以解决纠纷为目的,还是以司法矫正为目的?实质上是上级法院与我们的意识不一样。我还是以解决纠纷为主,按目前现状,以司法矫正为目标,村民不理解。我个人最终目的是想做专家型法官,这是我的目标。但在基层,法官要用群众的语言来表达,例如:什么叫申请回避?如果过于强调程序正义,担心而且实际上也会发生实质上的不公正,特别是逾期举证问题。"包村吴法官索性直说:"我觉得自己还是大众化法官,无论当事人说没说到,法官都要考虑到。"包村苏法官则是茫然:"我无法给自己定位是职业化还是大众化。"因此,有学者说:"中国改革的例外性还体现在,在大步走向法治原则的同时,中国还继续将灵活性和大众主义确认为法律体系的核心。中国的法律体系中,我们既可以看到对法治的追求,又能看到对大众主义的诉求以及对民众道德和本土习惯的认同。这种组合是中国所特有的。"

走进乡村社会的现代法官,肩负着用现代法律治理传统乡村社会的重任,自然也面对着法律世界与现实乡村社会断裂的冲突。在司法联动中法官角色的拓展,是包村法官的策略选择,包村法官的矛盾与纠结反映了国家法律在进入乡村社会、面对抵抗所展示的坚持与退让:在

---

① 方乐:《司法行为及其选择的文化注释——以转型中的中国法官为例》,载《法律科学》(西北政法学院学报)2007年第5期。

双重角色中始终坚持以司法职能为主，但同时又不得不做出一定的退让：从司法职能拓展到行政职能。

五、结语

苏力在《崇山峻岭中的中国法治——从电影〈马背上的法庭〉透视》一文中描绘了中国基层司法的艰难，基层法官的奉献，以及包括法官职业化在内的一系列司法改革与当代中国法治实践和社会需求之间的矛盾。在他的描述中，马背上的法官根本不可能满足法官法或其他相关法律或文件关于司法专业化和职业化的要求，尽管或即使他们把一生都献给了这个职业，专业于这种司法，并且他们的判决和调解决定在相当程度上受到了村民的尊重和信任。因为他们没有学历，没有接受过法学院的专业训练，没通过甚至根本通不过国家的统一司法考试，还因为他们所拥有的特殊的司法和调解的知识、技能和智慧，是一种与统一司法考试关系不大，有时甚至格格不入，但对本地有用并为本地接受的知识和技能。①

与“马背上的法官”相比，Y 基层法院的包村法官大约应该是符合法官职业化的要求：经过法学专业理论的学习与培训（其中青年法官们经历的是正规全日制本科甚至硕士的法学教育）、通过司法考试、初任法官的任职前培训和锻炼，具有法官职业化的基本条件；坐在高高的法庭上，说着法言法语，追求着程序的正义和实体正义并重、分配着举证责任、区分着法律真实与客观真实。

然而，即使是已经初步职业化的包村法官依然要如同“马背上的法官”一样“走乡下村”，这证明乡村社会对法官的乡土性影响依然存在。不同的是乡土性的影响越来越受到现代性的冲击。现在的“走乡下村”、法官包村已经是部分基层法院一种的司法创新，而不再是常态

---

① 苏力：《崇山峻岭中的中国法治——从电影〈马背上的法庭〉透视》，载《清华法学》2008 年第 3 期。

化行为。即使是在司法联动中的包村法官也已经对自身职业追求有了准确的定位:专业化的法官。包村法官所表现出来的迷茫与彷徨正是源于理想追求与现实状况的冲突。日益职业化的法官带来的是法律在乡村社会的渐渐渗入。《马背上的法官》表现的完全是司法与行政的混同,而包村法官们双重角色的拓展本身就是一种全新的现象出现在乡村社会:从纯粹爱民亲民的父母官形象,逐步转变为理性的、程式化的、只服从法律的法官形象与父母官形象的交织。

苏力说:"中国法治的实践形态和经验一定是驳杂的,一定不符合诸多据称是法治的天经地义。"①司法联动中包村法官角色的拓展是不是违背了法官职业化的要求?法官提供法律咨询服务会不会影响法官的中立与公正?法官的职业化足以构建司法的权威吗?面对乡村社会大众化的诉求,法官们又该何去何从?是法官用法律改变着乡村社会?还是乡村社会用具体实践塑造着法官?"所有这些提问,在这里,都没有一个标准的答案,或变得与书本上的标准答案无关,只能从创造性的具体法治实践中重新构建出来。"②

---

① 苏力:《崇山峻岭中的中国法治——从电影〈马背上的法庭〉透视》,载《清华法学》2008年第3期。

② 同上。

《法律和社会科学》(2016)
第 15 卷第 2 辑,第 155 ~165 页

法官的“经济人思维”

缪因知*

摘要:当前对小产权房升值和离婚财产分割的司法实践模式表明:法院在审理案件时并不一定会按照最有经济效率、最能符合法律制度预设的方式进行。小产权房交易被认定无效后,将升值的大头判给原卖方,无助于为此等买卖提供有效负面激励,而可能只是为了判决的执行便利性。离婚财产基本均等分割可能主要是由于法官希望降低说理负担,回避考察夫妻间过错因素对财产分割比例的影响值。这反映了法官趋利避害、降低审判成本的法经济学考量和对特定群体倾斜性关照与否以便息事宁人的法社会学考量。

二分法将可能落在议域内的事物简洁地区分为两个至少在形式上有所对立的议程,具有一种张力所产生的美感。毕竟,学术讨论追求的正能量的争锋而不是跟随,局部的深刻比全面的含糊更有意义。一个片面的二分法可以认为:

* 中央财经大学法学院副教授,电子信箱:miaoyinzhi@gmail.com。本文受北京社科基金(14FXC035)资助,并受益于与陈若英、刘哲玮、贺剑、吴奕锋的讨论。

法社会学是基本质疑现行法律秩序的合理性,并从公平层面抽象地试图推翻之、否定之的左派学说,通常难有明确的改革步骤,其解决办法较多诉诸观念上的反省改变。

法经济学是基本推定现行法律秩序的合理性,并从效率层面具体地试图改进之、完善之的右派学说,通常会有明确的改革步骤,其解决办法较少诉诸观念上的反省改变。

为免于空谈,下文将以对小产权房升值和离婚财产的司法分割为例,来说明这两种观念之间可能的张力与勾联。了避免前述论断选边站的火药味,本人将综合法经济学和法社会学两种分析方式。

一、小产权房原买方是否可以获得房产升值:法教义学和法经济学分析

根据北大法学院陈若英副教授的调研结果,小产权房权属争议一般由卖方挑起,主要发生背景是当地房价/地价大幅上涨或面临拆迁,卖方为了获得更多的利益,而主张买卖合同无效。而法院的主流方式是认定买卖无效,但并非简单判令卖方返还买方价款及存款利率标准的孳息,而是会在买卖原价和判决时可比的同类房产价值之间选取一个价位,作为向买方返还价款的标准。这个升值差额的大头通常是归卖方。

如北大法学院刘哲玮副教授所言,这种司法判决模式其实存在一个程序性问题。卖方主张的本该是合同无效和各自返还,而买方应当主张的是合同有效。所以法院直接判令卖方在返还时“额外”返还一大笔钱,是否超越了诉讼当事人的请求?更正确的路径似乎应该是在合同确认无效之诉终结后,由原买方另行主张获得房地产的部分增值。

当然,这种操作在小产权房灰色的现实生态中可能不便运作。但是如果有获得指点的卖方愿意“死磕”,而在此诉讼中坚持只肯返还原

款及孳息，并就之坚持上诉上访，则仍然是法院不可承受之重。而且买方主张获得房地产的部分增值也并非缺乏请求权基础。

我曾在一篇讨论合同自治与强制性规范之关系的文章中提及小产权房交易的性质应当被视为出让永久使用权。① 对于这种行为定性之合法性的一种质疑是认为这实际上是长期租赁合同，而根据《合同法》第214条，"租赁期限不得超过20年。超过20年的，超过部分无效"。但小产权房交易其实并非长期租赁。

首先，出租是一种设置他物权的行为，法律推定出租人仍然持有收回租赁物的预期，所以《合同法》第13章的诸多条款仍然是旨在维护出租人的控制权、限制承租人对物的使用程度，包括：当事人未采用书面形式的，视为不定期租赁（可随时解约）；出租人一定条件下解除合同的权利；如无约定，出租人应当履行租赁物的维修义务；承租人应当妥善保管租赁物，不得自行改善或者增设他物，不得自行转租；因外因致使租赁物部分或者全部毁损、灭失的，承租人可以要求减少或者不支付租金，甚至解除合同。不难发现，这些条款无一符合小产权房交易中的情形。小产权房交易就是一次性地永久让渡卖方所有能让渡的权益。

其次，法律限制租赁合同期限的原因是由于：合同债权系当事人之间的"法锁"，过长期限的存在不利于当事人顺应主客观条件的变化而最大化地安排自身的利益。毕竟，即便有意长期租赁，双方也可以通过不断谈判，用新的合同取代旧的合同的方式来实现。固守同一长期合同只会令至少一方当事人受困于多年前囿于理性、信息之不足或完全不同之情势做出的决断，其制度弊害大于制度收益，而不足取。但小产权房买卖乃是"一拍两散"的交易，在人际关系上买卖方完全可能从此老死不相往来。其间作为一锤子买卖的交易得失、划算与否，就跟标准的买卖交易一样，除了若干统一的合同可撤销情形（欺诈、胁迫、显失公平、乘人之危等）外，原则上并非法律所需要考虑。

---

① 缪因知：《论利率法定与存款合同意思自治的冲突》，载《中外法学》2014年第3期。

诚然,在"物权法定"原则下,小产权房的永久使用权似乎是一种可疑的物权。但这种质疑和"小产权房不具有所有权"这一前提实际上是基于同一逻辑的。如果不承认永久使用权的存在,那买方实际上就几乎没有任何权利了(即便视为不定期承租权,买方也不具有诸多租户权利如要求房主承担维修义务)。而这不仅不符合一般的公平性认识,也不符合司法实践中法院通常会给予买方部分房地产[①]增值收益的做法。但回到本部分开头所讨论的问题,本文认为,买方之所以能够获得房地产增值收益的部分(若非全部),正是由于其原本正当享有的永久使用权被法院剥夺了。而这一权利或者说利益的存在,也应对具体的房地产升值分享的处理原则有所影响。

二、小产权房升值应如何分配:法经济解释和法社会学现实

(一)宣告小产权房交易无效的司法理由

小产权房的买卖合同本身是否应当无效,不无值得讨论之处。法律、行政法规中并无效力性强制规范来禁止此类买卖本身,只不过当事人(主要是买方)必须承受无法实现房产登记、获得物权性保护之风险。从禁反言(estoppel)的角度看,本不应支持任何一方自我否定、主张合同无效之举。"保护心智健全的成年人有订立合同的最大自由,他们自由自愿订立的合同是神圣的,这是首要的公共政策。"[②]即便认为小产权房买卖违反法律,自《德国民法典》第817条以来,近代民法的一般原则亦是"不法原因的给付不能请求返还"。

不过,我国司法机构显然一向重视从社会公益角度来约束合同效

---

① 虽然小产权房之所以不具有完整所有权,关键正是在于无法获得土地权。但无可置疑的是,房子本身只会由于使用损耗而贬值,土地却会由于区位经济发展而获得增值(级差地租),几乎所有的所谓房价上涨其实都是由于地价上涨所致。故在此统称为房地产。

② Printing & Numerical Registering Co. v. Sampson, L . R. 19 Eq. 462(1875),转引自谢鸿飞:《论法律行为生效的适法规范》,载《中国社会科学》2007年第6期。

力。《合同法》第 52 条规定的其他无效情形包括：恶意串通，损害国家、集体或者第三人利益；以合法形式掩盖非法目的；损害社会公共利益等，小产权房买卖是否构成这些情形？很难说。

说这违背了国家对土地和房产的管理秩序云云，当然能作为一个理由。但这其实只是一个形式理由，管理的目的何在，是否具有正当性？仍然值得讨论。

当前的社会一大主要矛盾是房地价格过高，令民众难以负担。小产权房分流了相当部分购房需求，实际上减缓了社会矛盾。但另一方面，地方财政严重依靠土地出让金，如果任由小产权房壮大，便会影响政府收入。此间孰轻孰重，乃是价值判断。法院认为小产权房买卖损害了社会公共利益而应视为合同无效，这至少在实然法上是落在其权限内的。

由此而来的问题是：既然法院并非照搬法条而对某类行为的合法性做出判断，而是依据公共政策考量做出判断，则法院显然有其价值取向，即特定的支持和反对。法院显然是反对小产权房买卖的出现的，而希望以判决来减少此类交易。

（二）要限制小产权房交易，着力点应在买方还是卖方？

但是，现在的处理模式却不利于这一目的的实现。强调其功能目的是由于在合同被视为无效的前提下，哪方获得利益都不具有特别的正当性。故法律应该从如何遏制此类行为不复发生的角度多做权衡。民法学说中“非法债不受保护”等理论正是基于此等考量。

而现行实践的做法是不足以为小产权房交易提供负面激励的。因为法院若按照远离当下房产可比价值的标准（如拆迁补偿价）判令卖方向买方给付时，卖方在此模式下显然是有净收益的。换言之，卖方只要提起诉讼就会获利。而买方虽然会因此受到负面激励，却很难因此从根本上消除小产权交易。

首先，买方的需求本属正当（购买价廉物美的商品），而卖方的供应才是违反法律的。故如果需求方由于惮于相关判决而缩减，供应方可以通过降低价格来刺激需求的增长。毕竟，小产权房交易中的毁约多发生于外部条件发生变化之际,具有偶然性。即便法院判决一律不利于买方,不利判决的影响仍并不自动施加于每一个小产权房交易。各个小产权房交易所受的影响是法院不利判决之风险×由于外因遭遇毁约之可能性。这个乘积未必很大。此外,对买方来说,其原始投资是可以收回的,损失的主要是对房产装修等形成的添附成本、精力投入、不曾用这笔钱去购置大产权房的机会成本等。这些成本大小很难测量,故而法院不利判决很难对买方产生直接影响。

其次,买方虽然在交易时应当知道产权不能登记所带来的风险,但不能不承认的事实是,实践中大量的小产权房多年来并未给买方带来风险。在小产权房越是盛行的大城市,各种半合法的小产权房也越是花样纷繁复杂。军队等特殊部门提供的房产至今不在住房建设部门的登记系统中出现的。在复杂的制度生态下,“知道不能获得房产证”不应被视为买方无可豁免的过错。更不用说,卖方多会用各种政策性解释来打消买方对不合法性的顾虑。卖方对此的过错明显大于买方。

最后,法律对限制流通物的责任追究模式一般都是卖方责任重于买方。除非买方购买的目的就是据之从事违法活动,而非自身使用。例如,走私、贩卖、运输、制造毒品构成犯罪,但作为终端使用者购买和静态持有本身不构成犯罪。购买制毒物品、毒品原植物种子幼苗与出售同罪,是由于会因此制毒。类似地,购买国家机关证件、货币构成犯罪,是因为一般的购买者会利用这些物件从事其他违法犯罪活动。如果购买人能证明只是出于对此类物品的收藏怪癖,法律责任显然会大为减轻。

实践中,法院一般判决买方在退出房产时只能获得小部分的收益的原因可能是:

1. 法院认为这可以更好地为小产权房交易提供负面激励。如前所述,本文认为这并不确切。

2. 某种(西式)左派理由,即小产权房的卖方大都是更为弱势的群体如农民,他们是房地产固有的主人,因为社会的不公正、经济压迫

（被市场经济大潮挤往边缘地带）而把家园卖给城里来的阔佬。当房地产升值、他们有机会变现时，应当获得更大收益，从而消弭社会贫富差距（尽管更真实的场景可能是：大城市周边农民因为拆迁而暴富，城市小白领苦苦挣扎在温饱线、只好去买小产权房。但政治正确的左派关怀本来就是打着反脸谱化的口号去搞脸谱化，诸如老少边穷诉求总正当）。

不过，另一个原因也许能够解释法院为何只支持买方获得小部分的房地产升值。这个因素与法律制度无关，但更骨感：卖方支付能力。

小产权房的卖方往往经济较为弱势，虽然毁约兴讼时往往有对高额拆迁补偿款的期待权，但毕竟手头的货币财产通常是不足的。如果强令赔偿买方所持有的永久使用权的全部价值（即本文的主张，不过得扣除相应期间内所应支付的使用费），将难以执行。对农民有限的财产强制执行变卖既是不经济的（与城市居民的房产不同，农民的房产、宅基地、土地承包经营权等主要财产难以公开拍卖，农用机械变现性也差），也似乎不符合政治正确。尽管他们可能即将暴富，但毕竟没有农村金融机构来为“今日的穷人，明日的富人”提供过桥贷款性质的资金流动性服务，所以法院推定小产权方卖方没钱较为保险。

（三）房地产贬值场景下小产权纠纷可能的解决模式

为了考验上文论证的说服力，我们可以换种场景思考：倘若小产权房纠纷是由于房地产价格跳水导致买方毁约，主张合同无效，则此类纠纷的裁决结果将如何出现？可以预期法院会延续宣告合同无效的立场以遵循行政管制的立场。那法院是否还会要求卖方退回买方全部价款？

如果从法经济学对此类交易提供负向激励的立场而言，自然是应该令卖方退回全部价款及其存款标准的孳息（扣除相应期间内所应支付的使用费）。由于卖方以农民为主，对货币的使用效率不会太高，所以其在交易被宣告无效前占有该些资金的一段时间本身的价值不会太高，要求其返还出资会对其提供强大的负面激励。这不是买方在事前抬高报价所能弥补的。作为一个廉价的、有风险的替代品，小产权房也本来就不处在很强劲的卖方市场中。

不过,从法社会学的角度来看,我们很难想象法官会要求卖方返还全部价款。这一是涉及关怀弱势群体(农民)的左派情怀,二是卖方如果不自愿履行,则对其有限的财产予以强制执行将是困难的(这种场景下,连过桥贷款都不可能有了)。故为了法律的尊严,不如直接只判令其返还部分房屋价款(当然可以通过多计租金来获得技术性掩饰)。房地产贬值和升值场景下司法裁量的可能空间实际上正是同一硬币的两面。

故而,对小产权房升值分配的司法模式可能并非法教义学或法经济学的分析结果,而是反映了某种“法社会学”的现实。如果案件可能涉及成片小产权房而有引发群体性事件之虞时,这种现实性将更为明显。这是否厚诬法院,可以结合另一个不相干话题来看。

三、离婚财产原则性平均分割:“法官法经济学”现实击败了法社会学关怀

我国法律对夫妻离婚时的财产分割规定了诸多倾斜性原则和规则。继最高人民法院 1993 年《关于人民法院审理案件处理财产分割若干问题的意见》之后,2001 年《婚姻法》第 39 条规定:“离婚时,夫妻的共同财产由双方协议处理;协议不成时,由人民法院根据财产的具体情况,照顾子女和女方权益的原则判决。”除此之外,通说认为财产分割原则还包括照顾无过错方等。[①] 这些原则符合人们心中的正义观(可能除了少数高等级“直男癌”),倘若在实践中被坚持,对维护公平、提高婚姻质量和社会和谐,都大有裨益。

但北大法学院贺剑助理教授的调研发现,实践中几乎所有的案件都是原则上男女对半分。即便存在过错行为,也可能只是以赔偿若干

① 例如,马忆南:《婚姻家庭继承法学》(第 2 版),北京大学出版社 2011 年版,第 153 页;孟令志等:《婚姻家庭与继承法》,北京大学出版社 2012 年版,第 166 页。

万元的损害赔偿的形式出现，而非明显调整财产分割比例，特别是财产标的额本身较大时。

这符合之前其他研究者的发现，即婚姻法的上述倾斜性分割条文属于软性条款甚至一纸空文，[①]不过该研究者认为症结在于“司法体系缺乏对性别意识和女性话语的关注”，男性语言和思维模式与格式化的司法体系更合拍。这是典型的法社会学分析。

而本文试图从法经济学的角度予以探究。便于法官操作、降低其审判成本和风险应该是这种分割模式的重要原因之一。

从过程上看，前述性别研究多从社会现象的描述进行。研究者把女性的话语和思维特质如“感性的、具体而微的知识体系”、停顿反复的语言习惯、逻辑性弱作为一种应当被司法者关怀、理解而不是厌烦、排斥的事物。这一立场自然无可厚非。但从经济分析的角度看，即便认为司法话语、司法行为“以男性思维模式为标准格式化”的现状并不公平、甚至不效率（因为可能无助于揭示真相、更好地分配资源），就司法运作的个体（法官）之感受而言，女性的此种语言特质确实拖沓了司法进程的展开，增加了司法者的沟通成本，故陈雪飞的研究也揭示，即便是女性法官和自以为照顾弱势群体的法官亦会在话语表达中“集体无意识”地呈现出对女性的不耐烦，而与可能具有男权意识的法官区别不明显。

此外，即便是所谓婚姻中的过错举证较难，其实也不是一种单纯客观的外部障碍，而与法官的立场有关。即法官本身愿意在多大程度上通过自由心证认为一方的举证已经充分，从而能够/不得不调整财产分割比例。

从结果上看，平均分割夫妻财产对法官来说是一种较易获得正当化解释的举措。我曾在一篇讨论政府对市场活动的监管权限的论文中提及“规则”和“标准”的取舍。[②] 这实际上是执法者/司法者的裁量权

---

① 陈雪飞：《离婚案件审理中法官话语的性别偏向》，载《北大法律评论》第8卷第2辑。

② 缪因知：《从洛阳钼业事件看询价制度改革》，载《法学》2013年第2期。

与实际问题处置的灵活度之间的权衡。离婚是人身关系的重大变化，夫妻财产分割本应反映婚姻期间曾发生过的各类情形,故用灵活的标准更为适合。法官倾向于墨守一分二的简单规则,在形式上是对裁量权的放弃,而实质上是不敢、不愿获得裁量权。① 审判者固然拥有运用标准进行判断的权力,但接受案件上诉、再诉甚至信访者同样拥有运用标准来推翻动摇此判断之合法性合理性的权力。而推翻动摇之举一旦发生,对法官前途的损害太大,所以趋利避害之下,法官当然会选择"中庸",向平均标准靠拢,即将财产一分为二的简单规则。而这个趋中位移的背景则如前述陈雪飞的研究指出,女性由于"形象转变",在离婚案件中不再普遍地被视为弱势群体。

尽管一分为二模式下,当事人可以质疑为何对方有过错而不少分财产,但当离婚案件的审理者法官将婚姻期间过错赔偿切割为一个侵权之诉后,其本身的地位将是超然的居中裁判者。而在当事人质疑为何因为某方的过错而调整财产分割的比例若干个百分点时,法官却在相当程度上必须为自己的这种主动调整予以辩护、甚至承担举证责任。

总之,在事前,案多人少的现实令法官不愿意陷入家长里短是非评说的事实判定泥淖中,毕竟法官不是按时计费的。在事后,当前不合理的"案结事了"要求糅杂了法理与生活、实质与程序,法官在当事人的上访、闹访等寻衅滋事行为(如"闯荡各类政法机关如平地"的湖南唐慧)面前深感无力。近年来,各级法院的中坚法官离职潮正成为一个现象级话题。这客观上会导致法官群体在局部层面上的逆向淘汰,并形成恶性循环。故而法官会愈发通过放弃案件审判质量的精细化来换取自身的"审判安全"。这意味着性别研究者所憧憬的司法话语改革,并不会随着法社会学家指出她们所认为的不公正现象而自动出现。

---

① 一名离婚案件当事人曾控诉"只是按着一个程序化的东西处理经手的一个个离婚案件,相同的程序,相同的处理方法,很少给当事人阐释自己的时间和机会"。此人的配偶因为有第三者而主动提起离婚,但原告和法官都不愿意在调解书上写明此点。参见陈雪飞:《离婚案件审理中法官话语的性别偏向》,载《北大法律评论》第8卷第2辑。

结　语

根据陈若英的研究,小产权房升值分割案的法院大致会选择较为固定的比例。她也同意我的猜想,即法院可能内部会有一个统一的指导比例来处理此类纠纷(尽管不动产案件的属地区域性较强,不同法院所秉持的比例可能有所不同)。这与离婚财产分割案一样,反映了法官对静态规则而非动态标准的追求。而法官本身趋利避害的“法经济学”和息事宁人的“法社会学”考量起了不可忽视的作用。

《法律和社会科学》(2016)
第15卷第2辑,第166~192页

法律职业中的女性:从法学院到法院

宋灵珊　刘方权*

摘　要:当代中国从法学院到法院,女性数量在宏观上已呈现明显增长,但在法律职业中仍存在微观的不平等现象。其原因在于传统观念认为女性气质不适合从事法律工作。实际上,法律工作需要女性气质的补充,我们需要认真对待女性法官的真正贡献,在司法过程真正纳入女性视角,实现司法刚柔并济的效能,促成关怀伦理对于公正伦理的补充价值。

导　言

虽未获得确切的数据,但中国法学院里的女生

* 宋灵珊,浙江大学光华法学院博士研究生,电子信箱:sls0731@126.com;刘方权,福建师范大学法学院教授。本文受四川省哲学社会科学重点研究基地纠纷解决与司法改革研究中心2015年度重点项目《女性主义视角下的纠纷解决研究》、福建省高等学校教学改革研究项目《模拟实训·诊所教学·基地建设:三位一体的应用型法治人才培养机制创新》(项目号:JAS14667)资助。文章写作过程中有幸得到多伦多大学刘思达老师、新加坡管理大学张巍老师和中国政法大学谢澍同学的帮助,在此谨致谢忱,文责自负。

越来越多却是个不争的事实。[①] 这一现象也直接改变了法律职业共同体中的女性成分。纵观法学教育史,法学院曾是男性的天下,更多女性的进入似乎在试图呈现法学之于女性的魅力所在,以及女性如何在法律职业中融入自身特性,塑造法律的"女性色彩"。以美国为例,女性曾被长时间拒绝在法学院和法律职业的大门之外。因此,女性进入法学院就读,甚至进入法律职业被视为是女性社会地位提升的一个标志。20 世纪 70 年代以降,法学院女生数量基本与男生持平的现象,被视为现代女权主义运动的重要成果。相较于西方而言,现代中国的法学教育起步较晚,[②]但新中国建立之后开始的法学教育却并未拒绝过女性。尽管如此,在很长一段时间里,中国法学院的女生数量却远远低于男生,然而自 20 世纪 90 年代后期以来,却出现了较大程度的反转,中国法学院的女生数量逐渐与男生持平,并迅速超过了男生。

研究者对女性在西方法律职业发展史上的历程给予了广泛关注,但几乎都未能跳脱性别平等的视角,[③]并赋予那些最初进入法律职业

---

① 虽然没有一个权威统计数据,但根据我们对福建师范大学法学院 1985 年至 2014 年入学学生的性别统计情况看,1985 年该法学院(系)的女生仅占 24.46%,2014 年入学的新生中,女生比例达到 68.29%,20 年来女生的比例逐步上升,并在数量上超过男生,成为法学院学生的主力军。另外,根据徐崇利教授的观察,现在国内法学院男女学生比例失衡,女学生所占的比例比较大。以厦门大学法学院为例,本科生中,2/3 是女生,研究生中女生比例高达 3/4,到了博士阶段,男生更是少见。参见李铁柱:《法学专家:国内法学院男女生比例失衡》,载正义网,http://news.jcrb.com/jxsw/201106/t20110620_558993.html,最后访问日期:2014 年 11 月 25 日。

② 1895 年设立的北洋大学法律系被认为是中国现代法学教育的发端。参见王健:《中国近代的法律教育》,中国政法大学出版社 2001 年版,第 153 页。1911 年,辛亥革命胜利后不久,上海《民立报》刊登了即将设立女子法政学院的招生公告,遗憾的是,当时的上海女性对此并未表示出兴趣,导致该女子法政学院很快就被迫关闭。20 世纪 20 年代,上海法政学院和上海大学法学院开始对女性敞开大门,但当时入学的女生数量非常少。See Liu X.,Chinese Women in Legal Education,20(2) *Indiana Journal of Global Legal Studies*:1313(2013).

③ 代表性研究成果包括 Mark R. Brown,Gender Discrimination in the Supreme Court's Clerkship Selection Process,75 *Or. L. Rev.*:359(1996);Eve B. Burton,More Glass Ceilings Than Open Doors:Women as Outsiders in the Legal Profession,65 *Fordham L. Rev.*:565(1996);Mark S. Kende, Shattering the Glass Ceiling:A Legal Theory for Attacking Discrimination against Women Partners,46 *Hastings L. J.*:17(1994)。中文方面的代表性研究成果可以参见孙菲菲:《法律职业中的女性》,载《现代法学》2009 年第 1 期;刘小楠:《走出私人领域:法学教育、法律职业中的女性》,载《政法论坛》2008 年第 6 期。

的女性以先锋人物的历史地位。[①] 也许是中国法学教育和法律职业起步较晚的缘故,法学教育及法律职业发展史中的女性问题似乎并未引起足够关注,[②]虽然已经有人注意到中国法学院中女生比例高于男生的现象,但也正如关注者所言,这还是个没有结论的话题。[③] 如果我们按照域外的研究理论承认女性被西方法律职业拒绝的根据之一——女性的气质、认知特点与男性之间存在差异,那么,随着越来越多的女性进入法学院,并最终进入中国的法律职业,是否进而会对中国的法律职业带来新的影响?至少在一定程度上呈现出与男性主导的法律职业不同的面相,就这一意义上而言,对这一现象的关注具有较高的实践意义。

基于此,我们拟通过对西南政法大学、福建师范大学法学院(法律系)历年女生比例统计情况为主要根据,辅以可以获得的一些间接数据以大体展现新中国,特别是20世纪80年代以来中国法学院中女生

---

① 例如,莫斯曼·玛丽·简在《第一个女律师:性别·法律和法律职业比较研究》一书中对美国、加拿大、英国、澳大利亚、新西兰、印度和一些西欧国家第一位进入法律职业的女性进行了比较研究。See Mossman Mary Jane, *The First Women Lawyers: A Comparative Study of Gender, Law and the Legal Professions*, Hart Publishing Oxford, 2006.

② 虽然域外有些研究者曾经对中国法律职业中的女性给予过一些关注,但仍然是在"性别(不)平等"的视角之下所开展的研究。例如,玛丽·斯托在《历史视野下的性别和中国法律职业:女性之治的天与地》一文中从宋鱼水、李慧娟两个女法官的司法命运切入,将法律职业中的女性置于中国传统文化中的"天""地""道""礼""法""内""外"等概念之中进行解读,试图从历史与传统的视野对中国法律职业中的女性及其地位进行解读。See Szto, Mary, Gender and the Chinese Legal Profession in Historical Perspective: From Heaven and Earth to Rule of Woman? (August 30, 2008), *Hofstra Univ. Legal Studies*, Research Paper No. 08 – 12, available at SSRN: http://ssrn.com/abstract = 1261226 or http://dx.doi.org/10.2139/ssrn.1261226;麦宜生(Ethan Michelson)在《中国法律职业中的性别不平等》一文中认为,在中国法律职业市场(其实在麦宜生的研究中,其所指的法律职业市场仅限于律师职业市场)中,女性处于一种劣势的地位,如其职业寿命更短、收入更低、成为合伙人的机会更少等,并认为这也反映了中国城市劳动市场中女性整体处于劣势的状况。See Michelson, Ethan, Gender Inequality in the Chinese Legal Profession (March 2, 2009), available at SSRN: http://ssrn.com/abstract = 1328500 or http://dx.doi.org/10.2139/ssrn.1328500. 然而,20世纪90年代中后期以来,中国法学院和法律职业中女性数量及比例的大幅提升现象并未被这些研究者所注意。

③ 杨国华:《女生与法学院——一篇尚无结论的文字》,载中国社会科学网,http://www.cssn.cn/sf/bwsfgyk /yc_fx/201401 /t20140117_946228.shtml,最后访问日期:2014年11月26日。

比例的变化,以及中国法律职业中女性的发展情况。当然,揭示现象并非本文研究的主要目的。重要的是通过对中国法学院中女生比例变化这一现象的揭示,试图说明西方用于解释法律职业中女性数量变化的原因——女权主义运动——并不当然适用于中国。最后但也是最重要的,以法官职业为代表,我们意在发现女性法官的真正贡献,以及如何正确对待女性法官之于法治进程的独立价值。

一、经验梳理:中国法学教育和法律职业中的性别问题

从历史维度观之,虽说中国的法学教育从古代的律学教育到近现代的高等法学教育迄今已有近三千年的历史,①但对于中国的女性而言,直至进入现代,随着西方民主思潮的涌入和女权主义的发展,中国的高等教育体制大门才真正解除对女性的禁令,允许女性进入高等学校接受教育。申言之,1919 年,北京女子师范大学作为民国政府建立的第一所女子大学成立,1922 年政府承认女性有与男性一样,在各类学堂,而不仅仅是专门的女子大学接受教育的权利。然而,由于男女不平等观念的根深蒂固,中国女性在高等教育中受歧视的境遇并未因此得到根本改善。② 1895 年北洋大学法律系的成立被认为是中国现代法律教育的开端,③但当时只有男性才拥有进入法律系就读的资格。1911 年,辛亥革命胜利后,当时上海革命党人的机关报《民立报》曾刊载将设立上海女子法政学院的公告,然而应者寥寥,该校原定的招生名额是正科、预科各 40 名,但至 1912 年年底,只招收到 21 人,且都是预科生,尽管一再延长报名时间,情况也并未改善,最后只能勉强开学,以

① 朱景文:《中国法律发展报告:法学教育与研究(2013)》,中国人民大学出版社 2014 年版,第 21 页。

② See Liu X. , Chinese Women in Legal Education, 20(2) *Indiana Journal of Global Legal Studies*:1313(2013).

③ 王健:《中国近代的法律教育》,中国政法大学出版社 2001 年版,第 153 页。

致很快就遭遇倒闭的境况。[①] 另外,在 1931 ~ 1948 年间,上海大学法律系共 747 名毕业生中,女生只有 62 名,大约占总数的 8% 左右。当然,女生寥寥并不仅限于上海大学,根据上海法政学院 1933 年印行的一份名册显示,在 1927 ~ 1932 年上海法政学院共 444 名毕业生中,只有 18 名女生。[②] 而成立于 1915 年——当时最负名望——的东吴大学在 1928 年之前都拒绝招收女生,1931 年该校才有第一批女大学生毕业,1931 ~ 1949 年间,东吴大学法律系毕业生中,女性的比例大约占总数的 12% 左右,但值得注意的是,在 1941 ~ 1949 年间,女生的比例增长较为显著,达到了 18% 左右。[③]

就法律职业领域而言,中国第一位女性律师并非华人,而是一名为 Flora Rosenberg 的法国妇女,其于 1921 年开始在上海的法租界开始律师执业。[④] 真正的第一位中国女性律师是郑毓秀,[⑤]1925 年,她从法国

---

① 《民立报》的公告是这样说的:"自民军起义以来,吾女界同胞,感奋之忱,不让男子。他日共和政成,吾女子亦将得参政权,放光明于世界。同胞人等,爰拟于上海轫设女子法政学堂,以储他日议院人选。"1923 年,其时活跃的女性参政运动参与者沈仪彬创办了一所以培养中国女性参政能力为号召的学校——女子法政学校,但招生情况同样并不理想,当时该校学生还不到 10 人。参见孙慧敏:《民国时期上海的女律师(1927 – 1949)》,载《中国妇女史研究》2006 年第 14 期。

② 孙慧敏:《民国时期上海的女律师(1927 – 1949)》,载《中国妇女史研究》2006 年第 14 期。

③ See Mary Szto, Gender and the Chinese Legal Profession in Historical Perspective: From Heaven and Earth to Rule of Woman?, *Hofstra University School of Law Legal Studies*, Research Paper No. 08 – 12, available at SSRN: http://ssrn.com/abstract = 1261226.

④ 当时上海最重要的两大媒体《申报》(中文)和《北华捷报》(英文,The North-China Herald)分别以"公廨女律师出庭之第一人"和"上海首位女律师(First Woman Lawyer in Shanghai)"报道了这则新闻,但两报都未对中国律师职业中的女性制度现象进行任何的讨论。反倒是另一份新兴的休闲性报纸《晶报》刊文勉励中国女性应以 Rosenberg 为榜样,研习法律、从事律师职业。执笔人丹翁认为,中国之所以一直没有女性律师出现,最主要的障碍并非律师暂行章程中对律师职业性别的限制,而是中国很少有女性接受法学教育。参见孙慧敏:《民国时期上海的女律师(1927 – 1949)》,载《中国妇女史研究》2006 年第 14 期。

⑤ 值得注意的是,1912 年公布施行的《律师暂行章程》几乎完全取经于当时日本的《辩护士法》,规定只有男性才有担任律师的权利。因此,1926 年郑毓秀从上海会审公廨取得律师执业许可之后只是在上海法租界执业。上海律师公会于 1927 年 7 ~ 8 月发布的公告中公开提出取消律师业性别限制的建议。同年底,民国政府公布的《律师章程》中正式取消了对律师业性别的限制。参见孙慧敏:《民国时期上海的女律师(1927 – 1949)》,载《中国妇女史研究》2006 年第 14 期。

获得法学博士学位，次年返回中国，与其同学（也是其后来的丈夫）一起成立了一家律师事务所，并于 1927 年 3 月当选为上海地方审判厅厅长，成为现代中国历史上第一位女性法院院长。此后也一直活跃于南京国民政府，同时还担任上海法政学院院长一职长达 7 年之久。① 第二位女性律师是新加坡华侨张舜琴，其在获得英国的律师执业执照后曾在英国、新加坡等地执业（她也是新加坡第一位女性律师），后来回到上海，供职于其丈夫罗隆基的兄长，民国时期著名律师罗家衡的律师事务所，后来应聘到广西大学任教。② 当然，也许最为我们所熟知的民国时期的女律师就是后来担任中华人民共和国第一任司法部部长的史良。1927 年，史良从上海法科大学毕业，1932 年成立了自己的律师事务所，并以"捍卫人权"而享有盛名，也因此于 1936 年被国民党政府投入监狱 7 个月，在此期间，她还为一些被与其关押在一起的女性囚犯进行了法律援助辩护。③ 1917 年出生于山东高密，1942 年以全班第一的成绩毕业于西北大学法律系的张金蘭是民国时期的第一位女性法官。④ 民国时期的女性律师虽少，但却因她们的智识和能力获得了媒体较高的关注。20 世纪 30 年代的报纸曾经报道过中国的第一位至第三位女性律师，1933 年 4 月 16 日的一份报纸还专门刊登了 24 位女律师的名册和上海律师协会中女性律师的数量及其在上海律师职

---

① 有关郑毓秀的传奇人生可以参见刘典：《从"民国第一女杀手"到中国第一位女律师》，载《南京日报》2012 年 12 月 7 日第 B05 版。

② 参见上页注②，第 63 页。

③ 参见上页注③，p. 61；有关史良更为全面的情况可以参见维基百科"史良"词条：http://zh.wikipedia.org/wiki/%E5%8F%B2%E8%89%AF。

④ 张金蘭 1935 年从山东省立济南女子师范学校毕业后考入北平朝阳大学攻读法律，抗日战争期间转入西北大学法律系就读，毕业后受聘于陕西省立固城西乡师范学校任教，系该校唯一女老师，1939 年，参加了在西安举行的司法官高考，是该考试中唯一女性考生。同年 7 月，她以 24 岁之龄出任陕西西荆警备司令部军法处主任，三年后任凤翔地院推事。抗战胜利后任首都（南京）地院推事。1948 年迁台，任台湾地区高等法院台南分院推事，很快又升职兼任刑庭庭长，成为女性法官任二审法院庭长的第一人。1956 年 4 月升任台湾地区"最高法院"推事，是首位女性终审法官。1967 年 8 月，张金蘭以"最高法院"推事十年，成绩优异，特任为台湾地区"司法院"大法官。参见维基百科"张金蘭"词条，http://zh.wikipedia.org/wiki/%E5%BC%B5%E9%87%91%E8%98%AD。

业中的地位和作用。截至1936年年底,上海律师协会中共有女性律师50余名(男性律师1263名),也得以成为上海律师协会委员,但在相关问题的决策上,女性律师仍然没有发言权。另一方面,民国时期的女性律师也与其国外的同行一样,面临不被客户信任和低薪的境遇,同时处在被司法职位排斥的困境。① 但作为一支追求男女平等、实现女性权利的重要力量群体,这些女性律师们深感自己在争取其女性客户的理解方面具有特别的责任,有时候她们会在宣传中强调自己的女性身份,在报纸专栏中为争取妇女地位和权益撰写文章,或者为妇女提供法律援助。② 整体而言,民国女性律师的形象要比男性律师更为积极正面。当然,也有一些媒体对女性律师并不那么友好和客观。例如,1936年一份大公报就曾刊文认为"女性律师在处理案件时没有男性律师那么有力"。即使是郑毓秀,尽管其获得了法国的法学博士学位,仍然有媒体认为其缺乏经验,而民国的第三位女律师杨芝浩甚至在一起公众高度关注的案件庭审过程中,被其当事人当庭撤换。③

1949年10月1日,中华人民共和国成立,随着政权性质的改变,国民党政府时期的一切政策、法律都被全盘否定。在这一背景下,新中国的法学教育也必须与国民党政府时期的法学教育制度彻底决裂,当务之急则要建立新的法学教育体系。1949年到1950年,中共中央先后接收了国民党政府时期的国立与公立大学,此后又对一些私立大学、教会大学进行了改造,建立了新的大学教育体系。1950年10月,中国人民大学法律系正式创立,成为新中国的第一个正规高等法学教育机构。1952年6月随着全国司法改革运动的开展,司法人才短缺的形势日益

---

① 例如,1946年,在需要缴纳个人所得税的958名律师中,收入位于甲A等级62人中只有韩学璋一名女性律师。参见第174页注③,pp. 62,66。

② 一些女性律师认为捍卫妇女权利是自己的责任,例如1931年一位名叫金时英的女律师就在一篇面向新加入的女性律师的文章中呼吁,这是"今日女律师的特别责任",要扭转那种为坏人服务的男性律师的贪婪形象,要为妇女摆脱压迫、争取权利提供免费的法律帮助。参见第174页注③,p. 67。

③ 参见第174页注③,p. 66。

紧迫。为了掌握国家机器,稳固无产阶级政权,北京政法学院、西南政法学院、华东政法学院、中南政法学院先后建立。1953 年第二次高校院系调整之后,除了前述四所专门性政法院校外,还在中国人民大学、东北人民大学(吉林大学的前身)、武汉大学、西北大学内设法律系,1954 年恢复北京大学、复旦大学法律系。① 至此,新中国高等法学教育的格局初步形成。作为一种政治动员的手段,"男女平等"、提升女性的政治和社会地位在中国共产党领导的新民主主义革命政治动员中曾经发挥了重要的作用。毛泽东就曾认为"妇女的力量是伟大的,世界上什么事情没有妇女的参加就不会成功"②"全国妇女起来之日就是中国革命胜利之时",③而且中国共产党领导下的苏维埃政权从中央苏区时期就赋予女性参政的权力。④ 1954 年,新中国《宪法》明确规定,妇女与男子享有平等的权利。但在新中国法学教育开始之初,乃至 21 世纪之前,中国法学院(以及综合性大学中的法律系)和中国法律职业中的女性比例都与西方国家 20 世纪 70 年代左右的情形较为类似,不仅法学院中的女生数量相对较少、比例较低,而且法律职业中的女性比例同样如此。

由于数据来源的局限,我们无法获得全国范围内的整体性数据,为此我们提取了西南政法学院校友通讯录(1988 年版)、⑤西南政法学院 F 省校友通讯录(1978 ~ 2010 年)、福建师范大学法学院(法律系)校友通讯录(1985 ~ 2014 年)中的校友性别信息作为我们描述新中国法学

① 相关内容可以参见朱景文:《中国法律发展报告:法学教育与研究(2013)》,中国人民大学出版社 2014 年版,第 41 ~ 43 页。

② 中华全国妇女联合会编:《毛泽东周恩来刘少奇朱德论妇女解放》,人民出版社 1998 年版,第 49 页。

③ 中华全国妇女联合会编:《毛泽东主席论妇女》,民族出版社 1978 年版,第 9 页。

④ 王晶、刘芳名:《试谈新中国男女平等观念的深化历程》,载谭琳、姜秀花主编:《中国妇女发展与性别平等:历史、现实、挑战》,社会科学文献出版社 2012 年版,第 73 页。

⑤ 该册通讯录大致较为完整地收录了西南政法学院 1953 ~ 1988 年入学学生的姓名、性别、工作单位等基本信息,因此,可以较为准确地统计出西南政法学院 1953 ~ 1988 年间入学学生中女生所占的比例情况。遗憾的是,该校 1988 ~ 2008 年版的校友通讯录却没有性别信息,故无法进行有效统计。

院中的女生比例及其变化的主要数据来源,同时辅以一些间接的二手数据作为后续定量分析的根据。

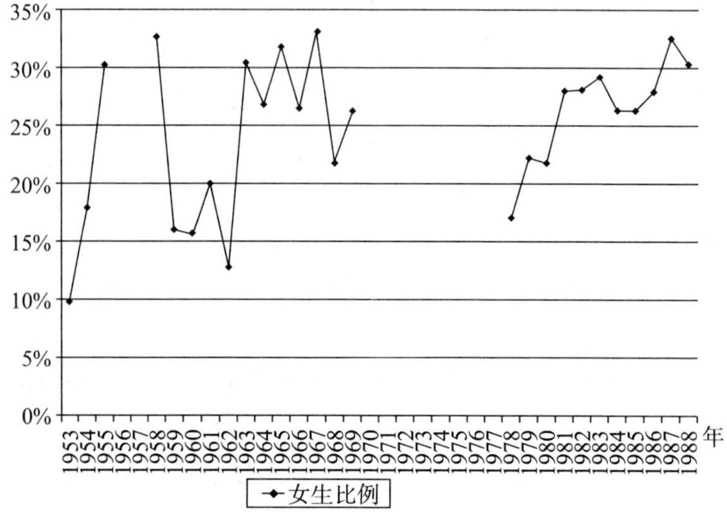

图 1 1953 ~ 1988 年西南政法学院(大学)女生比例情况①

西南政法学院作为新中国成立后,最早设立的专门性政法院校之一,于 1995 年更名为西南政法大学。1953 年正式参加全国统一招生,录取新生 123 人,②其中女生 12 人,占该届学生总数的 9.8% 。这一比例是西南政法学院历史上女生比例最低的一届,此后除 1954 届、1959 届、1960 届、1962 届、1978 届外,女生比例都在 20% 以上,大多数年份保持在 30% 上下浮动。由于整体数据方面的缺陷,我们无法对西南政

① 数据说明:第一,1956 ~ 1957 学年,1970 ~ 1977 年间,由于历史的原因,西南政法学院没有招生,这些年度相应数据为 0。第二,自 1965 年起,西南政法学院开始招收政治专业、哲学专业的学生,1979 年起开始招收刑事侦查专业,1985 年起开始招收司法行政管理专业、劳动改造管理专业学生,但为了比较研究的需要,我们的统计只包括法律专业,以及经济法专业的学生情况。

② 《西南政法学院建校四十周年校友通讯录》中记录的校友名单显示,1953 年共招收学生 123 人,但根据《西南政法大学校史:1950 ~ 2010》记载,1953 年首次全国招生时只招收了 114 名学生。参见西南政法学院校庆办公室编:《西南政法学院建校四十周年校友通讯录》(内部印行,1993 年版),及《西南政法大学校史:1950 – 2010》,法律出版社 2010 年版,第 25 页。

法学院 1988 年以后女生比例的变化情况进行准确的描述。为此,我们对西南政法学院(大学)F 省校友通讯录(1978 ~ 2010 年)中收录的校友性别情况进行了统计,大致得出了 F 省西南政法学院 1978 ~ 2010 年入学校友中的女生比例情况(参见图 2)。数据显示,自 1978 年西南政法学院恢复招生后,F 省除了 1978 年没有女性校友外,其他年度都有女性校友,女性校友比例最低为 1991 年(5%),在该年入学的 40 名校友中,只有 2 名女性,其余 38 名都是男性,比例最高的是 2009 年(58.7%),在该年度入学的 46 名校友中,27 名为女性。虽然从趋势上看,西南政法学院(大学)F 省校友中女性比例呈现出一条不规则变化曲线,其增长趋势并不平滑,我们还是可以发现,在 2001 年以前,除了 1985 年入学的女性校友比例较高外(38.5%),其他年度的入学的女性校友比例在 20% ~ 30% 浮动。但是,自 2001 年以后,除了 2007 年、2008 年外,其余年度入学的校友中女性比例基本保持在 40% 以上,并在 2009 年达到了 58.7% 的高点。

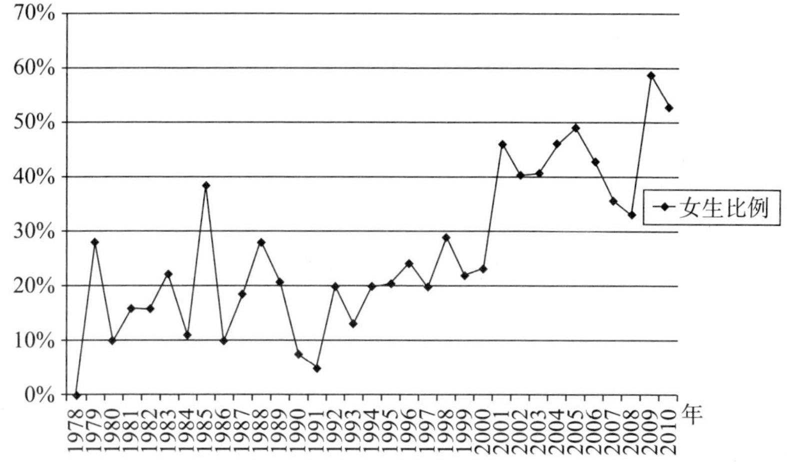

图 2　西南政法学院(大学)1978 ~ 2010 年 F 省校友中的女性比例情况

福建师范大学法律系于 2003 年正式从经济法律学院独立出来,同时接收了具有 20 年办学历史的福建司法学校,成立福建师范大学法学院。从图 3 可以大体看出,从 1985 年至 2014 年,福建师范大学法学院

(法律系)女生比例大致呈上升趋势。除1987年、1996年外,女生比例大致都在20%以上,1990~2000年,女生比例在25% ~40%浮动(1994年、1996年除外),自2001年始,女生比例又一次较大幅度增加,除了2005年,其余年度女生比例都维持在50%以上,2009年、2010年、2011年,女生比例更是稳定在2/3左右,并于2013年达到70.1%的高点。

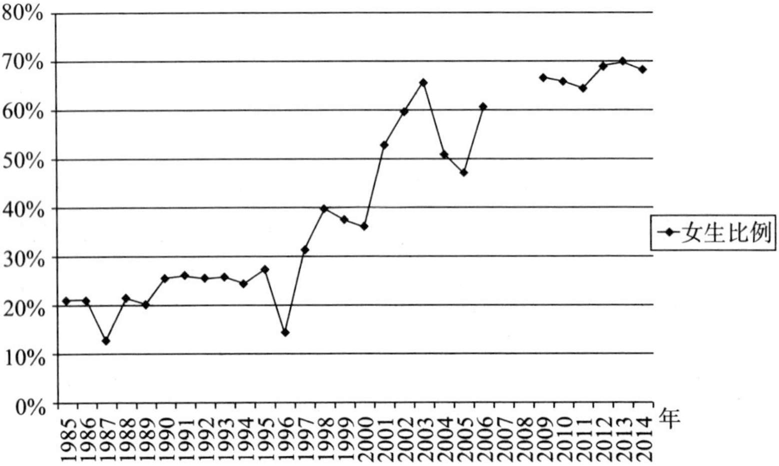

图3　1985~2014年福建师范大学法学院(法律系)女生比例情况①

二、差别呈现:法律职业中的女性境遇

诚然,法学院女生数量的增加直接导致了法律职业中女性因素的大量呈现,然而,数量增长的背后是否表明法律职业中社会性别差异的消除?就全球的视角观察,20世纪40年代第二次世界大战为女性进入法律职业创造了契机。当时大部分男性到了武装部队,许多律所的人事部门不得不招募女性暂代原来男性的工作,而

① 由于数据收集整理工作的疏忽,2007年、2008年数据丢失。

当时的女性也具备了从事“男性工作”的能力,但其仍然无法取得与男性平等的社会地位。[①] 由费欧纳·凯伊和约翰·哈甘对加拿大律师特别是多伦多和安大略省律师进行的研究发现,踏入法律职场的女性不仅要面临歧视,而且还要面对长久以来对妇女角色的臆断。这种臆断会导致她们无法与男性法律职业人员一样获得起码的平等,从而在收入、工作机会和职务变动上处于劣势,这是因为在这一职业中有一种成见挥之不去,即女性最终会基于家庭责任而放弃工作。[②]

20 世纪 70 年代,女性开始快速进入法律职业,[③]女权主义运动、精英教育制度、反歧视立法以及女权组织提起的相关诉讼等都推动了女性进入法律职业。在此,国外大部分研究表明律师界的人数扩充总是律师女性化现象转变的一个必要基础条件,基于各国大量的数据统计,麦宜生初步得出了律师人数规模与女性律师比例的关系:在发展至每两千人中就有一名律师的规模前,几乎没有一个国家的女性律师比例达到 30%。[④] 律师行业——较之法官、检察官队伍[⑤]——对于职业人员的性别控制尚不明显,但麦宜生的研究数据也显示律师队伍即使未对女性限制准入,女性进入行业后在执业中的收入、自我提升(成为律所

---

① Bowman C. G. ,Women in the Legal Profession from the 1920s to the 1970s: What Can We Learn from Their Experience about Law and Social change,61 *Me. L. Rev.* :1(2009).

② [美]马修·戴弗雷姆:《法社会学讲义——学术脉络与理论体系》,郭星华、邢朝国、梁坤译,北京大学出版社 2010 年版,第 188 页。

③ 以美国为例,1970 年、1980 年、2002 年美国女律师比例分别为 4%、12.4%、40.3%。数据来源:U. S Equal Employment Opportunity Commission,Diversity in Law Firms (2003),转引自注①。

④ Michelson E. ,Women in the Legal Profession,1970 - 2010: A Study of the Global Supply of Lawyers,20(2) *Indiana Journal of Global Legal Studies*:1071 - 1137(2013).

⑤ 近几年来,由于公务员考试的设置,“女生更会考试”的现状导致法院、检察院系统“招不到男生”,在未控制性别比例的情况下,往往通过考试最后录取的全是女生,因此现在大部分都采取了男女生分别招录的措施,藉此保证每年进入法检队伍的男生数量。

合伙人)的机会、职业寿命的长度仍明显不同。① 全国律协发布的《中国律师行业责任报告(2013)》显示,截至2012年年底,中国律师(不含港澳台地区)数量为232,384名,其中女律师数量为61,717名,占律师总数的26.6%。② 以国内北京的数据为例,2009年北京律师9000名,其中女律师大概3000名,约占30%,但担任律师事务所主任的,占不到10%,个人收入能达到1000万元的女律师更是凤毛麟角。③ 在法官队伍中,到2010年全国已有女性法官45,000余名,占法官总数的1/4,全国四级法院共有正、副女院长1568人,其中正职252人(全国约有3560个法院,据此统计全国四级法院中女院长比例约为7%),副职1316人。④

在法律职业中,面对管理层女性比例较少的问题,大多数人轻而易举就可作出女性不适合处于管理位置的种种论证。传统文化认为,女性与生俱来的感情用事、犹豫不决、一丝不苟、平易近人等性格特征不适合成为管理者,管理者应具备的决断力、理性和胆量都是男性所具有的。⑤ 有学者指出这是一种对于生理性别(sex)和社会性别(gender)之间界限的混淆所致,人们长期以生理性别作为社会性别存在的原因,对

---

① Michelson, Ethan, Gender Inequality in the Chinese Legal Profession (March 2, 2009), available at SSRN: http://ssrn. com/abstract = 1328500 or http://dx. doi. org/10. 2139/ssrn. 1328500. 麦宜生在文中采用的分位数回归模型(Quantile Regression Model)分析律师收入情况,采用逻辑回归模型(Logistic Regression Model)分析律师成为合伙人的机会以及律师的职业寿命,得出的结论:女性律师更短的职业寿命可能是其更低收入和更少机会成为合伙人的主要原因。需要指出的是,麦宜生对律师收入的分析将置信区间设置在90%,对于95%的置信区间未做分析,同时男女律师收入是在60~70的分位数存在差别,到了80分位数以上差别就不再明显;而在分析律师成为合伙人的机会时对性别的估测也不稳定,或许正是因为从成为合伙人的分析上看性别问题并不明显,因此对收入的分析到80分位数之上时差别就不再明显。

② 数据来源:http://www. acla. org. cn/html/xinwen/20130827/11102. html,最后访问日期:2014年11月5日。

③ 孙菲菲:《法律职业中的女性》,载《现代法学》2009年第1期。

④ 数据来源:http://news. sohu. com/20100112/n269532368. shtml,最后访问日期:2014年11月5日。

⑤ 参见第173页注②。

女性地位、角色的认定常常被误认为是由她的生理特征所决定的。[①]正如女权主义学者西蒙娜·德·波伏娃所言，“女人并不是天生的，而宁可说是后天逐渐形成的”，[②]爱泼斯坦也曾解释：“……除了性和生育功能外，男女生物上的差别对他/她们的行为和能力几乎没有影响；甚至在早期社会化中所形成的社会性别特征，也可能被成年后的经验所改变……社会权力的分配对男女所处不同社会状况的影响，要比他/她们与生俱来的生物性差异的影响大得多。”[③]许多女权主义学者认为，男女两性的性别特征并不源于生物性的出生，而是在人的社会化过程中各种社会因素综合影响的结果。[④]

关于性别社会化导致女性特征被赋予的观点或许可以有效解释当下法律职业共同体中性别不平等的根源问题，但女权主义的相关理论在中国未必当然适用。虽然我们已经告别了男耕女织的封建时代，但女性对自我的定位并非完全如同西方女权主义所主张的那般，中国的现代女性绝大部分仍然更愿意将自己定位在“家中”，主要改变是褪去了“依附性”。女性步入职场后，获得了母亲和妻子以外的其他角色，摆脱了地位上的服从性，实现了自身的价值独立，从而也赢得了更多的社会尊重。然而即使在法律职业中，大部分女性仍然将母亲和妻子的角色摆在首位，家庭重于事业的观念是一种业已存在的约定俗成，并不是女权主义的相关理论可以改变。质言之，也正是中国女性固有的定位导致当下更多走出法学院的女生选择了公务员队伍，法官、检察官工作的相对稳定，朝九晚五的机械化模式更易于她们把重心倾于家中。

法律职业共同体中，是否应完全消除性别色彩实行统一化的职业对待？我们以为，需要解决的是在工作机会、收入水平、职业发展空间

---

① 岳丽：《后现代女性主义法学反思》，载《法制与社会发展》2010 年第 4 期。

② ［法］西蒙娜·德·波伏娃：《第二性》，李强选译，西苑出版社 2009 年版，第 120 页。

③ 周颜玲：《有关妇女、性和社会性别的话语》，载王政、杜芳琴主编：《社会性别研究选译》，生活·读书·新知三联书店 1998 年版，第 383 页。

④ 周安平：《性别与法律——性别平等的法律进路法律出版社》，法律出版社 2007 年版，第 18 页。

上实行平等对待,而不是简单地用"法律职业"来不断打磨女性的棱角,欲将其塑造为无性别特征的独立个体。正如我们下文将提及的"女性法官的贡献"及"认真对待"的问题,女性有其独到的情感体验与社会视角,完全地消除无异于将法官职业群体打造成司法售货机,不断进行机械化运作与商品式产出。

诚然,法律不是"男性的统治工具",而是以"社会—司法"的二元结构进行社会控制,由是需要不断回应社会需求,同时司法改革的动力也来源于社会变革。在严打时期,刑法几乎等于整个法律体系,但随着社会经济、文化各方面的发展,我们基本已形成以宪法为统帅,法律为主干,行政法规、地方性法规为重要组成部分,由宪法相关法、民法商法、行政法、经济法、社会法、刑法、诉讼与非诉讼程序法等多个法律部门组成的有机统一整体。① 现行法律体系的丰富性不言自明,但仍然不能事无巨细地覆盖社会生活的各个方面。面对纷繁复杂的社会生活样态,一度提出了"能动司法""法律续造"等概念,无疑是为了摒弃法律的教条主义,正视地方性经验与知识,试图形成"经验—试点—法律"的发展范式。由是,法律职业共同体中,我们不能仅仅看到女性特征的被赋予问题,无论是与生俱来还是社会赋予,真正需要的是如何利用好这个特征,看到女性的贡献,使之在转型时期的法治中国建设中体现自身价值,藉此消弭女性在职业过程中的不平等待遇。

三、什么是女性法官的贡献

西方(以美国为代表)对于法律职业女性化过程的研究更多是以律师行业为代表,但在中国特色的法律职业共同体中,女性法官似乎比女性律师受到更多的社会关注和评价。这主要是基于各自法律人成长路径的差异,美国的法官主要从律师当中选拔;而中国体制下,从法学

---

① 《中国特色社会主义法律体系白皮书》,载 http://www.gov.cn/jrzg/2011-10/27/content_1979498.htm,最后访问日期:2014年11月6日。

院毕业的学生可以自主选择律师、法官、检察官三个职业,在当前的社会背景下,法官职业的公务员性质决定了更多女性对其趋之若鹜;再者,独立行使的审判权赋予法官"一锤定音"之权力——至少形式上如此,故中国的法院较之检察院也具有更高的关注度。由是,我们以女性法官为代表,分析其司法行为之于当下法治化进程的贡献。

关于法律的"暴力论"和"理性论"在拒绝女性进入法律职业的过程中起了非常重要的作用:暴力论认为法律是一种命令,是统治阶级的暴力工具;理性论则认为法律是理性思维的结果,具有理性特征。① 女性自身的胆怯、柔弱、感性无法迎合法律的"暴力色彩",亦站在了法律理性思维的对立面,在这两种理论的支持下,理所应当地将女性排除在法律职业之外。但近年来,国内外相关研究表明在司法过程接纳女性所带来的变化。譬如,女性法官总是在案件处理中对于妇女和儿童生活状况考虑更多。在离婚案件中,更多地考虑到女性在结束一段婚姻后可能遭遇的生活窘境,即使女方存在过错,但在赡养费问题上亦会通过裁判给予了她们更多的物质帮助。女性法官所创制的"法律"往往使得法庭之于司法系统以外的人更加友好。② 在调研中,一位长期审理离婚案件的女性法官告诉我们:

"在离婚案件中,女性一般处于劣势,虽然法律规定了男方有过错的情形下,在分割财产时可以少分。但事实上,这少分的一点远不及她在婚姻存续期间的付出,更甚多数情况下,女方根本无法举证男方存在过错。于是,我通常的做法是,以调解的方式说服男方在经济上多补偿一些,因为法庭未必能为女方争取最大利益,或许这也是我在法律与人

---

① 周安平:《法律职业中的性别问题研究》,载《贵州师范大学学报》(社会科学版)2006 年第 1 期。

② Agosti 法官就职于内华达州的最高法院,她曾在一起离婚案件中推翻了女方因婚外恋而被剥夺赡养费的判决,在她的判决中,考虑到女方身体状况不佳且收入微薄,而男方拥有稳定的收入和极大的晋升空间,即使女方在婚姻存续期间存在婚外情,但这段婚姻的结束使女方陷入了窘境,而男方因为职位的晋升拥有了更好的生活,权衡双方的现实状况,判决男方应给付女方一定的赡养费。Agosti 法官认为,所谓公平正义,并非在女方身体状况不佳同时收入微薄的状况下剥夺其获得赡养费的权利。See Beiner, Theresa M., Female Judging, 36 *U. Tol. L. Rev.* :821(2004 - 2005).

情之间寻找一个折中点。”

这个“折中点”或许正是女性法官设身处地所考虑的离婚案件里的法外因素,这正是男性法官所无法切身感知的,生理性别的差异赋予法官不同的情感体验。事实上,多数女性法官不仅是一名法官,也是一位妻子,她明白离婚之于女性的伤害,不论她是原告还是被告。出于对妇女和儿童的“偏袒”,调解的方式或许更能达成法律所未尽到对女方的“照顾”。现代法治中国的“法”不再是国家强制力的代名词,更是不断地在避免“暴力色彩”,在司法工作中也更加重视司法文明、司法态度,而女性自身特有的亲和力对司法形象的塑造必然有所裨益。

20世纪初期,在卡尔·卢埃林教授等学者和霍姆斯法官等法学家的倡导下,一种新的现实主义学派产生。他们认为,法律的事实认定在一定程度上是个灵活的过程,应对有关政策、新的社会、技术和经济条件作出反应。这种更为灵活的有关法律与事实调查程序看起来更好地适应了变化迅速的现代社会之需要。① 霍姆斯法官这样说道:

“法律的生命不在于逻辑,法律的生命在于经验。时代的需要,流行的道德和政治理论,对公共政策的直觉,无论是公开宣称的还是无意识的,甚至是法官以及他的法律同事们共同具有的偏见,都比在确定人们应该遵守的规则时所采用的三段论起的作用更大。法官用于判决时的语言主要是逻辑的语言。逻辑的方式和形式夸大了每一个人心目中对确定性和宁静的渴望。但是总的来说,确定性是一种幻觉,宁静不是人类的命运。逻辑形式背后隐藏的是一种判断,是对针锋相对的各种立法考虑因素的相对价值和重要性的判断,尽管这些常常是不清楚和无意识的判断,但它是真实的,是整个诉讼程序的根基和叶脉。”②

据此,所谓法律的“理性论”,不过是法律职业追求男性化的精美包装。单一的理性思维更倾向于采取司法三段论的形式来作出判决,

---

① [美]万斯庭:《美国法官的工作》,载宋冰主编:《程序、正义与现代化》,中国政法大学出版社1998年版,第330~331页。

② Oliver Wendell Holmes, Jr., The Paths Of the Law, 10 *Harv. L. Rev.* :457, 465 - 466 (1897), reprinted in 501 *Elements Of Law*. 转引自前引。

易使法律推理沦为形式化、工具化,最后追求的也不过是教义上的正义;感性思维则更侧重运用“情—理—法”三者架构的知识谱系(涵盖了人情社会的道德情感、长期实践的司法经验、法科教育的专业知识等),对个案给予实质正义。[①] 我们在此论述女性法官的贡献并不旨在强调要纳入多少数量的女性法官,所期许的仅仅是一种平衡,抑或是作为一种对刚柔并济之补充。正如卡尔·吉列根所认为的,女性的关怀伦理是对她所看到的具有男性特点的公正伦理之补充而不是替代。[②]

我们曾经查阅多起妻子因长期受到家庭暴力而愤起杀夫的案例,却有着不同的判决结果,有的严格按照故意杀人罪定罪量刑,有的则充分考虑到被告人的作案背景、生活状况、长期遭受家暴等社会因素,给予从轻判决。[③] 对于存在家庭暴力因素的案件,女性法官设身处地的情感体验可以给予当事人更好的权益保护,同时女性孕育生命的生理特征与处理日常家庭事务的经历使其具有男性所无法感知的情感体验,由是在涉及私人领域的纠纷中(婚姻、家庭、监护等),女性法官倾向“超越法律”而作出实质上公正的裁判,而男性法官追求的往往是一种独立的法律专业性裁判,更多是法教义学向度上的理性思考。

正如霍姆斯大法官所言,“我们想的应当是事而不是词”,[④]社会生活中的纠纷层出不穷且形态各异,并不能当然落入法律概念的评价体系中,故对于事实争议的定性应当更多地考察客观细节,而非一味执着地进行概念分析。布莱克曾对法进行量化作业,其指出法律本身是一种社会控制,但是还有其他多种社会控制方式存在于社会生活中,存在

---

① 宋灵珊、谢澍:《“好法官”的角色定位及其知识谱系——以女性民事法官为样本的实证研究》,载《上海政法学院学报(法治论丛)》2014 年第 3 期。

② [美]艾莉森·贾格:《性别差异与男女平等》,载王政、杜芳琴主编:《社会性别研究选译》,生活·读书·新知三联书店 1998 年版,第 205 页。

③ 陈明侠:《司法人员执法实践与社会性别》,载黄列主编:《性别平等与法律改革:性别平等与法律改革国际研讨会论文集》,中国社会科学出版社 2009 年版,第 161—163 页。

④ Oliver Wendell Holmes, Jr., Law and the Court, in *The Mind and Faith of Justice Holmes: His Speeches, Essay, Letters and Judicial Opinions*, The Modern Library, 1943, p. 389. 转引自苏力:《送法下乡——中国基层司法制度研究》,北京大学出版社 2011 年版,第 156 页。

于家庭、友谊、邻里关系、村落、部落、职业、组织和各种社会群体中,当其他社会控制的量减少时,法律的量就会增加,反之亦然。[①] 同时法律量与关系距离有着直接关系,人们的关系越亲密,介入他们之间事务的法律就越少。与发生在并不亲近的相识或陌生人之间的不平之事相比,法律介入亲戚或老朋友等人之间的不平之事会少些。[②] 对于私人领域的纠纷(特别是家庭内部和邻里之间),虽然绝大部分可以直接依据法律作出孰是孰非之论断,但中国传统的人情社会依然存在,法院的裁判即使认定了是非黑白,对于当事人,往后生活或许就成了老死不相往来的状态,这是人情社会所无法认同的现象。由是,女性法官促成调解协议,避免对簿公堂的做法很多时候可以顾及中国传统的善良风俗。

近年来,无论是中国法官最高荣誉的"英模天平奖章"[③],还是2014年新鲜出炉的"最美基层法官"[④],女性法官在荣誉的殿堂都留下了身影。[⑤] 许多"法官妈妈"的涌现也为司法注入了"人情味"。戴尼、孙洪娣、张凌颖、张莺这四位退休的"法官妈妈"对事业的执着和对孩子的爱使她们在上海少年庭兢兢业业奉献了职业的一生,没有多么专业的学历背景,只为对得起"法官"这个职业尊荣。1984年,上海长宁区法院设立了全国第一个少年法庭,孙洪娣作为第一任庭长带领着她的团

① [美]布莱克:《法律的运作行为》,唐越、苏力译,中国政法大学出版社1994年版,第7页。

② [美]布莱克:《社会学视野中的司法》,郭星华等译,麦宜生校,法律出版社2002年版,第9页。

③ "英模天平奖章"旨在授予在审判工作中取得杰出成就,被树为全国重大先进典型,在社会各界和人民群众中享有崇高声誉的法官。这四位女性法官分别是:宋鱼水、尚秀云、金桂兰、黄学军。参见维克、任鸣:《最高法院颁发"功勋"、"英模"天平奖章》,载《法律适用》2008年第1期。

④ 在2014年最美基层法官评选活动中,共有十名法官获得"最美基层法官"称号,其中女性有四位,分别是刘黎、姜霜菊、黄志丽、朱正栩,占40%。据统计,到2010年,全国女性法官数量占法官总数的1/4。资料来源:http://www.court.gov.cn/xwzx/rdzt/xzzmjcfg/,最后访问日期:2014年11月1日。

⑤ 需要指出的是,目前女性模范法官的不断涌现不仅与其兢兢业业的工作表现有关,一定程度上也是目前司法腐败现象的结果,现实表明,女性法官腐败的可能性明显低于男性法官,因为女性法官在工作之外还有家庭的顾虑,大多是"法院—家庭"的单一模式,避免了一些腐败现象的干扰,从而降低了因应酬活动而"出事"的可能性。

队对“问题少年”进行帮教，在教育挽救“问题少年”方面做出了显著贡献，有八成“浪子”回了头。[①] 作为电影《法官妈妈》的生活原型，尚秀云在少年刑事审判工作上的贡献不仅使其载入荣誉史册，更是成为一代“法官妈妈”的形象代言人。在她眼里“没有不好的孩子，只有不幸的孩子”，她深知家庭与社区对孩子教育的重要性，在她的努力下，海淀区成立了北京市第一个“少年与家庭法制教育基地”，她希望通过法制观念的传递使更多的少年远离罪与罚的审判。[②] 法律的实施固然是为了维护社会秩序，但对于社会中的特殊群体——少年犯——则更多需要受到社会的关爱与帮教。“法官妈妈们”的职业操守和天然母性对于处理少年犯案件可以通过更多情感的传递而使“浪子”回头，这无疑是司法对社会的回馈。

“法官妈妈”的形象曾经也受到一些评论的否定，认为许多女性法官俨然成了“居委会大妈”，一味宣扬道德模范而忽视职业素养实属荒谬。事实上，我们在调研中所接触的许多女性法官（大多是已从业20年以上的民事法官）在讲述她们与男性法官工作的差异时，都提到了：“我觉得男法官真的不如我，我工作态度比他们认真，事实审查仔细，法律适用准确。来到法院的当事人形形色色，有一些就是男法官招架不住的，但我能搞得定。”女性法官所拥有的性别特征加之法官这一职业所带来的“象征性利润”[③]使司法的“柔情政策”更能有效实现公平正义。

四、认真对待法律职业中的女性现象

不可否认，法具有国家强制力的性质，但要看到：法律系统存在的最初理由是为一定社会中的人们调整行为、形成合意、实现秩序提供可

① 关于四位已退休“法官妈妈”的相关报道详见严剑漪：《往事并非如烟——记那些已经退休的上海少年审判“法官妈妈们”》，载《人民法院报》2014年10月14日第5版。

② 关于“法官妈妈”尚秀云的相关事迹详见卢丽君：《家庭要承担起法制教育的责任——访“法官妈妈”尚秀云》，载《河南教育》2006年第6期。

③ 参见第187页注①。

预测性的指针和自由的尺度,国家强制力只是为这种行为的调整和合意的形成提供间接的、外在的保障而已。权力的行使亦不是率性而为,它必须经过正当化才能与社会中的一般暴力区别开来,而麦考密克的"正当化过程"是依照一定的法律准则和程序进行充分的讨论辩驳后做出决定的过程。① 司法的判决与其说是三段论推理的结果,毋宁说是复数参与者合意的结果。② 由是,将女性视角纳入合意的过程有益于提高司法判决的说服力和可接受性,然而当下司法过程只是引入了更多女性法官的特质,而并未真正纳入女性视角。③

我们在法院调研期间,观察到男女法官的调解工作确实各具特色,男性法官通常以"好了,好了,不要讲了,我已经听明白了……"类似的句式来终止当事人无休止的冗长叙述,而女性法官大多是"好的,您说的我都明白,我们就是来解决问题的……"类似的安抚与倾听。无论是"权威—屈服"为主的压制型调解还是"说理—说服"为主的说服型调解,都有其适用的场合,④在民事纠纷领域,许多时候说服型调解更能彻底有效解决纠纷。

前已述及,由于社会背景和各自成长环境的不同,国外的研究更多认为,女性进入司法领域,主要是消除性别歧视的结果。她们强调的是消除性别差异,对于"女性法官"或许更期待褪去"女性"一词的关注,⑤但是,对于中国女性法官的研究,则需要关注"女性"一词。我们从未试图摆脱女性法官作为一位妻子和母亲的角色,我们认为正是这

---

① 季卫东:《法治秩序的建构》,中国政法大学出版社1999年版,第340~341页。

② 同第185页注①。

③ 女性的特质是针对当事人而言,女性与生俱来的亲和力能给予当事人以关怀,更利于调解;女性视角是针对案件而言,女性对于"情—理—法"三者的把握更为到位,故易形成合法合理合情的裁判。

④ 说服型调解固然更能有效解决纠纷,但不能排除压制型调解的适用空间,司法权威有时就是在无形中对当事人起到震慑作用,公权力的"象征性利润"不可忽视。

⑤ Ginsburg法官认为,对于在司法过程纳入女性的正确态度应该是将其看作"司法多元化"和消除性别歧视的表现,而不是去强调司法系统中应该有多少比例的女性法官,我们之所以成为一名法官是因为"中立"而非"性别"。See Solimine, Michael E. and Susan E. Wheatley, Rethinking feminist judging, 70 *Ind. LJ*: 891(1994 - 1995).

些角色赋予了司法多元化。

诚然，在司法过程中纳入女性视角不是简单地将女性特质运用于司法调解，以达成更多的说服型调解；需要的是让女性真正成为司法过程刚柔并济之补充，促成关怀伦理之于公正伦理的补充价值。我们以为，应充分利用审判中的合议庭制度，通过控制合议庭成员的性别比例，藉此达成女性视角的真正引入。即使是社会群体中的精英人士，法官也不可避免会在审判中夹杂个人的价值判断、主观意识、情感道德，正如顾培东所言，与社会生活中的任何主体一样，法官一方面作为社会统治秩序的特定维护者，另一方面同时也是社会生活中的自然人。前者决定了法官的社会组织本质，后者决定了法官的个性自然本质，两者共同构成了法官这一特定社会角色。① 合议庭制度的设立就是为了尽量减少法官个人"意志性"的裁判，以多数法官的意见作为裁判结果，可以在一定程度上将主观成分降低，强化事实认定的客观性。② 由是，不同性别视角纳入合议庭就显得格外重要，男女不同的情感观和价值观可以在案件评议过程中充分"较量"彼此吸收，借此达到法理与情理的统一。

我们强调更多女性视角纳入审判工作并不代表当下法律职业中的女性都达到了真正意义上优秀法律人的标准。在法院调研过程中，我们试图观察男女法官的原始工作状态，发现女性法官更多还是运用经验理性来指导她的审判工作，③而对于涉及专业性知识的运用时，特别是年轻的女性法官，通常会选择"请教"男同事。"女生会考试"并不代表其对法律的理解更专业更透彻，易言之，部分女性法官的工作得到当事人的肯定也大多因为其"有耐心、态度好"，不可否认，社会角色（母亲、妻子）的牵绊通常使得女性不能全心地经营事业，也就谈不上太多

---

① 顾培东：《社会冲突与诉讼机制》，法律出版社2004年版，第114页。

② 我们对合议庭制度的相关阐述均是基于法官认真对待该制度下的情况分析，当下许多法官在审判工作中并未真正发挥合议庭的作用，合议庭的摆设意味较为突出，通常都是一个法官在办案，另两个只是"凑数"。

③ 我们可以发现，像宋鱼水、尚秀云、金桂兰这些模范法官在职业长度上都算是"老法官"，亦可称作"经验型法官"，她们都不是因为多么专业的学历背景受到认可。

的专业性钻研。更多女性选择法官职业并不是为了实现多么崇高的价值,法官工作充其量是其生活的一部分。男性法官则非如此,他们没有太多的家庭顾虑,也就更能用心将其当作事业来经营,追求更多的竞升机会,自然也就会在专业上更加费心。

无论是经验理性为主侧重生活经验与地方性知识的审判模式,抑或是技术理性为基础侧重法律规则与程序的审判模式,都无法应用于所有的事实认定,在法律量较少的案件中,经验理性更有益于解决纠纷,在法律量较多的案件中,则更需要技术理性进行事实认定。由是,在事实认定的过程中需要充分融合男女法官不同的性别视角,尽量缩小客观事实与法律事实之间的距离,充分利用合议庭制度形成合法合理合情的裁判。

就法律在促进社会平等与实现行为规制方面的功能而言,法律职业群体作为法律专家在其中扮演着核心角色,①而法官在其中拥有生杀予夺大权,其角色更是代表了司法的态度,从法学院到法院,我们需要关注法官的培养过程。前已述及,中国的法学教育验证了"你会考试"并不代表"你懂法律"的事实,不仅是女性法官,整个法官队伍也会偶尔被贴上"法盲"的标签,由是为了更好地纳入社会性别视角,需要在一定程度上重塑法官的知识谱系。目前中国法官的培养无非是经过三大考试——全国高考、国家司法考试、国家公务员考试,在应试教育下,只要勤奋用功多做题,成为法官的概率还是非常大的,同时也造就了中国法学教育无法培养出波斯纳、卡多佐、霍姆斯这样杰出大法官的事实。

党的十八届四中全会提出要完善法官职业准入和职前培训制度,建立从符合条件的律师、法学专家中招录法官的制度。② 诚然,这些举措试图塑造更加专业化的法官队伍,但在当下的社会评价体系和职业化价值上,从法学专家队伍中招录法官的可行性不大,科层制的管理和

① 参见第181页注②,第174页。

② 相关内容详见《十八届四中全会公报全文》,载新华网,http://www.news.cn/politics/18szqh/,最后访问日期:2014年11月4日。

体制内的压力足以使专家们望而却步,他们必然更满足于校园和书本带来的智识上的享受。我们曾在调研中与一位高校法学院教授谈及此问题,其直言道:“让我去做法官肯定是不可能的,原因很简单,我在学院里可以大胆地向院长和书记提出我对学院不当做法的改正建议,到了法院,我在院长面前哪里还有这样的话语权。”

我们对于当下科层制的变革不加赘述,着重讨论的还是法学教育的问题。功利色彩的渲染使法学院的学生将更多的精力花在应试教育和毕业求职上,甚至在踏入法学院的那一刻就已经下定决心四年内以通过司法考试和考上公务员为目标,如此的利益驱使如何能在四年内潜心于法学精义。或许也是社会给予的压力,物质时代的功利驱使,当下不是书中自有黄金屋的时代,校园失去学术的氛围,学生更想知悉的是如何通过司法考试,老师无奈之余也只能作为“有声教科书”。

当下正处于司法改革的转型时期,毋庸置疑法学教育问题是根源症结所在,王泽鉴教授在北京大学法学院研究生会的主题讲座上提到司法改革与法学教育的问题,如是说道:“司法改革是一个不断发展的过程,但是法学教育是它的根基,只有教育改革,司法改革才有长远的基础,要让司法得到信赖,一切努力都在此。法学教育的功能是培养法律人独立的人格与法律信念,同时培养法律人一般的人文素养和专业知识”。①

我们在前文论述法院乃至整个法律职业中纳入女性的重要性,但必须直面当下以女性法官为代表的女性法律工作者与优秀法律人之间的距离。② 法学院教育的“自导自演”,导致了理论与实务之间的断层,深谙案例教学的王泽鉴教授在内地各大法学院也不断提及指导案例的教学方式的重要性。2013 年颁布了《最高人民法院裁判文书上网公布暂行办法》,按照该办法,除法律有特殊规定外,最高人民法院生效裁

① 有关王泽鉴教授在北大的专题讲座内容来自北京大学法学院研究生会办公室黄啸整理的讲座文字资料。

② 诚然,当下不仅是女性法官,整个法律实务工作群体都存在人文素养与专业知识的不足,更别提所谓波斯纳的实践理性与技艺的掌握。

判文书将全部在中国裁判文书网予以公布;借此,典型指导案例教学成为可能,同时也对法官裁判文书内容的说理性部分提出了更高的要求。① 无论是泸州遗赠案还是南京彭宇案,法官的判决书之所有引发诸多批驳,主要还是对"为什么"的论证不足,三段论模式导致了说理性部分的干瘪。

五、结语:法学教育与法律职业的理想图景

行文至此,我们欲借当下社科法学与法教义学之争憧憬未来法学教育和职业的走向。苏力教授十多年前就将中国当代法学分为政法法学、诠释法学(法教义学)、社科法学(法社会学),并指出在未来中国法学中起指导作用的更可能是诠释法学与社科法学。但是这两派在社会中所起到的作用不同。对于法治与法学的发展来说,它们的功能是互补的,尽管它们之间不无可能产生激烈的、有时甚至是意气化的争论。② 显然苏力教授的"预言"已经悄然发生,近来有法理学研究者以经验主义和规范主义两种不同的基本研究取向,对苏力所称的社科法学和诠释法学加以对应化的区分和替换,并强调"法律与社会科学"和"规范分析法学"这两种进路之间的竞争"是一场你死我活的斗争"。

实质上无论是法教义学抑或社科法学,某种程度上都是属于"舶来品",这一场学术争论的饕餮盛宴对今天的中国法学研究而言,真正有助益的不是两个正在成长的学派之间那种意气化的、截然对立式的立场宣誓,而是在立足于中国法律实践和充分了解对方的基础上的彼此欣赏和互鉴。唯有如此,才不至于使本应对中国法学教育与法律职业发展有所助益的学术争论,实际沦为那些"不在场的在场"的外国法学

---

① 谢澍:《司法信息公开:误区、澄清与展望》,载《东南学术》2015年第1期。

② 苏力:《也许正在发生——中国当代法学发展的一个概览》,载《比较法研究》2001年第3期。

理论通过其中国代理人的学术演练。[1]

面对当下社科法学的不断发声与聚集,我们一直相信社科法学在未来的法学研究与教育中占有不可替代的重要分量,质言之,法教义学是一种学科基础阶段的研究方法,亦是不可废弃,如若希冀自身的进一步"懂法",社科法学的研究方法则必不可少。棚濑孝雄在《纠纷与审判的法社会学》前言中曾提及,"现实中的审判既超越法律规定而呈现出复杂的形态,又并不是与法学脱节的纯属事实领域之中的问题,能够填补法学领域中的'审判'和现实的审判之间的沟壑的正是法社会学"。[2]

在社会—司法的二元结构下,司法以社会为本体,法律需要回应社会需求,是故,法社会学指导之下,"活法"的适用应该是当下司法所追求的方向。当下法治建设的触角已深入社会生活的各个方面,法律业已成为塑造我们生活的基本维度之一;况且法律从来不是独立封闭的学科,而真正掌握法律也不仅仅是法条的规范研习,正如波斯纳将法律的实践理性概括为一种"杂货箱",[3]法律人知识谱系的多维性塑造必然应成为是未来法学教育的培养方向。

诚然,社科法学从未反对法教义学的规范性研究,其反对的仅是单一的规范性研究。长期以来,法学研究和法学教育的核心被理解为技术和思维,甚至被狭隘地认为仅仅是技术和思维。[4] 这种法律观及其主导的法学教育的根本问题和危害在于,曾经一度的"法律理性论"将女性排除在法学领域之外,一味强调女性不具有"法律人的思维",故不适合从事法律职业。把实质上社会力量创造的法律想象成了一种完全独立和封闭的规则体系,把法律实践简化为对技术理性的运用,忽视

① 尤陈俊:《不在场的在场:社科法学与法教义学之争的背后》,载《光明日版》2014年8月13日第16版。

② 季卫东:《当事人在法院内外的地位和作用》,载[日]棚赖孝雄:《纠纷的解决与审判制度》,王亚新译,中国政法大学出版社1994年版,代译序。

③ [美]理查德·A.波斯纳:《法理学问题》,苏力译,中国政法大学出版社2002年版,第90页。

④ 王启梁:《中国需要社科法学吗》,载《光明日报》2014年8月13日第16版。

了经验理性的"造法"作用。

从法学教育与法律职业中的女性问题切入,面对调研数据呈现的当下法律职业中不平等现象,本文不过多援引以往西方女权主义的相关理论,我们一直倾向对于外来之词不可过多置于本土之上,中国的问题更多应在本土之物上进行原因的分析。以法官职业为代表,我们并不旨在强调法律职业中应纳入多少数量的女性,所宣扬的仅仅是一种平衡,正如女性存在之于司法过程刚柔并济的独立价值。

作为结语,回到最初法学教育的问题上,应试型教育的普及造就了中国法官的教条主义,于是他们将司法判决的合法性机械地寄托在法律条文的正确适用上,而忽略了经验理性下的"活法"运用。我们期待在社科法学与法教义学的学术讨论下,能真正发现中国本土社科法学教育的贫瘠,达到社科法学与法教义学的功能互补,以对法学教育改革有所助益,借此培养真正拥有职业尊荣的中国法官。

当代中国的法治建设趋向为法理型统治,在此之下,即使有权威之人也只有在法律规则之下才有发布命令的权利,同时要求人们普遍遵守法律,信守法律,法律代表了一种大家都遵守的普遍秩序;①虽然不再是遥远堆堆坪山杠爷的"家长制"管理,亦不是韦伯笔下克里斯玛般人物的魅力型统治,但个人作为法理型统治的执行者,在一定程度上更是法律的代言人,由是法学教育对于法律职业群体的形塑是国家法治建设的根源问题。我们无法提出司法改革的宏观建议,只期望未来的法律职业,能够在法学教育改革的前提下,真正纳入女性视角,不只是更多数量的女性法律人,我们期待更多优秀的女性法律人。

① 苏力:《制度是如何形成的》,中山大学出版社1999年版,第234页。

《法律和社会科学》(2016)
第 15 卷第 2 辑,第 193 ~197 页

新秋菊

冯　象*

这次会议的主题好,论文质量高。适逢《法治及其本土资源》初版二十周年,华政交谊楼济济一堂,争相鸣放,真是又严肃又活泼的一场学术盛会。

上午几位发言提到秋菊,各个角度的回顾或阐发,十分精彩。我就接着谈谈,有三点感想。首先是秋菊的故事,何以吸引了学界那么多的讨论?一个原因,大约今天的人们在很大程度上都成了秋菊,新的秋菊。故而她的遭遇、她的诉求与困惑,容易引起共鸣。

十多年了吧,都说中国的城市化进程加快了。可我的感觉,是城市越来越像乡下。大学亦不例外,校园里的氛围,整一个土壤和水质污染了的新农村。进进出出,一群群的西装革履,到处弥漫着铜钱味儿,哪像是学者科学家工程师的园地、党员干部的摇篮?饭桌上,知识分子跟官员商人没什么两样,堂而皇之地按照身份级别,挨个儿敬酒赔笑脸说话。这在过去,是乡下一些欺负农民的小官僚

---

* 清华大学法学院梅汝璈讲席教授,电子信箱:fengxiang@earthlink. net。本文为冯象在"法学研究的问题意识与多元格局"研讨会(华东政法大学,2016 年 11 月)上的总结发言。

的坏作风,“文化大革命”后期开始滋长蔓延的。“文化大革命”前,大学没有这种习气。这么做,叫“封资修”,要挨批判。1949年前的知识分子,尽管毛病也不少,如《围城》所记,但绝大多数不会这样。

这普遍的“新农村化”,实质是官僚化,即法治化的官僚主义。官僚主义对法律教育和法学研究方方面面的恶劣影响,是各位每天的痛。新法治将近四十年,我们已经深深地嵌在一具庞大的官僚体制之下了。方才有一位发言,探讨拆迁“变法”的经验得失,颇有洞见。但是我注意到,他不说“干部”如何,而是称“官员”怎样。想必那是入乡随俗,用了学界主流从韦伯那儿淘来的“科层制”语汇。然而,这不正是新秋菊的困境么?秋菊那会儿“打官司”,是向村干部、向国家干部,亦即代表党和政府为人民服务的干部“讨说法”。现在的新秋菊们,说是享有神圣的私有产权契约自由,甚而内心皈依了教科书上的普世人权,行事却一百个小心,要看官员老板的脸色。

于是,比起“科层制”的压迫,秋菊当年的那点“困惑”,竟是难得的幸福了。不是吗,从前的干部,无论村长还是吃国家粮的,都得帮老百姓解决问题,耐心做思想工作。谁能规定一道程序,将讨说法的拒之门外,或者给点钱打发走,再不成就关押、遣返?谁敢?秋菊有正义感,有是非观,她敢斗争,敢讨说法。而这些,都是如今的“城里人”所不敢奢望,乃至无法想象的。那是因为,她的纯朴坚强,她的认死理而不惧权势、勇于担责任,属中国农民的好品德,在我们的业已“初步建成”的法治之城,都是禁忌,都定了罪名。那是一座拿“特色”自夸的大城,是精心设计了,专供资本主导市场经济所需的利己主义者,又名公民、消费者、“经济理性人”居住的——人要变得斤斤计较、胆小怕事,成了一个个孤单的新秋菊,才给上户口。

其次,我要讲一下会议论文集里的一篇好文章,华南师大李斯特老师的《创新和知识私有的冰与火之歌》(未刊稿)。虽然写的是网络时代“新经济”下的知识产权问题,但在另一层面,也涉及新秋菊的困境。斯特的研究表明,即使在私人企业,尤其是大公司,现代科技和文艺产品的创新所依赖的内部组织管理,一如传统生产方式,依然离不开团队精神。个人的才智、灵感同激情，固然也是企业创新的重要条件，但真正自由的竞争总是偏爱团队合作与无偿的分享。这就是为什么，市场上最活跃、最具竞争力的团体，包括跨国公司，其内部组织的激励策略，用作者的话说，无一不是“积极放弃或消极对待知识产权，两者共同构成推动创新的手段”。换言之，“创新是克服了产权私有的秩序和观念后的成就。一个追求长期创新的共同体不可能只是经济结合体；它要营造有利于创新的自由、平等、协作的团体文化”。在中国，脍炙人口的例证，便是两弹一星和青蒿素的科研团队。在那里，“奉献/牺牲不仅是权利，而且是神圣的责任/天职；自由的最高实现，就在牺牲小我，融入集体的权利与责任的统一之中”。说得多好，最让“经济理性人”惶惑不安的，不就是这个？

我想，秋菊如果生活在今日，多半也失学了，做了农民工(新工人)。跟村里的年轻劳力结伴上路，进了富士康或者别的“法治城”企业谋生。她会同意斯特的这一结论吗？我想会的。创造源于劳动，而劳动需要团结合作与知识分享，历来如此。而“法治城”的居民，那些上了户口的，之所以感到迷惘、无力、不敢起来反抗资本、市场与权势的压榨，是因为信了大城宣扬的“经济理性”，失了团结的意愿和能力。讨说法呢，对于好不容易才当上房奴或正在朝房奴努力的新秋菊来说，代价太大了。故而当农民工关掉机器，走出厂房高唱国歌的时候，一开始，新秋菊们还在一旁指指点点；时间久了，也就淡漠了。

最后，回到今天的主题，如何评价、思考由苏力提出的问题及论述引发的“多元格局”？进而，法学研究的新方向何在？其实，此次会议由华政法律史研究中心携手社科法学连线一块儿组织，就极有象征意义。我在别处说过，希望未来中国法学的优秀作品能够“上升为史学而承载民族精神，加入一个伟大的学术传统”。① 另一方面，学术的发展、开拓与转向，也往往连着特殊的历史机缘。比如，20 世纪 90 年代，苏力回国前后，对于中国法学，现在回过头去看，就是这样一个机遇。

---

① 《法学三十年：重新出发》，载冯象：《信与忘：约伯福音及其他》，生活·读书·新知三联书店 2012 年版，第 191 ~ 203 页。

当时中国经历了政治风波,又赶上苏联解体,国际上空前孤立,亟须回应西方的各领域的批评和制裁,从人权、立法到经贸谈判。20世纪90年代法学的大踏步前进,理论上开始摆脱80年代粗陋的教条主义与法权话语的束缚,以及新世纪社科法学的兴盛,是得益于这一历史机缘的。

那么今天,我们年轻一代的法学家,包括在座的诸位,有没有自己的机遇呢?我的观察,很可能,中国社会又到了一个历史转折点。先前自由讨论,大家不是谈及官僚主义猖獗、党群关系破裂的种种乱象么?新法治必须有所回应,可事实上却无能为力。恰是在这宪制重构的"宪法时刻",历史对学术更新提出了迫切的要求。它召唤着进步学者,来调查新的局势,参与新的斗争,研究新的问题,提出新的理论。我说"进步学者",是指其思想意识和政治立场进步。我以为,随着一代"青椒"沦为"数字化管理"的佣工,并日益临时工化、贫困化而无产阶级化,知识劳动者的政治觉醒、思想进步与团结的抗争,就不可避免了。"因为,每一个学人的自由,唯有实现于全体的自由之中,才能真正巩固、伸张"。①

往者何德,来者可追。我们有理由寄望于学界的来者,相信他们一定能把握自己的命运,排除万难去开创历史。待到那一天,每一个劳动者即解放了的秋菊,都可以如苏力一般,真诚地自问,"什么是你的贡献"。

附:研讨会综述摘要②

"秋菊的困惑"是全书最具象征意义的文化符号。

陈柏峰认为,秋菊的事情不会永远地过去,因为中国的城市化虽然

---

① 冯象:《饮水思源——写在杨周翰先生百年诞辰之际》,载《东方早报/上海书评》2015年11月29日版。

② 会议综述由华东政法大学副教授于明整理,全文以"法治的中国经验如何书写?"为题发表在《文汇报·文汇学人》2017年1月13日第4版。

是基本趋势,但在未来五十年之内农村的消失可能还是遥遥无期的,农村还有非常大的体量。未来秋菊可能不是一个,而是十个、百个秋菊,问题会多元化。事实上,秋菊只是一个隐喻:"其实我们今天也是秋菊,我在学校里面经常很多事情让我很愤怒,我觉得我也是秋菊。我们每个人都会和官僚体制打交道,这样的事太多了。"他进一步指出:"我们这个时代会有很多秋菊,关键你能不能发现新时代的秋菊面临的新问题,有新的问题意识,对新环境下的新问题做出新的解释。"

重庆大学的陈颀博士也认为,"《秋菊》的故事必将继续,续写秋菊的故事,需要我们勾连文本形式和更广阔的社会语境,思索秋菊的未来。秋菊们的未来,可能不在西沟子村,而在城市"。同时,陈颀还认为,苏力开创的法律与文学的研究范式,主要是将文学作品作为素材,去研究"法律与社会",以"秋菊的困惑"来讨论当代中国的"国家与社会""权利与情理""现代与传统"等二元对立的冲突。但如果要继续推进当下的法律与文学的研究,还应当超越"法社会学"等"外在理论"对文艺作品的"素材化"束缚,超越"法律与社会"等法社会学命题的二元对立,进而思考更具建设性的法律思想和实践的可能。

对于秋菊所引发的问题,赵晓力也认为,苏力当年开始的研究还有很大的空间。在他看来,"《秋菊打官司》的文本是丰富的,法律活动的各个角色都出场了,其中有三个层次的问题。一是秋菊和村长的层次;二是李公安、吴律师的层次,实际上是沟通乡土与国家的中介;三是县公安、市公安和法院的层次。在过去的二十年里,第一个层次的关注最多,但多数在法学界之外,第二个层次的研究还很少,第三个层次也只是关注法院,关于公安、检察的研究则很少"。在这个意义上,秋菊的故事和苏力的书所呈现的宏大的研究框架并未完全展开。"今天我们重读这本书,还是应该回到二十年前,回到那个更广阔的世界中"。

《法律和社会科学》(2016)
第15卷第2辑,第198~212页

“上访者”约伯

——《约伯记》和信访的修复问题

张依然*

摘要:《约伯记》和信访提出的都是居上位者违反信约义务下的修复问题。约伯选择了主动提醒上帝违约的申冤路径,换取了上帝亲临并补偿以实现公义,人神关系得以升华。信访同样旨在修复,但由上而下的官僚化和由下而上的“假约伯”问题,从两方面使它失去了修复党群关系的政治内涵,上位者违约个案对信约关系造成的裂痕难以弥补。

出自希伯来经文智慧书的约伯和形成于社会主义新中国的信访,风马牛不相及。但历史深处的脉络未必不是反反复复,经书能够弥读弥新正在于总能够回应当下的迷惘。摩西的律法问题,耶稣的修正问题,不也总在地图的这处或那处正发生着吗?在居上位者违反信约义务导致关系裂痕时的修复问题,拷打着约伯,也拷打着当下的信访,无论这居上位者曰神或者曰党。就此而言,千年前的好

---

* 哈佛大学法学院法学博士候选人,电子邮箱:yzhang@ sjd. law. harvard. edu。感谢冯象老师给予的启发和鼓励,及对本文的精心指导。

人约伯和千年后在信访路上求索的人们,都是在用生命探求同一个问题的答案,同享着跨越千年的命运。希望约伯提出的人神关系、信约义务和修复问题可以给当下信访的困境带来一些微渺的想法。

一、好人受苦:修复问题的提出

约伯的故事始于一次考验。①

好人约伯敬畏上帝又远离恶事,连耶和华都说他是"世上谁也及不上的好人"。但撒旦起意挑动,质疑约伯敬畏上帝的原因不过是上帝赐福,并非是好人得了好报,而是好报造了好人。全知全能的耶和华接受了撒旦的挑战,把上帝的仆人、"世上谁也及不上的好人"约伯交到了撒旦的手中。

撒旦自是雷厉风行,第一波就夺走了约伯的所有子女和家产,这没有动摇好人约伯的敬爱上帝之心;没有善罢甘休的撒旦又将约伯的肉身折磨得死去活来,连约伯的妻子都看不下去,说出"赞美上帝,死掉算了"的忤逆之言。

约伯受了莫大的苦难,一切的福祉都被上帝交给了撒旦,又被撒旦夺个干净。况且,对于约伯而言,他并不知道撒旦和上帝的赌约,于他,这苦是平白受的;他知道的是,他言行并未有亏,敬畏上帝、远离恶事,可是却绕不开苦难的命运,身为好人却没有福。

但"好人好报"却是上帝与人订立的信约。且不论人是否知道上帝和撒旦之间究竟存在何种赌约,那终究止于上帝和其子的内部关系;但对于和上帝订约的人而言,上帝违背的是人与神之间"信我者有福"的信约义务。上帝是世间一切祸福的作者,有全能按照信约公允地分

① 冯象译:《〈约伯记〉译注》,载冯象:《信与忘:约伯福音及其他》,生活·读书·新知三联书店2012年版,第331页;《约伯福音》,第3页。对于《约伯记》的版本、结构、诠释方法等存在诸多讨论,可参考潘朝伟:《当代〈约伯记〉研究》,载《圣经文学研究》2014年第1期。本文不介入关于《约伯记》文本的争议,以下引用都出自冯象中文译本。

配一切祸福;他却不遵循人神之间的信约,不遑论是恶意违约,是上帝行为与人神信约之间的有意识偏差,是上帝主动犯下的错误。

那么,《约伯记》在“好人为什么受苦?”的基础伦理命题之外,还提出了一个更为现实的问题:当上帝犯错了,人应该怎么办?

在人打破信约义务,导致人神关系破裂时,人就犯了罪,亚伯拉罕的后人可以根据信约通过献祭来赎罪;神可以选择“把脸转过去”,拒绝与这一代人继续保持关系尽信约义务,而等待下一个摩西的出现。但是,如果是“我杀我生、我伤我治”的神偏离了信约义务,导致了人神关系的破裂时,渺小的人又应该怎样来修复,这种修复又怎么会可能?

二、祈祷对纠纷:修复路径之争

面对这个问题,约伯和他的友人提出了截然相反的路径之争。

根据约伯的友人以利法、比尔达、祖法的主张,人通过喊冤争讼主动要求上帝来修复人神关系不但是不必的,而且是不能的。

三位友人主张主动修复之不必要在于善恶有报,因此好人自当得福,恶人才会遭受苦难。他们说,“你想想,无辜的有谁死于非命,什么地方,又曾灭了义人?”[①](伯4:7)还反问约伯,“难道上帝会裁判不公,全能者冤屈正义?”(8:3)既然全能者在冥冥之中奖赏了所有的善,惩戒了所有的恶,一切的裁判已经自我实现,所有的苦难不过是人所犯罪的责任,这本身自是信约的一部分,耶和华和人所订立的信约并没有破裂,因此修复也自可以在信约所划定的范畴内达成。

况且,人根本没有能力也没有地位来主动地要求与上帝修复关系。如以利法和祖法所说,“凡人岂可对上帝称义,在造物主面前,自以为洁?”(4:17);“难道你能探明上帝的幽玄,丈量全能者的极限?”(11:7);“人算什么,敢自以为洁,生于女人,却还想称义?”(15:14)神之伟大深

① 《约伯记》,下省略篇名。

刻，是人不能揣度的；神之公义，人也就无力诘问。在无限神秘的神意面前，人只能放弃追问。同时也正因为神是世间一切的作者，世间不存在人可以获得超脱人神关系与神争讼的地位。“你喊呀！看谁会答应。诸天圣者，你去求哪一位？”（5:1）

更甚者，三位友人认为，在善恶有报的前提下，没有认识到自己的罪状而为自己喊冤，提出好人受苦的诘问，试图站到上帝的对面和上帝争辩，这本身就是不敬畏上帝的确实罪状。难怪他们说，“其实是你的孽根在教你张嘴，让你学舌诡辩。所以定你罪的是你的口，不是我；是你自己的双唇，在作证告你！”（15:5－6）

在这样的逻辑下，以利法、比尔达和祖法都认为自省和祈祷是受苦难者的唯一对策：“若是我，我只向上帝祈求，要上帝俯听我的苦衷。”（5:8）；“但是你，若你一心找寻上帝，向全能者祈求宽恕，若你确实无辜而且政治，他一定会亲自守护，还你的义人安泰之家。”（8:5－6）“来，你把心儿对准了，向他张开双手。若你手上沾了罪，快洗净，别让邪恶在你的帐篷逗留，你就一定能抬起脸，无愧疚，牢牢守持而毫不畏惧。”（11:13－15）只有无限地自省为善和通过祈祷向上帝表达无限忠诚才能修复人神关系，得到全能者的包扎和医治，而也只要祈祷，人神关系就会修复：“当你向上帝扬起脸来——你的祈祷，他必应允，起誓发愿，皆能实现；凡你着手，事事成功，光明要照亮你的前程。”（22:26－28）。

约伯在遭受苦难以前，也曾经坚持通过行善和献祭来保证神的恩惠，然而，儿女遇难、全身疮痍的约伯在老妻的讥讽中，终究决定突破人神既定信约的具体条款，选择直接哭喊出冤屈、诘问上帝以期修复人神关系的路径。

喊冤的约伯并非否认上帝的大能，他同样意识到正因为全能者的全能，凡人不能“向上帝称义，一千次指控，连一回也答不上。”（9:2－3）而且上帝不是人的“侪类”，人“无从答辩，无法同他对簿公堂”，人神之间，“没有人可以仲裁，没有一只手能将两造按下”，将上帝的“权杖挡开，收起恐怖威仪。”（9:32－34）人主动通过争讼来和上帝修复人神关系客观上是痴心妄想。

但在约伯眼里,向上帝喊冤却是必须为的。正因为他平白蒙冤,无辜受苦,切身的体会使他清楚三位友人主张的"好人好报"在现世完全实现之不切,落在他身上的苦难就是个体无法承受之冤屈。正因为他的痛苦,"要是可以称量,那会比大海的沉沙还重。"(6:2-3)所以,他"不能缄口不言,必须吐露灵中的积怨和命中的苦楚。"(7:11)

个人的创伤也许是微不足道的,但上帝使约伯蒙冤的结果在宏观层面上已经实质背离了上帝对于人做出的信约承诺。一旦上帝将约伯"交给了不义,丢在了恶人手中"(16:11),也意味着上帝打破了自己"遵行就有福,背弃则灾祸"的承诺,意味着"我伤我治"的耶和华却不再像他承诺的那样,按照善与恶分配福和祸。背弃了信约的耶和华仍然是创造者和全能者,却不再是人世公义的守护者和赋予者。相反,他成为"使大地沦陷于恶人的淫威,蒙上判官们眼睛"(9:24)之人。造了这个世界的耶和华要为这个世界负责,个体命运的冤屈就是耶和华的错误,因此,约伯一人的苦难足以割裂原本和谐的人神关系,对整个公义秩序造成了威胁。

当维系人神关系的信约都受到动摇,基于其上的律法又如何还会奏效?三位友人主张的祈祷就自然不能有效地修复了残缺的人神关系,像约伯所说,纵使他"双手从未沾染不义,祈祷洁净始终",(16:17)"可现在不信,他还会垂听我的声音"。(9:14-16)

如果不是人而是上帝堵住了祈祷的渠道,不再听忠信者的祷告,那么人再如何自肃和祷告都是无用的,因为此时犯错误的是神而不是人。如果像三位友人主张的一味"用假话来为上帝开脱,偏袒上帝"(13:7-9),表面的恭顺实际却是对上帝犯错误的姑息,容忍上帝背弃信约义务只会进一步陷神于更持久的不义,眼见神动摇其自身存在的正当性而不阻止,不是一个真正敬畏上帝、相信全能者和公义的人应有的作为。

所以忠信者约伯必须哭喊出他的冤屈,提出与神争讼,宁愿用自己风烛残年的生命做押,也要全能者听一听的他的申辩。他此时呼喊的已经不仅是一己所受之苦痛,而是公义不存的冤屈。即使肉身腐烂,福泽难还,约伯也要亲身见到上帝还他一个清白,这清白不仅是对约伯的了断，更重要的是神对公义秩序的回复和对信约义务的践行。为上帝着想的约伯朴素地认为，也只有这样人神关系才有可能修复，神才能重执正义获得正当性，不再只是“恐怖的威仪”，才是真正的“好”。

三、创世大能：修复是否必要

终于，约伯与友人的论战引来了耶和华的驾临。自旋风中来的耶和华并未回答“恶人不死，好人受苦”的道德诘问，也不谈和人订立的信约义务，而是从“大地奠基”（38：4）开始谈上帝创造的整个世界。这个世界里有大海、晨曦、电光、野山羊，还有人类，整个世界都是上帝的作品。换言之，正是这创造过程构成了耶和华统治全世界的历史合法性，享有对所造万物的绝对主权。因为这种绝对主权的存在，约伯所诉诸的基于人神信约关系和公义道德的正当性就显得微不足道了，个体的冤屈不过是整个宇宙的一个例外，那么因为这小小例外而遭受道德危机的人神关系裂缝对神而言似乎也就不过如此了。当人神关系的修复对于神只是个小问题时，忠信者约伯的喊冤修复路径好像也就算不上什么大事了。约伯没有错，他只是微不足道。

全能者还着重谈了河中巨兽和海龙“利维坦”，以宣示其“大能”。对于任何关系下的任何纠纷而言，强力逻辑推导出的“征服”或者“压服”都是最简单粗暴的解决方式，当上帝拿出“恐怖的威仪”，面对“无所不能”的强力者，约伯只有承认自己是在“乱说不懂的，超乎悟性的事”（42：3）全能者对大能近乎炫耀的展示状似文不对题，但文本中大海的“界限”与神的“律例”本为一词，创世之大能和约伯所诘问之公义在冥冥之中合二为一。[①]

然而，基于造物和大能而取得的服从终究只是消极的，约伯承认神的无所不能和自己的无知，转而低于尘灰忏悔伤悲，却不能从心中承认

① 张缨：《上帝的权能与智慧——〈约伯记〉中神意主题的展开》，载《圣经文学研究》2008年第0期。

没有信约义务为基础的人神关系存在正当性,表面的恭顺终究不是真正的"敬畏上帝",这样的人神关系对于神并不是可欲的,被神否定的修复问题终究没有得到根本解决。约伯虽然渺小,但他的存在就是对上帝公义的一个问号。批判地看,上帝并未真正解决约伯对公义的质疑,也没有正面回答约伯的指控。[①]

最终全能的造物主仍然需要遵循当初订立的信约,双倍给予他取走的一切,通过违约的赔偿来换得人愿意重新进入复原的人神信约,积极地履行行善敬神的信约义务。更进一步,是约伯的申冤才唤来了上帝的身体在场,让约伯对上帝的了解从"耳闻"上升到了"亲眼见到",在苦难和对质中感悟到更宏大的创世和更伟大的神,在人神关系的破坏和重建中加深了和上帝的羁绊,成为上帝更忠诚的仆人,完成了原本生活在律法教条下的"好人约伯"不能想象的人生升华。只有获得对上帝的真正知识,神学意义上的智慧,才能在真正意义上敬畏上帝和爱上帝。[②] 学习成就信仰。

约伯的喊冤不但提醒上帝履约弥补了自己的错误,回复了好的人神关系,更造了一个更好的约伯。相对,三位友人否定分歧的祈祷路径,达不成修复,更遑论改造人,难怪上帝最后认为这三个人"让我光火,议论我还不如我的仆人约伯讲得有理"。(42:7)

四、人民信访:党群关系的修复

在约伯不知道的现世里,我们同样面临类似的修复问题。只是这种语境中,面临修复问题的是党群关系,而如约伯一般喊冤来进行修复的路径称为"人民信访"。

---

① 张缨:《上帝的权能与智慧——〈约伯记〉中神意主题的展开》,载《圣经文学研究》2008年第0期。

② 张缨:《智慧与对上帝的认识——透过迈蒙尼德的眼光读〈约伯记〉》,载《求是学刊》2012年第2期。

一方面,“坚持共产党的领导”是群众的基本义务,类似于约伯所遵循的“敬畏上帝、远离恶事”的行为准则。相对地,对党之于群众的信约义务最通俗的表达即是遍布大江南北的领袖题词——“为人民服务”;七大党章中要求中国共产党人“与工人群众、农民群众及其他革命人民建立广泛的联系并经常注意巩固与扩大这种联系”;在新时代的叙述中,党群关系的根本,也是党最重要的正当性来源,就在于党“代表着中国最广大人民的根本利益”。换言之,党在党群关系中的根本义务就是“和群众走在一起”。

但即便如此也难免任何机构与生俱来的官僚化命运,导致党群关系嫌隙暗生。因此,党群关系的修复问题,尤其是当党一方的行为失范违反“信约义务”、导致党群关系产生裂痕时的修复问题,就成为现世中尤为紧迫的议题。

一如约伯故事的展开,申冤逻辑的修复路径同样源于群众主动寻求修复党群关系的努力。人民信访制度的构建,原本就起源于广大群众对于新生共产主义政权的极大参与热情,希望通过写信和来访的方式反应人民内部矛盾和社会问题,积极参与帮助新生政权建设国家;①党群关系的另一方也对这种修复方式表现出高度关心和热情:“必须重视人民的通信……要把这件事情看成是共产党和人民政府加强和人民联系的一种方法,不要采取掉以轻心置之不理的官僚主义态度。”②这种态度落实在实践中即是延续至今的,“多办少转”、追求“只办不转”的信访处理制度,力求突破官僚主义的工作作风。“保持各级人民政府同人民群众的密切联系”③成为信访制度最主要的作用,这一认识时至今日仍然(起码在理论上)构成了信访的制度基础。更进一步,反映问题、监督政府的过程中,从被动接受领导的“群众”成为主动参与政治的“人民”,党群关系日趋鱼水,不止于修复的升华,也和约伯的故

① 吴超:《新中国六十年信访制度的历史考察》,载《中共党史研究》2009年第11期。

② 毛泽东:《必须重视人民群众来信》,载《毛泽东文集》(第6卷),人民出版社1999年版,第164页。

③ 《信访条例》第431号国务院令于2005年1月5日通过,同年5月1日实行,第1条。

事如出一辙。

“人民信访”的出现似乎就像约伯申冤一样,提供了修复问题的答案——通过申冤纠纷来修复关系。

然而,信访制度经过了横跨三十余年的破坏、重建、功能转换等阶段,时至今日乱象频出,连最表层的纠纷解决作用都运转低效,不用说进一步通过申冤来反映问题修复党群关系的根本功能,更不用说升华党群关系的进一步效果。其乱象的状况和成因用“地上河”的比喻来形容最贴切不过,长期未决的信访旧案、难案不断进入系统淤积河道,而官僚体制内的“维稳”压力如同“筑坝”一味抬高河床,只堵不疏,泥沙淤积,运转尚且艰难,遑论其他。① 修复作用荡然无存的信访制度,就此沦为一种非正规的官民纠纷解决方式,夹杂双方的非法行为,成为一种“乱象”,更进一步,其本身被人民群众偏好也就是个怪现象,需要问个为什么。②

五、修复不能:反官僚信访的官僚化

那么,为什么“现世约伯们”在现实中不再能像过去或像理想一样通过信访来修复党群关系呢?

“人民信访”的立足点从设立起即在于鼓励群众反官僚制度的政治表达,但信访制度的发展历史恰恰就是就是这种超制度的政治表达被不断制度化,即被不断纳入官僚体系的发展过程。

最初规定信访的行政规定只有6条,③主要诉诸相关人员的思想作风来解决问题,保留相当程度的弹性使群众可以充分地反映问题、党可以灵活机动地解决问题,从而调动群众政治热情,积极主动地来修复

① 刘正强:《信访的“容量”分析——理解中国信访治理及其限度的一种思路》,载《开放时代》2014年第1期。

② 应星:《作为特殊行政救济的信访救济》,载《法学研究》2004年第4期;张泰苏:《中国人在行政纠纷中为何偏好信访?》,载《社会学研究》2009年第3期。

③ 《政务院关于处理人民来信和接见人民工作的决定》,1951年6月7日发布。

党群关系，这也最能反映“人民信访”的初心，是绝对“政治属性”的。①

信访制度在“文化大革命”后更发挥出空前的效用。正是因为政治运动中广泛存在的错误和违反“信约义务”，导致个体冤屈的苦难例外层出不穷，党群关系漏洞百出，修复党群关系也成为当时党的工作重点，以1979年8月成立的声势浩大的中央机关处理上访问题领导小组为代表的一系列集中重点工作，使“申冤”路径信访修复党群关系的作用发挥得淋漓尽致。②

但之后，层出不穷的信访和无数裹挟其中的复杂纠纷，使党被迫承认信访工作存在相应的专业性，自觉、主动地推动信访体制的专业化，从1982年发布的《党政机关信访工作暂行条例(草案)》到分别于1995年和2005年发布的两部《信访条例》，包括其间机构设置、工作方法的变革，大体都是对信访工作专业化、科层化、程序化，淡化其突出的政治属性，从而将其纳入现存体系的努力。所倡导的“就地信访”和“逐级信访”，着眼点逐渐限缩于通过制度自身的代谢来解决单个信访中裹挟的纠纷，却有意无意地放弃了信访最根本的制度目标——修复党群关系。

对信访者称呼的改变最明显反映了这一制度深层次逻辑的转变。在1995年《信访条例》中，充斥文件全篇的已经是中性的“信访人”而不再是政治意味浓厚的“人民”。“信访人”只能表明其作为主体和政府共同存在、与政府发生纠纷的客观事实，读不出“人民”两字所包含的参与热情，纠纷中“信访人”和政府的关系是犹如做生意一般、利益纠葛、有赚有亏的经济关系；③这权利义务与之前所说党的“信约义务”已不是一码事，各自的履约违约于建立于“信约义务”之上的党群关系已是无涉的了，既然无涉，也就无所谓党群关系的修复问题了。

另外值得注意的是，像约伯的故事一样，强力和“大能”同样存在

---

① 湛中乐、苏宇：《论我国信访制度的功能定位》，载《国家行政学院学报》2009年第3期。

② 吴超：《新中国六十年信访制度的历史考察》，载《中共党史研究》2009年第11期。

③ 冯仕政：《国家政权建设与新中国信访制度的形成及演变》，载《社会学研究》2012年第4期。

于信访中。面对约伯的喊冤,上帝牵出了巨兽和海龙以显威仪;1982年颁布的《城市流浪乞讨人员收容遣送办法》同样引入了收容遣送制度,被广泛地作为强力以压服上访者们。约伯的故事中上帝训示、压服、却终究要按照信约来补偿约伯,这给我们带来的启示是,强力的出现虽然会改变修复问题的讨论基础,却无法否定信约义务本身,因而其存在并不必然使修复问题无解;同理,2003年收容遣送制度被废除后,虽然出现了"信访洪峰",将信访问题推到了社会关注的风口浪尖,强力的撤出本身却并没有解答信访中的修复问题,从根本上放弃了在信访和喊冤中修复党群关系的尝试。

当约伯用生命画押,却唤不来乘着旋风而来的上帝,没有上帝的身体在场和直面对话,那么纵使他获得双倍甚而十倍、百倍的赔偿,也换不来公义秩序的重圆,人和神之间的关系仍然只能停留在做生意一般,远没有修复,更谈不上升华。丢掉了人民的"人民信访",脱离了修复问题的党群关系语境,就仅遗留着不够程序、缺少规则的纠纷解决方式,其中政治属性的制度残留如政绩考核等都成为减分项,信访也就变成了远不及行政诉讼的怪象。

六、出走的人民:无解的"假约伯"

如今在信访路上求索的几百万人,全部或者至少绝大多数都不再是为上帝着想的、意在修复党群关系的、"世上谁也及不上的好人"约伯,他们都是经过了成本—收益分析、期盼着利益最大化的经济理性人。

关于走进信访这个制度的行为主体,以及他们行为组织的逻辑、申冤和解的决策方式等问题一直是研究信访制度学者的研究重点。虽然有学者提出"以法抗争"的说法来描绘农民信访的精神,认为农民已经有意识地突破向主权者申冤要求解决问题的既有理论框架,他们在抗争精英的有组织发动下突破资源斗争的范畴,具有相当大程度的政治诉求意味。[①] 但是这种带有教条和偏见的理想主义描述受到了多位学者的一致反对。学者基于多项田野调查认为，参与信访的“草根”行动者虽然表现出高组织性的斗争智慧，但这种组织性的目的是非政治性的，所追求的是在不踏出政府可容忍的政治底线的同时，最大化斗争集体在具体事件中的利益诉求，[②]大部分“草根”访民的行为模式仍然更符合学界传统的“依法抗争”叙述范式，即以中央政策为依据对抗基层政府以实现具体利益的利益抗争。[③] 在近年的发展中，更有从存在正当性、以维护利益为界的“维权型上访”主流逐步向脱离正当性基础的“谋利型上访”劣化的趋势。[④]

对于上访中“谋利”意图的存在，塑造制度的党一方也并非没有回应。1995 年的《信访条例》首次明确将“控告侵害自己合法权益的行为”列入信访处理事项范围；[⑤]2005 年现行的《信访条例》贯穿着“保护信访人的合法权益”“及时化解矛盾和纠纷”等话语，利益逻辑的纠纷解决受到了认可，俨然成为信访正式的核心功能。[⑥]

如果约伯哭诉的冤屈不是个体无端受苦的不公和对“好人好报”公义的偏离，以“喊冤”为形式提出纠纷不是为了修复因上帝犯错而造成的人神关系裂痕，如果约伯用生命画押只是要求归还被夺走的羊群和儿女，甚而还希冀着多获得额外的好处，如果没有见到上帝、没有和上帝对话的约伯因为蝇头小利就心满意足、沾沾自喜，那么约伯充其量只是豪情万丈的赌徒，他敬畏的不是神，追逐的却是利益。赌徒约伯的

---

① 于建嵘：《当代中国农民的“以法抗争”—关于农民维权活动的一个解释框架》，载《文史博览(理论)》2008 年第 12 期。

② 应星：《草根动员与农民群体利益的表达机制———四个个案的比较研究》，载《社会学研究》2007 年第 2 期。

③ 李连江、欧博文、吴国光：《当代中国农民的依法抗争》，载吴毅主编：《乡村中国评论》第 3 辑。

④ 田先红：《从维权到谋利——农民上访行为逻辑变迁的一个解释框架》，载《开放时代》2010 年第 6 期。

⑤ 《信访条例》第 18 号国务院令于 1995 年 10 月 28 日通过，1996 年 1 月 1 日实行，第 8 条。

⑥ 湛中乐、苏宇：《论我国信访制度的功能定位》，载《国家行政学院学报》2009 年第 3 期。

利益动机本身足以让修复问题变了味道,其心怀此念的刹那,撒旦就胜过了上帝。利欲熏心的"喊冤"唤不来乘着旋风驾临的上帝。

同样,如果人民的主动出走导致"人民信访"丢掉了"人民","群之不群"导致党群关系的修复成为不能,那么必须判断的问题就是,群众对于党群关系信约义务基础的漠视是否意味着党也可以"转过脸去""不再与群众一起行走",剩下残存的信访制度作为不够制度化的纠纷解决制度,去面对千千万喊着冤、要羊群、要土地的"假约伯"们。

也许"假约伯"问题从来都伴随着修复问题的始终。既然得到上帝认定的"世上谁也及不上的好人"约伯仍然需要接受上帝和撒旦联手进行的"有罪推定"的试炼,那么怎么可能能够确实检验受到冤屈时诘问上帝的约伯,是出于真心、为了上帝好而提出人神关系修复问题?如果把整个故事置于做生意的逻辑下,约伯从结果来看无疑是"赚了",苦没有白吃,苦难和申冤的投资都"回本"了,险恶地来理解,提出修复问题、向上帝申冤未尝不可以说是约伯的机会主义投机行为。可能存在的证明方式是看约伯是否面对强力仍不妥协,但"重金之下必有勇夫",在收容教养制度存在时走入信访的也并非都是"真约伯",用强力为标准筛选出的是更硬的脊梁却不是更洁净的灵魂;就像面对巨大的政治风险仍不放弃的"上访钉子户",只能说是更具有斗争精神和斗争智慧的斗争精英,而绝不是党群关系中的最忠信者。

学者提出的另一个解决"假约伯"问题的思路就是"分而治之",比如将上访人分为有理的、无理的和商谈型的,对其采用不同的解决策略。但在分类过程中,权利本位的法治话语、申冤核心的传统理念、超越个体利益的政策诉求在同一个制度、同一个群体中层层交织。[①] 话语的混乱导致难以建立统一标准分辨真假约伯,甚而更多时候,真假约伯只是雅努斯的一人两面,再精细的分类学亦无计可施;话语混乱的另一后果是地方政府权威性资源的丧失,[②]谁才是党和公义的身体在场

---

① 陈柏峰:《农民上访的分类治理研究》,载《政治学研究》2012年第1期;申端锋:《乡村治权与分类治理:农民上访研究的范式转换》,载《开放时代》2010年第6期。

② 陈柏峰:《无理上访与基层法治》,载《中外法学》2011年第2期。

难以辨析。此话语之上帝可以是彼话语之撒旦,他们分享相似的大能,若没有正当性话语的伴随,乘着旋风降临的上帝如何证明这不是撒旦的又一次考验?

为了在信访中杜绝“假约伯”,从根源上排除“机会主义人民”的“谋利型上访”,使信访回归纯净的修复党群关系径路,只有让信访从成本—收益上不再符合一般理性人人的合理选择,让“假约伯”在申冤中回不了本。但悖论在于,如果没有了根据原有信约修复条款而进行的物质上双倍赔偿的环节,即使上帝降临,“真约伯”无端受苦的冤屈在信约关系语境下仍然没有得到平复,破裂的人神关系还是无法得到修复。在“财产是可欲的”这一私有制决定的大前提下,“真约伯”修复人神关系所必需的双倍赔偿,必然招致“假约伯”。人心肥肿的“假约伯”一旦出现,修复路径就无可避免地走向泥潭,人心越是“肥肿”,作为基础的党群关系也就越发薄弱,裂痕的扩大让修复更加成为不能,终于再无法脱身。

七、结　语

是人心“肥肿”让党群关系之修复成为难题。然而再问一句,能让人心“肥肿”的难道从来不是只有神吗?流连在上访系统中的“机会主义人民”是这几十年改革开放市场经济法治进程造的“新人”。人民出走的终极原因是党群关系依赖的信约已然破裂。当神长期以来都无法对人践行信约义务,人一方自然而然就将人神关系的破裂视为常态,丧失了人神关系可以修复的信心,最终不再尝试修复,转而追求羊群和土地。如此情态,修复的通道如何不被堵塞?人神关系的裂痕又怎可能愈合?

即使真约伯仍然存在在信访制度中,他们面对的却是更为吊诡的处境。对上京访民的访谈显示,不少访民正是出于对中央“天理”的坚持,即使难以解决具体问题,仍然年复一年地反复“申冤”“倾诉”所遭受的不公,然而他们不但难以从官僚化的体制中获得回复,更无法被利益/权利话语统治的主流社会所理解认同。① 如果“信我有福”“好人好报”的信约关系已经在实质上失效,上帝不再坚持他全知全能我伤我治的无上地位,那么修复问题也就成为明日黄花,向上帝哭喊申冤、一心为上帝好、逆境中仍然忠信上帝的好人约伯已经不合时宜,是被时代也被上帝抛弃的偏执狂和神经病。

在关系彻底破裂、连修复都成为不能时一种路径是变“修复问题”为“牺牲问题”,干脆彻底改变“忠信者”的信约义务,让“好人受苦”这一原本扭曲人神关系的乱象成为最忠信者的标准化考验,但这种考验即使是可行的,却很难说是正当的。而另一种路径,就是干脆放弃“党群关系”的神性,干脆按照做生意的逻辑,彼此都怀揣着“肥肿”的心“一起走”,双方都获益的情形使并存成为可能。这样的关系中,要解决的修复问题即止于利益冲突导致关系破裂时的情形。这个修复问题,无需约伯,也无需“人民信访”,按照做生意的逻辑就可以解。唯一无处安放的就是失去了神性而显得尤为突兀的全力和大能,还有百千万在苦难中上下求索的真约伯们。

而这也许就是“法治”登场的绝佳契机吧。②

---

① 侯猛:《最高法院访民的心态与表达》,载《中外法学》2011年第3期。

② 《中共中央关于全面推进依法治国若干重大问题的决定》:“把信访纳入法治化轨道,保障合理合法诉求依照法律规定和程序就能得到合理合法的结果。”

《法律和社会科学》(2016)
第15卷第2辑,第213~252页

天蝎、妖怪、岸信介

胡　娟*

摘要:岸信介出身法学界,原本为东京大学宪法第一讲席教授指定的学术继承人。但他最终放弃了成为一名法学家的道路选择,离开学术界,并投身政坛。第二次世界大战后,担任过东条内阁工商大臣的岸信介成为甲级战犯嫌疑犯,却又侥幸逃脱东京审判,登顶日本首相,修订安保条约,但最终因大规模的民众抗议活动而被迫辞职。然而,这一切似乎都无法阻挡岸信介对日本政坛的影响。究其原因,日本社会讳莫如深,而只将此归结为一种不可思议的能量存在——"妖怪"。一个符合民俗学功能理论的猜想是:对于一个讲求迷信的国度而言,"天蝎"或"妖怪"所裹挟的历史真相,乃至这个社会机体内部最深刻的需求,可能远比史书精心记载的内容,又或是政治哲学用抽象语词堆砌起的思辨来得更为靠谱,也更具说服人心的力量。

人们越来越强烈地感受到安倍晋三,这位几乎"不依据可靠的知识,而以瞬间的印象作画"的"印

* 华东政法大学传播学院讲师,法学博士,电子信箱:lajitu@aliyun.com。

象派"人物,[1]正在事实上将他外祖父当年未尽的理想逐步实现。当然,对一些把安倍的外祖父视作为神一般的存在,认为正是由他一手奠定了日本20世纪60年代经济腾飞的自民党人而言,安倍如今的行为可谓是"守得云开见月明",终于让他们看到了希望的曙光。但不管是骂安倍的还是赞安倍的,一些前提性的问题总得搞清楚。比如,安倍的外祖父真的与当年日本经济的高速发展有关吗?若真的有关,一个曾经的甲级战犯嫌疑犯,不过才当了三年的首相,最后因为强推"美日安保条约"的修订而被迫辞职,是如何保障了他下台后国家经济的持续发展、人民生活水平的稳步提高?[2] 这里面的能量运作方式是如今的安倍首相能够模仿的吗?或者,一个更简单、也更符合21世纪审美趣味的质疑:作为一枚典型的"处女"男,安倍晋三,他真的能与他的外祖父——一只彻头彻尾的"天蝎"所具有的能量相提并论吗?

在"星座"学尚未被纳入中、日民俗学研究范畴的20世纪五六十年代,[3]

① 关于安倍晋三的行为模式与"印象派"之间的关联,参见拙文《新安倍政权与"印象主义"的泛滥》,载《中国文化》2015年秋季号(第42期)。

② 日本学者对这一问题的解读,可参考[日]中村隆英、宮崎正康:《岸信介政権と高度成長》,2003年版。

③ 各国学者对民俗学研究范畴的划定不尽相同,并且随着时代的发展,其边界也在不断发生着变化。比如,根据英国民俗学会于1890年出版的《民俗学概论》,英国民俗学的研究对象有:(1)观念和信仰民俗(包括迷信的信念和举动、自然物的迷信、树木百草的迷信、动物迷信、精怪、禁厌术、土医术、魔法术和占星术、冥界生活的信条和一般迷信等);(2)旧传的风俗(包括节俗、礼俗、嬉戏和地方风俗等);(3)旧传的叙事谭(包括童话、英雄故事、趣谈、寓言、神话、叙事曲、民歌、地方传说和旧传等);(4)民间成语(包括韵言、母歌、谜语、谚语、诨名和方言等)四种。而根据日本民俗学者柳田国男于1935年完成的《乡土生活的研究法》一文,日本民俗学的研究对象有:(1)用眼睛看和记录的"有形文化"(包括神祭、占法、咒法、住居、衣服、食物、交通、劳动、村、连合、家、亲族、婚姻、诞生、厄、葬式、年中行事、舞蹈、竞技、童戏与玩具等);(2)用耳朵听的"语言艺术"(包括新语制作、新文句、谚、谜、歌谣、传说等);(3)用心感受的"心意现象"(包括知识、生活技术、生活目的等)。参见乌日古木勒:《柳田国男与日本民俗分类》,载《民俗研究》,2010年第3期;[日]柳田国男:《郷土生活の研究法》,刀江书院1935年版。因此"星座"在英国早已属于民俗学的研究范畴,而由于近代以来日本社会对西方文化的广泛学习和接受,这部分知识或现象也逐渐构成了日本人"生活文化"的一部分,因此也逐渐被纳入到日本民俗学"占法"、"知识"等的研究范畴。参见[日]渋谷申博、瓜生中:《呪術と占いの日本史》,日本文芸社1992年版;[日]近藤雅树:《ねがい・うらない・おまじない—欲望の造形》,淡交社2000年版等。尽管中国民俗学界目前并无专门针对"星座"的研究,但在历史、哲学、天文、科技等与民俗学可能产生交叉的领域,相关的学术研究也已展开,代表如章启群:《星空与帝国——秦汉思想史与占星学》,商务印书馆2013年版;江晓原:《星占学与传统文化》(新版),广西师范大学出版社2004年版;江晓原:《12宫与28宿——世界历史上的星占学》(新版),辽宁教育出版社2005年版,等等。

人们当然不会从类似如今百度灌水人气排名第一的“天蝎去死去死吧”等，感受到身为一枚天蝎男可能引发的人们的集体怨念；以及，因为这份怨念而触发的对其进行口诛笔伐，乃至自我勉励、发愤图强的动力。人们只是很单纯的讨厌这个人，讨厌他的极度嚣张和独裁倾向，所以会上街游行、高呼促其下台的口号。但是，与中国人民宣布不理睬他，并真的可以做到将此人彻底扫入历史的垃圾桶不同，日本人民在把他轰下台的同时，却送了他一个外号——“妖怪”。在有“怪力乱神”传统的日本，这可不是一个简单的用来骂人的词语。

大概除了非洲以及大洋洲上一些不为人所熟知的部落，这个世界上恐怕再不会有第二个国家如同日本那样，对神灵鬼怪般的事物充满如此复杂的心理，以及，对几乎所有形式的封建迷信活动都保有如此浓厚的兴趣。在接受“赛先生”晚过日本很多年的中国人民眼里，大概最看不懂日本的地方就是，不知道这个国家的人是出于一种怎样的心理：一边培养着全亚洲最多数量的诺贝尔奖获得者，一边把身负无数人血债的战犯牌位供放在神社里，然后时不时就由官员领着浩浩荡荡的一群人前来拜谒；而且还是官来的越大，围观的民众越兴奋，好像只有通过这种方式，做官的、围观的才能获得一种由神（或者鬼？）赐予的能量。

自民党领导人参拜靖国神社的历史，从安倍的外祖父开始。但值得注意的是，自从1959年靖国神社开始祭祀“二战”乙、丙级战犯后，①这个被称作为“昭和之妖”的男人，不管他嘴上怎么支持别人参拜，他自己好像就没什么兴趣再去了。个中原因值得探究一番：以天蝎座一贯的审美趣味来看，他们的确会对这种隐没在树林之间、阴气环绕连香都不烧一根的地方感兴趣；但他后来为什么不去了？难道是因为本身的甲级战犯嫌疑犯出身，会让他的参拜再度惹上战犯的疑云？还是因为这里面的故人太多，搞不好有那么几位还是由他的供词最终送他们上路的，所以再次见面，总免不了几分尴尬？

当然还有一条理由，或可以获得学术方面的支持。根据日本民俗

① 在祭祀乙、丙级战犯将近20年之后，靖国神社于1978年10月17日开始秘密合祀甲级战犯。

学创立人柳田国男的观点:“妖怪喜欢和普罗大众打交道……而且总是想让人见到自己后受到惊吓”。[①] 以安倍外祖父的智商,他当然明白在里面还没有什么故人的时候,他是可以靠与死人打招呼的方式吓唬吓唬其他活着的人,但要是里面认识的人太多,谁吓唬谁就是个问题了。

就像所有的民间传说星座常识,都或多或少包含了符合人类历史经验的部分,柳田考证出日本的妖怪具有强烈的破坏欲,以及隐蔽自己的这一特点。[②] 这不仅符合长期以来人们对天蝎座的认识,而且也完全吻合人们对安倍的外祖父,乃至他自己对自己的认识。作为曾经东条内阁最出风头的商工大臣,岸信介却能成功逃脱掉战后审判,最后摇身一变成为影响战后政治长达半个多世纪的“妖怪”。自我感觉相当良好的他,写过不少对过往的经历回忆总结的文章,其中颇为著名的、也是他的第一篇自传,标题为——

“岸信介:我的反骨的历史”。[③]

怎样的反骨

“反骨”这个词,在日本的语境下不是什么坏词,不然像岸信介这种带有严重自夸倾向的人是不会用的。但这个词用在他身上倒也没什么违和感,因为“反骨”意味着极端和打破常规,在具有星座常识的人们的脑海里,还有哪个词比这个词更能准确概括出天蝎座的性格?

还在东京大学念书的时候,岸信介的“反骨”便已有所显露。当时,正值日本思想最混乱的大正时期(1912 - 1926年)。也不知道从哪天开始,原本还其乐融融的日本学术界就突然分裂了。左右派天天在

① [日]柳田国男:《妖怪谈义》,贾胜航译,重庆大学出版社2014年版,第10页。必须说明的是,本文对柳田国男这部经典著作的引用大体用的是2014年这个中文译本,但也有部分根据日文原版做了重新翻译和缩写,日文原版用的是1977年讲谈社的版本,参见[日]柳田国男:《妖怪谈义》,讲谈社1977年版。

② 同上注,第9~20页。

③ [日]岸信介:《我的反骨的历史》,载《日经新闻》昭和29年(1954年)10月20日。

吵架，从学术界的最核心区域一路吵到学术界的最边缘地带。不过相较于边缘地带重在参与的性质，核心区域内的法学界，尤其是与“国家的根本问题”密切相关的公法学界，很早便明确了左右派的分歧点，并且确立了由左派一手遮天的绝对优势。日本语境下的“左派”即“自由派”，言必称日本必须全面西化，必须建立完全西式的宪政法治、民主自由、司法独立、三权分立等。

也就在这个时候，听了一年课，总算搞清楚学术界吵吵嚷嚷的实质以及各派的力量对比后，与大多数同学决定紧跟学术界的头面人物、立志要做西方宪政在日本的传声筒不同，一年级成绩排名第一的岸信介，居然选跟了当时已成为学术界反面人物、享有“御用文人”称号、在圈内基本孤立无援、身为“官僚派”学术领袖的东京大学宪法学讲席教授上杉慎吉，并且进入了他门下的周四读书会。“官僚派”即日本语境下的“右派”，强调必须审慎地对待西方宪政思想，必须坚持日本的本土资源。①

但没过多久，岸信介又退出了上杉的周四读书会，宣布上杉的这些学生尽在胡扯，除了愤青和溜须拍马外几乎一无是处。让人感到奇怪的是，这样一种显然冒犯教授的行为，似乎并没有让后者产生任何不快；相反，上杉慎吉几乎在最短的时间内，便作出了一个对所谓的学术领袖而言可谓异常重要的决定：他要把自己在东京大学的讲席教授之位传给岸信介。

令所有人都感到惊讶的是，岸信介拒绝了。他居然拒绝了东京大学宪法学第一讲席教授学术继承人的位置，说自己不适合做学者。然而，这并没有使他的导师改变初衷。上杉放弃了寻找其他继承人的努力，继续往岸信介身上倾注他所有的心血，并且认定岸信介总有一天会像当年的他一样“回心”。但岸信介最终还是离开了他，离开了学术界，这也导致没有了继承人的官僚派嫡系在学术界的绝灭。②

---

① 关于上杉慎吉的生平以及他所代表的官僚派与自由派之间的论争，最新的一个说明，参见[日]原田武夫：《甦る上杉慎吉・天皇主権説という名の亡霊》，讲谈社2014年版；另可参见：[日]長尾竜一：《日本法思想史研究》，创文社昭和56年版，第83～280页。

② 岸信介早年的一些经历，可参考岸信介自己的回忆——[日]岸信介：《我が青春・生い立ち記/思い出の記》，广济堂昭和58年版。

这是轰动一时的新闻。但从岸信介一生的“反骨”经历来看,这还仅仅是开始。

与绝大多数日本政治人物只活跃于20世纪一个时期(要么战前,要么战后)不同,岸信介政治生命的长度,几乎涵盖了整部昭和史。以至于,一本书都可能无法完整记录他的各种特立独行、出人意表乃至狗血淋漓的“光辉事迹”。奈何本文的重点并不在论述“事迹”本身,所以这里只点出几件重要的事。

首先,岸信介对第一份工作的选择。按理,以岸信介的毕业成绩以及在东大作为顶尖学生确立下的声望,他完全有资格选择任何热门的政府机关作为仕途的起点。比如,东大历代优等生都较为中意的内务省(类似中央办公厅)或大藏省(类似发改委)。但让所有人都再次大跌眼镜的是,被视作为人中翘楚的岸信介居然看上了一般只有二流人才会选入的农商务省。

其次,他在商工省(由农商务省分立而出)工作了一段时间之后,于1936年辞职前往“满洲”。这显然又是“活得不耐烦”的天蝎能量集中展现的时刻。因为当时的报纸已对“满洲”地区共产党游击队和军阀部队,在各地的“出没”情况作了详细报道,加上关东军心狠手辣的传闻,文官去那里不仅仅是“流放”的问题,很有可能就是去送死。所以,当关东军来到东京各机关想招募人才前往“满洲”的时候,不管费了多少口舌,大家基本上都在装聋作哑。但令人们再次料想不到的是,被赞誉为“官僚界首屈一指的天才”,刚坐上商工省局长位置不久的岸信介,居然主动表示要前往“满洲”支援当地“建设”。而且从他当时为此事所做的准备来看,他谋划这件事应该已有一段时间了。①

---

① [日]田尻育三等:《岸信介》,北京大学亚非研究所译,吉林人民出版社 1980 年版,第 23 页。“田尻育三”是岩见隆夫的笔名,想来在七八十年代岸在世时,想出版一本相对客观甚至带着批判性的关于岸信介的评传是件不太容易的事,所以待岸去世 20 年、安倍晋三上台后,作者才终于得以以自己的本名重新出版了他当年的这部著作。本文对此书的引用大体用的是 80 年代北京大学亚非研究所的译本,但也有部分参考了作者于 2012 年重新出版的日文版本,参见[日]岩见隆夫:《昭和の妖怪》,中央公論新社 2012 年版。另外,此部分内容亦可参见[日]原彬久:《岸信介・権勢の政治家》,岩波新書 1995 年版,第 35 ~ 52 页。

研究岸信介的日本学者，大都同意在“满洲”待的那三年正是岸信介发迹的起点，是他从一个官僚成长为一个政治人物的关键时期。但以当时的情况来看，除了那些脑袋真的进水的法西斯军人和一些因为生活窘迫而被迫充当炮灰的小朋友，像岸信介这种日本最高学府出来，有文化、有脑子，在日本国内又有繁花似锦前程的人，绝少会出现在战争的前线。

当然，岸信介能够最终脱颖而出还是跟一个人脱不了干系，此人便是后来成为日本法西斯政权头目的东条英机，时任关东军参谋长。两人在“满洲”结下的“深厚友谊”使后者在升迁为陆相后，第一件事就是把岸信介调回东京。此后不久，岸便当上了东条内阁的商工大臣，负责整个战时的统制经济，包括指挥军需生产和战争物资的调配。但令所有人都再一次感到震惊的是，正当人们都认定两人穿同一条裤子的时候，岸信介突然和东条闹翻。据说是因为对塞班岛一战存有分歧，又说是因为职务上的调整使岸信介心生不满。① 总之，在战事即将进入日本全面溃败的边缘地带，岸信介的天蝎能量又再次爆发。他不惜以拒绝辞职的方式逼迫东条内阁进行了总辞职。这不是一件简单的事，因为在当时的背景下，造反最高军事首领意味着拿自己的性命在开玩笑。

但这也恰恰显示出了“妖怪”所具有的实力——就在东条作为甲级战犯被绞死的第二天，岸信介反倒从关押他三年的巢鸭监狱里出来了。

此后，日本政局进入到了战后时态，而岸信介的“反骨”故事也由此进入到了最高潮。

1957 年，岸信介以一种相当莫名其妙也十分天蝎的方式继任了首相。说莫名其妙是因为：第一，本来轮不到他当首相，尽管他也算自民党的创始人之一，但以资格论，排在他前面的还有好几人，奇怪的是 1956 年前后这几个人不是死了就是病了；第二，正当所有人都认为岸信介当定自民党总裁时，他居然被选了下来（第一轮选举，他的得票数遥遥领先第二、第三名；第二轮选举，第二、第三联合起来用 7 票的优势

① ［日］岸信介、矢次一夫、伊藤隆：《官场政界六十年——岸信介回忆录》，周斌译，商务印书馆 1981 年版，第 41 页。

把他打了下来);第三,正当所有人都认为岸信介这回还不知道猴年马月才能当上首相,新任首相石桥湛山突然病倒了,只好把首相大位"交还"给拥有党内一半支持、正担任外务大臣的岸信介。①

天蝎座生理上的强悍可见一斑。但岸信介此后爆发出的令整个社会为之哗然的能量,可能并不仅仅源自于此。

1958年,岸信介在没有做任何民意测试的背景下,决定动手修改"美日安保条约"。次年10月,历时一年零三个月的日美谈判宣告结束,其中大部分谈判都是秘密进行的,秘密到有时只有岸信介一个人在参与;1960年,以岸信介为首的签订"安保条约"全权代表一行,罔顾民意的巨大反对出发前往华盛顿,从而揭开了"动乱的1960年"的序幕。②

如果以一个局外人的眼光来看日本1960年的那场"动乱",这里面给人感觉特别夸张的地方是:作为一个国家的最高领导人,岸信介居然可以死活不管老百姓的喜好厌恶,居然可以以一己之力把一个看上去全国人民都反对的事情给做成了。而且,在"新美日安保条约"自然生效首相被迫下台之后,人民群众似乎就不再闹腾这个事,好像大家之前聚在一起仅仅是为了跳两遍"广场舞",练几下肺活量,顺便再看看有没有办法促成一个"独裁者"的下台。更让人感到"妖怪"的是,在岸信介因此辞去首相之职后,他的势力竟完全没有受到削弱;相反,包括他的亲弟弟佐藤荣作、他的女婿安倍晋太郎、他的跟班福田赳夫、他跟班的跟班小泉纯一郎,以及他的外孙安倍晋三在内的一系列岸派成员,都在他的庇护下相继成为首相或始终牢牢占据日本政坛的高位。

这一切到底是怎么回事?为什么明明是甲级战犯嫌疑犯出身,却能逃过死劫,进而登顶成为日本首相?为什么一个人的"反骨"没有让他历经挫折,反倒让他一路高歌猛进?而且,还是在日本这样一个看起来壁垒森严特别讲求规范的国度?是怎样的一种能量运作方式、什么样的历史因素最终促成了岸信介成为一代之"妖",让整个民族为其碎

① [日]田尻育三等:《岸信介》,北京大学亚非研究所译,吉林人民出版社1980年版,第134页。

② 同上注,第160~163页。

碎念了这么许久，以至于到了今时今日，当日本再度陷入重重危机之中，哪怕领导人资质不够、时局已变，也要模仿一把当年“妖怪”的路数，试图用“妖术”摆脱如今危机的雾霾、重振国家当年的“雄风”？

反骨的背后：天蝎的直觉与阴谋

在十二星座之中，天蝎被认为是保留最多动物本能的星座。

曾任“满洲”经济部次长的松田令辅，曾经颇为感慨地说过一段话：“世界上有许多感觉敏锐的人，而岸的感觉，可以说具有动物般的敏锐，这种敏锐的感觉并非依靠不断学习、钻研所得到的，恐怕是一种天赋的异禀……”①

这提示了我们，是否非要以“人”的视角来观察岸信介的种种行为。因为对一只饥肠辘辘时刻充满危机感的动物而言，若要成功地寻找到食源（机会），或者逃避掉猎杀（风险），“反骨”——走别人想不到的路，反倒可能成为较为有效的手段。从这个角度出发，或可以理解为什么岸信介当年会坚持不报优等生们青睐有加的内务省或大藏省，而要去满池子小鱼的农商务省；以及为什么会在无人问津的情况下，自告奋勇以稀缺人才的身份前往危若朝露的“满洲”。

对于这种隐藏在“反骨”表皮下的手段，岸信介曾经的上司、也是他的老搭档、曾任“满洲”国务院总务厅厅长的星野直树很早便有所洞察。在“二战”尚未结束、东条内阁刚刚垮台后不久，他就对岸信介突然爆发的“怒火”评价道：“岸抢先做了一笔有利可图的买卖！”②

看来能当上甲级战犯的人，至少在“思维能力”上彼此水平都差不多，区别在于每个人的嗅觉灵敏度和快速付诸行动的能力。当东京审判到来，岸信介就因为曾经“冒着生命危险”策划搞垮东条内阁的计划并且付诸实现，被美国人认为罪不至死，最后连战犯的帽子都给摘除

① 同上注，第 65 页。
② 同上注，第 78 页。

了,关了三年牢便宣告出狱。相比之下,同样看出局势走向的老同事星野,因为没有能力"反骨",最后被牢牢地与东条英机捆绑在一块,不仅被"评"上了甲级战犯,而且还在监狱里扎扎实实地待上了12年。

出狱后的星野,完成了一本带有自传性质的小书《未完的梦》。在书的后记里,他这样写道:"欧恩·拉铁摩尔把满洲称作东亚动乱的摇篮,满洲国成立之前的满洲确是如此。前去参加满洲国建设的人们所怀的真挚的心愿,是要彻底改变这种状况,使满洲成为东亚和平的摇篮。当然,不能否认,人们的行为不可能尽如理想,而会经常犯一些错误,特别是失之于自以为是。"①

一些左派的日本评论家,将这最后的"失之于自以为是"几乎肯定地与岸信介挂钩起来。他们认为正是岸这只"妖怪"在"满洲"的胡作非为,导致了"满洲""被逐渐搞成了一个无可挽回的消耗战的进攻基地"。② 日本这个民族荒谬的是,扛了那么多重型武器冲到你家里一顿扫射,居然还说是怀着"真挚的心愿"要把你家建设成为美好家园。从这些显然的"抱怨"来看,日本法西斯的组成人员从类型上讲,除了以摩羯座东条英机为代表的酷爱做小笔记、为人严苛、偶发歇斯底里,同时不乏强烈"权欲"与"物欲"的经典法西斯人物形象外,③白羊座的星野也算一类,以"奋不顾身"和"假扮白痴"为其行为的主要特点。岸信介会与前者很快结成死党,而与后者始终保持不温不火的关系,个中的缘由并不难解。因为对一枚超级腹黑野心勃勃且自以为是到极点的天

① 作为战争结束前与岸信介相处时间最长的人之一,星野直树,这个号称"要把自己的骨头在'满洲'",具有典型白羊座的英雄心理与烈士情怀,每天吭哧吭哧死干活的人,到最后是既没当上"英雄"(只当上了甲级战犯),也没当上"烈士"("烈士"都被送进了靖国神社),却看着那个成天花天酒地、背地里不知道搞些什么名堂、回忆起来几乎没干过几件实事的家伙,最终不仅逃脱了牢狱之灾,而且还被人供奉起来作了"妖怪",心中的不满和无语也只能通过一句"失之于自以为是"来控诉发泄一番了。参见[日]田尻育三等:《岸信介》,北京大学亚非研究所译,吉林人民出版社1980年版,第70页。

② 同上注。

③ 关于对东条英机个人形象的描述可参见大量的论著,重点推荐:[美]约翰·托兰:《日本帝国衰亡史1936-1945》(1~4卷),郭伟强译,中信出版集团2015年版;另可参考[日]岸信介、矢次一夫、伊藤隆:《官场政界六十年——岸信介回忆录》,周斌译,商务印书馆1981年版,第20页。

蝎而言,装傻充愣的事情是没兴趣配合你的;但是跟有想法又务实的人商量,如何借“满洲”“这个日本有史以来的最大问题”“为日本的利益服务”,为将来个人仕途的发展谋取更多的资本,倒是桩值得“豁出命来认真对待”①的事情。

“豁出命来认真对待”——大概也只有一枚纯正如岸一般的天蝎才会毫不忌讳地将“死亡”挂在嘴边,这或许是源自于一颗真正怕死的心。不过,由于频繁地接触死亡议题,所以当真的死亡扑面而来时,天蝎反倒成为最不容易丢掉性命的那一个;而周围的,包括那些深受天蝎影响的人或者国家,倘若也试图游走于剃刀的边缘,或者尝试从极端的经验里获得蜕变和升华的机会,其结局往往是异常悲惨的。

从当时的历史情势来看,东条的倒台乃至整个日本的战败可谓不可逆转,但许多人乃至岸信介自己,都更愿意将这一切的发生归结为岸的所作所为。只不过相较于岸说的“大义凛然”,兜转于悠悠众口间的解读就显得不那么高尚了。东条内阁时负责给皇宫传递情报和意见的细川护贞在日记里记载道:“岸在任上曾接受数以千万,夸大一点说,数以亿计的巨款。鲇川、星野也搅和在一块,结果这两人分赃不均,遂导致了东条内阁的垮台。”②

值得注意的是,尽管没有任何证据表明岸接受过大量的政治献金,但即使是正儿八经撰写“岸信介传记”的作者——除岸信介本人以外,也都不太相信岸是个与金钱无关的政治家。当然,将岸与钱关联起来并非是一种全然贬义的描述;在日本,至少55年自民党成立以来的历史已清晰表明,凡是被公认为日本政坛最具能量的人物,如奠定“美日安保”格局并开创了“岸流政治”的岸信介,又如主导恢复中日邦交且留下“田中流政治”遗产的田中角荣。他们其实都具备了一项与小政治人物相比异常强大的技能,就是——搞钱。

这是一项能够决定近代日本历史走向、影响大多数日本人民生活

① [日]田尻育三等:《岸信介》,北京大学亚非研究所译,吉林人民出版社1980年版,第20页。

② 同上注,第50页。

状态的特殊技能。

十二星座当中,被认为与“钱”这种东西存在天然羁绊的是金牛座。然而通常情况下,金牛并不能成为富豪榜上排名最前端的人物。可能是因为这个星座太喜欢钱了(代表人物如田中角荣),不论做生意还是做政治,他们都希望钱能经过自己的手再流向其他地方。这种“现金交易”最大的不利之处在于,当交易数额变得异常巨大,留下的痕迹特别明显的时候便容易让人产生不安全的感觉。美国人把田中拿下,一方面可能犹如日本评论家们所猜测的那番,是对田中抢在美国之前和中国建交这种急吼吼抢钱行为的报复;①另一方面,日本评论家们或许也实在低估了美国人的智商,美国人看到自己“附属国”的领导是这样一个品位,底下做事不干净,为了做生意连主子的脸面利益都顾不上的人,内心深处会怎么想?难道会放任这种毫无安全系数可言的人,一直上窜下跳到某年某月某日突然爆掉了再把主子一块儿拖累?

经过“洛克西德”②一案,日本政坛算是理清了一个思路,金牛田中的“现金交易”尽管诚信度高、效率有保障,但在美日主仆关系不变的前提下,为了大家的安全考虑,台面上最好还是拜天蝎岸所坚持的“过滤交易”为“正统”的资金调遣模式。

不过“正统”并不意味着绝对安全,历史的进程往往饱含吊诡的逻辑。回首往事,如果没有岸信介在“满洲”的活跃,包括实施五年经济计划以及隐蔽地调遣各种资金给关东军使用,作为日军最强战斗力的关东军能否诞生,作为参谋长的东条英机,能否因治“满”有功而被提

---

① 对田中角荣“现金交易”及此后“洛克西德”一案的评论,参见[日]読売新聞政治部編:《権力の中枢が語る・自民党の三十年》,三阳社昭和60年版,第152~170页。

② 同上注。此外根据百度的解释,发生于1976年的洛克希德事件,与昭和电工事件、造船丑闻事件、里库路特事件并称日本战后四大丑闻事件,然而洛克希德事件并不是由日本司法机关发现的,而是始于1976年2月在美国爆出的“洛克希德公司行贿案”。洛克希德公司是当时美国最大的飞机制造公司和军火供应商之一,该公司主要是依靠行贿打开国外市场的,因此,美国的许多飞机制造商向美国参议院外交委员会跨国公司小组进行了举报。此案直接导致了此后田中角荣的下台。参见 http://baike.baidu.com/link?url=VuWj1OH-ASoOoB7UmGqvwQkAfAj1M-C3XKMv3pd4hKarGw0l6puJIv_hcol1N6fD,访问日期:2016年4月1日。

拔到陆相的位置便构成了疑问。而倘若没有岸信介在资金上的鼎力相助和精神上的鼓舞刺激,被石原莞尔嘲讽为“没有主见”“只具备上等兵头脑”的东条英机,能否再接再厉攀登上权力的高峰、扮演表面风光实则风险最大的“独裁者”角色便成为另一个疑问。进一步地,如若没有身为商工大臣的岸信介对整个国家生产军需产品潜能的全面激发,对整个国家进入到歇斯底里状态的循循善诱,这个国土面积狭小、自然资源有限的国家,会不会罔顾现实而挑起针对四面八方的战争?是否尚存一丝可能避免因全面战争而导致的全面战败?以及,避免因自身的暴虐行径而导致的包括日本人民在内整个东亚地区的生灵涂炭,便构成了此间最大的疑问。

人与人之间的命运走向竟有如此之大的区分。整个20世纪的日本,凡是能划出巨大声响的人物,基本上不是剖腹自杀,就是被绞死、罚死(包括受罚抑郁而亡),唯一的例外是岸信介。然而从事物发展的逻辑来看,日本之所以会进入到如此丧心病狂的状态,能量巨大的岸信介可谓“功不可没”,甚至可以说没有他,后面这么多事也不一定会发生。可是,当整个国家濒临死亡的边缘、数以千万的人民为盲目的战争付出了生命的代价,诱导国家步步陷入深渊的关键人物——岸信介他居然就没有死,而且还带着垂死的日本一块儿“起死回生”了,正如一只标准的天蝎所具有的躲在暗处、将事物不断推向极端状态、与死神共舞并最终置之死地而后生的能量。

“巨大的阴谋”是一些评论家们赋予岸信介的巨大的想象。的确,没有前人的死,就没有后人的生;没有东条们的彻底灭亡,又何来他日岸信介的独步天下?但这里面所蕴含的能量运作方式,尤其是以几千万人的死和一个国家濒临灭亡的状态换得的重生和飞跃,又岂是一个阴谋家——哪怕他是一枚纯正的天蝎所能够操纵的?日本人民凭着长久以来形成的经验和群体性的直觉,将这一切的发生归结为一种不可思议的能量存在——“妖怪”。这个如今被归类为民俗学研究范畴的概念,“妖怪”在日本依然保持摄人心魄的魅力,不仅充斥在满大街的动画片广告片中,也越发受到日本学术界的普遍重视。这里面的原因值得深究,一个符合民俗学功能理论的猜想是,对于一个讲求迷信、神神道道的国度而言,“天蝎”或“妖怪”所裹挟的历史真相,乃至这个社会机体内部最深刻的需求,可能远比史书精心记载的内容,又或是政治哲学用抽象语词堆砌起的思辩来的更为靠谱,也更具说服人心的力量。①

“妖怪”的能量运作方式与日本国家的内在需求

那么,“妖怪”究竟是什么东西呢?

伴随日本经济的持续低迷和“妖怪”在日本社会的长期走红,一向以西方学术界马首是瞻的日本学术界也终于幡然醒悟,于最近几年陆续推出了几部与“妖怪”有关的重量级研究成果。其中最引人注目的是由当代著名民俗学研究者、“妖怪”专家小松和彦教授牵头整理、于2013年出版发行的堪称“妖怪学”的集大成者《日本怪异妖怪大事典》。可能受到此书出版或者其他事物的影响,被誉为日本“民俗学之父”柳田国男的经典妖怪论著《妖怪谈义》也于2014年首度发行了中文版。加上2012年翻译出版的柳田的另两部代表作《远野物语》和《日本昔话》,中国人民在土星再次回归天蝎的年份里,不仅亲眼目睹“天蝎”/“妖怪”的遗传基因在政治外交层面的生长和突变,也通过精神文化领域内的交流,强烈感受到阴暗潮湿的海岛国家对“妖怪”发自于内心深处的呼唤,以及对其具体的审美。

在《妖怪谈义》的首章“妖怪谈义”中,柳田向人们重点介绍了置行堀、背背、隐里等妖怪的故事。能够被“民俗学之父”从成千上万只妖怪中提拔出来并置于人们视线的顶端,②这几只妖怪,纵使名气不是最

① [日]柳田国男:《妖怪谈义》,贾胜行译,重庆大学出版社2014年版,第114页;[日]伊藤幹治:《日本人の人類学的自画像·柳田国男と日本文化論再考》,筑摩书房2006年版,第135~140页。

② 根据《日本怪异妖怪大事典》的整理,流传至今的妖怪故事大概有3万多例。参见[日]小松和彦等编:《日本怪異妖怪大事典》,东京堂2013年版。

大,也应当极具代表性。

以置行堀的故事为例:某天,四助在山里遇上了大雨就跑到河堤下躲雨。见不知从何处传来了“要塌了要塌了”的声音,举目环顾却没看到任何人,于是便对这个声音说:“要塌就让他塌吧”。话音未落,堤坝轰然塌下,四助身边涌现出堆积如山的红薯。三助闻知此事后羡慕不已,便也起身前往那座山。他在经过一棵松树下时听到不知从何处传来“要流了要流了”的声音。“要流就让它流吧。”三助如此一答,大量松脂一齐流下,将三助的身体紧紧包裹住使其动弹不得。三助的父亲半助打着火把前来山里寻他,听到父亲“喂”的呼唤三助也以“喂”作出回应。父亲循声走近并用火把一照,火苗忽然点着了松脂将三助活活烧死了。他的父亲半助也因受到惊吓而脚底打滑跌下了山崖。①

想必任何一个对日本近代历史有所了解的人,在读了点柳田收录的妖怪故事后,都会恍然大悟于这位或多或少也带着那么点印象派色彩的人物,为何会被供奉为日本民俗学的一代宗师。柳田总结自己所作的学问:“与许多历史学家并无二致,只是方法略新而已。”②可惜历史学家在20世纪上半叶的日本政坛属于完全吃不开的类型(这点与中国不同),唯一一个历史学爱好者也是“满洲事变”的策划人,传说中被某位射手座同学另眼相看过的男人,眼看就要靠着自己对战争史的一份狂热上位成功了,也就因为多读了点书,在关键时刻摆了摆所谓的历史经验(比如,冲到卢沟桥现场宣布“不能再流了”),最后被他的同僚们挤兑到什么奥林匹克大学教书去了。

作为首个也可能是唯一一个提出“持久战”理论的日本人,石原莞尔在日本社会享有“神”的美誉,但在军部系统内部,更多人会选择在这个“神”字后面多添两个字,以显示出此君的确出类拔萃的思维方式以及常人难以企及的精神气质。岸信介在战后比较过他的两位老领

① [日]柳田国男:《妖怪谈义》,贾胜行译,重庆大学出版社2014年版,第21~22页。

② [日]福田亚细男:《日本民俗学方法序说——柳田国男与民俗学》,於芳、王京、彭伟文译,学苑出版社2010年版,第36页。

导,说:“东条这个人实际上是个实干家,不把事情安排得有条不紊,就放不下心来,而石原不局限于这些,可以说是个天才……”①

关于如何正确理解“妖怪”的语言,我们除了要多读两遍“妖怪”的原话外,也不能忽视民俗学家的研究成果。比方,柳田就曾这样总结河童:“虽然当它们幻化成人类的小孩后,会用日语或者方言说出‘我们去游泳吧’或‘来摔跤吧’之类的句子,但你只要仔细地反复多听几次,就会渐渐不明所语……”②

这里充分反映出作为“民俗学之父”柳田国男扎实的学术功底,他居然可以用寥寥数笔就勾勒出“妖怪”与一般正常人或者不正常人之间的区别。要知道石原莞尔从来都是不会“不明所语”的,他都是要把话说清楚的,所以他是始终说不清楚话的,也做不到像“妖怪”那般吸引他人来听自己讲话。最有说服力的例子,日本决策层听取了岸信介几乎所有的“经济统制计划”,而将石原莞尔耗尽毕生心血、努力构建的皇皇巨制“终极战争理论”搁在了一边。

一直以来心存的一个疑问是:如果石原桑活在当下,他会成为一位“民科”吗?

关于日本决策层为何没听从石原的计划,即先巩固“满洲”地区、经过若干个“五年计划”后与苏联一决高下,再南下中国展开可能的“持久战”,再横扫东南亚拿下所有的资源地,最后以整个东亚文明的代表与西方文明的代表美国进行所谓的“终极决战”,③这是因为,根据当代日本历史学家的有关研究,这个计划从一开始就面临经济层面的严峻挑战。山本有造指出,日本之所以会罔顾石原莞尔撕心裂肺的“不扩张不扩张”的呼喊,最后搞到不得不全面侵华的地步,是因为东

① [日]岸信介、矢次一夫、伊藤隆:《官场政界六十年——岸信介回忆录》,周斌译,商务印书馆1981年版,第16页。

② [日]柳田国男:《妖怪谈义》,贾胜行译,重庆大学出版社2014年版,第59页。

③ 石原对整个计划考虑得很周全而且写得也很努力……参见[日]角田顺编:《石原莞爾资料·国防策论篇(增补篇)》,昭和46年版,第182~328页;另可参见[美]约翰·托兰:《日本帝国衰亡史1936-1945》第一卷“乌云压顶”,郭伟强译,中信出版集团2015年版,第56页。

北和华北、华中是一个统一的系统。也就是说，东北的大豆等农作物的生产，完全有赖于华北劳动力的提供和华中市场的支持。而宣告“满洲独立”就是活生生将这个系统撕裂，如果没有及时替补上劳动力、市场或者发展出其他具有一定规模的经济形态，那么整个东北就将面临日益萧条的窘境。[①]

在这个意义上，我们便很容易能够理解为什么“妖怪”的后人会对“侵略”这个词反应如此之大，非要强调此词在“学术”上的争议。只要遥想当年“妖怪”刚踏入中国东北时所面临的景况，这里有一大片石原桑留下的貌似肥沃但其实不知如何收成的土地，严禁资本主义进入中国东北的禁令（因为石原担心资本主义的流入将磨灭人的心智，从而影响到最后的“终极决战”[②]），以及东京必须源源不断向关东军提供军需物资的令人无可奈何的现状。你叫“妖怪”以及“妖怪”的后人如何从心底里接受“侵略”的固有定义，你起码得让他先有个回本，然后才来谈“侵略”吧。

民间历史学爱好者通常容易被人诟病的地方在于，他们往往希望一举解决某个重大的历史难题（比如日本先天性的资源紧张问题），或者致力于建立某种庞大的理论体系（比如“终极战争理论”或“五族协和计划”[③]），但却不接受也不了解历史学共同体的基本范式。因此专业的历史学工作者大多对民间历史学爱好者持否定态度，认为不能与其进行基本的学术交流。[④] 最能说明两者间根本无法沟通的例子是，在对外战争一事上，作为民间历史学爱好者的代表石原桑要求一步步

---

① ［日］山本有造：《日本植民地帝国の展開と構造》，载《国際関係のなかの日中戦争》，慶應義塾大学出版社 2011 年版，第 161 ~ 165 页；更详细的分析见［日］山本有造：《“満洲国”経済史研究》，名古屋大学出版会 2004 年版。

② ［日］原子昭三：《“满洲国”再考》，展転社 2001 年版，第 84 ~ 87 页；［日］宫崎学：《安倍晋三の敬愛する祖父岸信介》，同時代社 2006 年版，第 58 页。

③ ［日］松沢哲成：《“满州建国”の理想と現実》，载太平洋戦争研究会：《石原莞爾と满州事变》，PHP 研究所 2009 年版，第 184 ~ 201 页。

④ 此段文字参考了百度关于“民科”的解释，具体参见 http://baike.baidu.com/link?url=85n42ldTBCjhmxdBZXr9RC6oDVx8g1tGsn7hfQAEsIUr7sDojro55UF-qe_1b8X17UB-GpRc-nbKjWebRj79MK，访问日期：2016 年 4 月 1 日。

来,然后死活不管就跨出了第一步;而专业历史学工作者则认为一步步来根本就不现实,因为有了"四助"就必然会有"三助"……①

从日本可以派一个民间历史学爱好者前往中国东北主事,以及"满洲事变"不经日本国家领导层批准便可搞成这两件相互有关的事来看,至少在20世纪30年代附近,专业的历史学工作者在日本仍属于绝对少数。这充分证明了人世间出现的许多祸害,其实与人类文化水平太低之间存在着密切的因果关联。但祸既然已经闯下,总得有人来收拾,所以东条英机不是白痴,白痴当不上日本首相;"只具备上等兵头脑"倒是有这个可能,可一副上等兵的身体不也只能搭配一枚上等兵的脑袋吗?

"妖怪"的厉害之处在于,他是正宗的学院派出身,所以一眼就能够洞穿"民科"们所普遍具有的幻觉感。但他又不是真的学者,所以在认清什么是这个社会机体内部最真实的需求后,他可以轻而易举地突破文化人应有的道德底线,在挑逗和利用这种需求的基础上肆意追求和展现他以及所有人欲望的极限。《妖怪谈义》《远野物语》和《日本昔话》里记载的妖怪大都具有这般的能量运作方式。

以妖怪中最高能量级别的代表天狗为例:一个年轻人因为与人打赌独自爬上了一座据说有天狗出没的高山,结果到了山顶时发现巨岩上有三个高大的男子,面前放着成堆的金银。年轻人想要靠近看个仔细,却瞧见其中一个男子转过头来对他怒目相视,眼神极为可怕。年轻人赶忙说自己迷路了,对方瞅了他一眼说道:"那就应当送你一程",于是便送他下了山。待到快近山脚的时候,年轻人回头一看,山中异人已消失得无影无踪。②

① 专业历史学工作者的治学能力不仅反映在他们对历史为什么会这样发生而不是那样发生的解释上,更反映在他们对漫长历史逻辑的梳理和历史规律的总结上。具体参见[日]柳田国男:《远野物语·日本昔话》,吴菲译,上海三联书店2012年版,第110页。

② [日]柳田国男:《远野物语·日本昔话》,吴菲译,上海三联书店2012年版,第21页。必须再次说明的是本文对柳田国男这两部经典著作的引用大体用的是2012年这个中文译本,但也有部分内容根据日文原版做了重新翻译和缩写,日文原版参见[日]柳田国男:《遠野物語》,集英社文庫1991年版;[日]柳田国男:《日本の昔話》,新潮文庫1983年版。

想来能把人的欲望激发到极限的故事,也只能以如此平淡的方式展开。当然再平淡,只要我们拥有一颗同理心,便一定能注意到“年轻人”在言行举止间流露出的性格特征以及“天狗”表明自己身份的方式——“面前放着成堆的金银”。倘若翻看柳田国男的一系列著作,会发现后者绝不是一个孤立的形象塑造,包括静饼、背背石、团三郎在内的一众日本妖怪,他们展现法力的途径可比中国《山海经》《西游记》里出场的妖怪朴素的多,有时朴素到估计孙悟空知道了都不好意思跟人家过招。因为在许多场景下,他们甚至连最基本的“变身行为”都可以省略,更别提会像中国妖怪那般使出十八般武艺、外加编派几个世纪的阴谋故事而只为吃上一块“唐僧肉”。它们似乎只须不经意地显摆出随身携带的财物就足以证明自己是妖了。①

当然并不是所有的妖怪都会通过“摆阔”来彰显自己妖的身份,在上述的几本经典著作中,柳田也向我们展示了另一路妖怪的出场模式。典型如山佬:某个村庄里住着一个桶匠,一天晚上,他来到屋外,一边撒尿一边自言自语说:“哎——真想讨个不吃饭的老婆啊!”于是当天晚上就有个陌生女人找上门来说:“我是个不吃饭的女人,而且很勤快,快娶我做老婆吧!”不管怎么拒绝,她都不走。没办法只好留她做了媳妇。她的确勤快能干一点东西也不吃,但不知为什么,米缸里的米却在不知不觉间越来越少……②

相信在广大中国读者眼里,本故事的最大亮点恐怕并不在妖怪所展现出的抢米本事,而大概会集中于桶匠的神之一呼“真想讨个不吃饭的老婆啊”。如果把这个故事继续下去(当桶匠发现原来是山姥在偷他的米后,就想把她赶走,结果在与山佬打斗的过程中,被山佬的法力震的屁滚尿流连滚带爬,最后好不容易因为山姥的眼睛偶然被菖蒲叶子刺中才得以死里逃生),会发现这个桶匠身上不断涌现出的既贪

① [日]柳田国男:《妖怪谈义》,贾胜行译,重庆大学出版社2014年版,第96～99页、209页、226页;另外关于中日妖怪的比较研究可以参见[日]諏訪春雄:《霊魂の文化誌　神・妖怪・幽霊・鬼の日中比較研究》,勉诚出版社2010年版。

② [日]柳田国男:《远野物语・日本昔话》,吴菲译,上海三联书店2012年版,第120页。

婪又胆怯的性格特征,与天狗故事对“年轻人”的刻画几乎如出一辙。想想也是有意思,明明都是胆子小到极点的人,明明知道山上有天狗、吃米的是山佬,居然还敢豁出命来地爬山撞大运、不怕死地跟妖怪抢大米,这里面究竟是怎样的一种内在动力和精神能量支撑着广大日本人在做而且还一直在做这样的事情?

我们要感谢日本的民俗学家。因为倘若不是民俗学研究的倾情呈现,我们又岂能做到像日本妖怪那般切身的体会,这样一个一度发达成为世界人均GDP最高、至今依然保留着向外撒小钱(因为胆子小,所以必须花钱买保险)习惯的国家,居然发自于内心深处的,是对“米”这样的东西近乎穷凶极恶的渴望,甚至不惜强摁住自己极度柔弱的心脏、不惜铤而走险、不惜把“妖怪”都想象成拥有大量财富或者是有本事攫取大量财富的人。这或许与日本从来贫瘠的自然资源、原始族群赤贫的生活状态有关。当然,随着社会的进步、财富的积累,尤其是明治维新和“二战”后经济发展的成功,人们的外在,因衣食充裕而变得平静谦和、好善乐施,但穷怕了的内心依然时不时地跳跃一番,以臣服于“妖怪”的所谓“古风犹存”①的名义。

关于这犹存的“古风”,以柳田国男为首的日本民俗学家从来都是主张“尽可能具体地探究出其根源所在”,同时又不断强调“变迁”②在探究过程中的重要性。所以一直以来,柳田流的民俗学家都喜欢盯着民俗学的最经典问题反复追问:“那为何妖怪的故事还在这世间流传?”③“为何岸信介的故事还在这‘满洲’流传?”“为何岸信介的故事还在这‘昭和的日本’流传?”“为何岸信介的故事到今天还在流传?!”

作为一个既非出自四大财阀所以并不是特别有钱,又非出自军部所以其实也不具备直接抢钱能力的人,“满洲之妖”或“昭和之妖”,他究竟依靠着什么,居然可以在孤立破碎的因此经济一片萧条的土地上

① [日]福田亚细男:《日本民俗学方法序说——柳田国男与民俗学》,於芳、王京、彭伟文译,学苑出版社2010年版,第5页。

② 同上注,第37页。

③ [日]柳田国男:《妖怪谈义》,贾胜行译,重庆大学出版社2014年版,第9页。

玩的那样的风生水起？难道这个世界上还存在着一种“妖怪”，他们展现自己法力的方式就是每天忙着飞来飞去吃来吃去牵来牵去搭来搭去：一会儿把包括日产总裁鲇川义介在内的一群日本财阀“哄”到“满洲”，一会儿又将东条英机等一堆的“满洲上等兵”“拱”到东京，经常性地让别人给别人做事，别人给别人送钱，甚至拉了一批社会闲散在中国全境批鸦片，收了一批社会正经人士兼职做他的“过滤器”？[①] 难道除了天狗和山佬，这个世界上还存在着一类“妖怪”，他们虽然也共享了大妖们喜欢把人类往欲望的鬼门关里推的风俗习惯，但不再示人以“怒目”或者“强盗做派”，而是展现出一种“助人为乐”或者“帮人发财”的精神风貌，[②]因此他们可以长期地与人类厮混在一块，因此，在被证实了自己的“妖怪”身份和风貌背后的斑斑劣迹后，他们依然可以毫无顾忌坦然自若甚至充满革命乐观主义精神地对公众发表宣言：“我们这些战争领导人，有责任从长远角度为日本的未来奠定基础”？[③]

柳田国男再次以他的强大实力证明了他的民俗学研究方法——“借助直接调查进行比较研究，从迄今尚未有过的认识角度出发，以阐明日本人特有的精神生活”[④]的经典有效。在《日本昔话》里，他收录了一篇有关“稻草富豪”的故事，文中处处弥散着的“观音”能量，似乎可以被视作为类似岸这样的“妖怪”存在的证明：一个人穷得简直活不下去了，每天祈祷，突然出现一个观音对他说：“在你回去的路上，最先捡到的东西，不论什么，就当本人赐给你的。”男人果然被路上的一根稻草绊倒而展开了他的奇遇：他先是用这根草逮住一只牛虻，和一个喜欢牛虻的小孩交换了三个上等柑橘；又用这些柑橘救了一个快渴死的贵

---

① ［日］宫崎学：《安倍晋三の敬爱する祖父岸信介》，同時代社 2006 年版，第 205～207 页；关于岸信介在“满洲”的大量“事迹”请参见太田尚樹：《満州裏史・甘粕正彦と岸信介が背負ったもの》，講談社 2005 年版。

② ［日］田尻育三等：《岸信介》，北京大学亚非研究所译，吉林人民出版社 1980 年版，第 75 页。

③ ［日］岸信介、矢次一夫、伊藤隆：《官场政界六十年——岸信介回忆录》，周斌译，商务印书馆 1981 年版，第 45 页。

④ ［日］福田亚细男：《日本民俗学方法序说——柳田国男与民俗学》，於芳、王京、彭伟文译，学苑出版社 2010 年版，第 5 页。

妇人,因此获赠了三匹上等的布匹;再撞见一个正为自己倒毙的马发愁的武士,用三匹布中的一匹换得了这批死马,没想到马后来又活了过来,又用剩下的两匹布换来了麦子、饲料和马具,骑着马回到了京都;恰巧遇到一个苦寻好马准备远行的人,被人家相中了马,于是获得一块水田作为报酬,此外还免费获得这个将要远行人的房子作为临时房子居住。就这样,一个原本穷的快死的人,因为捡了根稻草,最后过上了有田可种有房可居的富农日子。当然故事到这里还没完,最可能使广大中国读者眼前一亮的是故事的结尾部分——那个房主因为多年都没有回来,房子也就自然而然变成捡草人自己的了。①

"房子也就自然而然变成捡草人自己的了",读到这里,不知道有多少读者会会心联想到当年包括石原莞尔在内的一批法西斯军人,在中国大陆所呈现出的"精神病人思维广",可能并非由突然变开阔了的视觉经验刺激导致,而是源自于一种柳田所谓的"日本人特有的精神生活"。当然,"日本人特有的精神生活"是那样的丰富和那样的充满格差,以至于在大家都是摩羯座的前提下,一个有着这样的"精神生活"即对未来充满着绝对畅想又不乏理性边界、认为"房主多年没有回来"才是"稻草富豪"成功关键的"民间历史学爱好者",会完败给一个有着那样的"精神生活",即不追求宏大叙事只追求眼前利益、每天靠艰苦劳作和忙着记录各种小笔记来满足内心各种安全感需要、坚持认为只有靠一次次的以小博大和一回回的落袋为安才能够成就最后富豪的"上等兵"。

如果以上的"比较研究"还不能尽现"日本人民特有的精神生活",那么按照柳田国男的建议,我们似乎还可以"从迄今尚未有过的认识角度出发"对许多故事再作进一步探究。比如,针对上述的"稻草富豪":这个男的究竟使用了什么样的高超技术可以用草逮住牛虻,又是何等的机缘巧合让他拿着牛虻碰上了喜欢牛虻又有橘子可以交换的小孩,以及此后,究竟是神还是人的安排让这本该毫无关联的"快渴死的

---

① [日]柳田国男:《远野物语·日本昔话》,吴菲译,上海三联书店2012年版,第138~140页。

贵妇”“死了又活过来的马”“缺马的远行者”等全都按顺序撞到了一块，又是怎样一种不可思议的能量，让这表面看起来根本不相匹配但事实上又存在着交换需求的“交换行为”一桩接着一桩顺利地完成？

尽管“稻草富豪”巧妙地将观音作了隐蔽处理，它只在故事的开头露了下脸、表明了下态度，此后便不知所踪；但日本人民依然凭着长久以来形成的经验和群体性的直觉，将这一切的发生归结在了它的头上。当然，一旦这一点获得了释疑，那么包括“民间历史学爱好者”为什么会败给“上等兵”、“上等兵”又怎么会坐到了“首相”的位置、“首相”又为何会带着全体日本人民走向全面战争集体暴走的道路等一系列历史问题在某种层面上就属于不证自明了。要知道不管是这里的观音，还是那里的天狗、山佬，又或是那一大群诱导人类步步突破理性边界、步步迈向欲望深渊的置行堀、背背、隐里等，它们实际上都遵循着作为妖怪们的共同行为准则——它们只选择那些身上集中反映了广大日本人民思维习惯性格特征以及心理需求的人类作为自己帮助的目标和引诱的对象。

所以，岸信介的每次行为到最后总会被历史证明是对他最有利的选择，总有他一定的道理。除了一直以来所坚持的“反骨”（一种奇葩的天蝎座性格），使他总能成功捕捉到机会和逃避掉风险以外，如今看来，恐怕还有一条足以保证其“一直走运”的理由存在。那就是：作为妖怪，岸信介始终选择并只选择，与广大日本人同在。

另一种边界，因为爱憎分明

当然不管怎么“选择同在”，岸信介在第二次世界大战结束时成为甲级战犯嫌疑犯，在20世纪60年代由首相变身成为“全名公敌”而后被迫下台也是不争的历史事实。关于后面这场由“美日安保条约”的修改所引发的“全民倒岸”运动，岸自己曾作过这样的预判：“这件事如何评价得过了50年才知道。”[①]结果50年弹指一挥间,日本民众再次用选票将摆明了要追随他外祖父脚步的安倍晋三送上了首相的位置,并且事实上保送了“美日安保条约”往同一方向再次作了成功修改(尽管此轮修改依然遭到人们充满激情的反对,但比起20世纪60年代岸政权在操作此事时所遇到的阻挠,显然已不可同日而语)。这是否再次证明了“妖怪”所拥有的坚强的实力:哪怕表面一度遭遇了挫败、一时陷入了低谷,但以一个更长时段和更广范围的历史视角来看,它还是始终牢牢抓住了日本人的心?

虽然我们已知道妖怪的能量不可估量,但依然很想弱弱地问它一句:“你究竟是怎么做到这一点的,尤其是在身为甲级战犯嫌疑犯和几乎人心尽失的情况下?”

历史的镜头转向“妖怪”第二次世界大战后第一次时运的转折点。

1948年12月23日,岸信介正式从关押他三年的巢鸭监狱获释。根据相关文献的记载,他是身着工作服(劳改服)、头戴战斗帽、脚上穿着一双帆布鞋、剃着光头、蓄着胡须、一脸乞丐相地冲到了他弟弟佐藤荣作的官邸。令人感到惊奇的是,当佐藤见到这副卖相的岸信介然后问他需要自己做些什么时,岸想了想,竟回答道:“其他就算了,先给我来一盆金枪鱼生鱼片吧。”[②]

此番回答已充分验明了此人“妖怪”的身份并且提醒身处21世纪的我们,是否需要以更加严肃和认真的态度来审视岸信介的另一项重要身份——以目前所掌握的星座知识,日本人剖腹和嗜吃生鱼片的习俗应与天蝎座的能量有关。[③] 而当一个日本人正处于一大群同僚已剖腹、他没有剖腹、刚刚重获天日、连劳改犯的衣服都没有换掉的状态,居

---

① [日]田尻育三等:《岸信介》,北京大学亚非研究所译,吉林人民出版社1980年版,第174页、153页。

② [日]岸信介、矢次一夫、伊藤隆:《官场政界六十年——岸信介回忆录》,周斌译,商务印书馆1981年版,第59页;[日]田尻育三等:《岸信介》,北京大学亚非研究所译,吉林人民出版社1980年版,第110页。

③ [英]苏·汤普金斯:《当代占星研究》,胡因梦译,云南人民出版社2010年版,第57页。

然首先想到的是吃生鱼片，并且在此后较长的一段时间内都在琢磨着要不要开家专门吃生河豚的料理店。[①] 这足以证明此人的天蝎能量有多么的强悍！

关于天蝎座，民间的研究资料可谓汗牛充栋，但依然不能对这个星座等闲视之，哪怕它的主宰行星冥王星已被降格为矮行星。这不仅仅因为如今，冥王星正不断地向地球传来史上最清晰的照片，以及引力波被证实存在。更关键的理由在于，人们相信凡与天蝎有关的国家，往往更容易讲求迷信神神道道同时在高能状态时会变的阴戾狠绝不择手段。这一点亦可以得到事实方面的支持。例如1930年，伴随着天蝎座的主宰行星之冥王星被人类的正式发现，中华民族竟在众目睽睽之下，以一种史诗般的悲壮，彻底沉沦到了自1840年被侵略历史开端以来的最谷底。就连被漫长的文明史反复证明了无法与华中、华北乃至整个内陆地区断然切割的东北三省，都已然成为了对天蝎能量敏感的邻国所觊觎的对象。岸信介对"满洲"陡然产生的兴趣是否与整个日本国家对中国大陆升起的欲望一样，与天蝎能量在那段时间的极速加剧存在某种内在的关联，人们并不十分清楚。但显然，比起同为摩羯座的石原莞尔和东条英机，群星落天蝎的岸信介对如何把握"满洲"这个日本人此前从未踏足的土地，有着更多此后被证明是行之有效的办法。他一直以来惯用的便是以水象星座所特有的能量运作方式，将"孤立"的因此缺乏生机的"满洲"与日本本土在人口、资源等各方面作全方位的交融与整合，以蔓延于整个日本和"满洲"的水的能量，来侵略和坐实这片原本与日本没有任何关系的土地。

一位对中国佛学颇感兴趣的西方学者，曾经选译了一段据说源自于中国11世纪某位思想家的文字（从内容上看应出自对《道德经》的注释），来比喻水象人所具有的这种牵连一切进而淹没一切的能量：

水虽然柔顺，却无坚不摧。水能熄火，也能变成烟雾而脱身。水能冲走柔软的泥土，碰到岩石会绕道。它能渗透大气，让风止息下

① ［日］岸信介、矢次一夫、伊藤隆：《官场政界六十年——岸信介回忆录》，周斌译，商务印书馆1981年版，第60页。

来。水以伪装的谦卑臣服于眼前的险阻,但没有任何力量能阻止它流向大海。水借着臣服来征服;它从不主动攻击,却总能在最后的战役中胜出。①

令人不感到意外的是,在与中国一衣带水、同样广受佛教文化影响的日本,一代民俗学大师柳田国男也曾留下许多与上述文字意思颇为相通的“记录”。当然,柳田所要描述的并不是以“天蝎”为代表的水象星座,而是以“河童”等为代表的水里的妖怪:

河童跟人类比赛摔跤的传闻在东日本甚少听到,在西日本却很多。在这类传说中,起初只会有一只河童现身,但不管与其比赛的那人是赢了还是故意输掉了,比赛过程中都会不断有河童加入……虽然九州地区的河童在和人类比赛时会化作人类小孩的模样独自前往,可一旦它觉得自己力不从心了,就会不知从何方召唤来大量的同伴,抓住对方的手,抱住对方的腿,直到对方认输为止。有人说大部分的河童平常都会待在水底,也有人说它们能够随心所欲地变换身形大小……②

对于了解了置行堀、背背、隐里,以及部分天狗、山佬故事的我们而言,尽管西方学者对水象星座的比喻与日本民俗学家对河童的描述,都再次验证了天蝎岸所具有的类似水一般的,能将人带入到无边无界、与深海相连、与死亡相接的“妖怪”能量。但同时,一个令人感到费解的地方也在这些字里行间流露出来,如果说之前出场的妖怪还比较关心人类的物质生活,所以满足了“穷怕了”的日本人民内心需求的话,那么像河童这类专门找人摔跤、有着强烈精神追求的妖怪,它们何以也能够成为日本人民“精神生活”的一部分?

历史的镜头由此转向“妖怪”第二次世界大战后第二次时运的转折点。

1960年6月18日晚,距离新的“美日安保条约”自然生效还剩不

① [美]史蒂芬·阿若优:《生命四元素》,胡因梦译,云南人民出版社2008年版,第113页。

② [日]柳田国男:《妖怪谈义》,贾胜行译,重庆大学出版社2014年版,第58页。

到几个小时,[1]示威群众对首相官邸和岸信介在山口县老家的冲击也已进入到最高潮和最激动人心的时刻。“全学联敢死队要冲首相官邸了”“示威队伍要来抢批准书了”,伴随着这些漫天飞舞在国会议事堂上空、宛如死神邀请书般的情报,岸信介于八点左右走出二楼的总理办公室。他先去了趟卫生间,然后径直来到地下室,那里有农林大臣福田赳夫和劳动大臣松野赖三等人在看电视,岸信介加入到他们中间,一边悠闲地抽着雪茄烟,一边看了将近一个小时的棒球比赛。[2]

相关人员的回忆反复证明着,越是在濒临最危险和最关键的时刻,岸信介越容易表现出处之泰然的神情。这大概是因为日土落天蝎的他确实受到了冥王星强有力的支撑,因此对很多事情都做了比一般人更早也更坏的打算——早在“倒岸”运动中最激烈的“桦美智子之死”事件发生之前,岸就已经向身边好几个人谈到了“死”,包括对当时担任警卫工作的岸派议员崛内一雄讲的“如果日本发生什么变故,美国参议院的批准就没指望了,所以就是死我也得干”;在岸公馆与同乡好友中野仁义说“我必须要干,不管自己落个什么下场也得干”等。[3] 所谓“投之亡地然后存,陷之死地然后生;夫众陷于害,然后能为胜败”,由于天蝎座较之其他星座更敏感于四周围环境的变化,并容易将之与生死联系在一起,甚至,当他的身体能量受到一点点的胁迫或拘束时,他便会认定这是一场生死之战,所以当真的死亡到来之时,他反倒比任何人都更容易抱定与死亡和解的决心。

---

① 关于1960年6月19日何以会成为修订后的“美日安保条约”自动生效日的历史经纬:早在1951年美日便签订了“安全条约”。1959年,在岸的主导下双方开始协商修改1951年的条约,1960年1月19日新“美日安保条约”在华盛顿签订。2月5日此条约送交日本国会批准,但很快激起关于美日关系的激烈辩论,因为左派反对党以及广大日本人民群众的竭力反对,日本“动乱爆发”。最后日本众议院虽于5月20日通过此条约,但因为此后发生了严重的学生和工会示威运动,导致美国总统艾森豪威尔取消了原定访问日本的行程,以及日本参议院未在众议院承认后的30日内投票表决,根据日本宪法的规定,6月19日条约自动通过。

② [日]田尻育三等:《岸信介》,北京大学亚非研究所译,吉林人民出版社1980年版,第172页。

③ 同上注,第171页。

只是让众人感到困惑不解的是,为什么身为天蝎座的岸信介非要把事态逼入如此极端的状态?既然明明已经比许多人更早预料到事态变严重的可能,他难道就不可以妥协一下,或者至少不那么偏执,而非要以参加人数创纪录的全民族示威大游行和自己的被迫辞职来成就那么一件事?

其实类似的问题不仅仅是诸多西方学者针对天蝎座的疑问,像柳田国男这般的日本民俗学家也会在自己著作里时不时地来上一句:"为什么河童一见到人类,就想和人类比赛摔跤呢?"①或者"对于生活在平原的我们来说,似乎很难理解所谓的天狗道"——"天狗道"即天狗的行为标准。按照柳田的说法,"中世以来的天狗传说几乎淋漓尽致地展现出了日本武士道的精髓,至少武士道的特征都在天狗道中显露无遗,尤其是'极端'这一特点,包括孤傲、偏执、恩仇必报、侠义……武士们的品行操守若只停留在中庸阶段就是武士道,若走向了极端便是天狗道,尤其是孤高冷傲、刚愎自用这一点。"②

孤高冷傲、刚愎自用、偏执侠义、恩仇必报,以及最重要的—极端,这些全都是天蝎座的最典型特征。也难怪既是"天蝎"又是"妖怪"的岸信介,在明知全国人民都反对自己修改"美日安保条约"的情况下依然会选择一意孤行,哪怕"是死我也得干"。他在下台后被询问心境时居然颇为得意地说了句"一点儿也不感到遗憾,在某种意义上说,是非常满意地辞职了"。③ 更无怪乎早在之前处理"长崎国旗事件"时,他便以"不能辜负蒋介石的恩情"为由(蒋政权放弃了日本赔偿),傲慢地用"无声"面对中国政府的强烈抗议,这直接导致了中日经贸往来断绝10多年之久。④ 此后,当被问及中美邦交对中日关系的影响时,一向反共亲蒋的岸竟还能大言不惭地对日美当时的领导人提出告诫:"美国当

① [日]柳田国男:《妖怪谈义》,贾胜行译,重庆大学出版社2014年版,第75页。

② 同上注,第197页。

③ [日]田尻育三等:《岸信介》,北京大学亚非研究所译,吉林人民出版社1980年版,第155页。

④ [日]岸信介、矢次一夫、伊藤隆:《官场政界六十年——岸信介回忆录》,周斌译,商务印书馆1981年版,第137~139页。

然要交新朋友,但不能因为交了新朋友就抛弃过去的好朋友……因此既要和北京方面友好,又要考虑和台湾过去的那种亲密关系。”①

关于岸信介拼全力修改“安保条约”、将美日完全捆绑、“至死不渝”的反共、“交好”除中国大陆以外的所有亚洲国家,尤其对东南亚国家更是“出手慷慨”等,担任过岸内阁总务长官的福田笃泰将之解释为一种一以贯之的“政治路线”:“他是反共爱国的,又是亚洲主义者,他维护了自由主义的路线。”②而左派的日本评论家则直接将岸这一系列的行为归纳为“就是打着中立旗号的新殖民主义……就是要建立新的大东亚共荣圈,与战前不同的是,这是一种把中国大陆排除在外的南进论”,③并解释了其中的缘由,“在岸外交路线的深处潜藏着这样一种思想:不要向大陆神手,一伸手就会有危险,因为使他产生这种思想的教训到处都存在。”④

一个在中国大陆捞取了海量的政治资本、可以说就是靠着中国才发达起来的人,居然会对新中国政权产生如此强烈的敌意。倘若以人类的情理标准来看,这不说是狼心狗肺,也起码得用不可理喻来形容了。但如果我们换以一只“妖怪”或者一枚“天蝎”的眼光来审视相关的问题,在明确自己的能量运作方式是“如水般运行”的前提下,你说它是会选择“逆流而上”继续和中国大陆“大干一场”呢,还是会选择“顺流而下”与东南亚各国“建立友好关系”呢?——日本评论家说得很清楚,“妖怪”所谓的“建立友好关系”其实质就是要殖民。想当年,岸信介可是在天蝎能量最强的时候一口气冲到了东北,然后有事没事地往下(日本)走走、才在纬度如此之高的中国东北地区作出了一番“事业”。而在“卢沟桥事变”之后,大量的日本侵略者可都是从日本本

---

① 同上注,第151页。岸信介对中日建交更明确的反对见[日]岸信介:《二十世纪的领袖们》,王泰平译,世界知识出版社1986年版,第64~65页。

② [日]田尻育三等:《岸信介》,北京大学亚非研究所译,吉林人民出版社1980年版,第146页。

③ 同上注,第147页。

④ [日]田尻育三等:《岸信介》,北京大学亚非研究所译,吉林人民出版社1980年版,第150页。

土出发,分批次"逆流而上"侵入中国的。在这种严重违背水流运行规律、因此必然属于高能耗的状态下,就算有"妖怪"能量的支撑,最终"沉水入火、自取灭亡",想来不过是违背自然规律一段时间后必然迎来的结局。① 以"天蝎"和"妖怪"对自然能量的敏感度和总结经验教训的能力,你说他还会对中国大陆产生什么特别想"结交"的想法吗?

当然,正如许多"妖怪"在与人类对话时往往会胡诌一堆话,被誉为十二星座中保留最多动物本能,因此也最具伪装能力的天蝎座。即使内心深处藏有人们想象不到的惊弓之鸟心,它能够坦然展现出来的,却往往只有孤高冷傲、刚愎自用、偏执侠义、恩仇必报——或者用天蝎座的四字箴言形容就是"爱憎分明",这些在人类看来无比激烈因此显得特别真诚的话语和行为。因此,就算他真心恐惧的是染指大陆所带来的危险局面,他也只会一而再再而三地表露出他对蒋政权的感恩、对除中国大陆以外所有亚洲国家的"关心",以及,似乎是为了凸显出自己对处于"上游"的中国的排斥,他都不惜对日本曾经的最大敌手美国采取令大多数日本人都深感震惊的、已然达到了"水乳交融"程度的"深爱"的方式。

而要想更深刻的理解这种"深爱"和这种"深恨"背后的能量运作以及它所带来的结果,我们不妨把柳田国男的《日本昔话》找出来,再细读一番里面记载的两条俨然是天蝎岸化身的"水神"故事:

(1)从前尾张有个叫井堀的村庄,有一年仲秋时节每天都在不停下雨,木曾川的水位渐渐上涨,村里人担心河堤会崩溃便都起来查看水情。一天半夜,从河对岸美浓伊木山脚下的水潭一带不断传来阵阵"动手吧、动手吧"的呼喊声。大伙儿只觉得不可思议,你看看我我看看你,都不知道怎么办才好。那声音一直不停,喊着"动手吧",到最后,当班的人当中终于有个人忍不住大喊了一句:"要来你就来吧!"话

① 李零教授对此处论述的"自然规律"有更详细的论述。比如,他在《两次大一统》(一)中写道:"中国的两次大一统,一次是周克商,西北征服东南;一次是秦灭六国,也是西北征服东南,怎么这么巧?原来西北有个"高压槽",有个以骑马民族为背景的"高压槽",就像冬天的寒流,总是从西北横扫东南(中国历史大有胡气。秦汉以后的隋、唐也是依托关陇和西北地区而崛起)……",载《东方早报》2010年4月18日第B03版。

音刚落，只见一股大水猛地冲过来，眼见着附近一带的田地全部被水淹没了。[①]

（2）很久以前，隐岐岛的元屋村有个上了年纪的樵夫。有一天，他在安长川上游的瀑布后面砍树，一不小心失手把斧头掉落在瀑布下面的深水潭中。只见水潭里顿时起了波浪、水汽升腾、浮上来一根棒槌似的东西。樵夫又惊又怕，一溜烟地就要往山下逃，却听得后面有人柔声柔气地说："老爷爷啊，请等一等，我是这里的水神，很久就住这潭里，后来有个大螃蟹也住了过来，一天到晚折磨我，多亏您刚才扔了斧头下来砍断了它的一只手臂，我真不知道该如何表达对您的感激；但它还没死，恳求您把斧头从瀑布上面再扔一次吧。"说着，就把刚才掉进水里的斧头递给了樵夫。樵夫虽然害怕但又想帮助水神，于是就奋力爬回了山上，照吩咐把斧头又往水潭里扔了一遍。水神非常高兴，说："您今后一定能富贵又长寿，不论什么事都能如愿。"说完就回林中去了。从此这条河不论遇上什么样的旱年都不会断水，并且只要向这里的水神祈雨就一定会下雨。[②]

显然，后面那位柔声柔气、对着樵夫诉说着她对螃蟹的恨和对樵夫的爱的"水神"，与前一个故事里不停地喊"动手吧、动手吧"的"水神"一样，都在尽全力地诱惑人类，但因为她的爱、她的恨，她激发了人类产生了与她一样的爱憎分明（爱到不顾性命地为她再爬一次高山，恨到无所畏惧地为她把螃蟹砍死）；而当人类受到她的诱惑并作出具体的爱憎分明的行为后，令人略感吃惊的是，这样一位长期以来总习惯于诱惑人类走向死亡的"水神"，居然在心愿达成之际——"说完就回林中去了"，并且还给人类带来了安康的生活。这是否说明了即使是"妖怪"，只要她拥有足够强烈的爱憎分明的能量，她便可能在通常妖怪所具有的唯一边界意识——"死亡"之外，给自己和人类划下另一道边界？

① ［日］柳田国男：《远野物语·日本昔话》，吴菲译，上海三联书店2012年版，第114页。

② 同上注，第117页。

20世纪80年代初,当岸信介回忆起当年引起轩然大波的"安保条约修改"时,他说:"即使到了今天,我也不认为修改条约是错误的;当时有一种莫名其妙的议论颇为盛行,说它会使日本卷入美国的核战略并发生战争;但看一下此后的历史就可以知道,托安全条约的福,在远东的和平与安全问题上,以最理想的形式起了保障作用。"①岸信介显然认为正是由于他在1960年划定了边界才使得日本人民此后过上了安康的生活,的确,在经历了疯狂的"全民倒岸"运动后,在日本人民内心"爱憎分明"的火苗被彻底点燃后,不仅是"妖怪",估计全世界的观察者们都已经发现,其实这个国家的人已无所谓"美日安保条约"具体签了些啥了,也无所谓是你自民党当权还是其他什么党当政了(这保证了岸倒台以来自民党政权的超高度稳定),因为自从有了"安保条约修改"这档子事,受"妖怪"能量的感召,日本人民想做的事就变得边界确定、唯一而简单,那就是:泣血枕戈、自强不息、"大刀向螃蟹们(独裁者)的头上砍去"!

天蝎座的图腾标志是男性生殖器,而星座符号则是一只翘着尾巴的毒蝎子。对于那些敏感于"天蝎"或"妖怪"能量的人和国家而言,除了由最深刻欲望所带动起来的无限动力和澎湃热血以外,大概也只有处于恋爱中或者复仇状态中的毒蝎(尾巴上翘),才能以它们最强烈的爱和最强烈的恨的最强烈精神能量,激发起那么多人的奋笔疾书拼命灌水上街咒骂,乃至自我勉励发愤图强的动力。当我们回顾整个日本的近现代历史,有多少回日本领导人可以像岸信介这般,激励数以千万的人口上街游行,将原本由于战败的打击经济的崩溃自然灾害的爆发而变得死气沉沉对未来充满迷茫毫无动弹之力的人,一个个的从家里学校里工厂里驱赶出来,让他们充满激情地高呼"天皇万岁"或者"总理下台"的口号?又有多少回日本领导人可以"活脱脱如天狗"②一般,

① [日]岸信介、矢次一夫、伊藤隆:《官场政界六十年——岸信介回忆录》,周斌译,商务印书馆1981年版,第166页。

② 关于"活脱脱如一条狗"的历史渊源参见[日]柳田国男:《妖怪谈义》,贾胜行译,重庆大学出版社2014年版,第197页。

以个人喜好为由而罔顾千百年来形成的文化认同和国家长远的发展需求，坚决地对一衣带水与日本有着莫大关联的中国说“不”，并进而将全体日本人民带入一场以“明治维新”或者“收入倍增计划”为幌子的，其实就是全程高能全程发疯全程鸡血全程歇斯底里的所谓“政治/经济高度成长模式”中？

只—有—天—蝎—座！

天蝎座的极端，一方面可能与最高度的敏感所带来的剧烈反应有关；另一方面，恐怕也是更重要的原因，在于冥王星主导下的生命的转化和蜕变，必须有赖于对死，或者对类似死的最极端经验的体验。这种体验在日本人民的视界里其实并不算陌生，因为每年他们都看着自己心爱的花轰轰烈烈地生、从从容容地死。但当“樱花祭”不再仅仅停留于人们的视觉经验，而是，当每个日本人都如同那片片花瓣一般在妖风的鼓吹下飞舞上天，然后边飞边舞边吐血的完成一场接着一场轰轰烈烈的祭祀演出，然后突然有一天，几乎毫无征兆的，风止了花落了演出结束了活动终了了，人如同泄了气的皮球一般摔在了边界确定的舞台上打再多鸡血也都无感了。此时此刻，日本人民是否也能做到像他们欣赏的花那样从从容容地死掉拉倒，或者，像天蝎人那般，因饱尝了人生的高低起伏阅历了生命的最深刻内涵而获得了转化迎来了蜕变？20世纪80年代末以来的历史经验表明，在一大片死掉的人当中姿态从容者较为罕见，而侥幸活下来的，其中也只有极少数人会“转化”地想到：当年那只“妖怪”折腾出那么大的动静，搞出那样一个让人只记得群情激愤却忘了具体写了什么的“条约”出来，难道果真藏了什么要命的东西在里面……由于“条约”规定了美日必须互相扶持，所以当1985年美国感到日本经济的发展已经影响到了它自身经济的发展时，便断然要求日本签订下“广场协定”，这直接导致了日本经济泡沫的破灭并由此进入到“失落的二十年”。

当然,关于“广场协定”与日本“失落的二十年”间的关系不过是日本学术界部分人士的推断。从民俗学的角度来讲,日本自1990年以来经济的极速萎靡、人气的迅速消沉,其实还存在另外一个可能令人细思极恐的缘由。

柳田国男老早便将这点缘由呈现在他的《日本昔话》中:

从前,日向国有个名叫三弥的大富翁,当年他还是个穷货郎的时候,有个夏天,他和朋友两人一起翻山越岭去偏僻的高千穗村。天气实在太热,于是两人决定休息一阵。朋友立刻睡着了,三弥却还醒着。只见一只蜜蜂从睡着的朋友的鼻孔里飞出来,向远处的山那边飞走了。三弥觉得奇怪,又过了一会儿,那只蜜蜂飞了回来,再次飞到朋友的面孔附近,然后就不见了。这位朋友醒来后对三弥说:“我刚才做了个非常稀奇的梦。梦见好像就是这附近的山里,走着走着就看到一处山谷,里头有满满一山谷的黄金。”三弥说:“真是个好梦!能不能把这个梦卖给我?”“梦能有什么用呢?你说瞎话吧。”朋友说。于是三弥就送给朋友他喜欢的酒之类的东西,把那个梦买了回来。过了几天以后,三弥一个人又回到那个地方,每天拼命地在山中四处搜寻,终于找到了那座名叫外录的金山。那座山仅在三弥在世期间,就挖出了如梦中所见的那么多的金子。三弥转眼间变成了九州最大的富翁。不可思议的是,他死了以后,立刻发生大地震,那座山也被震塌了。如今那里变成了一汪水潭。①

① [日]柳田国男:《远野物语·日本昔话》,吴菲译,上海三联书店2012年版,第134页。

《法律和社会科学》(2016)
第 15 卷第 2 辑,第 247 ~280 页

对话季卫东:法学家时代真的到来了吗

季卫东　陈柏峰　尤陈俊　程金华*

一、研究转向

陈柏峰:非常荣幸能够请到季卫东教授来与我们做一场对话。我昨天查了一下,季老师最早在《法学研究》上发文章是 1984 年。① 之后几年,他在《法学研究》《社会学研究》和《中国社会科学》发表了不少文章。②

---

* 季卫东,上海交通大学凯原法学院教授;陈柏峰,中南财经政法大学法学院教授;尤陈俊,中国人民大学法学院副教授;程金华,上海交通大学凯原法学院教授。此文为编辑整理稿,未经季卫东教授本人审阅。

① 赵震江、季卫东:《法律与科学技术》,载《法学研究》1984 年第 1 期。

② 季卫东教授早年发表的文章有:《中国法文化的蜕变与内在矛盾》,载《比较法研究》1987 年第 4 期;《法制与调解的悖论》,载《法学研究》1989 年第 5 期;《论法律试行的反思机制》,载《社会学研究》1989 年第 5 期;《法律程序的意义——对中国法制建设的另一种思考》,载《中国社会科学》1993 年第 1 期;《程序比较论》,载《比较法研究》1993 年第 1 期;《法治与选择》,载《中外法学》1993 年第 4 期;《社会变迁与法制》,载《社会学研究》1993 年第 4 期;《当前法制建设的几个关键问题》,载《中国法学》1993 年第 5 期。

其中有一些是和他的同学一起合作的——我记得有一篇是和齐海滨老师合作。[①] 我读本科时,季老师的著作已经出版了,比如这本《法治秩序的建构》。[②] 因为要访谈季老师,我事先做了些作业。我在"做作业"的时候就非常吃惊,这本书上收录了季老师早年在主流杂志上所发表的引领潮流性的文章。即便现在去看,很多想法也根本不过时。真有点难以想象!大家可以翻翻那个时候的杂志,看那时的人们都在读什么书、写什么文章,然后再看看季老师的文章,就可以发现季老师的文章非常与众不同。季老师,您是改革开放以后第一批从事法律社会学研究的学者,1984年您本科刚毕业,选择法律社会学作为研究对象,当时是出于什么样的考虑,您还记得吗?

季卫东:谈到20世纪80年代初,在座各位可能会觉得有些陌生,因为对你们来说,那时可能你们刚刚或者还没有出生。80年代是充满着希望的一个时代,中国的改革开放进入城市是在1984年。在这样的背景下,学法律专业的同学都感觉到未来将会发生很大的变化。我记得当时确实是如饥似渴:我们在北京大学读书的时候,早上天非常冷,但是等着图书馆开门的队就排得很长了。那时物质条件比现在差多了,也没有太多可以看的书,包括上课有些是老师的手抄本或者油印本。但是那时氛围非常好,我们都关心国家的发展。

那时在北大,我们穿的都是差不多的衣服,无论男同学还是女同学,要不就是黄军装,要不就是蓝色或者黑色衣服。在北大因为食堂非常拥挤,所以经常会蹭上一些玉米粥。当时虽然物质条件比今天差,但精神世界是非常丰富的,几乎每天你都可以看到各种各样的沙龙、读书会、演讲会、诗社这样一些广告招贴。像我的同班同学查海生,就是诗人海子,当时就是参加北大诗社,不知道从什么时候起变成了一个具有划时代意义的诗人。那个时代确实是非常有意思。

在这样的背景下我就开始进行研究,是蛮有意思,确实有一点点偏

① 季卫东、齐海滨:《系统论方法在法学研究中的应用及其局限——兼论法学方法论问题》,载《中国社会科学》1987年第1期。

② 季卫东:《法治秩序的建构》,中国政法大学出版社1999年版。

早。大学一年级读法学理论,当时的法学理论是完全照搬 20 世纪 50 年代从苏联继受的理论体系。维辛斯基的法律定义是我们必上的第一课。[①] 当时我听了之后,感觉到不满足,所以在课程结束后,就写了一篇文章,对维辛斯基进行批判,并在 1981 年的"五四科学讨论会"上宣读。那时候不像现在那么思想多元,这篇文章出来之后,引起了轩然大波,还拍了照片,在老师和同学中也都引起了非常激烈的讨论。在"五四科学讨论会"之后,齐海滨老师就过来跟我聊,其实我们的朋友关系也就是从那门课开始的。当时也有一些研究生对这篇文章的倾向进行批判,认为有悖于马克思主义的基本原则。但不管怎样,因为当时是一个开放的时代,一个改革的时代,所以尽管有这些不同的意见,大家还是和整个法学一样在往前走。在这个过程中,我对从统治阶级的意志角度来定义法律表示不满,这时候大家就会注意客观条件是什么,这是一个客观性的问题。

这个时候我开始关注社会结构,即是充满了意识形态、阶级基础、社会条件,等等。这使我往法社会学的方面发展,这是非常重要的契机。你要寻求客观性,而这个客观性只有在科学中寻找,你就会对社会科学产生兴趣。包括柏峰教授介绍的我发表在《法学研究》上的第一篇文章《法律与科学技术》,[②]你就可以看到有那个时代的象征。作为科学的法学,这种精神在他们身上是很明显的。当然,法学作为规范学不是科学,某种意义上它是一种治理技艺。但在当时情况下,我们需要寻找一些客观的东西、跟人们主观意志对立的东西,那么就会往科学的方面倾斜。第二点,既然阶级的意志、统治阶级的意志、仅仅从统治阶级的角度来看法律你觉得不满意,那么你就会关注社会中的其他阶级、其他人群。他们的意志、他们的诉求,能否反映到其中。这个问题也是很自然的,这个时候你会关注到社会阶级之外的共同性。所以在这个

---

① 维辛斯基关于法的定义是:法是由国家政权制定或认可的,反映统治阶级意志而由国家的强制力保证其实施的行为规范的总和,其目的在于保护、巩固和发展有利于统治阶级的社会关系和社会秩序。参见苏联科学院法权研究所编:《马克思列宁主义关于国家与法权理论教程》,中国人民大学出版社 1955 年版。

② 赵震江、季卫东:《法律与科学技术》,载《法学研究》1984 年第 1 期。

意义上来说,一个是科学性,另一个是共同性,这两点是关键,必然是关注的。

在这样的情形下,1979年,被压抑了二十多年的社会学开始恢复,而当时恢复正好是在北大。费孝通先生、袁方先生他们在北大经常举办一些活动,于是我也去参加,经常去社会学系蹭课。那时正好在进行第一次全国人口统计,讲人口学的东西比较多,倒没有觉得有特别大的收获,但这使我对社会学本身产生了非常浓厚的兴趣,决定了我今后的选择。我这个心路历程其实在那时的北京大学校刊上已经发表了。为什么会对社会学感兴趣?当时我就提到:中国法学未来的突破口在于法社会学。为什么呢?因为既然认为过去的法学理论是一个教条性的东西,那么要突破教条,必然要得从社会现实中寻找事实根据。这是一个比较朴素的逻辑。当然,以后,特别是我到国外之后才知道,有教义学、法教义学以及与法社会学之间的对立。但是当时非常朴素,只是希望对苏维埃时代的法律理论教条进行突破,在社会现实中寻找根据。这就是当时的一个背景。

尤陈俊:我接着问季老师一个问题,在准备这次对话之前,我也把您当时20世纪80年代的作品仔细地做了些阅读。您是1984年去日本留学,但是您在后来,在整个80年代后期发表了一些很有影响力的论文,比如说您在《中国社会科学》1987年和齐海滨老师发表的《系统论方法在法学研究中的应用及其局限》,还包括您在1988年和赵震江老师合作的《论法律社会学的意义与研究框架》。[①] 我想了解一下,您当时在日本留学,那如何跟国内学界会互动,包括这些研究成果如何发表在国内期刊上。因为那个时候期刊上的很多论文,严格来讲它并不是论文。很多论文压根就没有注释,如果有注释的话,也多是马恩列斯毛的著述,基本看不到法学的专门性研究作品。

还有一个关于您讲的,当时您转向法律社会学可能是跟北大的氛围有关系。其实我们注意到一个非常有意思的现象:在20世纪80年

① 赵震江、季卫东、齐海滨:《论法律社会学的意义与研究框架》,载《社会学研究》1988年第3期。

代初期,北大法律系可能有一批学生,思想比较活跃,做研究也摆脱原来的教条式研究。其实很多同学不知道在1983年,现在的李克强总理就曾发表法学论文,是他跟他的导师龚祥瑞教授合作,题目叫作《法律工作的计算机化》。① 在您的描述下,那么为什么当年在北大法律系里面会有沈宗灵教授和赵震江教授,他们会选择在原来的法理学里面去做新的尝试。

季卫东:那时正好整个中国一下子开放,所以我们可以看到各种思潮在北京大学校园里面激荡。其实我说的这个1981年的"五四科学讨论会",非常有幸,李克强就是在那次讨论会上发表关于系统论、控制论、信息论在法学研究方面应用的一篇论文,提出了你所说的计算机在未来法学中的运用。当时我听了他的报告,印象非常深刻,因为他对很多问题的把握是非常敏锐的,而且当时系统论、控制论是前沿研究,所以在这个方面走得非常前列。当时这篇论文发表之后,我刚才讲到了,齐海滨是比我高一届的学长,来跟我交流,其实后来很多老师跟我联系,有的老师专门跟我谈这篇文章有可能发展的前景和意义以及存在的问题。这篇论文我和沈宗灵教授也交流过,他觉得这篇文章非常敏锐,但题目太大,对于本科生来说,难以驾驭,等等。这对我都非常有意义。

从某种意义上说,我当时在北大引起了特别的关注。而且,我后来一直比较审读参与国内学术活动,包括很多年轻的学者都认识我,老看到我的东西,以为我一直在国内,和这样一个背景有关。所以,尽管我在1984年10月出国留学了,但是实际上我一直没离开中国这个语境。我觉得这个是很重要的,尽管不是有意而为,不是对人生的一个刻意设计。但将来各位如果有机会出国留学,可能还是需要:第一是出去之后最好有所作为,第二是保持对国内学界的关注和交流。

当时到日本留学,因为我是带着这样一个问题去的,所以选择法社会学是我自己的一个选择。那时候法社会学并不是很突出,当然这也

---

① 龚祥瑞、李克强:《法律工作的计算机化》,载《法学杂志》1983年第3期。

有其他的一些因素。我既然对这个问题感兴趣,就到北大去翻书,很厚很厚的书。当时我注意到,20世纪40年代的庞德的书有很多发展观,提到了社会工程学、通过法律的社会控制,等等。当时我觉得很有意思。我也阅读了一些社会学著作,包括三四十年代出版的,有时我还可以看到有吴文藻先生的印章盖在上面,看到这个顿时感受到与先哲能够直接进行心灵的对话,有这种新鲜感。

到国外之后,因为我选择的是法社会学,而当时中国改革开放刚刚开始,法律现代化是全国非常关注的一个问题,所以我首先关注的就是这方面:中国经济的发展、现代化法律发挥什么样的作用。我就开始涉猎阅读一些著作,如《法与发展运动》《第三世界法学》。至于后来写的文章是这样的:一个是法律文化,因为当我们在一个异国的环境中,你首先存在文化自我认同的问题,文化冲突会让你感觉到。特别是当时我到日本去的时候,中国和日本的差距非常大。我去的第二年,日本在筑波举行了世界科技博览会(1985年),就像我们今天在上海举办世博会一样的感觉,把最先进的科学技术展出了,那震撼确实非同一般。而且当时中国的交通工具节奏是非常慢。当时是教育部包机把我们这批留学生送到东京,然后分头坐新干线到各个地方。我坐新干线从东京到京都。我记得80年代初,邓小平、胡耀邦他们坐新干线都有一个感受。我当时有什么感慨呢,没什么感慨,就是快要睡着了,因为它的速度太快了,我觉得承受不来,因为在中国这个时间节奏是非常迟缓的。今天的情况正好相反,今天中国的节奏太快了,但是那个时代不是这样的。所以,我感觉到的第一点是现代科技、现代化问题,在中国必须推进现代化,而在这个中间,我们是学法律的,从法律的角度能否起到一定的作用。我感觉到的第二点是,中国文化为什么会使中国现代化进程这么曲折,对这个问题产生兴趣。

到了京都后,还有一个发现跟大家说一下。刚去的时候,我的老师正在哈佛大学讲课,等于我有大半年的时间没有任何人指导。这对大家很重要,我发现没人指导当然有好处,但是另外一方面,你会受到各种各样的束缚。而那时我自由阅读各种文献,其他教授也很自由地来和我交流，这对我拓展视野非常有意义。上课也是无拘无束的，老师还没回来，我就想，不仅要读万卷书，还要走万里路，所以我就利用一个寒假到东京去，因为读书中遇到的重要问题，想直接向作者提问交流。当时是穷学生，尽管主要的路是坐地铁，但有很多路我是走的。当时也不会打出租车，结果一双皮鞋就走坏了。这个事情是蛮有意思的，也有可能我们国内的皮鞋质量不是很好。

但是这个过程很有意思。比如，千叶正士教授，当时我也不了解他，但看了他的东西后，我就想向他讨教一下。结果他正好在筹备世界法哲学与社会哲学大会，他是筹备委员，正在物色参会人选，因为中国刚刚改革开放，他要找中国人来参加这个会，我说中国最代表法理学的学者有两位，沈宗灵老师和孙国华老师。后来我也提供了一些其他信息，他听了半天。他也跟我交流，他说你也来讲讲怎么样。但这个时候我还是研究生，刚刚到日本去，日语还不是很流畅，更没有用英语写过文章。但初生牛犊不怕虎，我觉得这是一个难得的机会，因为世界各大流派的法学家都会聚集在神户，所以这个缘分还真是蛮有意思，而且这个会是第一次在亚洲举行。当时也没有深思熟虑我就说好。这个时候惨了，我除了英语语言课写作文以外，从来没写过英文论文，我居然答应下来了。然后我是怎么做的呢，首先用中文写出一篇，因为当时它是文化主题，第一次在亚洲开，专门讲法律文化，所以我就先用中文写，然后拿着汉英词典和英汉词典倒回去自己翻。现在我想我肯定受不了，但当时就这么硬着头皮。当然，当时研究生阶段也有时间，所以在座各位你们的机会无限，年轻的时候有时间，现在就是给我这个时间我也不可能再做了。倒着翻过来，就这么硬着头皮交上了。提交上去居然引起日本人的震撼，当然，大家都知道日本人的读写是非常厉害的，口语不怎么样。我们在北大虽然没出过国，但是口语发音还不错，在那个会上拿着文章就宣读了一下。因为中国刚刚改革开放，他们接触的法学家全部是不会英文的，居然有一个能自己写英文、能用英文说的已经觉得很厉害。而且把我安排和沈宗灵老师一个会，当时出于各种考虑，因为是中国的代表，结果各主要法律流派的法哲学家全部都到这会上去了。

当然肯定会发现我存在不少问题,但就像我鼓励同学们一样的,给我一番鼓励。所以,就在那次会议之后神户大学就有教授找到我,让我第二年到他们学校任教,那是1987年的8月。我没想到三年之后我真的到神户大学任教了。所以年轻人还是有无限的机会,就看你善不善于把握。但确实我一点都没想到后续有这样的变化,这个是蛮有意思的。

"法文化"这篇文章就在这样的背景下写出来了,然后我就把中文稿在1986年寒假时带回到国内来。当时正好改革的气氛很浓,"十三大"马上要召开了,有很多起草报告的人,沙龙依然很多,包括石小敏组织的,还有其他那些。我参加了这些沙龙,这个论文正好就碰到贺卫方老师,贺老师说你把这个稿子给我吧,后来就发在《比较法研究》上。① 然后就是我和齐海滨、赵震江一起在校园走的时候,正好碰到李克强。他是学校团委书记,刚刚调到中央但经常回北大,推着车子走过来在校园里碰到了。赵老师跟他谈到我们正在准备推动一个新的学科领域,研究法社会学,申请国家项目。然后李克强说,这不是现成的人嘛,一块弄吧。这个就是当时的这个背景。

尤陈俊:按照您刚刚讲的,80年代对我们和在座的各位同学来说可能是比较遥远的。您发表第一篇论文时,我和柏峰都才4岁。80年代其实北大做了一个很领先的工作,就是1988年在沈宗灵教授的主持下,出了第一本名叫《法律社会学》的著作,山西人民出版社出版的。② 我想问您作为当时的亲历者,现在回过头来看是怎么评价80年代法社会学这个领域里面取得的一些成就,或者说今天看起来会有哪些教训值得去吸取。

季卫东:80年代这个研究呢,我想我们那个时候问题都很清楚,只是觉得中国原有的一些研究还有很多地方未令人满意,不能适应时代的需求,需要有所突破。突破在哪里呢?就需要寻找新的方法。前面

① 季卫东:《中国法文化的蜕变与内在矛盾》,载《比较法研究》1987年第4期。

② 北京大学法律系法学理论教研室、中国经济体制改革研究所法律室编:《法律社会学》,山西人民出版社1988年版。

讲到了从社会结构寻找突破，这是一个比较朴素的想法。我到了日本以后，接收大量新的信息，这个时候我们要推动这个运动。我就是在日本了解到这些信息，写了《论法律社会学的意义和研究框架》，①然后寄回来，在赵震江、齐海滨老师的打磨之下，后来就在《社会学研究》上发表了。我们现在看起来，当时还是比较早的，整体上虽然是粗线条的，但也是我们法社会学运动的大体框架。因为当时我在日本，所以有些具体的初期的工作没有参加，只能由沈宗灵老师、赵老师发挥领袖作用，而齐海滨老师在当时是非常强有力的推动者，他的组织力是很强的。第一次会议，我记得是关于社会实践与法学理论的一个研讨会。那个时候并没有明确提出"法社会学"，好像是1986年开的。这个会上，提出了一些争论性的观点，我后来听说就是面对社会现实，如何对原有理论提出批判。当然时间比较久远，记不得很多的细节了。

1988年第二次会议召开的时候，我正好就回国了，然后他们就说你一定要来。我当时正在日本写了关于法律反思机制与破产法试行作为经验素材，对卢曼(Niklas Luhmann)的理论进行分析然后结合社会现实的一篇论文。② 当时这篇论文出来时，在日本学界蛮有一点点公共效果的，至少在法学这个圈子里。卢曼提出"学习的法"这个概念，但是"学习的法"好像没有实证的研究，我能不能找到例子？中国的法律试行好像就提供了一个实证例子。所以在这个意义上来说，这是一个非常重要的东西。

第二点就是说，对于法律的反思机制以破产法为素材，也就是说通过企业的破产来透视整个经济体制的问题。所有的问题我们都可以在破产过程中找到，那么在这个意义上来说，在方法论上是很有创新的。日文版本出来以后，我就把它翻译成中文，在这个会上宣读。再加上我和齐海滨教授的接触，他讲话很有感染力，很有诗情画意，很有煽动力，

---

① 赵震江、季卫东、齐海滨：《论法律社会学的意义与研究框架》，载《社会学研究》1988年第3期。

② 季卫东：《法律编纂的试行——在事实与规范之间的反思机制》，参见季卫东：《法治秩序的建构》，中国政法大学出版社1999年版。

讲这个方法怎么新鲜,好像一个新的研究范式就出现了。然后这个时候,确实产生了一些影响。这就像是刚才尤陈俊教授也讲到的,在当时法学情况下,(论文)基本上也没什么注,有注的话也是马恩列斯全集之类的。整个的方法总体来说比较陈旧,观点好像都是千篇一律,而这就好像是异军突起的一个研究。

当然那个时候,特别是法律文化这方面还有梁治平老师。他的文笔也很好,在东西方的法律文化的这个论证和研究的过程,对法学界的冲击也是非常大的。治平教授更侧重于人文精神的方面,而我这边更强调社会科学的方面,这两者形成了互补。

二、学术贡献

程金华:我提问之前,也想结合刚才几位所讲的,先稍微理解一下季老师的学说。刚才柏峰教授从发表文章这个很直观的角度,而陈俊是从法律社会学的角度,这都很重要。而我呢,已和季老师神交很久,第一次接触是在2002年,当时他从日本回来,北大社会学系邀请他做了个讲座。刚好我当时在《中国社会科学》杂志做编辑,留意到有学者对《中国社会科学》上发的文章的引证率做了一个实证研究。在那篇文章中,发现季老师在20世纪90年代初发表的《法律程序的意义》引证率是最高的。我后来与季老师交往,季老师对我的帮助很大,我从北京去香港、美国读书,季老师都非常帮助我。包括最近,在他领导下一起做一些编辑工作。我一直在"编"季老师的文章,今天的对话呢,我带了两本书。一本是刚才借给柏峰教授的《法律秩序的建构》,①如果我没记错的话,那是季老师在国内发表的第一本专著。还有一本刚刚上市,书店可能还没有的《通往法治的道路》,②这是我们编的"法治中国丛书"的第一本。这两本书,迄今是季老师的第一本和最后一本,我

① 季卫东:《法律秩序的建构》,中国政法大学出版社1999年版。

② 季卫东:《通往法治的道路:社会的多元化与权威体系》,法律出版社2014年版。

想等会针对围绕这个提问题。

我一直在读季老师的东西,除了刚才柏峰和陈俊讲到的,我想补充几点感受:第一点,季老师的文章,很多观点是有一些“启蒙性”的。尤其是“法律程序”这篇文章,到现在为止,它的影响如果回到90年代,当时更是石破天惊。因为当时候的法学研究,对“程序”是没有什么概念的,后来发现“程序”竟然如此之重要。

第二点,季老师的文章当然学科是法理学、法社会学,甚至属于破产法的问题,但是他绝大部分的文章都有时空穿透感,如果看他最近的书包括一些文章,实际上,他关注的问题不仅仅是法学问题,还是中国社会秩序问题。而秩序问题,是在法学领域上建构的,而且从新中国成立以来,几千年前到现在都没有解决,当然国外也有。我想,季老师不管是对于中国历史的了解,还是留学日本并在日本任教,同国外的一流学者交往,这种空间感是很强的。

第三点,他的很多学术超出了法社会学和现在的年轻学者看重的发文章的角度,公共性非常强。现在“公共知识分子”这个词被简化为“公知”,但季老师在法学界是为数不多的真正意义上的公共知识分子。他的很多对话,不仅是跟法学学者的对话,他在1993年与崔之元教授的对话,那真是华人学术界的一件幸事。那个时候还是青年才俊,还很年轻。三十几岁的崔之元教授也非常厉害。他们有些文章在香港的《二十一世纪》发表,包括季老师在另外一个刊物《战略与管理》发表文章。《战略与管理》,如果你们现在再去翻一翻,那时候所讨论的问题,现在还在讨论,甚至更重要。比如,于建嵘教授当时就是通过这个刊物成名的。季老师这种研究的公共性,不是纯粹抽象理论,实际上还是和中国法律秩序建构的具体制度结合在一起。这个是非常重要,对于理解季老师的学术。

最后一点,季老师的理性建构、批判式的建构非常明显。当然,有一些学者可是解构比较多、解释比较多,但是解构得很好,解释得很好,他很容易滑向一种危险境地。也就是说,历史或者现实是可以被解释的,但是现实本身不能够正当化自己。但你会发现,现在不少法学者,在对现实解释很好的同时,用现实去正当化自己,这是需要格外警惕的,包括我自己现在做实证研究。季老师的文章,一直在保持一种批判的、冷静的建构。我觉得这是一个——今天的主题是"法学家的时代真的到来了吗"——季老师本人就是一个我们时代的,甚至在将来较长时间中国法学的一个典范。

再回到我的问题,刚刚讲了 20 世纪 80 年代,季老师的文章某种意义上是牛刀小试的这种感觉,但是 1990 年代初的《法律程序的意义》这篇文章具有划时代启蒙性的意义,当然我们无论如何也不用低估这篇文章。那么我想问季老师的问题是,刚好 20 年,您觉得自从那篇文章发表以后到现在,中国的理论界和实务界对"法律程序"的看法进步了多少?因为季老师前两天还讲了一个很重要的观点——新程序主义:"通过秩序、通过程序去维护价值共同体"。所以,我特别想向季老师提问这个问题,这也是对自己从 1990 年代到现在为止的学术生命很重要的一个回顾。

季卫东:金华刚刚说的其实有过誉的地方,我自己做的还是非常有限的。谈到这个程序论提出的背景,我想就是一开头因为对维辛斯基法学理论进行批判,法需要往社会性的这个方面走,那么走到一定阶段以后,你会感觉到需要一个整体的架构,在这个地方的话发现改革非常难。特别是大家如果读我当时写的"法律文化",[①]就会看到中国文化本身,它是无所不在的、是可以变化,充满弹性,而且它本身有一个架域和矛盾。它把所有矛盾的东西都吸进来了,你感觉这个改革很难。而且还会感觉到,在整个中国法治现代化的过程中,我们始终在价值问题上纠缠,进行争论。因为中国的这个文化,我们叫"文化中国",它是一个意识形态和组织一体化,这个是借用刘小枫的观点。这两者结合在一起,当你要进行改革时,你总是会和意识形态发生冲突。所以,你首先需要解决意识形态的问题,尤其中国是一个古老文明,它在这个过程中,你首先要解决它根本性的价值体系问题。

---

① 季卫东:《中国法文化的蜕变与内在矛盾》,载《比较法研究》1987 年第 4 期。

所以在当时,我在80年代后期,就隐隐约约地感觉到我们要改革,把价值问题转化为技术问题来处理。我之前也提到这个"把复杂问题化为简单的问题来处理"。这个思路在阅读的过程中,在思考的过程中逐步深化。到了1988年,有一位老先生到京都去访问,我当时见到他,谈到了我做的这个研究,顺便说了这个想法。他说这个很好啊,那你一定得写篇文章来发表。还有当时邓小平正在准备推进政治改革,当时成立了政治体制改革研究室,而且中央到国外去物色人选,我后来才知道其实我也是人选之一。当时的负责人前不久在香港出了一个回忆录专门提到了这一点。那个时候,我自己是不知道这个过程的。但是这位著名人士到日本访问见到我时,我也谈到了——因为谈到法学了嘛——这个思路他也觉得非常好,从法律程序、程序正义的角度来突破。后来其实这个问题曾经一度成为政治体制架构的问题。

大家都觉得这事儿很值得研究。但当时首先我得完成博士论文,紧接着我很幸运,博士课程一结束就得到了神户大学的邀请,去当副教授。然后当副教授的那一年,我就要开课了。哎呀,那里压力太大了。这边博士论文还没写完,那边还得上课,累得不得了,根本没时间考虑。终于,我把第一年的课讲完了,然后马上申请到斯坦福法学院去做访问研究。同时在那个地方把博士论文扫尾的工作结束。当博士论文写完之后,是你不可想象的那种轻松的感觉。我看金华教授一笑,可能他也有这种体会。尤其是在阳光明媚的这样的土地啊,满地都是松鼠,每个人见到你都笑,这个时候你又没有上课的压力,也没有人监督你,所以那个时候状态就非常放松,我就决定要写这个。写的时候真是一发不可收拾,非常投入,这是非常有意思的一个过程,"法律程序"就是在这个背景下写出来的。

写出来了以后,当时因为我只有日文的语言处理机,我是用日文的发音拼出汉字来。我用日文写的论文,包括我刚刚讲的"法律文化"都是这么写的。所以你想想那时候的毅力,现在没有这种毅力了。但是,这么长的文章啊,当时是七万多字,最后在《中国社会科学》上压缩了发表的,后来贺卫方老师又在《比较法研究》上全文发表,也是比较罕见的。这个要感谢老朋友齐海滨,因为当时我在准备写论文之前跟他说这个思路,他当然很支持:"你一定要写出来"。然后我就说我这里连语言处理机也没有,他说"你用手写写稿子,写完之后我帮你打字"。当时有华夏什么什么的,美国最早的第一代的计算机专用的汉文,然后找了北大的在那里留学的学生帮忙打字。然后我写出来一部分,就邮寄给他,他就在那边帮我打字。然后就这样的,把这个工作做下来了。

这个做完了以后,因为某种原因,整个法学界非常沉寂,大家都很迷茫,中国的路究竟在什么地方。这时可以看到在国内,相对来说价值冲突很强烈,强烈的意思就是说,比如,从意识形态方面要进行根本改革的主张,和国内顽固的过去的这个主张直接碰撞,重叠胶着。那么在这样情况下呢,我同样有点像今天的状况,要寻找一个共识,中国才有进步发展的可能性。而我认为,程序就是共识。正好卢曼也有这样的一本书,跟这个主题是一致的。我从那本书里得到很多启发,就把这个内容也揉到写的这个文章中去。文章出来以后,齐海滨老师就联系各个方面,包括从北大出去的、各种流派的。你们今天也可以在各个领域看到他们的身影。比如周其仁先生,他正好到黄宗智那里去,对法律问题感兴趣,所以一听说是法律,他很感兴趣,他就来参加。还有新左派代表人物王绍光和崔之元,极端自由派的代表人物胡平,体制内政治改革的推行者吴国光,等等。很多这样的人啊,还有加上一些其他的对这个问题感兴趣的,我们就一起讨论这个问题。① 后来这个讨论记录也曾经在外面的一个杂志上发表了。② 这个问题其实是蛮有意思的。后来这些人都一致认为是非常有价值的,尤其是周其仁,当时看了我也挺受鼓舞的,经济学人非常认可这一点。所以"程序论"呢,在这样的背景下后来在国内发表,那一边确实产生了很大的冲击波。我那时候是

① 指1995年4月在美国普林斯顿大学召开的"文化中国:转型期思潮及流派"研讨会。

② 上述这场研讨会的文章在《二十一世纪》《天涯》《读书》和《公共论丛》等杂志上发表过,例如崔之元:《再论"第二次思想解放"与制度创新——兼答各位评论者》,载《二十一世纪》1995年总第27期;汪丁丁:《与崔之元、王绍光再商榷》,载《二十一世纪》1995年总第28期等文章。

感觉不到，但是读我的文章是能感觉得到，因为相当沉闷，感觉很困惑，突然，我们又有新的路可走了。

这样的一种感觉，后来我才看到就是刚才金华教授介绍的那样，我没想到。虽然写的时候确实很兴奋，我知道是一篇重要文章，也反映了我当时的思想。我也没想到20年之后，它的被引用率一直高居第一位而且始终还在增长。我们知道现在变化很快，一篇论文如果有十年生命力，不断被引用，一般来说就是不错的。我想这篇文章至少提出来了一个真问题，这个真问题在于什么呢？中国本身强调关系、强调实质价值，它的传统和这个程序论——因为程序公正也不是一个新概念——根本上是不相容的。当我把这个关系建立出来以后，反过来说明正因为是这样，所以我们需要“程序论”。给它找到一个结合点，我感觉这就是它的意义所在。这个时候就使得一个被认为是完全现代西方的观念居然有了中国涵蕴。很显然，把中国的网络中的互动关系，通过程序来进行编码，这样的话导致了这个程序的观念结果为社会所接受。本来我觉得中国很难接受它的，事实上也很难接受。

所以，我们可以看到，一方面在官方话语中——比如说我当时提出“法治的程序化”——我们经常可以看到官方文件就说“制度化”“法律化”“程序化”，这个已经成为主流。另一方面也确实看到了问题，现实中始终好像程序并没有落实。我们看到有很多中国的比如说改革中的设计也用“程序”这个词，但它并不是“程序”，它是行政技术——用行政技术来控制流程这样的一个过程——比如说“案件的流程管理”它是程序化控制，它这个“程序”其实是行政技术的程序编码而已。我们有的时候看到“程序”，比如说通过程序来聚集社会一些案件，但“程序”反而把我们排斥在外。这个其实不是“程序”，而是烦琐手续，是层层的形式障碍。这时候可以看到，还有一个危险性，就是“程序”没有被正确理解。因为它最重要的问题，就是理由的论证、公开的辩论，这个过程是最核心的。而这个过程，我们始终没有看到在中国占据一个主要位置。我们始终从其他角度来理解，会被扭曲理解为“烦琐哲学”，变成一种“手续”，甚至和权力绑在一起，变成“权力的护身符”。

但这不是“程序公正”原则的本义。而在今天,程序依然具有重大意义,在什么地方呢?因为我们现在说权力,昨天也谈到了,权力它看起来很强大,其实并不强大,但是会恣意并为所欲为。那么这个时候权力边界不清楚,而程序最重要的功能,通过公开的理由论证,通过质变来把这个反思理性注入程序运行的过程中,使得权力本身有一个明确界限,使得权力的运行得到法律规则的制约,使得权力的主体受到社会的监督,这才是程序的本质。

陈柏峰:刚才听季老师讲,我有两点体会:一是“英雄造时势,时势造英雄”,这段历史非常精彩,我是第一次近距离地听,这在文章中是读不到的。二是我尤其觉得,读文章很容易把将它当成一种抽象思想去读,很难感觉到回应了那个时代的什么问题,尤其现在再读离那个时代已经很远。有差不多20年,距离远了有很多东西就不知道,但听季老师这么一讲很多东西就还原了。文章我很早就读过,但背景还是第一次这么清晰地展现出来。

在我的印象里,季老师在20世纪90年代至少有两个标志性的成果:第一个就是《程序的意义》这篇文章的发表,第二个就是主编《当代法学名著译丛》这套书。① 这套书在我刚读大学时学校书店里面是有的,但我读研究生时,再找时就找不到了。我家里只有这一本,是1994年出版的,后来2004年这一套,好像是10本,重新印刷,那一套我全都有。那么这一本我是怎么来的呢?我读研究生时,有一个同学比我大5岁,他有这本书,就被我“强征”来了。这一套书里面,不是所有的书我读得非常有感觉,但至少有五六本对我思维的训练、理论修养的提升,非常有帮助。那么我想问季老师,当时你是怎么选这10本书的?你那个时候的想法,今天会怎么去看它?或者说你今天怎么看待它仍然存在的意义?

季卫东:有些事情,当时做的时候可能还是有些偶然性,未必那么

---

① 包括:《转变中的法律与社会》《纠纷的解决与审判制度》《法律的运作行为》《现代化与法》《新社会契约论》《制度法论》《法律制度》《现代社会中的法律》等外国法学著作,由中国政法大学出版社出版。

深思熟虑。当时为什么会想到要做这一套译丛？20 世纪 90 年代初，江平老师主编过“美国法律文库”，基本上集中在美国。可能有的人在我书里面的序言里注意到了，[①]我去日本留学真是非常偶然的。因为原来学的一外是英语，二外是德语，最初我的愿望是到美国或者德国，后来不得已改成法国，最后去了日本。（大笑）当时接到通知那一瞬间还是蛮有失落感的，走来走去就走到近邻去了，没有走出亚洲啊，但是到了日本之后，发现还是很有意义的。

我们往往有种观念，要学（一门学科）就要到它的发源地去学，学第一手的东西，你怎么能去学二手的东西？这话是有道理。但是到日本去，特别是后来还去了美国、欧洲等地，回过头再看，就发现日本还是有两个优势值得我们注意：一是它作为一个非西方国家，想要推进现代化，就需要在不同国家选择它社会制度的参照模板，所以它特别注重对不同国家法律资料的收集、研究、比较，它的比较法非常好。我到斯坦福大学去，它的图书馆非常好，但你要找其他国家的书就太有限了，偶尔有几本。别的国家的我不知道，至少日本的那几本都是到那去访问的（日本学者）顺手送的。谁去送的所以就有那些书，其实最重要的书并不在那。它会觉得这个英语世界最先进，所以不会对其他地方感兴趣。你到美国，也可能学到最前沿的东西，但很难进行比较。因此，从比较角度来说，从一个非西方国家现代化经验的角度来说，这个事情还是值得的。

二是经验、理论这些信息，看起来我们同样可以在德国、美国获取，但我们会感觉日本人花了一百多年时间来仔细咀嚼它，并且进行实验。这其中又有两个方面特别有意思：第一个就是非常的精密化，有的日本学者一辈子就研究一种思想，有的他就研究一个问题，把它吃透。而我们因为高速发展，比较浮躁，谁会愿意花一辈子时间就为了把一个人的思想研究透？所以我们会看到他们所有的翻译就是专门研究这个的人来翻译，准确度比较高。我们的翻译相对来说比较随意，比如孟德斯

---

① 季卫东：《“当代法学名著译丛”评介（选登）》，载《比较法研究》1994 年第 1 期。

鸠、孟子名字翻译错的都有,连蒋介石名字翻译错的也都有,这是完全不一样的。更重要的是,西方制度在非西方社会来运行时,有很多运行技巧可以看日本人是怎么解决,这是非常有意义的。这就是一个在日本留学的感觉。如果我们光看到美国,还是有局限性的。

第三个就是法社会学我读了这么长时间,也开始任教,这时我感觉需要一场新的法社会学运动。这个最快的方式就是去翻译、去介绍,因为要等我们的学者成长起来,不知道要花多长的时间,我就觉得有必要来翻译这么一套书。至于在书的选择上,毕竟我在国外读了这么多东西,当然会知道在什么理论是最重要的。但我在选择上不一定全是纯学术的,而是按我对中国的理解、中国的需要,这也是选择的标尺。其次,我要选择在法社会学里面最具有代表性的,但那套书也不全是法社会学,但是法学理论最前沿的,再有就是在中国语境中可能是最有意义的,以这么三个尺度来进行遴选。这中间,在我的解说词里也可以看出,我是有意拉近与中国读者的距离。比如,大家很多对社会契约论和关系契约的关系感兴趣。当时就是在这样的背景下选择最前沿的流派、具有相对代表性的学者。另外,最好在国别上有一定的平衡性,有美国的、欧洲的,日本的也有。

虽然我本来的计划是要继续做下去,其实那只是一个开头,但后来没那个精力了,而且这个毕竟要在国内组织,工作压力非常大。当时张志铭教授刚好也在国内,做了大量工作比如找译者,我是在外面选书和找钱,然后内部的组织翻译是请张志铭老师帮忙做的。这要是继续做下去不止10本,会涵盖更多的方面,比如从法学理论的角度解决意识形态的问题,还有操作技术,好像在序里面也提到了这么一个设想。严格说是9本,其实有一本书一直没有翻译,但这本书其实是非常值得翻译的,霍维茨关于美国法律制度变迁的一本书,但是这本书由于分量太大,最初是由齐老师来做的,但是工作量太大而他又很忙,一直没有完成就拖下来了,要是换一个学者在国内时间相对比较集中也许就做成了,后来有其他学者来补了,但已经不在这个系列之中了。

如果我们要做的话,回来在上海交通大学其实是有在做,但我已经没有当年那个豪情了,也因为行政工作而没那么多时间了。其实我们做了一些选择,我们现在正在翻译,有两本已经出来了。当时设计的第一点是思想的坐标,是以人——法社会学最具代表性的人物,(为尺度来进行选择)。第二点是知识的最前沿,包括方法论,包括最新的东西。前面是经典,后面就是最新的东西。如果今天要做的话,我是准备这么做的,但是很遗憾现在没有足够的时间来做。另外,可以看到现在已经非常多元化,国外最重要的著作在国内基本上都有译本,也不像当年那种社会所赋予的很重要的价值、对社会主义的影响那么大。虽然在当时造成一个冲击波,但现在发现里面还是有很粗糙的地方。当时苏力教授刚刚回国,正要寻找同志,这套书有两本是他翻译的,他非常积极来做这些翻译,一个是波斯纳,另一个是布莱克。这些译者在现在、在当时也是响当当的,苏力、贺卫方、夏勇、吴玉章。所有现在有代表性的学者,当时都在一个特别之处,我们一边喝酒,一边就把这个译丛给做出来了。(笑声、掌声)

三、未来展望

尤陈俊:这套书对我意义非常大,我后来选择去从事法理学和法律史的研究,很多也是最大原因是因为在读本科时看到了这套书。因为那时候觉得法学理论也应该这么去做,会觉得特别有意思,后来就去读硕士、博士。

1994 年中国政法大学出版社出版这套书时,当时其实只有 9 本,后来包括《美国法律的变迁》,10 年之后才由谢鸿飞教授把它翻译出来。① 您为每本书所写的序很有价值。后来,我们也可以看到,您把这几本书的序言收集在一起,放在《法治秩序的建构》一书里。在座的各位如果有兴趣的话,可以看看《法制秩序的建构》那本书,十篇的序言

① [美]莫顿·J. 霍维茨:《美国法的变迁》,谢鸿飞译,中国政法大学出版社 2004 年版。

就放在一块儿,给我们提供了很多思想资源。

其实在20世纪90年代的时候,您还发了其他对国外研究状况做了很多笔记的文章。您在《北大法律评论》发表了《从边缘到中心:二十世纪美国的"法与社会"研究运动》,①还有您在《中国社会科学》发表的《面向二十一世纪的法与社会》,②里面您是对美国、对整个西方的法与社会的运动做了很详细的评价。我记得您在第一篇文章里说:20世纪美国法社会学家经历了从边缘到中心的这么一个大致的转变,而且在美国法学界会成为一门显学。中国目前的法律社会学虽然也很红火,但是从学科限制来讲,它一直处于边缘化的状况。您是怎么评价这样一种对比的反差?您觉得法社会学以后有没有可能成为至少是法理学的一个中心,慢慢地从边缘脱轨。

陈柏峰:我补充一点。你说法社会学是不是显学,我觉得是很难说。在学术上,法社会学的文章还是很多的,你去翻一翻法学的杂志就知道了。但它在整个传统的教材体系中,法社会学的一些内容,根本就不重要,甚至很多法学院都没有这门课。这里实际上是有错位的。

程金华:我也补充一下:中国法社会学研究在一定程度上可能有两个张力,一个张力在中国这样转型时期的法治现象,在中国研究法律就是挖金矿,就是一个块儿,题目有很多可以做。这是一个状况,学问需要认真的、持续的、专一的关注。另外一个就像柏峰刚刚讲的,实际上我在参加美国的法律与社会协会的会议时也面临这个问题,就是人很多,你很难规范化的方式去界定谁是或者谁不是法律社会的学者。但是反过来,柏峰说的是体系化,在一定意义上可能更严重的,我们在法社会学领域所对焦的一个问题——持续对话所形成的知识共识很少,这样本身对学科会有很大的内伤。这种状况,我不知道季老师除了反思现在,对未来的状况、对中国法社会学的预判、对年轻的法社会学者

---

① 季卫东:《从边缘到中心:二十世纪美国的"法与社会"研究运动》,载《北大法律评论》2000年第2期。

② 季卫东:《面向二十一世纪的法与社会——参加法社会学国际协会第31届学术大会之后的思考》,载《中国社会科学》1996年第3期。

会有什么样的告诫。

季卫东：首先，如果从法律职业的角度、法律学的角度来看，法社会学肯定是边缘化的，因为它不仅不是规范的，是围绕规范、关于规范现象的实证研究，它是经验科学，和规范正好有一个紧张关系。但是我们要知道，自20世纪以来，法社会学确实在西方学界产生了很大影响。这个影响，仔细看一看，在欧洲，在美国，虽然有相通的地方，但还是有些不一样。在欧洲，它是在现代法典编纂的基础上，形成一整套精致的法典，这个时候重要的是如何解释、运用这个法律。所以这个时候，法解释学、法教义学是法学界的主流。但这个强调严格适用法律的教条主义的态度，在20世纪之后受到越来越多的冲击。这个冲击主要表现在因为社会越来越动态化、越来越复杂化了。教条主义的态度无助于解决现实问题，它使法律学与社会产生隔绝，显得比较僵硬。

第二，随着理性主义的开拓，特别是世俗理性主义的开拓，原来那种对法律规范的信仰、制度崇拜这种精神结构发生变化。人们不再相信有一个上帝的安排，从自然法推演出来的规范秩序符合它。所以，可以发现人们的批判理性在逐步加强，对法律的弹性适用在逐步加强。这个时候法社会学横空出世，它要解决的就是使法律与社会之间的关系有一个适当的处理。埃利希（Eugen Ehrlich）的自由法学运动，它要求法官对于社会局势有一个正确的研判，在这个基础上发现法律，适用法律，或者是用更科学的方法来克服法律使用过程中的主观任意性。虽然法官在客观上说所有答案都在法律中已经预先写好，但是从事这个职业的人都知道，其实你是在做一个诠释，你是在做一个规范的创造活动。如果说法官在创造活动，这个问题是比较大的，凭什么你来创造这个活动，这个时候他需要有个客观性的根据。随着科学精神的普及，社会科学工具的发展，大家觉得我用科学的方法研究法律现象，这样在进行利益权衡时，就会有更科学更客观的依据。我们可以看到这个趋势。

而在美国，因为法官起了很重要的作用，所以通过判决来制定法律本身不存在问题。但是在这个过程中，有一个判决的主观性如何防止、减少到最低限度的问题,特别是教条主义的问题。在英国,法官是像主权者发布命令的,主要是以发布命令的方式,但在美国,法官判决还是有一套成文法律作为根据,这个时候也是有教条主义的倾向。在这样的情况下,霍姆斯(Oliver Wendell Holmes,Jr.)提出来“法律的生命在于经验,而不是逻辑”,①他这样就是要试图把这个问题解决。再加上美国是一个人工国家,是完全按照法学家的理想设计出的一套制度,这个时候,通过法律的社会控制,以及使这一套制度设计更有科学根据,就成为社会的主流。所以在美国,法社会学从美国的发展、解决现实问题出发,最后一直登堂入室进入主流。罗斯科·庞德(Roscoe Pound)是 20 世纪的代表性的法学家,他主张的就是法社会学,社会学的法理学。而美国最有代表性的法官,从霍姆斯到卡多佐(Benjamin N. Cardozo)都是采取这些办法,法社会学在美国的地位是有特殊性的,在中国情况怎么样呢?

前面我讲到中国法社会学运动兴起的一个背景是教条主义的存在。尽管不是西方那种法教义学的教条主义,而是意识形态的教条主义。所以它关注现实来把握结构上的僵化问题,强调批判理性,这一点和西方是有共通的地方。但在这个过程中,有人就会始终提出这样一个问题:中国本身法律的专业化始终是在一个较低水平上,法解释学本来就不发达,这时候你一开始就强调法社会学,有可能会让实务部门、法律学界觉得有点逾越了,不解决现实问题。所以我们可以看到,在中国法解释学的发展、法律专业技术的提升甚至法教义学的态度,因为国人太从社会的角度看问题了,所以这个是比较特殊的情况。我认为法教义学在目前的中国还是很必要的。

另外一个就是,在这个时候,科学界也很重要,因为我们要把握教条,就要有反思理性,而且尤其是在非西方社会引进西方社会,或它的原则保留进来的时候,它的功能、它的效果如何都需要检验。这时候,法社会学是有它存在的客观需求的。所以,法社会学运动在中国引起

① Oliver Wendell Holmes,Jr.,*The Common Law*,Dover Publications,Inc.,1991,p. 1.

轰动，尤其是在青年学者中，大家响应都很热心和这样的背景是有关系的。但在这个过程中，我们又碰到另一个障碍，妨碍真正的法社会学研究，这和社会学在这过程中碰到的问题是一样的。为什么呢？因为中国有很多法律制度的运作都是“暗箱操作”。因为中国民间的自组织机制是一种非常相对化、具体化的互动关系，而它的基础是一种互惠性原理。这一切都和规范的思维是不同的，同时也比较忌讳刨根问底。法社会学偏偏就是刨根问底的学问，你看起来我是在客观的描述事实，但这个事实一旦公开出来，就会有人觉得尴尬。所以，你客观描述事实的这个学问，看起来非常忠实，但是总有人希望永远给它蒙上无知的面纱。

这时候，我们就可以看到，为什么法社会学受到两方面的夹击：一方面是社会上，另一方面是体制上。何况我们也没有真正的法律解释共同体，所以法律人也会觉得法社会学好像不太适用。但是说起来也很有吸引性。

对于未来走向，我觉得法社会学是一个很广阔的空间。首先，应当意识到法解释学是很重要的前提。不要一强调法社会学，就把法解释学给否定掉了，那可能偏离法律制度建设的现实。与此同时，要防止主观任意性，防止教条主义的泛滥，需要有一个客观根据。尤其是中国人原本可能就没有制度崇拜、没有制度信仰，你要让他相信这个，就得拿出科学依据，这可能成为法律制度设计的一个重要的理性基础和正当根据。

另一方面，在推动改革的过程中，需要对现实进行关照，进行批判。这时候的批判也需要法社会学提供经验材料，所有它是有利于法律规范性、批判理性的发展的。比如，现在强调守法，不管怎么样大家都要守法，这个时候大家也很害怕，因为，法律有良法、恶法之分，尤其是在价值观、共识不存在的情况下。那么，我们只能从现实中来寻找，从这个角度来看，法社会学还会发挥一个非常重要的作用。

而更重要的是，它为不同的部门提供了一个沟通的平台。只有法社会学才有学科交叉的属性，才能扩大法律家——尤其在中国这个法律边缘化的国家——的社会影响。比如,你跟经济学家交流,经济学家就会觉得法学很重要啊,因为我们知道,最初呼吁法治的是在90年代一批经济学家,从吴敬琏、张维迎到钱颖一、陈志武,他们都在呼吁。所以,我们就可以看见法社会学的意义,看出来了吧,它在这个地方其实是非常重要的。另一个方面,在国际社会中,所有法学的交流基本都限定在部门法里,而所有部门法都具有国家主义的特性,因为它是以国家为单位,这个时候它的视野会变得狭隘,只有法社会学,它把所有的法律领域都放在一起进行交流,它使不同文化的人也都可以在这个平台交流,因为它是一个开放的话语空间。从这个意义上说,法社会学在中国还是有非常广阔的前景的。

尤陈俊:感谢老师!现在我们先换一个问题:我知道您最近在一个采访里提出一个非常有意思的观点,说中国未来30年是法学家的时代。[①] 网上有视频,在座各位同学在网上也能找到。在这里,我想请您稍微谈谈,您下这个论断,未来30年是法学家的时代,大概是基于一种什么样的背景性考虑?

陈柏峰:我补充一点,我看到网上有这些方面的讨论。有的人觉得很受鼓舞,有的人觉得这是法学家自己在"意淫",各种说法都有。

季卫东:这个很有意思,也就是说,这个有点像是"王婆卖瓜"的感觉。其实法律人没那么了不起,你想有谁能够天马行空的就让你改变未来?法学家,何况我们的法学,在20世纪80年代,还被人批判为幼稚的学问,[②]就更没有理由去做这样一个豪壮的发言了。另外,这确实有一点媒体炒作的成分,因为我是顺口而出带出这句话,可以看看这个视频,讲到了司法改革,然后我说从未来30年依法治国的制度建构,这个中间、在这个立意上是可以说,未来30年是中国法学家的时代。然后记者也很敏感,一下子抓住了这句话,把这个作为标题,就是成倍放大了这个概念。但我觉得也不是坏事,因为搭上了我们的职业自豪感。

---

① 上海法治声音专访:《季卫东:今后30年是法学家的时代》,访谈视频请见http://www.lawsvoice.com/archives/2148。

② 指20世纪80年代,史学家戴逸以"幼稚的法学"来评价法学。

你看现在越来越多的法学毕业生就业难,就业排名末尾成为问题,所以我们也需要有这个自豪感。第二,法学在中国历来是受抑制的,我们还是需要这个来打打气。尽管我们不能指望在中国,法律人能够再从头"收拾旧山河,朝天阙",没那么容易的事儿。同时,也不可能说法律人就可以按照自己的理念天马行空来决定中国的未来走向。这个是不太可能的。但我们要看到,未来30年,确实中国面临一个重要的结构性转换,就是从原来一种自由放任的经济状态走向合法经营,从原来强调权力的杠杆作用,走向对权力运行机制的合理化,从原来非常任意的社会生活,转变成一种有序的社会秩序。在这个过程中,毫无疑问,法律会发挥非常重要的作用。

今天党的十八届四中全会决定将公布,有些人看好,有些人不敢乐观,但不管怎么样,都要等待谜底揭开的那一刻。当中国共产党中央全会把依法治国作为核心议题的时候,就意味着这个事情正式提上议事议程来了。但是我们不指望一天所有情况都改变。所以我说未来30年。30年河东,30年河西,现在咱们终于法学界也有扬眉吐气的那一刻。还有一个就是,因为前30年,可以在某种意义上说,是经济学家的时代,中国经济发展成为社会共识,经济学家在这个过程中发挥了重要作用。巴山轮会议,①一批年轻人,可能大概就是像你这样的年轻人,去参与这个讨论。当时因为中央正在考虑经济改革嘛,据说会议上的讨论结果,马上就快递传到北京去了。那样一个激动人心的时代,而在那个时候,我们知道有改革四君子。今天王岐山已经"居庙堂之高"了,当然翁永曦还在"处江湖之远"。所以我们可以看到有一些变化。但是不管怎么样,他们从不同的角度,都在推动经济改革。那么经济改革,我们可以看到已经实现了。

我们希望未来30年是一个法学家革命的时代。法国大革命和法学家的革命比较,就可以看出非常大的不同。法国大革命是自下而上

---

① 中国经济发展史上的两场会议,经济学家发挥了重要作用:一是1984年9月的莫干山会议;二是1985年9月的巴山轮会议。参见《从莫干山到巴山轮——新时期中青年经济学家智库的破冰之旅》,载《学习时报》2013年12月30日版。

的,最后带来了剧烈的社会动荡。而法学家的革命,可以在英国的光荣革命、美国的独立宣言、法国的三月革命中看出,它是相对理性的设计。这是一个有目的有计划的社会变革过程,适合法律人在中间扮演这样一个角色。所以在这个意义上说,如果未来30年是从过去强调GDP走向强调公平正义的时代,那么法律人肯定会在这个过程中发挥一个重要作用。当然能发挥到什么程度,这个取决于法律人本身的作用。我们可以看到,中国的经济学家也是在这个过程中成长起来的,比如说林毅夫、周其仁,当时跟我们一样都在求学,而现在他们在整个世界的经济秩序的重构过程中,扮演着重要的角色。

中国从人治走向法治、从德治走向法治,肯定是一个非常革命性的变化,是一个前所未有的变局。当然,失败的可能性也是蛮大的。比如在王安石时代,在宋神宗皇帝的推动下,也曾经进行过法治的构建,最后还是失败了。所以我们不能盲目的乐观。但是,我们可以看到这是一件大事,中国经济秩序的大事。这个时候如果我们法律人能够正确地对待自己,那么这个正确的定位还是很重要的。

第一点,思想启蒙当然要做,但是要考虑制度的可操作性。对吧?因为法学家有两个角色:一个是专业人士,另一个是公共知识分子。这两个角色都需要有人扮演,在中国的变迁过程中都很重要。但从法学精神角度来看,如果法律人在未来中国变革中发生作用,那么他首先要坚守理念,因为法律要求有这样一个精神。没这个精神,你如果要是随机应变、随风倒,就不能担负起依法治国的角色。因为法学家的时代,从法家时代就是一个重要的标尺。

第二点,还得接地气。如果一开口就希腊罗马,讲起的都是德国美国的那一套,老百姓觉得不是那么回事儿,离得太远。所以要接地气,法社会学对于接地气,还是非常有意义的。

第三点,不能有太浪漫主义的情怀。法国大革命是浪漫主义占主导地位,但是英国革命,伯克(Edmund Burke)的主张,多现实啊,全部都是从现实生活中出发,一点一滴的变革。再看美国《联邦党人文集》,多周密的制度设计啊,我们有这样高质量的讨论吗?如果没这样的高质量却匆匆忙忙推出这样那样的改革，那不是很可怕吗？再看德国三月革命是一群教授，学者法律家，他们在对于这个制度进行深入的推敲。所以从这个角度来看，需要对于改革的困难、艰难之处、危险之处，要有清醒的认识，才能去解决它，所以不可以有过于浪漫主义的情怀。

第四点，必须有制度上的可操作性。比如说现在我们讲，你是要影响当局的，你不影响当局怎么叫法律家的革命。影响当局进行制度设计，推动实践的改革，这个时候你没有可操作性，一听就听烦了，这个时候确实要考虑它的现实可操作性。

当然，最重要的是第五点，满足民众的物质、精神需求。你不能说，我是职业法学家，所以我就是社会精英，不用管民众。从整个制度上需要有这个精神，这样一个学识背景，法学家的这一精神，是权力限制的一个很重要的方面。尽管如此，在今天这样一个大众民主主义的时代，还要考虑民众的需求。也就是说，法治必然是和民主化进程联系在一起的。

如果这几点把握好了分寸，如果能够保持法学家谦抑的精神，但是坚忍不拔地坚持原则，不断地说服当局者，就像柯克法官(Sir Edward Coke)说服詹姆士二世(James Ⅱ)一样。到这个时候，我认为中国的法治建设就会成功，成功之后自然而然就是法学家的时代。否则，你现在是光溜溜的法学家改革时代，你的改革半途而废，那么法学家的时代其实永远不会到来，只会停留在我们今天的这样一个话语空间中，成为一个没有意义的空气震荡。

程金华：这个话题也可以通过不同角度加以比较。季老师从宏观角度把握法律家这个整体、探讨他们应该扮演的角色。我的问题背景是2013年年初我在《中外法学》发了篇文章，[①]回应的实际上是江平先生在很多年前提出的呼吁说：希望更多的法律人从政。无论是作为法律人也好，还是作为公民也好，我实际上是期待的。但是为了避免“王婆卖瓜”的感觉，作为一个搞实证的学者，我希望能有比较确切的证据

---

① 程金华：《法律人从政》，载《中外法学》2013年第1期。

去证明这一点。那我就做了一些阐释性的工作,整体上来讲这个工作是很粗糙的,因为很多数据是不全的。不管怎样我想换个角度,因为我觉得法律家或法律人在未来的10年、20年、30年,应该扮演更多角色——四中全会决定本身就是一个细化的证据——但我觉得作为个体,这种工作和这种学识是很抽象的,都是大话式的。那么,我想请教季老师的问题,假设我们分工角色是一个法律学者、一个公务员、一个司法官员、一个律师这四种角色,他在日常工作中如何真正通过我们法律的工作,为中国未来的政治转型和社会秩序的建构做一些正能量的工作?

季卫东:这个问题非常具体,也会涉及很多方面,不是很好回答。法律人与政治的关系包括实际介入政治实践,因为在一个法律的时代,肯定会出现这样问题。就像经济学家如果不参与经济改革的实践,也不会有经济社会这个时代。当然尽管这个过程中也有一定的忧虑,你们那个经济学是奏折经济学,不是真正的经济学,也有人反驳说你们那个经济学是黑板经济学,没有现实意义。不管怎样,理论和实践究竟如何结合是一件很重要的事。

金华教授从四个维度提出理论和实践的关系问题,我想应该从法学建设实践实际需要出发来看法律人的四种角色。首先从法学者的角色来看,因为他肯定要超越社会现实,他要在一个更广阔的时空中来对法律的根本性的原理进行根本性的探讨。这个时候对他来说最重要的功能就有两个:第一个,提供批判的理性基础,就是说你对每天都在出现的现实的政治、现实的法律制度,肯定要从比较的视野、学理上、正义观的角度来对它进行审视,进行批判,一定要有批判理性。但是这种批判不能是"见石砸石"的,只管破坏不管建设,破字当头立字就在其中。不能带着这个态度。所以批判应该是有建设的批判,因为法律最重要的就是点点滴滴的建设,你不能太着急。前面说不能有浪漫情怀,这种批判是要伴随着建设的态度。第二个,跟建设相关的,就是法学家在随时要作出判断和建设的这样一个日常现实中,超越于这种紧迫感。所以他有时间进行比较研究,他要为现实提供一个可供选择的"百货橱窗",也就是说,他要办一个"知识超市",来让改革者或者是实务者能从中选到他所需要的东西，这是学者一个非常重要的方面。法官可以从中选主流学说，律师可以从中选少数意见或者反对学说，这个选择是自由的。学者要保持这样一个超然态度。

从立法者的角度来看，过去30年的改革开放在一定意义上也是立法者的时代，因为原来没有法所以在这个过程中，立法工作非常繁重。一直到2011年吴邦国委员长才宣布中国特色社会主义法律体系基本建成。那么今后呢，全面深化改革意味着一个新的建设要来了，这个时候立法者的时代还没有终结。这可能是对未来30年的一个判断。比如民法典到现在还没有结束（编纂），这是不可思议的。搞了这么多年，连个民法典都没有。比如，宪法也许是要在一个新的状况下，特别是假设两岸和平谈判，香港治理有一个新格局时，同样需要对宪法的制度设计进行调整。

立法者在这个时候非常重要。立法者最重要的是要把所有的政治诉求，不同的社会诉求转换成制度语言，所以必须具有一种开创胸怀，必须有承认妥协的精神，采取一种妥协的态度。这样才能把各种异议反映到法律当中去，但是还有一个要加强对各种各样的法律诉求的制度化的整合。也就是说，要形成一个立法技术非常精确的统一的法律体系。这个法律体系是一个非常多元化的复杂的过程，内部充满了矛盾。这个时候需要一个整合的体系。中国人比较浮躁，这是一个比较大的弊端。比如在日本立法的作业，日本内部的法制局，老早就编了立法手册，精准地对每一个法律概念的基本含义作了单一含义的定义，然后要求所有的立法作业者必须统一，它就像一个严格编码。但我们的立法随意性很大，而且有多少人是真正法律科班出身的，欠缺法律专业知识。前段时间说对立法人员也要使用司法考试，这就说明我们专业水平待定。本来这个问题不必提出来，还提出来就说明要让立法者专业化。在这个意义上，我们在座的这些同学，也许就会有一些将来会成为专业化的立法者。那么这个时候，可能一方面就需要加大实施技术的作业，另一方面要有政治妥协的精神。

对于司法者来说，最重要的是对法律精神的坚守，维持法律规则的运行、运用。这个时候他的独立地位、学识、人品等都具有非常重要的意义。当然,这个超然独立的地位和具有特权的身份保障,是有前提条件的。那就要求法官一定是非常睿智的、有专精知识,这个时候才能够配得上作出这样一个判断。我们说法院是一个法律判断的终局性机构,那你必须得配得上(这种说法)。所以在这个意义上,对法官的要求可能会更高。这个时候,当然也希望他还要有强烈的精英意识,来保证它能够对抗这种权力,宁折不屈。另一方面,同时还要有谦抑的态度。因为政治还是有主权者的决断,行政还是要有政策性的判断,这个都不是法官所擅长的。所以,对于主权者的决断,对于行政的政策决定,需要有谦抑态度,抑制自己任意去干预的行为。但是法官最重要的是要作出正确的法律判断,坚守法律规则准确实施。

律师是法律职业中最活跃的、最接地气的群体。他的作用在中国是个抑制,我们从中国秩序原则的角度是可以理解的,因为律师最大的问题是提出了内在的批判主义。法律人不怕外在的批判,所以讲司法的群众路线,讲听取群众的呼声,讲得震天响都不怕。但这个判决你能真正看出猫腻吗?看不出来。律师是看得出来的,所以中国自古以来就防止律师的出现。这一方面,陈俊教授对历史上律师的作用有非常深入的研究。就怕律师作出反对的解释,但做出另外一个解释对当事人有利啊。这个时候就可以看到内在的批判主义精神是律师最本质的东西,他懂行,所以能看出问题,他因为是站在当事人的立场上,所以有足够动力去进行批判性的找/挑毛病。挑毛病就是他的职业道德。另外一个就是说有当事人,受当事人委托来做,他必须有这个动力来提供服务。更重要的是他的成本不是由政府负担,而是由当事人负担。这就意味着当事人控制不了律师的不断挑毛病的行为,所以如果要保证公诉书正确,要保证判决书有足够的说服力,律师挑毛病的精神是绝对重要的。没有这个,司法质量永远不高。这样挑毛病会不会影响司法权力的独立行使?不会,正因为是这样的律师挑毛病,在这个基础上形成的司法判决,才能够办成铁案,能够保证司法的质量和公正性。在这个意义上,律师最重要的是坚持一种内在的批判精神。

四、法学教育

陈柏峰：最后再问几个与法学教育有关的问题。第一，借着金华教授讲的法律人素养，法学院应该怎样去培养法律人？第二，季老师最近几年出任凯原法学院院长，在中国法学教育史上是一个很重要的事件。凯原法学院这几年从一个默默无闻的法学院，逐渐变成了我们（中南）法学院同学理想的保研去处。每年都有不少同学申请。季老师，您在海外当过老师，日本、美国和中国的法学教育，他们之间有怎样的区别？您在其中碰到了怎样的困难和问题？您觉得应该怎么培养学生？

尤陈俊：我顺着柏峰刚刚问的问题继续问，也不光是这些相关的问题，可能在座同学也非常关心。虽然季老师您认为未来30年的法学家的作用可能会越来越重要，未来30年的法学家其实是包括在座同学在内成长起来的。那么，您觉得他们所受的法学专业知识的学习，可能会需要哪些调整，或者在哪些方面要注意一下？

季卫东：中国法学教育之所以非常重要，第一点是因为我们是成文法体系，同时也因为它的质量在很大程度上都是自然法时代受到西方意志的影响之后产生的。这就意味着，你对法律知识体系性的研究和传授是必须的，没有这个你就做不成。第二点是法律教育更重要的一个（功能），是为法律人提供内在批判性的视野，提供一套标准语言。这个标准语言，就是平时说法言法语。这时候，大家互相批判也好，互相达成共识也好，都有一套标准。而这个标准恰好是限制裁量权的、限制任性、限制主观任意性的。没有这一套标准的话，就可能各说各的话，就达不成共识。所以在这个意义上来说，当我们要限制，保证法律运行的公正性，法律知识也很重要，因为有一套客观的、共有的知识。这个时候就会使得任意性的限制有更好适当的工具。

中国法学教育的情况，总的来说很受重视，发展非常快，20世纪90年代开始扩招，2001年又有一个飞跃。但是其实真正的法律职业教育并没有展开。在以本科为主的教育体系下,看起来好像是欧洲大陆的模式。但是真正的法学教育时间只有一年,前两年是通识课,第三年是专业课,第四年写论文、实习、找工作。其实真正的教育只有一年,而且基本是法律基础知识教育,所以就更有限了。

再看看研究生阶段,它主要是按照法学研究模式来设计的。法学职业教育其实在研究生研究中更重要,需要综合的知识背景,需要社会经验。这个时候需要法律职业教育,我们也没有提供什么。

过去大家都不把法律当回事,觉得不存在问题,第一点,因为解决问题是靠权力、靠关系,所以法律不是很重要。但依法治国之后就不一样了,大家都把法律当回事时,法律专业知识的意义就出现了。第二点,你在国内也不成问题,有问题你找领导去解决就得了。而且内部问题摆平就是水平,你把这事摆平了也就得了。但你要走出国门,比如中国企业走出去,外国企业进来,这时就没有那么简单了。你这么几个人是混不过去的,搞不好,就是几百万元、几千万元甚至几个亿元损失。第三点,法学院不能安于现状,年轻人有这么多,源源不断有学生进来。教育虽然有点问题,但是经济在发展,你总能找到工作吧。何况中南财经政法大学又是品牌,出了那么多人才。在座的,我们看看年轻的学者中有尤陈俊、陈柏峰,还有侯猛。再看看老一辈的有王利明、张明楷、吴汉东,都是各学科的第一牛人。所以你们也就没有什么需要担心的了。

但是现在中国法治市场开放,出现了异军突起的竞争。外国的法学院进来,外国的律师事务所进来了,慕课(Mooc)、网络公开课出来了。你还像过去那样吗?所以这个时候法学教育质量的提高、法学教育的改革就变得非常重要。你不再是原来那个中国,法学也不再是那样一个时代,就是说原来基本上你只要按照大家的模式、走同一化模式就可以不断发展,学生人数越来越多。这种状况不再可能出现。尤其是中国人口规模从增加到减少,过几年人口逆转的情况就会出现。所以在这种情况下,法学教育就成为一个非常重要的问题——它的质量如何提高。那么我们搞全球化,导致亚洲各国都在考虑法学教育的改革,否则你不适应企业对国际竞争的需要。中国参加全球治理,特别是

2008 年之后非常牛气,参加全球治理的时间表大幅度提前。这个时候忽然发现我们缺乏足够的人才送到机构里面去。那么这时就可以看到,法学教育改革确实是迫在眉睫。

在这样一个背景下,我是 2009 年 4 月初学校正式发文、月底回来的。到任之后,那个月国家有关部门就颁布了法学教育改革计划,在此之前已经做了很多初步方案,并发给大家讨论。“三三制”是在这个情况下提出来的。“三三制”改革,一开始真是做了很多工作。因为它跟我们的“四一二”不一样,比较迎合体制的对接。而且在生源上提高质量,对生产来说就是增加投入。何况是在一个同一化的模式下,花的精力、收的学费是一样的,那肯定是吃亏的。哪怕是在当时的情况下,我们也硬着头皮去做。做了之后还好,很幸运,学校领导支持,老师也理解,然后再加教育部开始推出卓越法律人才教育培养计划,正好对接上了。所以,这个就是有惊无险,总算是取得效果。

大家可能会问,为什么这个“三三制”非得搞得跟别人不一样。其实是有其他考虑的。因为本科四年其实真正的教育是前三年,专业教育就一年。第四年就是浪费,这个就很重要了。所以三年本科教育基本是符合我们的现状,不会把教育质量降低的。何况美国近几年来把本科教育缩短到三年,认为三年时间够了。因为专业化的教育是在后面的三年,连续三年,是个关键。连续三年在于不是走形式的职业教育,是在于这三年时间的安排,比如说,比较体系化的专业知识和深入的教育,没有一年以上的时间是不够的。再有,要加强职业技能的培训,没有半年到一年的时间是不够的。如果想培养国际化方面的人才,不给出一年(出去留学)的学习时间是不够的。这个“三三制”就导致后三年中,学生有一年时间到国外去。所以我们一半的学生到国外去,拿一个学位回来。在同样的时间内可以拿两个硕士学位,而且是美国一流的法学院。

刚刚我们感觉这个时候还不算长,才四年时间,才出来一批完整的毕业生。从现在情况来看,这个毕业生就业情况普遍要好。当然,市场有品牌效应又有资源倾斜。但是这个中间我们发现有些变化,多年品牌效应出现了,从去年开始有很多非常优秀的学生报名,录取的是各个著名的(法学院毕业生)——因为我们通过推免的方式来录取外校学生。我们这次录取的全部是各个学院——985和有重点学科的政法大学——前五名之内的学生。而且面试时,尽管我们把名额增加到最大限度,但还有许多觉得确实不应该淘汰的学生。这就是品牌效应的出现。另外,在国外也有一定的品牌效应,如杜伦法学院,其“世界领袖项目”会指明要收我们的学生。比如,哈佛大学连续三年招收——过去也只是(收)北大清华的学生——现在开始招收我们的学生。另外,我们有一个学生在论文竞选中从一千多位各种各样的竞争者中胜出,然后受对方大学的全资邀请,到瑞士去参加国际大学生论坛——明日领袖。与今日领袖对话,也包括一些国家的总理、商界的巨头、著名的学者。可以看到,我们所希望的这个效果出现了。因为我们就是希望这样有进步的积极性、国际化的这样一种平台。

当然我们还要注意对接国内的重要性。我们的教育质量是不是真正意义上提高,是要反思的。我自己不是很满意。因为尽管课程设计作了很大调整,但是受到目前教育体制的限制,有些课程你根本无法锲进去。比如,想在这个选修课做大幅度增加,怕受到资源的限制。再如,我们就是要使得法律实践这个课程进一步提高,尽管我们比教育部的教学实践课程比例增加了五个百分点。但是实际上教育不平衡还会存在(对我们的限制)。所以我们还会在教育质量提高上进行更深的改革。当然我们做了尝试,比如打通实体法与程序法、法律部门法综合利用课程,我们开了三门。但从实践中来看,老师感觉有点跟不上。有的效果不错,比如民法和诉讼法打通上了,据说学生的反映非常好,但也有老师不知道怎么教。因为原来都是这样讲(课),忽然发现过去的教学方法、备课方式全都不能用了,而要灵活应变于不同场合,从程序的角度、从这个角度那个角度来比较讨论。这个怎么做?老师也提出这样一些意见,我们感觉到还在摸索的过程中。

所以我想我们要一起来摸索,假如有同学愿意到上海交通大学凯原法学院去游学、学习的话,我张开双手来欢迎,相信这么优质的生源到我们这里,一定会促进教学相长。

《法律和社会科学》(2016)
第 15 卷第 2 辑,第 281 ~322 页

对话陈瑞华:法学研究的第三条道路

陈瑞华　陈柏峰　侯　猛　陈　虎*

一、三条道路

陈柏峰:今天,我们来与陈瑞华教授做个对话。先对陈老师做个简单介绍。他是北京大学法学院教授,博士生导师,全国十大杰出中青年法学家,教育部长江学者特聘教授。他还是国家法官学院兼职教授,国家检察官学院兼职教授,中国政法大学兼职教授,最高人民检察院专职咨询委员会委员,中华全国律师协会、律师维权委员会顾问。他的研究领域主要是刑事诉讼法基础理论、司法制度和证据法学等,发表的文章和著作具体的我就不说了,有很多很多。

今天对话的主题,是法学研究的第三条道路,我现在开始就要问陈老师:第一条道路和第二条道

* 陈瑞华为北京大学法学院教授,陈柏峰为中南财经政法大学法学院教授,侯猛为北京大学法学院副教授,陈虎为中南财经政法大学法学院副教授。此文为编辑整理稿,未经陈瑞华教授本人审阅。

路是什么?你能不能先介绍一下?

陈瑞华:目前中国的法学研究,我把它称为处于一种十字路口。十字路口显示出两个问题:第一,处于一种徘徊犹豫彷徨的状态,就好像一个人,在一个路上走了一段时间,结果来到了一个十字路口,不知道往何处去。心里装满了一系列的希望,但是不知道走向何方。第二,十字路口意味着一种新的机会、新的选择、新的挑战。尤其是一代又一代的年轻的研究者加入法学研究来,提供了更多的新鲜的活力,创造了无穷无尽的机会。

我本人长期从事刑诉研究,写的文章大体分三个部分:有刑诉的,有证据法的,也有一些司法制度的文章。如果把十几年前做过程序正义的文章也算进来的话,也算讨论了程序领域里面的法理学的内容。我的最大体会是,从读本科硕士博士,后来到北大做博士后,留下来以后做研究一路走来,18 岁上大学跟大家一样,今年整整 48 岁。今年是本命年,在法学领域里从学习做研究到今年是整整 30 年。真正进入法学研究应该说是从博士阶段,硕士阶段还是一个打基础的阶段。这个博士阶段,在做研究之后面临最大的困惑和挑战,就是我所在的部门,99% 的学者都在做对策研究。对策法学是诉讼法的一个最大的特征。待一会儿大家肯定要讨论到法教义学。法教义学在诉讼法里边不存在、几乎不存在,是刑法、民法和宪法一部分学者比较提倡的一种新的研究方法。诉讼法到现在还是对策法学,法对策学比较盛行的学科,当然有它的历史原因,因为这个法律一直处于剧烈的、变动不拘的状态。我相信一个观点,一个国家没有一个稳定的法典,是不可能有一个相对稳定的法学研究状态的。你看我们 1979 年出了第一部刑事诉讼法,1996 年进行修改,2012 年再次修改。刚刚过去的一次会议,在重庆西南政法大学全国刑事诉讼法年会,又有一批学者提出刑事诉讼法继续进一步的再修改。我看了这些要再修改的文章呀,心里不是滋味。我们有些老教授包括我老师辈的教授一生只做一件事情,刑事诉讼法修改修改再修改。当年有一位公安大学的教授是我非常尊敬的前辈,现在已经退休了。在他 80 大寿的祝贺会上,有人就问他:你最大的贡献是什么？他说我最大的贡献是推动中国刑事诉讼法的修改。人家又问做出的学术贡献是什么？他说学术贡献就是废除了一系列不好的制度，像刑事诉讼法里边过去有一个免予起诉制度。（检察院定罪但不起诉，叫“免予起诉”，但现在没了。）他说我写过8篇论文，一论二论三论一直到八论废除免于起诉，之后废除了。还有一个尊敬的江平教授，我是在中国政法大学毕业的，那时是读江老师的书和文章、听他的课程成长起来的。在他好像也80大寿的时候，他非常谦虚说的一段话，他的一生做的最大的贡献是推动立法，参加了大量的社会活动，而学术贡献并不多。后来有人说江老师很谦虚，但是他也道出了一个问题，就是我们从20世纪70年代末、80年代初以来的学者，其实面临的一个最大的难题：理论上的建树有多少？学术上的贡献有多少？这是一个非常让人尴尬的问题。他们的贡献很大，推动中国法制建设，推动一部部法律的修改，推动整个法治进程，推动整个中国人权事业的改善，推进中国法治化建设，这些贡献不可谓不高。但是当问到你的学术贡献有多少的时候，这个问题就变得沉重起来。

我的博士论文是《刑事审判原理论》，[①]在座搞刑诉或者诉讼法的同学可能知道这本书，但是不从事这个学科的可能对这本书不熟悉。这本书应该说给我赢得了荣誉，但我把它称为学生时代的一部作品。当时做学问、写博士论文有三点感受：第一，要穷尽一切能找到的外文原著，看国外最新的资料、最新的理论发展。比如，当时在做博士论文时找到程序正义理论，印象最深的是在我博士升到二年级、博士论文题目定下来以后，近水楼台先得月，离北京图书馆即现在的国家图书馆比较近，骑着自行车去复印，一共复印了一百多本书。尤其发现了一种程序正义的理论，一系列的论文和著作，如获至宝地把它介绍过来。第二，能够把它中国化。把西方的理论中国化，用来解释中国的问题或者解决中国制度建设中的问题。后来有人说我程序正义几篇论文引用率很高，其实我今天的评价是原创性没有，都是在于阅读原著、阅读西方

① 陈瑞华：《刑事审判原理论》，北京大学出版社1997年2月第1版，2003年9月第2版。

的学者的原著的基础上做了些介绍、加工、整理、综合、评价,仅此而已。第三,当时做研究时,有那么一点雄心壮志,这可能我一开始就跟这个诉讼法的主流格格不入:坚决不写对策。写对策是一种制度论,所以那篇博士论文探讨的是一种基本原理,找到规律、找到原理、提出概念,这是当时写博士论文的真实想法。后来博士论文答辩通过,拿到博士学位,我到北大做博士后,两年以后出版。应该说这个影响力还是非常大,引用率很高,被称为这个中国大陆学者写的法学著作前十五本、引用率比较高的著作,到今天可能还有一部分相关专业的同学在读这本书。

但是后来我就陷入一种困境当中,觉得这个博士毕业以后的研究陷入极度的困境。困境来自两个方面:一个是中国的制度没有一个地方让人满意的。我们生活在一个不如意的世界里,我们的生活不如意,我们的制度不如意,我们那么多的冤假错案,我们的程序非常不发达,所以对制度担忧是当时有几年时间非常严重的事情。另一个是感触中国法学和世界没法对话。我做部门法研究,每次开国际研讨会,来自英美法、大陆法的学者,就是批评中国的制度。中国学者很尴尬,你只要批判你本国的制度,你就在国际上受到欢迎,到处是鲜花和掌声,还有基金会的基金。只要你为此做一些辩解,他就把你当成为当权者辩护的主流之人,对你非常不尊敬。这种事情、这种感觉一直到今天还有,所以我很不愿参加国际人权的所谓的研讨会,把中国当作被告来看待。它不是真正的学术研究,它是一种政治。我在这种双重焦虑中发表了一些论文,基于生存的压力,在 2001 年被评了教授、当了博导,这一系列外在的东西都有了。

2002 年我到美国耶鲁大学访问。我对这个访问没有寄予太大的希望,一共就半年时间,听课就听了两星期,再也不听了。两星期的时间,跟着那些 JD 的学生"瞎混",讲的都是 ABC,证据法、刑诉法我们都学过了。当然他们讲的那种纯法理的课程又听不懂,所以听了两星期以后就不听了,因为所谓的苏格拉底教学法,只要学生一提问题,老师就跟着走。三个小时提几个问题,提问的往往就是那两三个人,对其他学生是非常不公平的。美国大学法学院的教育其实更重要的是reading paper，读书、自学，教学环节非常不重要。当然不能以偏概全，至少我是在耶鲁是这样的。我在美国各地到处走，见检察官、法官、律师、学者，另外，把它图书馆利用了个底朝天。在耶鲁期间产生的最大的、改变我后来学术命运的是两点：第一，美国法学界不搞对策，从来不搞对策，不研究应当怎么办。第二，美国法学界是有概念、有理论的。当然这个理论还不够，美国最好的理论在法社会学，普通的法学院的理论性并不是很强。所以，这期间收集的一些资料，最大的转型就是两点：第一，不再动不动对西方的理论和西方的制度处于一种顶礼膜拜的状态。西方是西方的，其理论产生于对本国问题的一种解释、解决的过程当中。很多理论都是为了解决本国问题、解释本国的制度现象问题提出来的，有些理论甚至经过了几十年乃至上百年的实践，证明是一种规律，把规律给概念化出来。第二，法学不能故步自封，要开放。搞刑诉的人只研究刑诉，搞刑法的只研究刑法，搞民法的只研究民法，自说自话，故步自封，没有出路，一定要进行对话、跨学科研究。在美国期间，我印象最深的是美国的侵权法（tort law）。在中国，这是民法独断的领域，一说侵权法是民法的一个分支，在美国侵权法可不能等于民法的一部分，它跟民法有很大的关系。它有公共侵权法、私人侵权法，行政法的很多内容就是公共侵权法的内容，甚至还有宪法性侵权，侵犯公民的宪法权利，侵权法是宪法的问题，刑诉里边是公共侵权法的一部分。可以看到，侵权法是人权法的组成部分，人权法的另一个含义就是侵权法，横跨整个法学学科。在研究侵权法之后，我们再看到救济法（law of remedy），整个法律就是三个概念：权利、侵权、救济，把所有的法律串在一起。所以美国的学科分类跟中国不一样，我们读了它的书、听了它的课以后，最大的感触是：法学的内部，是一种有机的生命，一个生命的有机体。诉权来自哪里？来自权利。诉权来自哪里？来自侵权，诉权跟什么有关？——救济。权利的来源内容、权利的侵犯、权利的救济，在诉权里边，照样存在，在民法里边存在、刑法里边存在、宪法里边也存在。所以到现在为止，我有一点是受它的启发，就是打破学科的壁垒。

2002年我从美国回来以后,就在中国法制出版社出版《程序性制裁理论》。① 这本书也是有一定的引用率。这本书作为一种转型的作品,它的特征是:不再动不动研究西方的制度。写一篇论文,概念、意义、性质、功能、理论基础、英美法大陆法之比较、中国之问题、中国问题的解决,再不这样写了,绝不这样写了。这样写你就一生做这样一项工作,实在是无聊透顶。我们把英美法和大陆法的理论作为一种背景来看待,而不是当作逻辑推理的前提,我们搞演绎推理,逻辑大前提:西方的理论;小前提:中国的问题;结论:跟着西方走。这种逻辑推理,在部门法里是普遍存在的,它就这个三段论。要想摆脱这一点,非常不容易,就像一个人要摆脱地球引力那样困难,因为这种写法太容易了。今天不教一个人、一个本科生,他就这样写,给你交一篇论文过来。硕士生不加指导就这样给你写,博士生也一样。我见过北大法学院有一个研究国际法的博士生写的博士论文,论联合国解决争端中的作用,在国际争端中的作用,最后有一章,5万字,论建立替代联合国的若干建议,建议国际社会考虑联合国还需要一个替代的机构。后来我们就问,你给谁说的?谁是你的受众啊?在中国,你可以建立成立一个全国人大,通过一部法律,你在国际社会,你给谁说啊,美国人不同意,美国是大国,美国不同意,你写了白写。连国际法还要写对策,你想想这个中毒到什么程度了,真是可怜的孩子们呐。鲁迅说,"救救孩子们",再走原来那条道路真是死路一条。这个问题,在座搞法理的、搞宪法的同学可能对这一块体会不深,搞部门法的深深地陷到制度里边去了。

所以,刚才陈柏峰教授问的问题,我现在可以回答了,绕这么大一个圈子。第一条道路,以西方的理论和西方的制度为逻辑前提的法律研究。把西方的理论和西方的制度作为一切的前提,奉为真理,既作为本国制度构建的理论基础,也作为解释问题的理论武器和根据。这个已经跨了各种研究方法,我们过去的对策法学就把西方的理论、西方的

① 陈瑞华:《程序性制裁理论》,中国法制出版社2005年版,2010年4月第2版。

制度直接拿过来,构建中国的制度。研究非法证据排除规则、研究沉默权、研究证人出庭直接言词原则,一直到今天,还在抄西方的。把西方奉为真理,有人说中国的研究,过去是没有脑袋的研究。理论是西方的,制度是中国的,按西方的制度办就行了。这样的研究,我们认为,恐怕是死路一条。

当然最近又兴起了一种所谓的法教义学,在有些部门法里的法教义学。法教义学的进步意义在于,它开始研究法条,对法条做解释。任何一个国家的法律条文都是抽象的,要想运用到司法实践中,必须经过解释,学者的解释作用是不可或缺的。但是非常让人遗憾的是,我们今天的法教义学也好,法解释学也好,解释的根据、武器仍然是西方的理论。上来就用西方的理论解释我们的制度、我们的法律条文,比如在刑法里,用三阶层论想替代四要件说,仿佛四要件说是来自苏俄的制度,人人应该喊打。你给他一个标签,大家可以想到苏俄这个制度,当然它政治体制已经发生重大变化。是不是它的四要件说有问题?确实有问题。三阶层论经没经过中国司法实践的检验?三阶层从何而来,法教义学学者拿过来就用,抛弃苏俄的四要件说,拿三阶层论直接来解释,把德国的、日本的直接作为理论的教条来看待,请问三阶层论在中国的哪个地方实验过?在哪个案件中法官实验过?它比四要件说效果更好?没有人做过实验。把法学研究变成一种信仰,把法学研究作为一种教条主义的推演,你保守,你老朽,你研究苏俄的四要件说;我新潮,我后现代,我用德日的三阶层说。什么期待可能性、疫学因果关系,连概念都是德国的、日本的。

有一次我在《法学研究》发表了一篇文章,同期有几个搞法教义学的学者也在上边发文章。有一篇文章,研究的题目是德国的,引用的例子中10个例子都是德国的,得出的结论也是德国的,我说这篇文章应该在德国发表,因为在中国没人审查它,你审查不了,因为一般的编辑不懂德文,即使懂德文,对德国的制度也不那么了解。民法里也这个问题。我不是否定这两个学科啊,民法、刑法其实有很大的贡献。但是这两个法律学科,它在解释法律条文、构建它的理论体系的时候,有意无意当中把西方的理论奉为教条,而这种理论是没经过检验的。

所以,如果说我们是走第三条道路的,那么第一条道路是什么?第一条道路应该是将西方的理论和制度作为前提的理论研究。这样的研究是不可能具有原创性的,生生地将中国的法学研究当作西方的大陆法、英美法两大法系的理论的“殖民地”。用当年胡适先生的话说,甘愿当留声机,甘愿当鹦鹉,别人说什么就信什么,没有什么自己的话语,没有自己的理论,甚至连自己的概念都没有。这样的一种研究方法,一旦遇到点风吹草动在中国就出问题。比如,我举个例子,就是前几年最盛行的刑事和解制度。中国过去几年研究刑法、民法、诉讼法,各自为政、故步自封,老死不相往来,把自己的学科当作一亩三分地,从来不进行对话,对话也是互相批判,没有正常的对话。我曾经在北大给学生讲,真正的理论贡献,往往发生在两个学科间之间交叉的领域,比如刑民交叉、行政法和刑法的交叉、实体法和程序法的交叉,会诞生全新的理论。当然这个理论,法理学最应该研究,但法理学今天放弃了这个阵地,法理学在天上飞,而部门法在地下爬,一个爬得起不来,另一个在天上降不到地面,什么时候能够在地上走起来也能飞上去再下来,能进行对话?

所以你们看到刑事和解被害方和被告方在公诉案件中相互协商,把私了合法化。我们过去反对公诉案件私了合法化,交通肇事案、伤害案件、盗窃案,已经构成3年以上有期徒刑的公诉案件,现在通过私了,检察院不起诉,法院可以直接判缓刑,甚至走到极端,连死刑案件——最重的案件都可以和解,和解了以后高额赔偿,达成谅解,最后不判死刑。实践效果那么好,解决了被害方的困难,使被害方摆脱了困境;解决了被告方的难题,被告方也得到了宽大处理;解决了公检法的困境,减少了申诉上访,减少了社会不和谐的因素,矛盾化解了,关系修复了。

我们看法学界是怎么看待刑事和解,我记得2006年在中国人民大学法学院搞了一个全国性的刑事和解的理论研讨会,刑法、刑诉界全出动了,还来了很多法官、检察官,很多律师也来了,两三百人开一个会。按照西方的理论、按照西方的制度作为逻辑前提来研究刑事和解,得出什么结论?三种结论得出来了,你不自觉的就用这个思路得出结论。第一,也就是第一种观点,刑事和解是违反罪刑法定的,违反法律面前人人平等,同命不同判、同案不同判,法律不平等。第二,刑事和解违反无罪推定,刑事和解的案件往往证据不足,在侦查阶段就和解了,这不等于把他当作罪犯了吗?违反无罪推定,反了吧,都批评它。当然还有赞同它的,刑事和解好,效果好。你效果好,你提理论啊,他不提。中国学者在本土的最好的一个制度,我甚至把它称为司法制度里边可以和邓小平的联产承包责任制改革相提并论的一项重大改革试验,是提出了创造理论的最好黄金时机,我们不提。无数篇论文这样写,刑事和解的兴起,是西方的恢复性司法在中国的体现,好像国际共产主义在中国的分支一样。一个中国最好的制度、最好的改革,各方利益兼得,效果特别好,他非要用西方的理论来解释它,还冠以什么恢复性司法。

无知者无畏,没去过美国,没有见过霍华德·泽赫(Howard Zehr)——哈佛大学霍华德教授、美国恢复性司法之父。什么叫"恢复性司法"?恢复性司法是在北美、澳洲、新西兰土著居民的部落里边兴起的一场纠纷解决运动。它是用来解决美国的英美法系国家中当下制度存在的一个最大难题,被害人问题解决不了,引进了这个土著居民解决争端的办法。两个特征:其一,宗教仪式。土著居民戴上羽毛,那种特有的盛装打扮。犯罪一发生,两个家族坐在一起,围起篝火来,弄一个圈子,进行宗教仪式祈祷神明降生,然后相互倾诉。其二,强调对话。让被害人说一说,让被告人说一说,相互倾诉、相互对话,最后达成和解,象征性的就不再惩罚这个被告人了,矛盾化解了,两个家族矛盾就化解了,不再结为世仇了。人们发现通过这种方式要比相互对抗好得多。

中国的刑事和解是怎么产生的呢?它根本的原因是刑事附带民事彻底破产,到了法院,要么不判要么判了执行不了。中国法院的民事案件达到上千个案件都执行不了,一个被害人获赔几千元、几万元,法院根本就不执行。根据我研究的数字,附带民事诉讼案件执行率连5%都没有。附带民事诉讼彻底破产导致被害方受到伤害,我们叫第二次伤害,犯罪分子给他第一次伤害,第二次是遭到国家司法机关的羞辱,德国还产生了一个理论,叫第二次伤害理论(the second harm theory)。怎么办?中国的问题是,国家解决不了你靠边去,我们自己私了。明明应该赔5万元,被告说我给你赔50万元你就别闹了,你给法院写个协议,咱们和解,法院就判我缓刑。被害方得到了高额赔偿,当然前提是认罪谢罪,被告方得到了宽大处理,利益兼得。把这个协议书交给公检法,公检法一看也不上访了,你们协议和解吧,乐得一个好的结果,接受了,签字和解完了。

刑事和解有两个理论基础:一个是汉民族的实用主义的哲学——别谈其他没用的,拿钱来,有经济上的补偿。这不是褒贬,因为我们没有过多的宗教情节,比较信奉实用主义,你没有赔偿,什么宗教般的仪式都没用,你必须高额赔偿。另一个是真诚的相互谅解。你说这一个理论叫什么?用西方的理论能解释的了吗?所以2006年开完会,我利用整整一个暑假完成了一篇论文,一开始写了四万字,改了好几版,最后改成两万字,在《中国法学》上发表,就是那篇《刑事诉讼的私力合作模式——刑事和解在中国的兴起》。[①] 那篇论文到现在为止,引用率超过一千次,可见大家对于理论研究还是比较认可的,有些那种对策性研究引用率很少。因为在那篇论文里边,我做了一个小实验,不管西方的理论是什么,究竟刑事和解意味着什么,我提出了两个概念:一个叫对抗性司法,我们传统中国是对抗性司法,被告方和辩护方对抗,国家跟个人对抗;另一个叫合作性司法。合作性司法又分两个分支:一为公力合作,如美国的辩诉交易,中国空间不大。中国这个刑事和解模式叫私力和解模式,被害方和被告方合作达成协议,最后国家予以认可,就作为争端的解决方案。它的真正的理论在哪里?挑战了犯罪和侵权的界限,叫轻微犯罪走侵权化道路,这就是实践走在理论的前边。我们过去划了一个界限,一边是犯罪,另一边是侵权,其实实践中没那么严格。把人伤害了怎么就叫犯罪了?就不叫侵权了?很多犯罪都是侵权变过

---

① 陈瑞华:《刑事诉讼的私力合作模式——刑事和解在中国的兴起》,载《中国法学》2006年第5期。

来的。所以我们今天要回到犯罪的起点,它是严重的侵权。犯罪和侵权间的边缘化对待,按侵权来处理。二为刑事诉讼的民诉化。把处分原则——民诉的最主要的原则引入刑诉中,允许私了,给它一定的空间,把它激活。

还有一种实用的功利主义的司法哲学,叫双方的选择,尊重控辩双方对实体问题的处理,我把它称作实用的程序正义观。我们过去的正义观就是:把应得的给人,严格的遵循权利义务的界限。在刑事和解中,被告方、被害方达成的合意决定了案件的结局,被告方、被害方认为什么是正义的,尊重他们的选择。于是,正义除了有它严格的规则或者是原则的一面,还有合作的一面,妥协的一面、基于妥协的正义观。后来在这个课题里,我写出了三篇论文:分别在《中国法学》《法学研究》①《中外法学》相继发表。我说这个例子,不是说我在这里边贡献有多大,我是说完全站在西方的理论,把西方的制度作为一切研究的逻辑前提,是做不出来创新性研究的。

下面看第二条道路。我们为什么要提第三条道路,除了刚才讲的以西方为前提的这种研究外,还有第二条道路。在我的话语里,第二条道路是以中国本土的制度、实践作为研究对象的一种方法。近年来实证方法兴起,实证方法又叫经验方法,以研究中国的问题、研究中国的法律实施状况、研究中国的案例、研究中国法官的生存状况。总之,凡是以中国的法律实践作为研究对象的研究,我们把它称为经验的或者实证的研究。这种研究在犯罪学领域是一个看家本领,在部门法里,我所在的这个学科刑诉法,可以说近十年来达到了非常普及的程度。

这种实证研究,可以分三个分支:第一,实证调研,去法院、检察院、律师事务所、公安局做实证调研,拿到案例、拿到数据来进行分析。有些学者就用这些方法写论文,成了一种研究风格,什么S省、W市、C区、C区域、B区域、A区域、什么X区之比较。后来《法学研究》编辑

① 陈瑞华:《刑事诉讼的私力合作模式——刑事和解在中国的兴起》,载《中国法学》2006年第5期;陈瑞华:《司法过程中的对抗与合作——一种新的刑事诉讼模式理论》,载《法学研究》2007年第3期。

部说不能这么搞,这个X意味着不存在,我怎么检验你数据的真实性?所以,今年有一篇论文就出现这样一种现象,《法学研究》编辑告诉我,回去把所有的X改成真正的地名。当然这也是没办法的办法,他为了获取数据,而数据在中国也是保密的,所以说中国目前属于封闭实证调研。

第二,实验方法,所谓实验方法的兴起,在部门法特别是刑诉有个特点,就是把一种解决问题的方法在法院、检察院、公安机关直接拿来实验。有人统计过,近十年来,有多少这种试验方法进入呢?超过了18种。比如,少年司法改革、刑事和解、逮捕的公开听证、警察讯问过程中律师在场问题,这种实验方法往往跟基金会的支持有关。我本人过去也做过一两个这样的改革项目,国外的基金会或者国内的基金会提供经费,找几个法院找、检察院看非法证据排除实验效果怎么样?设定一个时间段,设定一个实验方案,找实验组找对比组,最后写出一个报告,证明我国改革效果良好,其实就是实验出来的结果,就是实验室培育的结果。当然这样实验有它的好处,任何的改革必须拿实验得出的数据来,跟原来相比究竟有多大贡献、多大变化?看中国能不能承受这种实验,成功的效果如何,不成功的原因如何,做一个分析。这是我们所说的实证方法的第二种叫实验方法。

第三,到全国各地进行个案分析,把若干个案例收集起来,把若干个案件的卷宗收集起来,进行综合比对。做得最好的可能是我们北京大学的白建军教授,他一篇文章分析的案例可以超过上万个,用电脑来处理他的数据,写出文章来,全是数据,一篇两万字论文得有15个以上的表格、数据的比较。他的名言是:有理无数,莫谈学术。数据化的研究使整个实证调研走向了精密化,当然,这也是在一定范围内可控的,他找的案例也是在自己能找到的范围里展开的。这种实证研究方法有很大的贡献。简单地来,第一,终于从对法条主义的关注走向了对法律实施状况的关注,这是法学研究一个重大的革命性的变化。第二,终于有一种用科学的方法来研究中国法律实施定性化的这样一种研究,对法律的实施效果做评估。一个法律实施效果好,好在什么地方?效果不好,不好在什么地方?有了这样一种定量分析,使我们对整个法律实施的状况有了一个精密化的研究,为立法者、为法律发展提供最好的、实证数据。但是非常遗憾的是,今天做实证研究的学者,尽管深入本国本土,但提不出理论。你会看到满篇论文都是数据,满篇论文都是现象,满篇论文都是一种中国转型期出现的问题,但是没有理论,甚至连概念都谈不上。

我经常反思一个问题,中国学者在其当年受到的学术训练当中究竟缺什么,以至于现在提不出概念,提不出理论。我反思这个问题,因为现在所有学科的学者在一起聊天,都会面临同样的困惑。我们有全人类最丰富的法律实践,中国这个法治转型,是全世界、全人类目前最丰富的,什么东西都可以实现,什么样的东西都出现了,而且我们的研究条件比国际好多了,我们可以去跟实践对话,去实践中找案例、找数据、找各种实证资料。我们的理论也不少,我们通过翻译、引进、到国外去留学访问,我们得到了最前沿的西方理论。为什么山珍海味都全了,各种作料都有了,就做不出一桌好菜来?一篇论文没有概念、没有理论,你看很多搞实证研究的学者,还是掉到了对策法学理论原来的陷阱当中去改进对策。某著名教授在北京大学做讲座,讲了他做实证研究的心得,学生提问:老师,你做了这么多研究,写了这么多论文,弄了那么多数据,你对理论有什么推进没有?他说:对不起,我没有理论推进,我只有立法对策的精密化,还是一种对策研究。所以我把这一点叫作第二条道路,就是以中国本土的法律实施状况作为研究对象的实证研究方法,这是法律研究的第二条道路,比第一条道路大大地前进了一步,但是仍有遗憾。

那什么叫第三条道路呢?很简单,第三条道路绝不是第一条、第二条道路的简单抛弃,而是综合吸收,三句话来综合概括第三条道路:第一,研究中国问题。把中国问题作为研究对象,以问题意识为导向,但是把这种制度问题改造成理论问题。第二,提出概念。在概念的基础上发现规律,提出命题,尽可能产生理论,概念是理论最小的细胞,把它概念化,提出一系列的概念,概念之间的关系变成一个命题,就是一个理论的判断。第三,把中国理论和西方理论进行对话。如果这个理论是简单的模仿、重复,则抛弃它;如果这个理论有所超越、有所贡献,就要把这个理论提出来加以论证、验证,作出本国学者原创性的贡献。

综上概括起来为三句话:中国问题;概念理论的提出,在问题的基础上提出概念和理论发现规律;跟西方理论对话,在对话中,发现理论的创新之处,对理论进行验证。用这种方法,在座的同学们可以看一看,我今年做了一些尝试,但不一定成功,既然终身做学问,到这个年龄了也不可能有别的想法了,那么就在这些领域里边做一些小的尝试。比如刑事和解问题的研究,我提出的私力合作模式和对私力合作模式理论的初步论证。又如,在法律责任领域提出了程序性制裁理论。中国的法理学教科书,从大学一年级接触法理学以来,法律责任都是实体法规基础的法律责任,强调责任自负、谁犯罪追究谁、谁违法追究谁、谁侵权追究谁,以责任自负为基础的责任制度是一种实体性法律责任。程序性法律责任是程序性制裁,以宣告无效为标志的一种特殊的责任追究方式,围绕程序性制裁产生了程序性违法、程序性裁判、程序性辩护、程序性上诉的概念,这是刑事诉讼法一旦遭到违反,如何实施程序法提出的一套概念信息以及相应的一套理论。

再如,刑事诉讼的纵向构造。过去我写过一篇论文,[①]中国过去有学者从美国、日本借鉴、构造理论,引进了当事人主义、职权主义这种二元构造模式,当然也接触了混合式的构造模式,用它来指引1996年的审判方式改革。后来我们认真的分析了中国的特殊情况,提出中国的另一个问题不是简单的控辩裁的关系,而是公、检、法的关系。公、检、法的关系形成了从侦查起诉到审判的纵向构造,控辩裁是横向构造。这种纵向构造要解释它,我们用一个概念,是流水作业的一种模式,公检法流水作业,三道工序来完成刑事诉讼的使命,西方叫以裁判为中心的模式。这篇论文完成于20年前拿到博士学位时写了这篇论文,当时并没有太多的引用率,但是,前年又开始谈以审判为中心了,现在以审

---

① 陈瑞华:《从"流水作业"走向"以裁判为中心"——对中国刑事司法改革的一种思考》,载《法学》2000年第3期。

判为中心的论文满天飞,超过100篇。所以大家看,这是对两种模式的分析、总结和概括。

归纳来说,我的基本的思路是:第一,第三条道路是要研究本国的问题,把本国的问题、本国的实践、本国的经验、本国的教训作为研究的对象,提炼问题、发现问题,变成理论问题。第二,要注重吸收社会科学基本的研究方法,使之概念化。概念化是把经验教训规律抽象成一个符号的过程。概念是信息节约的工具,是学术对话的桥梁和中介,在概念的基础上形成理论。第三,提出概念理论后的验证,要与西方最先进的理论对话,我们不是反西方的,也不是排斥西方的,要西方理论对话。

所谓对话,就是看能不能提出对中国问题具有解释力的理论,且具有一定的替代性。如果具有解释力,我们要在一系列的领域来验证它,能得到验证的,而没有被证伪的,我们可以暂时接受它,接受它具有一定的解释力。这样一种方法,目前经济学有学者像林毅夫教授早就提出了类似的观点。我受影响最深的三个学者:第一个是经济学的林毅夫教授,他的《论经济学方法》是在北大出版社出版的。第二个是胡适,胡适先生当年的很多观点在我们再重读它的论著的时很受启发,像“大胆假设,小心求证”“少谈些主义,多研究些问题”“从问题的研究中提出我们自己的理论,而不是动不动引进,移植西方的主义”。胡适先生的论著很多,关于主义与问题的对话、讨论,几乎在任何一本选集里都有。还有一位学者是美籍华人黄宗智先生,曾经在加州大学洛杉矶分校任教,退休以后在中国人民大学任客座教授,办了一个社会科学实验的讲习班。其专著《经验与理论》副标题很长,中国人民大学出版社出版。我受到了一些启发,做了一些研究。

侯　猛:第一次听陈老师讲他的学术经历,包括他怎么做研究的过程,很受用。您虽然讲的长了点,但机会难得,我还是很有兴趣听。不过我发现,您在出国前和出国后其实观点不是一贯的。恰恰相反,您出国回来后,更多的对西方理论产生了警惕和反思。从具体的研究题目来讲,您刚才讲的刑事和解包括提出合作性司法私力合作模式,这是很中国问题的东西,但是跟你早期的程序正义价值观念,我觉得还是冲突的。您刚才批评说别人刑事和解是违反程序正义的,但实际上,不仅您早期研究程序正义问题,而且到目前为止,您的一些基本立场还是程序正义,所以我的问题是:刑事和解包括私力合作模式跟程序正义价值观有冲突,您怎么去解释这个问题?

陈瑞华:有点尖锐啊。程序正义刚才没有展开,这是我写博士论文期间产生浓厚兴趣的一个话题。因为我在读硕士期间,写的硕士论文就是跟程序正义有关的,但是那时候资料比较少。当时我在中国政法大学读博士,写博士论文时在外文阅览室发现了一些资料,看到了几本书的注释,记下了20多篇论文、几本专著,到国家图书馆一找都有,馆员告诉我,从来没有人看过这些书。我复印后认真地研究,那一段时间英语专业突飞猛进,起初一晚上读不了几页,到后来浏览精读加泛读一晚上能超过百页。那个时候看到了六七十年代一直到20世纪末整个德国、英国、美国程序正义论的所有的主流论述,2002年我到美国又找到,几本原来在中国发现的书目有那么五六年、七八年,我对程序正义达到了如痴如狂的地步。

基于两点:第一,觉得这个理论要引进中国来,虽然谈不上什么原创性的东西。一定要引进,感觉这个理论对中国太重要了,有了这个理论,我们整个刑事诉讼法学就有一个理论奠基石,就是程序的正当性、程序的正义性。它跟实体正义不一样,是用来论证我们程序法的独立价值,程序法不是实体法的附庸。当年边沁的著名论断:程序法是给实体法服务的,实体法叫主法,程序法叫附属法,附属于实体法。边沁既是一个哲学大师,也是一个研究程序法和证据法的学者。程序正义这么重要,我们把它引进过来,可能改变中国对程序的看法。第二,当时在出国之前,就觉得程序正义的理论可以改进中国的司法状况,推进立法。我在2002年前后,特别是出国前,有的法院就请我去做讲座,因为博士论文出来以后,很多法官看了以后感兴趣。上海一中院和内蒙古的一个法院,直接通过北大法学院找到我。那时候我还是一个博士后,直接去讲座,会场坐了三四百人听我讲程序正义,说最感兴趣程序正义。实践中对程序正义的饥渴,加上中国当时处于转型的阶段,使程序正义这套理论,不管是来自西方的,还是中国学者介绍过来的,有了一定的学术市场,反过来刺激了学者做研究。可以说在2012年以前,我就做三件事:翻译、引进、移植、介绍;写文章、出书;各地办讲座来传播程序正义的理论。

刚才侯猛教授问道,2012年以后的变化是不是跟以前是矛盾的。我感觉2012年以后有两个变化:第一,我更愿意对程序正义这个理论发生的原因、中国为什么引进不了程序正义理论,以及在中国引进过程中遭遇的障碍做社会科学研究。我来分析它为什么,更多的强调"是什么""为什么""怎么样",用英语表达就是what、why、how,原来更关心的是"应当怎么办"(what it should be)。我的学生说2010年特别是2010年以前,我的很多论文都是"应当怎么办",2012年特别是2014年、2015年以后,"应当怎么办"的东西越来越少,都是沿着"是什么"——分几种模式来解释;"为什么"——挖掘制度的原因;"怎么样"——在长期的制度变迁过程中,它是怎么变化的,哪些东西变了,哪些东西没有变,没变的背后的制约因素是什么。所以12年以后,我仍然关注程序正义理论,但我关注的角度是解释"是什么""为什么""怎么样"。过去的那种冲动"应当怎么办",把它直接引进来改进中国的研究方式可能被替代,这是一个变化。第二个变化,不再满足于简单地介绍,真的不满足。一个人做学问到了一定程度,光介绍是没趣的,真的没趣自讨没趣。

所以后来中国法制出版社出版我的《程序正义理论》,①是我7篇发表过的论文汇集,我写了一个长篇序言,算是给自己前半生的程序正义理论研究做一个交代。那个序言是前年写的,在序言里,我说如果我在程序正义理论有点原创性的贡献的话,可能就是发现了两条规律:第一条是关于程序正义的概念、程序正义的分类、程序正义内容要素、程序正义的价值,原创性很少,但是有两条可能有点原创性,其一,我发现失去利益的人比得到利益的人更关注程序,用一句通俗的话说,叫败诉

① 陈瑞华:《程序正义理论》,中国法制出版社2010年版。

者更在乎程序的正义。这个论断当时在序言里边,当然这只是一个论断,没有专门的论证。其二,我提出程序正义的边界和范围是什么。程序正义不是放之四海而皆准的一条理论,它有它的适用范围,我概括了几条,在对抗性司法中,有程序正义存在的空间,对抗性司法,合作性司法,刚才侯猛教授问的,双方达成谅解,和解了、妥协了,程序正义在适用上就受到限制,我们叫程序正义的例外,或者我们起一个名词,叫基于妥协的一种程序正义,跟传统的程序正义不一样。再如,刑事诉讼中,被告人认罪的情况下,程序正义也要是一种例外。又如,在少年司法中,未成年人几乎都认罪,对少年司法追求的最大目标是和谐,让他回归社会,教育他、挽救他、治疗他,它的最高的价值理念,既不是实体正义也不是程序正义,更不是简单的效率,而是关爱与治疗,像父母关心犯了错的孩子一样,像医生对待生了病的病人一样,爱护他、治疗他、挽救他。这个时候程序正义就退居另一个侧面了,它不是主要的,所以我并没有否定程序正义的价值,我只是给程序正义划定了适用的边界和范围。

二、中国问题

陈　虎:“吾爱吾师,吾更爱真理。”下面我要向老师提问了。你刚才讲的让我想起一句话,叫西方理论创造的原则,而中国很可能就构成了所有原则的例外。所以我想问的是,我们如何去寻找中国理论问题。有一种捷径,比如西方的无罪推定、西方的程序正义,我们寻找中国问题的方法,其实就是找它的例外。你刚才也提到了,认罪案件的程序正义是打折扣的,少年司法程序正义是打折扣的,和解案件是打折扣的,这个量刑程序程序正义是打折扣的。陈老师,其实这么多年来,你仔细观察的研究成果就是研究所有例外,最后终于有一天,可以编一本书,总结自己一生的理论成果,最后发现所有例外一合起来就变成了中国模式,我看这是不是陈老师一个有计划、有预谋的学术研究计划。我再补一句,这是不是要在研究中国问题的时候在内心寻找一个理论“假想敌”,如果认为中国是例外的话,这个理论“假想敌”就是西方固有的原则,是不是寻找中国理论问题的最好方法。

陈瑞华:这个有一定的道理但不准确,为什么有一定的道理呢?因为其实在座各位你们研究部门法都会发现主流理论都是西方的,要想在主流理论里创造中国的理论非常困难。但是中国国情决定了它比较特殊,可能会有例外,而这个例外是我们论证西方理论可能不适合中国的一个切入,但这不是唯一的。

最近一段时间,我注意到在所有的部门法里边都兴起了一场运动,这种运动就是法律发现运动。其实早在两百年以前的德国就有了这样一场运动。法律发现运动是指向本国的实践、向本国法官的裁判示威,从本国的民俗去发现这个民族有生命力的、鲜活的法律规则。有些规则可能是习惯,它存在于民间,存在于习惯法当中,但不一定被写入法律条文。中国现在的情况跟200年前的德国不可同日而语,德国在原来的那个基础上诞生了民族、民族法学派、民族法学运动、历史法学派,强调民族的,其实我们后来对它有些误读,它更多的是从实践中去找法律的一些有生命的法律制度。

我举几个例子,比如我曾经认识江苏泰州一个基层法院的院长,他写了一本专著《江苏泰州地区民事习惯法研究》,里边列举、分析了当地的民事习惯法,各种规则不下50条。我有一次见到他,他告诉我,中国未来的民法典,一定要将中国各地的习惯法加以认真的研究和清理。这些法律,不管你喜欢不喜欢它,都是有生命力的,正在发挥法律效力、发挥实际效力,法官在判案时不能不考虑,肯定要考虑这些因素,经过去伪存真的过程,把它简化、提炼出来,如果能变成普遍的法律规则、法律原理,就有可能改变过去那种动不动引进西方的制度、理论来构建中国民法典的状况。因为我们的民法典太西方化了,民法典的一些原理、一些规则,跟中国的实际生活格格不入,几乎中国的实践就是现在民法典的反面。民法典坚持的,是实践中反面在做的。

举个最简单的例子,我们的小县城,我们的农村地区,女儿一出嫁,父母遗产的继承权一般都要放弃。如果你回来拿中国的继承法非要要求坚持继承父母的遗产,不仅兄弟姐妹不干,家族不干,当地的舆论也会谴责你。在有些地区,父母给女儿一个重重的、厚厚的嫁妆等于一次性买断,以后只有尽义务的份儿,要给娘家来送礼,缺钱了送钱,但是遗产继承权没有了。今天如果站在一个民法学者的角度、站在西方的角度,认为这是落后的、封建的、野蛮的、歧视女性的,但是这一条在中国大量的农村地区,甚至小县城都有极强的生命力。我不是说这种东西就好,好与坏不重要,它已经存在了几千年,而且现在还存在,要不要研究它。婚姻家庭法如果不研究这些问题,就是关于女儿出嫁时嫁妆的多少与遗产继承关系的问题不研究,将来会产生无穷无尽的矛盾,造成社会的严重不和谐。

我举这个例子是想告诉各位,中国学者不光是要找西方理论的例外,还可以从本土的法律实践、乡土的习惯法,甚至中国的文学作品、一些风俗中来发现本土的有生命力的规则和制度。在这一点上我有一个信条。当年法国比较法学家勒内·达维德(Rene David)写过一本《当代世界主要法律体系》,上海译文出版社出版的,是漆竹生先生翻译的。那本书我在本科阶段就全部读了,后来买不着,我复印下来,一直保存到现在。达维德教授说了一段话:法律是一个生命有机体,而不是任人打扮的任人改造的一个物品。什么是法律成为科学?不是法律条文本身,法律条文本身都是表象。法律条文背后的制约因素,政治、经济、文化、历史传统等,这些东西使法律成为一门科学。立法者要想改变法律条文很容易,大笔一挥,法律条文就没了,但是立法者要想改变法律条文背后的制约因素,他形容比语言学家要想改变一个民族的语言都难,民国期间有那么多语言学家想把中国的汉语给改了,方块字取消变成所谓的世界语,结果是一场痴人说梦。语言是表象,背后是一个民族的政治、经济、文化、历史的缩影。

所以,北大当时有一位教授想改变北大的很多教师评审规则,当时有三条,号称是从美国引进移植的规则:第一,所有的教师要用一门外语来讲课,否则走人;第二,不升即走,一个副教授只有两次机会,升不上教授,隔一年再评,再升不上,走人;第三,两次升不上就永远不能再升了,只能当副教授了。这几条规则,拿到实践中来,遭到一片抵制之声,后来几乎泡汤了,这个人也下台了,因为他触犯了众怒。这说明一个什么问题?改造规则很容易,但规则后面的制约因素是我们研究的重中之重。

我为什么讲到这一点呢?我们法律条文可以从美国移植,民法典可以从德国移植,刑法典可以从日本移植,刑事诉讼法可以抄英美法系、大陆法系的,司法改革方案也可以抄这些国家的。但是,实践有一股固有的功能——反作用力,你引进来水土不服的制度,我让你架空,这就是刑事诉讼程序法的架空失灵现象,法理学叫法律规避现象。你超越了本国的承受力,法律制度自然失灵。我们可以看看中国刑诉法失灵现象有多少,回避制度在中国几乎没用,申请回避几乎没用,也没法救济;合议制失灵,三个人合议,你学三大诉讼法,都是合议、评议,哪有评议啊,一个案件就一个承办人说了算。比如,我是承办人,旁边两位是合议的法官,我们三个人组成合议庭,我在那儿审,因为是我的案子,我很认真,他俩在那也做审判状,其实这个案件是我的,将来的升迁荣辱跟我有关,跟他们没关,他们有时间还会埋头看自己当承办人的案子,偶尔抬起头来做审判状。所以这就是中国的合议制,中国的逮捕制度彻底破产,中国的审判制度彻底破产,法庭审判流于形式,真正的决策过程在庭前。所以大家看,这些产生于中国的问题不研究的话,其他问题都是表象,背后有一系列的制约因素产生着作用。中国学者的使命,要研究这些表象背后的深层次的问题,把它概念化、理论化,创造中国的主流理论,把中国的法治经验、法治教训提炼成理论,总结成规律,作出我们的理论贡献。

侯　猛:我非常同意陈老师如何研究中国经验问题的做法,why,what,how,去挖掘解释背后的因素。但另一方面,我感到您在价值判断上是存在双重标准,或者说有一种紧张关系。什么意思呢?因为我之前看您的文章,比如说,要注意存在合理性和价值正当性的问题。刚才我听您讲刑事和解、少年司法、嫁妆彩礼这类问题的时候,您比较强调它的合理性,正当性不太讨论,也就是属于程序正义的例外。但我注意到您对于过去讲的,比如审判委员会、双规问题,这也有它存在的合理性,但您似乎更多的批评它的正当性。在这个意义上,我才说您似乎并没有一个统一的立场。不知道您对于这个问题怎么回应?

陈瑞华:我曾经写过一篇关于审判委员会的文章,当时是在《北大法律评论》发的。那篇文章有点小插曲,强世功,现在是北大法学院的教授,当时是北大法律评论的主编。他约了一篇苏力教授的论文,那篇论文2万多字,应该说研究得非常透彻,对审判委员会提出了他的观点,但是他的观点比较特殊。因为我讲课和写文章也对审判委员会做过一些思考,强世功教授就说,你能不能写个评论,2000字就行。他把那文章交给我,我看了以后说2000字打不住,我说能不能让我写一篇同样的论文,他2.2万字我也2.2万字,他举了两个案例我也举了两个案例,就是一切有点对着来的味道。当然他的那篇文章引用率非常高,我那篇文章引用率不如他,后来花了一个月的时间写了一篇《正义的误区——评法院审判委员会制度》。① 后来还有几个人对苏力的文章做过评论,像贺卫方教授,还有一个博士生,叫鲁志勇,现在好像已经做法官了。本来是想让我们三个人做评论,我就写了一篇论文,在《北大法律评论》上,同一期发表。

我那篇论文,主要是基于对苏力教授的判断提了一个相反的命题。苏力教授的基本观点,我读了好几遍,就是审判委员会有它的积极作用,它做了价值判断,它是集体负责防止个人武断,在中国要想让一个人抵御外界的压力是很困难的,既然这样,干脆让一个审判委员会十几个人承担。你总不能让外界的压力给每个人都施加,都被稀释掉了。他的判断是十几个人抵御外部压力的可能性远远大于一个人抵御外部压力的可能性,才能维护司法独立,这是他的基本判断,这个判断在很多案件中是成立的,他举了两个案例,论证了这个判断。而我恰恰举了另外两个案例,这个案例大家知道,它是丰富多彩的,我们在理解案例

① 陈瑞华:《正义的误区——评法院审判委员会制度》,载《北大法律评论》1998年第2期。

的时候都是有价值判断的,你专门找对你观点有利的案例,我这边跟你对着来,专门找对我观点有利的案例。这两个案例都是审判委员会开会、院长掌控审判委员会、把外部的压力直接变成审判委员会的决议,这两个案子都是错案,审判委员会谁都不服责任。我得出的命题是:审判委员会不仅不是抵御腐败、抵御外部压力的工具,它恰恰还是贯彻上级意志、贯彻院长意图的精巧工具,它是反程序正义、损害审判独立的。

这篇论文,拿今天的眼光来看,可能价值判断有余、社会科学研究的运用不足,如果今天让我来研究审判委员会,可能会从另一个角度来切入:审判委员会在中国为什么会发生?承担的功能是什么?产生争议的原因是什么?在实践中出现的最新的改革动向是什么?审判委员会往何处走?

所以,我回答侯猛教授的问题是,在研究中其实有两个进路:一个是价值判断;另一个是社会科学研究。这是完全不同的两种研究思路,价值判断的研究是基于一定的价值标准,比如站在实体正义、程序正义、防止法官自由裁量权,保证司法廉洁性,保障审判独立性,这都是一种价值判断。站在一个价值判断上给一个制度、一个实践所作的一个评价,这是价值判断式的研究。而社会科学方法研究讲究价值无涉、价值中立,不对研究对象做公不公平、好与坏的评价,就像医学专家一样,即便对细菌病毒也不要动不动就谴责、批评,那是没意义的,而是要分析原因,划分类型,找到病因,探索治疗方案,观其未来发展、变异程度。所以我们可以看到,自然科学是不存在价值判断的,研究"是什么""为什么""怎么样"。

社会科学不可能完全走向自然科学,但我们认为,真正的社会科学应该更多地在解释层面发现规律。比如,我们可以对审判委员会这种审判方式来解释它是不是审判组织?审判委员会发挥的功能有没有类型化?对其做模式化类型化分析。中国的审判委员会为什么屡次改革都禁止不了?是什么样的制约因素导致审判委员会有那么大的生命力?可以说几次改革都改不掉它,包括这次最大规模的一次司法改革还保留了它,他侥幸逃脱了被取消的厄运。到目前为止,我们可以发现他像变色龙一样适应时代的发展。原来只有一个审判委员会,现在中国所有的法院都有一个审判委员会,还有一个刑事审判委员会分会,民事审判委员会分会,知识产权审判委员会分会,连资深的法官都可以加入到这些分会里边。而且审判委员会可以加入法庭审判,通过在会议室里边看录像,到现场去旁听,增强他的亲历性,你会发现它会非常非常在进行变化,适应社会的发展,回应各界对它的批评,那么,究竟是什么原因导致他最终不被推到?

我相信根本的原因还是中国的法院这种行政化官僚化的体制,因为审判委员会是一种行政会议的制度,他是院长、副院长、资深法官组成的这样一种会议,都有职务的。一个人混了一辈子,我一个同学当法官,我说你干啥呢?中级人民法院审判长,我说这个,不好意思问下边了,他说不可能当庭长,也不是审判委员会委员。一个比他年轻十几岁的,当了领导秘书的,后来当了审判委员会的委员,那个人说是事业的成功,当了审判委员会委员了,事业成功了。那个法官水平很高,办了很多名案,但是还是一个普通的资深法官而已。审判委员会委员成了一种职务的象征、官阶的象征、待遇的标志,它附加了行政色彩,附加了大量的政治评价、社会地位评价功能,所有的审判委员会的委员,都是本院的院长、副院长和主要业务庭的庭长,那么废除审判委员会变得格外困难。

所以,我们今天可以从社会科学研究与价值判断的关系角度进行研究。因为刚才侯猛教授提出的问题对在座的学生来说也是很有启发的。我认为价值判断相对比较容易,我们对刑讯逼供的判断很容易,反人类的、不公道的、不公正的、野蛮的、容易违反程序正义的、容易造成冤假错案的多了,但是最难的是刑讯逼供为什么会发生?刑讯逼供背后的制约因素是什么?这就需要引入我讲的第三条道路,研究问题、发现它的原因现状,给它概念化,揭示它的规律。所以价值判断价值中立基础上的科学分析(当然我们是追求尽量可能的科学分析),两者可以并行不悖。通常说来,年轻的时候比较愿意做价值判断,因为有一种改造世界、改造中国司法的欲望和冲动,恨不得振臂一呼,呼者云集,就像今天的陈虎一样,在网上那已经是领袖人物。但是到了一定年龄,我也不得不说,发现改造世界的能力是太弱了,唯一能改造的是人的思维方式,于是就愿意做些社会科学的研究,探讨一些规律,提出一些理论,能够在分析问题的时候,在理论上有所建树,这或许是人生的两个阶段吧。

三、法教义学和社科法学

陈柏峰:我再不出来讲两句,就完全变成"打酱油"的了。陈老师气场太强了。我想对他讲一讲我的想法,未必就是提问题啊。第一点想法,过去我也读了陈老师的很多文章,但确实没有这一次听他讲得这么印象深刻。印象深刻到什么程度呢,我听了他讲的以后觉得恐怕在法学界、在所有的学者中,跟我的想法最接近的可能就是他。我最近也写过几篇关于方法的文章,谈一下我的研究方法。我也仔细琢磨过苏力的研究方法,发现我的研究方法跟他的研究方法还不太一样,我也没有刻意去学他。但是听陈老师这么一讲,他的这种提出问题、提炼方法,包括提出概念、走向理论,我觉得和我是非常类似的。

当然,他刚才也讲到很多具体问题,很多情况确实很复杂。有时候,结论不一样,不一定是先有价值判断或者是先有事实判断。有时候,我觉得可能事实本身是很复杂的,而并没有把事实搞明白。比如陈老师刚刚讲的个案,其实有一个问题,我们所有的调研都是个案,都是片面的,包括看起来很数据的一篇文章里出现2万个案例的。对于现实来说,也就是一滴水和大海的关系,不一定就是多全面的。你不要看到数量多就是全面的,也许因为它思维很简单,实际上更片面的。而一例个案,确实我们生活当中每天都有很多个案,关键不在于是否找到一个对路的、符合我的价值判断的个案,还是找了与之相反的个案。更重要的是能不能清醒地认识到我找到的个案在所有的整体结构里处于什么样的位置。我觉得这一点是需要有意识的,因为我们所有做的经验研究或者实证研究,都只能接触一些片面的东西,所以就得意识片面的这个点在整体中处于什么样的位置?它在哪些方面具有代表性?哪些方面不具有代表性?我觉得这种意识可能是更重要的。所以,陈瑞华教授和苏力教授分别找了两个不同的案例,在现实中都有代表性。

就我自己来说,当然我没有专门研究这个问题,就审判委员会制度来说,恐怕废和立都有很大问题,没有那么简单。陈教授刚才比较多地从人、从组织的角度去看这个问题,但他却比较少从社会需求的视角考虑这个问题。他意识到有了这些组织、这些人、权力关系、利益附着以后,要改革,这些人的利益都附着在上面,它会遭遇到阻力。但是他没有讲另一方面,他没有意识到,也许不是没有意识到,只是他没讲,这个背后可能是有另一方面的社会性需求。比如说,在中国这样一个巨大的转型社会,社会矛盾如此激烈,法院里能不能承担这么大的压力?如果法院没有审判委员会这一套机制,所谓精巧的权力机制的话,法官要直接面对压力,有没有承受能力?院长是不是愿意承担法官的错误?因为在中国所有的权力构架里,最后所有的责任是院长来承担。这就是为什么法院的司法改革,从"一五"计划开始,提出了那些理念,20年过去了,还是没有办法贯彻,乃至一个审判委员会,按照陈老师的说法,侥幸地逃过了改革。我觉得这绝不是侥幸,这里很复杂的政治权衡。这一个问题我没有研究过它,我只是认识到它充分的复杂性,所以问题恐怕没有那么简单,而且问题并不出在价值判断上,它就出在事实判断上,就是我们认识这个问题的时候是不是从不同角度去认识的。我们每个人都在"盲人摸象",有的人摸到了一大块,有的人摸到了一小块,所以,我们在看到现实的时候还要去反思,这个现实在整体的结构里是什么位置,我认为这一点可能是比较重要的。

另外,刚才陈教授讲到江苏泰州的法官的例子。我想这些问题确实有合理性,侯猛教授也提到这个问题,但是侯猛教授讲这里有价值冲突,这确实是存在的。有时候很为难的地方在于我们知道社会和法律不一致,法律很多地方有问题,和社会不一致,但是立法者就是要通过立法来改变社会。所以一些被认为是先进的理念,如妇女解放、男女平等、所有人平权,这些都是公认的理念,都体现在法律里面,然后通过法律来改造社会。

所以,有时候要从事实和价值这个维度谈的时候,其实没有那么容易。它不仅仅是一个简单地认为习惯法保留与否的问题,还有政治判断、政治权衡问题,是一个整体性的价值判断。这是我对陈老师的一个简单评论,但是这样的问题我也不可能有唯一答案的。

接下来,我想提一个与此相关度不是太大的问题。您刚才讲的三种研究路径,对前面两种,也许是为了表达的原因,否定的比较多。最近两年我们做了社科法学和法教义学的对话,就我自己的认识来说,这些对话,在很大程度上是策略性的。我并不否认法教义学的意义,真正的对手不是我们对话的对象,而是另一个我们不想去对话的东西。我们专门去回避它,比如传统的法理学的那一套东西,我说的传统或许是中国20世纪80年代后到现在法理学的现状,当然刚才你也提到了在"天上飞"的那个。法教义学还不能完全上升为在"天上飞"的,他们其实也会考虑现实问题.我们的对手不完全是他们,或者说我们认识到法教义学是我们的同盟者和竞争者。我们面对具体问题的解释时可以是竞争者,但是面对一个更大的东西时可能是同盟者。那么更大的东西是什么呢?也许是,比如流行在法理学里不着边际的那些话语,那些没有生命力的、没有多少现实意义的;比如你成天去注释领导人的讲话,是非常有意义的,但是往往使研究对象变成了服务于短期的、简单的,甚至是地方性的、一时性的政治需要。这样其实没有多少学术意义。所以我的问题是:你怎么看待这几个因素或者几种不同研究方式,以及它们之间复杂的关系?

陈瑞华:这个问题可以写一篇博士论文了。我能理解陈柏峰教授提这个问题的背景,因为侯猛教授和柏峰教授,还有他们更多的志同道合者,搞了这样一个社科法学连线。今天这个活动是这个连线活动的一部分,做了很多努力试图改变一些现状。我是真的非常赞赏你们做出这样的努力,也非常期待你们做出更好的成效。

如果非要让我回答一下呢,目前所谓的法教义学,尤其是在民法、刑法、宪法这三个学科,大家公认的这种方法运用是比较多的。我不在乎你叫什么名称,我也不在乎你做什么研究,你告诉我你的理论贡献是什么?比如,刑法学界目前号称从德国引进一些制度,而你的贡献是什么?我说的贡献是理论贡献,这个理论贡献不是简单地从德国引进一些概念,你必须拿来能让我们对一个案例的分析、对一个现象的分析、对一个判决书的分析,你的这种理论比传统的理论更有说服力。你从德国引进的这样一套概念体系分析方法,你能超越德国学者吗?你超越不了它,你不就是又回到我们当年写博士论文的老路了?又是一种简单的移植以及基于个人兴趣的好恶做的介绍了?还有一个问题必须考虑,今天的法官、检察官、律师所使用的法律工具,已经使用了三十多年,从1979年刑法典以后几经修改,修正案每年都有,但基本的构成要件体系没有发生变化。以德国那个所谓的教义学为一个框架结构,把它那些像三阶层论筛进来,怎么面对我国的法官、检察官事实上是在用四要件来做判断?

所以,目前我们以刑法为例,法教义学与从苏联那里抄来的四要件说在方法论上没有本质区别,很多的判断没有经过检验:第一,没有经过中国司法实践的检验;第二,没有现有的证据证明这个理论比原有的更高明、更可靠、更有效、更能解决问题,还得回到解决问题的老路上去吧,而不是说纯粹个人的好恶。确实,理论发展到一定程度,出现这学派、那学派,好像百花齐放、百家争鸣了,但是不要被表象所迷惑。我们判断一个理论就是两个标准:第一,有多大的解释能力,能否解释问题、解释现象;第二,能不能在解决问题中给我们提供新的思路。这两点做不到我们怎么相信你?我有时候写论文经常引用鲁迅先生那句话,世界上本没有路,走的人多了就出了路,就成了路。本来没有理论,理论就是学者的游戏而已。为什么你要提出理论,为什么要大家都引用你、接受你的理论,乃至形成学派?就是因为你的理论有说服力,你的理论能解释现象,解释问题,你的理论能帮助我们解决问题,走出困境,我们需要这样一个检验标准来衡量。所以,我且不说今天的法教义学是把德国、日本的一些理论拿过来就用,唯为德国、日本是问,跟当年唯苏俄是问有多大区别?

我给各位举几个例子,仅针对法教义学这个现象,而非针对个人。第一,口袋罪有学者说清楚吗?1997 年刑法修改时取消了投机倒把罪和流氓罪。投机倒把罪取消后,又有一个非法经营罪。武汉有几个律师朋友到北京找过我,论证好几个疑难非法经营的案子。法官告诉律师,这要在过去就是投机倒把,与现在的非法经营没什么区别。第二,寻衅滋事罪。原来叫流氓罪。某网络作家,得罪了某著名教授,教授埋伏在网络作家上下班的路上,有专门的武器,有专门的适用对象,有专门的作案手段,砍了网络作家一刀就跑了,经过鉴定是轻微伤。轻微伤只是治安案件,只有轻伤才构成自诉案件,重伤才是三年以上的公诉案件。怎么办呢,竟然给教授定了寻衅滋事罪。什么叫寻衅滋事啊?传统的寻衅滋事从流氓罪那里来的,就是五六个小伙子喝了酒,在街上玩、吹牛皮,突然来了一个女生,这边拽下女生的头发,那边拍一下女生的肩膀,这边拽她的自行车,那边就偷女生的书包,还有的对女生进行骚扰。女生报案,这才叫寻衅滋事罪。它有明确的作案对象,有明确的作案手段,有明确的作案目的,怎么叫构成寻衅滋事罪呢?还有今天很多敏感案件都定成寻衅滋事罪。没有人研究这个口袋罪产生的原因,包括刚才柏峰教授提到的要不要结构性的分析,要不要从利益角度分析?他更关心的是三阶层论、期待可能性,中国人都听不懂的理论,什么疫学因果关系。我一听那个疫学因果关系我就来气,中国人都看不懂,不知道什么意思,现在好像窜到民法里边去了。疫学因果关系,就是不会说中国人自己的话,就中国人有问题,中国人有经验,非要用西方的理论来概括,为什么就不能创造自己的理论。

再举个例子,比如,今天中国刑法学界面临的头号挑战是什么?是刑民交叉,和行政法、刑法交叉。现在中国有 1/3 的犯罪,在刑法上都是先构成行政犯,违反行政法,由于情节严重,转换成了犯罪,结果辩护律师认为这不构成犯罪,是行政违法,违反行政纪律,而检察官认为构成犯罪。标准是什么?没人研究这个。刑民交叉,像我研究过的合同诈骗罪,十个有九个半都是冤假错案。合同中轻微的欺诈现象,最多导致合同无效,却被定为合同诈骗罪。还有票据诈骗罪、骗取贷款罪,还有什么贷款诈骗罪,十几类诈骗罪,用一个诈骗罪概括不了了。

我特别喜欢把法学跟医学作对比,艾滋病号称人类的疑难杂症,现在完全攻克艾滋病还做不到,只要一提谁得了艾滋病就是得绝症了,非死不可了。请问在艾滋病的病因没有找到、发病的原理没有找到的情况下,你敢开药吗?有些中医敢开,吃了该中医的药,吃八年,碰巧好了,而下一个却死了。因为该中医没有原理,只有经验,只有一点儿经验,适用于这个个案,不适用于下一个个案,该中医提不出原理,为什么他的药能治疗。这也是中医学目前面临的一个挑战。当然,这里面也有争议啊,很多搞中医的人坚决捍卫他们的科学性。我因为最近皮肤有点毛病,有点犯痒,我吃遍了中药,当时好了,后来又犯了。中医说不清楚,好也说不清楚,不好也说不清楚。而且中医有个特点,见了你的面只微笑不说话,拼命开药,一吃三个半月,那大黑汤,吃了以后让你苦不堪言,他说这是人生必经的阶段,我出差还带着大黑汤。为什么我们对中医颇有微词,为什么?是因为没有上升到理论。所谓的法教义学就是一种标签和符号,会掩盖一些学术上的政治问题、竞争关系。我这里不是鼓吹社会科学、纯社会科学,“工欲善其事,必先利其器”。方法永远是手段不是目的,能够解释现象、解决问题、提供新思路的,我们都可以拿过来,把它视为一种好的方法。

这里我对社科法学做一点评论。现在的社科法学,应该说是走出了一条捷径,把社会科学的基本原理、基本方法拿过来研究法学。本人对这个方法也是信之不疑的,也在运用这种方法。当然运用的也不像,是由于过去受到的这个学术训练太少,现在想想,大学本科阶段没学过社会学,没学过经济学,社会科学的研究方法几乎没有,都是靠自己自学、阅读,在痛苦的反思中慢慢地转型。所以,现在对我的学生,我要求你上研究生,必须学社会学、经济学,这两个社会科学最成熟的学科,你一定要学。你不一定要学很多具体知识,但是能不能学一些方法?所以社科法学引入到中国来是非常重要,非常必要,不用更多论证的。

在目前,它是一种好的方法,但是操作这些方法的人存在一些值得反思的现象，比如对部门法了解需要加强。我始终坚持一点，部门法以及部门法所代表的实践是我们社会科学引入法学方法永恒的、取之不尽的来源。过去有些大师级的法学教授、法学家，他们的论文和著作是离不开部门法的。英国著名法理学家，我不好说是法社会学家啊——哈特，他的《惩罚与责任》刑罚、研究侵权，把这两个当做切入点，上升到理论的高度；富勒，新自然法学派的代表人物，研究合同法、契约、侵权；伟大的法官，霍姆斯、卡多佐研究侵权、合同、违约、责任、程序、正义。卡多佐甚至研究非法证据排除规则，他对非法证据排除规则有一个经典的判断：因为警察违法就放纵犯罪吗？他挑战非法证据排除规则，代表了程序法的一种思维方式。所以他们都是天才般的理论家，但没有一个离开一个或多个部门法。部门法尽管目前理论不发达，但也是各位研究的对象。所以我在北大给一些研究生，还有高年级本科生讲课、讲座时，我就强调有志于做法学研究的人，不管是从事宪法学、法理学还是部门法学，一定要找到一个或两个到三个部门法作为研究的切入点，这样才能接地气。刚才柏峰教授提到的有个别法理学学者那种天马行空的研究，是因为他对部门法无知。有些法理学者甚至公然声称自己是法盲，既不懂刑法、民法、诉讼法，也不懂任何一个跟法律实践有关的法，还做什么法学研究啊？我们尽管要概念化，你光“玩”概念是不行的。这是第一。

第二个，对西方法学界所做的一些论断也要有一个科学的态度。现在的法教义学过多地偏信西方的一些概念理论，把它作为一个推理的前提。还有一些研究法经济学的学者，一提法经济学就是经济学帝国主义啊，经济学是社会科学的鼻祖啊，只有经济学是科学，其他都是一边去吧。我们有几个北大的学生都读到了博士后，到我的课堂上来听课，他觉得这是接触部门法的一个窗口。西方、制度经济学、博弈论。你博弈论能超过纳什吗？制度经济学的那么多代表人物你能超过吗？不知不觉中，在对部门法有点歧视的这种氛围中，自己就变成了西方法经济学的一种抄袭者、介绍者、移植者。我说中国的问题那个解释不了，他说解释不了也得解释，因为这是他看家的本领。总体来说，目前社会科学引入中国,法经济学有点一枝独秀,纯粹的社会学有点薄弱,法社会学引入还是有点薄弱。

我还要作出一点评论,就是从经验出发、从问题出发提出理论,跟西方理论对话,进行验证。这样一条第三条道路,不排斥任何一种方法。即使研究的对象是法律条文,它也适用的。我们研究的对象无非就两个,一个是法律的文本,法律条文;另一个是法律的现象,法律实施的现状。法律条文,包括法典、司法解释、行政法规、地方性法规。这种规范性的文件,都可以叫广义上的法律。法律文本是我们研究的对象,法教义学比较偏重研究法律文本,社科法学偏重研究法律的实施状况,统称为法律现象。一个判决书、一份案例、一个现象、一个有争议的案例、一组数据、一种思潮,都可以称为法学研究的对象。所以,不管研究法律文本还是研究法律现象,都应该从研究的对象中发现问题,在问题中发现规律,提出概念。

我举两个例子,在法律文本中发现规律提出概念。有同学说:老师你今天跟社科法学连线一起合作,你肯定讲的是法律实施。我说不是的,我现在研究的很多对象都是法律文本。大约在十年前,我写了一篇论文,后来我的一个博士生在这个基础上又写了博士论文,法律出版社给她出版,她后来也被评为公安大学的教授,当时号称是公安大学最年轻的,而且是一个女性教授。什么样的论文启发她完成了一篇博士论文和25万字的专著出来的呢?基于我对中国刑法、刑诉法、行政法的观察,当时我提出了一个概念。经过对文本的解读,我发现,中国目前跟任何一个国家的公法领域都不同。我们有三大公共处罚体系——行政法、刑诉法追究刑事责任追究行政责任——还有第三条,叫以劳动教养为龙头的、特殊的行政制裁体系。当然收容遣送制度被废除了,劳动教养在这次司法改革中被废除了,但是行政裁判体系没有消失,比如对卖淫嫖娼者,收容教养最短6个月,最长2年;我们对吸毒成瘾者,强制戒毒剥夺自由,没有经过审判、没有辩护、没有任何的司法权利保障,直接实施强制戒毒。我们对犯了不叫罪、犯了严重过错但不构成犯罪的未成年人,有工读学校;我们对精神病人犯了严重的危害社会行为但不构成犯罪的有强制医疗。

这一套体系不是行政法解决的,也不是刑法解决的,它基本上是由警察对一个公民的自由进行的限制和剥夺,当然其中有保安处分的色彩,防卫社会的色彩,有治疗、挽救的色彩。中国公法如果打破行政法、刑法这个体系,在法律文本中我们可以得出一个结论,叫公法领域的三元构造。这个概念化就出来了,是什么原因导致出现三套法律体系呢?美国只有一套,在超市里偷一个面包,也构成犯罪,叫违警罪;有的时候叫轻罪,他可能判的是罚金,他也是犯罪,也可能有前科,但前科有可能消灭;交通轻微的违章也是轻罪,违警罪。美国一套法律体系导致犯罪率特别高,它所有都叫罪,"crime",所以我们跟美国的犯罪率没法比。我们去年一年法院判决的是113万件起刑事案件。在美国,可能远远超过这个数字。但是中国加上行政处罚的超过1000万人。中国是三套公法体系,美国是一元化。同学们看,我们通过分析法律文本、通过多学科交叉就可以提出理论和概念。我这个学生受这个启发,她写成了一篇博士论文,写了一本书。这个引用率还是比较高的,产生了一定的影响,比如提到为什么在中国不能一元化呢?因为中国有两个特点在全世界独一无二的,一是没办法把一个轻微的、小额的盗窃变成盗窃罪,我们的入罪标准有数量的限制。二是情节因素,情节轻微的就不是犯罪,是民事违法或是行政违法。中国构建的三套体系,经过30年的法制建设,没有任何变化,中间环节在削弱、在减少,三套都存在。你看,研究法律文本难道就提不出概念吗?完全可以提出来。这就是从解释的角度、是什么、为什么的角度提出来了。

再如,最近我们研究中国为什么会刑讯逼供屡禁不止,这个在刑事司法司空见惯的现象。刑讯逼供屡禁不止,过去几乎很少作深入的研究,我们上来就改造它,严禁刑讯逼供、非法证据排除、沉默权,结果越改造刑讯逼供越严重。也是我的一个博士生,写了篇论文引用率很高,他用非常简单的方法叫"经济学的成本收益分析"来研究刑讯逼供。他找了很多案例、很多数据,最后得出结论:第一,刑讯逼供成本很低,两个人或者一个人,一支笔,一间房,一个健壮的身体就够了。第二,收益极高,中国的证据有两个源泉,一个是犯罪现场,另一个是被告人口供。被告人口供是活生生的证据性来源,有了口供什么都能找到,拿下口供来,案件就破了,这叫收益大。第三,风险小,根据最高人民检察院的研究统计,全年立案的刑讯逼供罪只有一千件左右,2/3 都判缓刑,我们对刑讯逼供罪几乎都判缓刑,判实刑的很少。全国进入公安机关、人民检察院侦查的是 600 多万件刑事案件,到法院判决有罪的 113 万件。600 多万件只有 1000 件进入刑讯逼供罪的司法程序,比例是多少,大家一算就出来了,可能是千分之零点几,逃脱法网的几率是最高的,风险极小。成本低,收益大,风险小,结论:人们必然会趋之若鹜。

讲到这里,有人就会说老师你在为刑讯逼供辩护吧。一定要记住,即便是细菌和病毒,也要学会分析原因。这里没有做价值判断,刑讯逼供是恶的,谁都知道。我分析它为什么会发生,是因为它的成本低、收益大、风险小,刺激了侦查员。将来怎么改革它,你要改革它你就要找病根啊,增加它的成本,减少他的收益,加大它的风险,你才能真正改变人的选择。社会科学永远是研究人的行为,要想改变他的思想、改变他的行为、改变他的行为方式,必须得有一定的激励机制、惩戒机制的改变,加大成本。比方说下午 6 点以后一律不许刑讯逼供,你没有刑讯逼供的机会了吧。早上 8 点才开始,每 24 小时给他 8 小时睡眠时间。比如让律师在场,律师就坐在旁边,什么话都不说,当一个见证人的作用,你敢打? 比如降低收益。口供只能是证据资料,不能转化为立案根据,用口供自愿法则来限制他,不像今天这样,到了法庭上就能用。另外让他代价高昂,打一巴掌都构成刑讯逼供罪,不像今天这样,致死、致伤了才构成罪,入罪门槛目前太严了。这些不是我的立法建议,只是举例,你找不到病根,提不出理论来,找不到规律,你怎么解决它啊?

综上所述,我是想表达一个观点,就是对法教义学也好,社科法学也好,我都是欢迎的。学术就像一个市场,提供的产品越多元、多样化,这个市场越丰富,作为读者就像消费者一样,自有鉴别力。搞什么标签,搞什么口号,搞什么符号不重要,关键是能不能解释问题、解决问题、提供方案,能够有独到的贡献,我们就愿意接受你的思想。这个问题就回答到这儿,谢谢!

四、价值判断

陈　虎:我还有好多感想,但是没法多说了,就问一个问题,我觉得法律面对四个研究对象,一个是理念,一个是理论,一个是实践,一个是“胡搞”。理论和实践差距很大,其实理论和“胡搞”差距也很大。中间的理念和实践,只要我们用科学的研究方法甚至是可以转化为理论的,但是“胡搞”不可能上升为理论,只能下降为犯罪。比如,刑讯逼供,它不是实践,是“胡搞”。所以我说理论产生的途径有两个:第一个是价值如何客观化;第二个就是经验如何规律化。我现在特别想请教陈教授的是,我们在研究法学,研究对象就是价值,法学是研究正义的、研究人权的,不能回避的一个课题,我们如何去研究主观价值非常浓厚的这样一种研究对象,如何把价值问题客观化?

陈瑞华:非常好的问题。我指导了那么多届研究生,经验告诉我,读硕士阶段是特别容易对价值判断感兴趣的,甚至是上瘾的。到了博士阶段,对价值判断会稍微“隔膜”一下。但是,目前的硕士论文、博士论文几乎都有一章,都要研究某某制度的理论基础,现在有人改了一个名词叫“正当性基础”,其实就是价值判断。说实在话,刚才陈虎提到的这个问题非常重要。如何提出你的价值判断?

过去价值判断有两个来源,一个是西方的,西方说这个好就好,这是一种研究方法。这种研究方法是不行的,是没有经过思考、没有经过检验,拿过来就用了。还有一种检验方法就是基于个人的偏好。北大白建军教授,他原来搞犯罪学的,他有一句话是;经常发现有人写文章“我认为”。你认为希特勒的纳粹制度是好的,这是你的个人偏好,我们说很难达到客观化。这个价值虽然是主观的,但是也得要一定的客观化吧。你提出一个价值来,得引起读者的共鸣吧,大家愿意跟着你走,或者接受你的观点吧？不然的话,希特勒的观点是好的、公平的、正义的,作为个人偏好无所厚非,你写到文章里就危害社会了对吧。做价值研究,一定要避免动不动就把西方的拿过来就用,把个人的偏好、个人的兴趣、主观性很强的判断拿过来就用,那是不行的。学术乃公信。写出来的论文、发表的观点、思想跟大家对话,要有说服力,太主观的东西没有说服力。

我提三个建议,以后做价值判断、做研究的时候,如何客观化。第一,研究现有的价值思潮。比如,目前在中国有几种价值思潮,予以概念化,概括出几种类型进而模式化。这个方法并不难,硕士阶段就能用,博士阶段更能用了。经典的成功范例是美国斯坦福大学帕克教授 1968 年做的两个模式的研究。他根据当年美国联邦最高法院领导的正当程序法律革命,根据美国当时出现的两种价值思潮,敏锐地抓住了这个思潮,提出了两个价值理论:一个叫犯罪控制模式(crime control model),另一个叫正当程序模式(due process model)。帕克教授这篇论文发表在宾夕法尼亚法学杂志上,引用率超过一万次,被称为继贝卡利亚以来在西方又一座刑事司法的理论高峰。这篇论文后来被编入了他的代表作《刑事制裁的限度》,法律出版社出版,北大梁根林教授翻译。那本书里影响力最大的就是这篇论文,刑事诉讼的两个模式。这篇论文可以在北京大学出版社出版的《争鸣与思辨:刑事诉讼模式经典论文选译》里找到,虞平和郭志媛两人编译的。第一篇就是帕克的文章。帕克的理论在英美世界里影响极大,他用的方法就是对美国当年的价值思潮做了两个概括:正当程序思潮、犯罪控制思潮。我想这是我在回应刚才陈虎提的那个问题啊,研究价值使它客观化的第一种方法,把价值变成思潮,研究思潮是什么？思潮的内容是什么？为什么会出现？它的影响是什么？今后的走向是什么？这是第一种方法,研究价值,研究本国正在出现的某种价值思潮。比如,在中国目前程序正义的思潮,这几年比较兴起了,但是重视实体正义的思潮,重实体轻程序的思潮仍然存在。你可以研究它为什么,它兴起的思潮的影响在哪里？一句话,把价值也能变成客观存在事物,不要说“我认为”,“你认为”并不重要,你要更多的用“我发现”。白建军教授一个著名的判断叫从“我认为”变成“我发现”，你就离社会科学近了一步了，就不是过于主观的判断了。

第二，研究中国目前在法律条文和司法实践中新出现的价值比传统的价值有哪些进步、哪些发展？所有的制度改革、司法改革都是与价值思潮的革命相伴而生的，离开价值思潮的革命不可能出现新的制度变革。举个例子来说，在刑事诉讼领域制度，我最熟悉的领域，我就喜欢举这个例子，在刑诉领域传统的价值是三元价值：其一，程序的工具价值追求实体正义，结果的正确合法，我们简称实体正义，又叫结果的正义性；其二，程序的正义性，又叫过程的正义性；其三，追求效果，又叫效益，角度不一样啊，效率效益，降低成本提高收益。自目前为止一直到20世纪末，西方和中国所有的主流话语都是这三大思潮、三大价值。请问，我举几个例子，这三个价值能解释吗？少年司法改革的兴起，在一个未成年人接受审判过程当中，适用圆桌审判，与原来的审判不一样了，法庭审判的布局不一样了。原来的审判，被告人剃光头、穿黄马甲，坐在法庭正中央，受审的模样、被妖魔化，离律师八丈远，得喊着才能交流，法庭给人的印象不是在审判，是“镇压”的仪式。现在男性被告不被剃光头了，可以留长发，还可以穿便装，但是离律师仍然很远。你看未成年人，圆桌审判什么意思？被告人是少年被告，一边是律师，另一边是监护人，给他特殊保护，法庭教育更多的是温和的教育。另外一个，宣读社会调查报告。你犯罪的原因、经过、改造的可能性、未来回归社会的可能的评估、适用缓刑的可能性，就有点像大夫给人开的治疗方案一样。更不用说2012年又搞了一个附条件不起诉制度，6个月到1年考验期，考验期内没有再犯新罪，再没有犯过错，遵纪守法，就不再起诉了。这是什么呢？这是追求结果正确吗？不是，跟结果无关。这是追求程序的正义吗？不是，在教育他，早就把他变成罪犯了。这追求效率吗？追求效率不能这么干啊，追求效率应该追求速决，一天就把他“办”了，这还要经过那么多的教育感化挽救。于是就有人提出第四种价值理论，就是我刚才说到的关爱与治疗的价值。美国早就有学者提出来叫“家庭模式”。在帕克的两个理论模式的基础上提出第三种模式:家庭模式。耶鲁大学的,约翰·格里菲斯教授,1972年还是副助理教授时,在耶鲁法律杂志上发表一篇论文,也是引用率特别高的论文,刑事诉讼的第三法律价值——家庭模式,第三模式。他的一生可能在我们了解到的就这一篇论文,引用率特别高,这是第二个方面。我们举这个例子,发现一种新的价值,把它提出来,比如刚才讲的刑事和解,它是一种法律,社会和谐价值,关系的修复、矛盾的化解提出新的价值。

第三,发现传统价值的边界、适用范围。传统价值仍然可以研究,发现它的边界和适用范围,给它变得更精确更客观。正如我刚才讲程序正义那样,我提出有几条程序正义在这个领域里能适用,在另一个领域里不适用,划定了边界和范围,使它更加客观化。总之,价值本来是一个主观性很强的研究领域,但是只要我们秉承着一种科学的方法,从过多强调“我认为”走向“我发现”,把价值当作一种客观层面的现象,我们也能做出贡献,谢谢。

侯　猛:我来接着陈老师的回答,包括陈虎刚才问的法学是价值相关问题,通常也认为法学是权力之学、正义之学、价值之学。尤其是我在教法理,讲到自由、平等、人权、正义、秩序、正当程序……会有人说这是法律人思维的重要组成部分。回到之前陈老师回答的关于法教义学的定位问题,比如说刑法,我们应该多研究这些罪名的“为什么”,投机倒把罪啊、非法经营罪啊、黑社会犯罪……但是对于刑法学者来讲,为什么他认为“为什么”问题不是那么重要?因为刑法学,包括法教义学、法解释学的主要功能是训练法律人,让他养成一个法律人的思维。所以,法教义学包括法解释学它是要构成一个知识体系来训练学生,他不是为了研究“为什么”,这是法学院本身的功能。在这意义上来讲,法教义学包括法解释学的一些基本的术语,比如说物权、法律行为,这些是理解民法的很重要的钥匙。它跟刚才那个价值一样,构成法律人思维的很重要的一部分。虽然我是做社科法学的,但法教义学(更准确的说是法解释学)的作用是非常大的,只不过说它是选择了你不喜欢的德国那套东西而已,所以“为什么”的问题不是他们研究的主要问题。这里我想请陈老师回应一下,您之前提到过法律人的思维,这恰恰是法教义学那套东西,我们非常强调法律人的思维啊!

陈　虎:我表个态,我跟侯教授的观点是部分一致的。我一直以为,法解释学是法学院的一个功底,这点我也特别想听陈老师的观点。

陈瑞华:法教义学这个词把它搞坏了。其实就是一种法解释学,就是解释法律条文,揭示法律条文的立法原意,解释法律条文使它跟实践能够更密切。因为法律是用来用的,但很多法律往往很抽象,抽象的法律怎么能运用到纷繁复杂、千变万化的个案当中,就需要法律人来解释它。我的观点跟刚才他们两位并没有实质的区别,我也认为法解释学,从解释学的角度来说,这是一种必然的现象。我们即使做诉讼法、论文,要对法律的原意、立法的精神做解释。

但是,我的一个观点就是,如果把法教义学改成法解释学,可能它最大的贡献是揭示法律条文的逻辑结构、法律条文的所要达到的立法意图。其最大的缺憾有两个:第一,没法儿把法律条文放在社会的大背景下去考察。很多法律条文,放到整个社会,就是柏峰教授所提到是社会需求、社会变迁、社会转型,我们可以对它做出一种解释。但现在,传统的法学、法教义学或法解释学放弃了这个功能,把自己紧紧变成一种教书匠,承担法学教育的功能。我认为,法解释学集大成的成果就是教科书,但是教科书能发挥多大作用,尤其在中国。千万不要把此地当德国、当意大利、当欧洲,因为在欧洲有一个传统,法官断案的时候,遇有疑难案件,看法律;没有法律看判例;没有判例看法学家的著作。欧洲大陆的法学家跟中国的法学家是不可同日而语的,他们对司法的影响是我们中国的同行绝对不能比拟的。我们的法官遇到疑难案件看什么?法律,当然不看宪法。宪法是绝对不能引用,这是中国宪法最尴尬的地方。法律包括所有的法律渊源,不再一一列举。案例,有先例,现在有指导型案例这种系统性的案例。司法解释,是法官看到的最具体的东西。有没有一个判决书援引学者的观点?到现在为止,一个都没有。当然,其可能会受到某些个学者观点的影响,这是会有的。

于是我们不禁要问,法官不看你的教科书,中国的法律传统决定了你对司法实践、法条的解释没有太大的影响,你唯一的影响是学你课程的学生。这样的一种教科书,对法律的解读究竟能发挥多大的作用?能形成多大的学术市场?我们必须考虑。我跟几个刑法学家请教为什么对法解释学(你们叫法教义学)那么痴迷,想干什么?他们说我们想改造一代人,让所有法学院的学生接受我们的思维方式,将来他们当了法官、律师,就用我们的话语进行辩论了。

这真是悲壮的想法。我说难道就不想研究法律跟社会的关系吗?难道就故步自封地研究那几个干巴巴的法律条文?当然也有可能提出一套概念来解释它们,虽然有很多概念都是西方的。社会那么丰富多彩,所有的法律条文都有可能被架空、被规避,你不研究法律的实施状况?“法律的生命在于实施而不在于颁布”,这是陈瑞华的名言啊!“权利的灵魂在于救济而不在于承诺”,这是陈瑞华的第二句名言。你写了那么多权利在条文上有什么用啊?所有的法律搞得逻辑再严密、解释得再透彻,不适用,毫无价值。法律的生命在于实施,权利的生命在于实现救济,而不在于颁布。法解释学最大的局限性只关心法律条文的表述、承诺,而不关心法律在实践中的实施状况。这是社科法学崛起的根本原因,这是社科法学为什么能部分取代法解释学不是完全取代它。法解释学有其生命力,能奉献一本一本的教科书。但是要想说服人信服它,是非常困难的。

就举证人出庭作证例子。有一位年轻的学者,从解释学的角度解释证人出庭作证,写了两万字的论文,发表在《法学研究》上,影响很大吧。他怎么解释的?他说证人出庭作证是我国贯彻直接言词原则的表现,一堆专业术语,然后证人出庭的集中表现一二三四,证人不出庭的例外一二三四,证人不出庭的法律后果,几乎把立法者想说但没说的东西都解释出来了。一个最高人民法院刑庭的法官看了以后说,这篇论文毫无价值。我说,何以见得。他说刑事诉讼法里就有一句话,证人在三种情况下应当出庭作证,前两个我不说了,最后一句话,法院认为有必要的。这一句话就否定了你两万字论文的全部。所以现在证人仍然出庭不了,这位教授很郁闷,我怎么写了那么多论文没人听呢?你要想真正研究这个问题必须考察为什么中国证人不出庭。

正如刚才陈柏峰教授所说的,角度不一样,得出来的结论不一样。比如我最近对这个问题做了一个研究,我观察了几十个案件证人不出庭的现状,我发现证人不出庭有几个因素:第一,就是我们整个的诉讼构造排斥证人出庭。第二,我们还有一条规则,出庭可以,当庭说的话与原来向警察说的话(笔录)不一致怎么办?用了笔录,不用你的出庭作证的积极性就不大了吧。第三,中国有全世界独一无二的诉讼期限制度,我们的审判最长3个月,一审审判3个月普通案件。我们要做点比较研究的话,英美法只限制庭前积压,只要交到法院,可以审一年、审两年,法律不管。鼓励法院用更长的时间公正的审判。大陆法叫集中审判,只规定休庭的时间和次数不能长,法庭上的时间不限制。而我们,3个月包括庭前准备、阅卷、庭前会议,再加上当庭审判宣判,只要超期就扣分,我们有全世界独一无二的法官责任制度,有惩戒制度、考核制度。据说今年考核取消了,但排名还存在,因为组织部要考核院长,给院长排名,唯一的一个依据就是工作成绩发回率、改判率、上诉率几项指标。所以没有法官愿意超期办案。用这样一种研究法律实施状况、问题发生原因的写出的论文和解释法律条文的论文,角度不一样,但是找到了问题的病根的研究是不是更有针对性?所以结论很简单:法律的生命是实施,权利的生命是救济,只要你接受这个信条,社科法学就是我们研究的选择,我们要研究法律的实施状况。

陈柏峰:时间已经很晚了,但我最后还想提一个问题。我觉得您对这个理论的态度、对经验的态度跟社会学的“华中学派”是高度类似的,主要也是比如进入田野调查的时候,它要求悬置理论,就是不要求想着那个理论,主要是从经验里提炼理论,有很多概念都是自己造的,只有这个内部的人,才能够明白。有很多概念都是与一般的社会学的都不一样,当然,他们也遭到了很多批评。

陈瑞华:我对于这样的学派了解不多。我结合你这个问题说几句话,也算作为今天的结束语吧。“研究没有禁区”,我认为不仅仅只有研究经验,法律条文文本、法律现象都是研究的对象,甚至一个小案例都是研究的对象,最近发生的念斌案是非常值得研究的现象,它是我国庭审实质化的一个实验,非常值得研究,这是一个判断。还有一个判断观点就是,任何研究只局限于描述现象毫无意义。社会科学最大的使命是:发现规律,提出理论。法学研究也要提出理论,我们今天太缺少理论了。回想法学教育恢复30年来,中国学者在各个法学学科里,有哪几个概念是中国人的?有哪几本教科书里边能提出我们自己的概念?有哪几本专著能提出我们的概念?说明我们的原创性有待加强。

还有一点,不排斥西方理论、主流理论,要把西方的理论、主流的理论当作对话的对象。如果经过验证,你的理论能够解释我说的现象,我就放弃我的观点,采纳主流理论,如果解释不了,就提出自己的理论,有可能这个理论是新的、颠覆性的,有可能是主流理论的例外,主流理论的适用范围和边界,这都是可以的。理论万变不离其宗,它能适应各种场域、各种问题、各种对象,只要具有解释力、解决问题的启发力,就足够了,谢谢各位。

《法律和社会科学》(2016)
第 15 卷第 2 辑,第 323 ~355 页

对话王亚新:程序法视野的法律实证研究

王亚新　陈柏峰　尤陈俊　陈杭平*

陈柏峰:今天很荣幸邀请到王亚新教授来与我们对话。王老师是清华大学法学院教授、日本京都大学法学博士,出生于 1954 年,他这个年龄的人当时在日本拿学位是很少的。他和季卫东老师是改革开放后最早去日本留学的一批学者。他研究的方向主要是民事诉讼法、法社会学、司法制度。他的著作有《社会变革中的民事诉讼》《对抗与判定:日本民事诉讼的基本结构》《法律程序运作的实证分析》。《法律程序运作的实证分析》出版大概也有十年了,在《中国社会科学》《中国法学》《法学研究》《美国比较法杂志》等期刊发表过论文数十篇。

* 王亚新,清华大学法学院教授;陈柏峰,中南财经政法大学法学院教授;尤陈俊,中国人民大学法学院副教授;陈杭平,清华大学法学院副教授。此文为编辑整理稿,未经王亚新教授本人审阅。

一、法社会学进路

陈柏峰:王老师,我们知道1995年您在《中外法学》发表过一篇法学研究方法的文章——《法学研究的另一思路》,[①]专门提倡对有关法的现象进行社会学的研究,着眼于现实中的法律制度的运作过程,力图根据实证的材料,对其作实然性的描述。我们刚才在介绍时就提到,您是民诉法的教授,在京都大学学的也是民诉法,那么是什么原因促使您从法社会学的角度去分析这个问题?是留学经历,还是别的什么原因?

王亚新:应该说,还是自己的经历,培养自己的兴趣吧,因为我1979年考入北大是十分侥幸的事情,20世纪70年代末嘛,你们都是"80后",我是1979年才考上北大的。你们很难想象,我们当时以为学校就是写诗,就是现在所说的"文青"。当然,现在称"文青"可能都是骂人的话了。(但是)那时候做"文青"是我们所有人的"中国梦",为什么呢?(原因是)你如果写小说、当诗人,你不仅有名声,还可以抒发自己感情,同时还会有很多漂亮的小姑娘给你写信。具体而言,跟你们现在一样,我那时就是20岁刚出头,哪热闹就往哪奔。所以报的是中文系,想的就是中文系可以当诗人、当作家,现在看来是个笑话。但当时我在贵州考大学,贵州只有4个北大名额,其中两个法律系,一个考古,另一个图书馆,根本不知道中文系,最后为了选学校、选专业,其中有复旦的中文系(但名额少),最后还是选了有两个名额的法律系,就这么上了法律系。但是,直到现在我最喜欢的不是法律系。

这个回答也许还不够全面,再说一下后边(的情况)。法律,在某种意义上,它也满足了像文学或者其他人文学科的性质。为什么呢?像经济学、社会学这些典型的社会科学,它们标准的典范是像物理学、自然科学这样的东西,要形成规律性的预测,等等。但反过来,像哲学、

---

① 王亚新:《法学研究的另一思路》,载《中外法学》1995年第3期。

心理学等一些学科，包括文学也是这样，可能又是很虚、很玄的东西，法学正好在这两个交叉之间，它有点像自然科学，又有点像社会科学，从这个意义上也跟我们下面要谈到的为什么会产生法教义学、社科法学是跟法学这个学科的特点有很大关系。我们从来没有听说过规范经济学或者社科经济学，对吧？所以你问的这个话题还是很有意思的，我当时可能偏重于实证、社科的，现在我开始走向另一边，与人文学科、历史学、神学等都有关联。

尤陈俊：我有一种感受，就是在 20 世纪 90 年代中期，法律虽然没有现在那么多，大多数学者偏向于做法律规范研究，但你 90 年代中期就开始偏向于社会学研究，我不知道你当时是受日本留学环境的影响，还是受中国法律的现实环境的影响，而特别关注中国法社会学这个实践的面相？

王亚新：这个问题跟刚才那个问题还是一致的，但更加深入一些。坦率地说，我当时在日本，作为一个中国人研究的是中国的民事诉讼，但是在外国做中国的民事诉讼研究的话，更多的是一种描述，就是中国应该怎么样，外国人不敢辩解。你如果研究一种规范，你不会描述美国人说中国应该怎么样，人家不会相信，因为美国人对这方面完全没有信息，有信息的是中国，这就是我们所说的“实”。但另一方面，我在京都大学，在日本，整个法学是以解释学作为主流的、作为中心的。那么，当时受的是潜移默化的影响，还不是专业的法解释学、法教义学规范分析研究的系统。我自己感兴趣的和我所受的影响更多还是偏向描述性，但是描述的是规范现象，所以这是我回来做真正的实证调查的背景。

另一个背景是 20 世纪 90 年代末回国时，我认为中国当时就民事诉讼法学而言，还没到要做法解释学、法教义学的阶段，还为时尚早。但做深度分析描述、借用社会科学方法来对其进行内在理解，可能会是非常重要的。这不仅是向外国讲中国的故事，而且是在中国向中国人讲自己的故事。顺便说一句，其实我刚刚从外国回来，如果将外国的理论直接用于中国，怎么都会有人说，因为那时候翻译了几本著作，还是属于规范教义学的。但是要我讲中国的民事诉讼，当时大部分学法律的人没做过律师、法官,怎么跟他们讲,所以就产生了先下去看看真实的实务到底是怎么一回事,走访基层法院,跟当事人、律师、法官交谈。

尤陈俊:刚才柏峰也提到过的,你在 1995 年发表的提倡实证研究的文章。接着你从 1999 年开始,就在对中国基层法院做了很多的实地调研,在《北大法律评论》《中国社会科学》《中国法学》等刊物发表了很多建立在实证调查基础上的理论文章。到 2005 年,你又牵头去写《法律程序运作的实证分析》的那本书。① 我们注意到一个有意思的现象,就是你调研的对象都集中在基层法院和中级人民法院,我比较好奇为什么你会选择在基层法院和中级法院,而不选择在高级人民法院、最高人民法院作为调研的对象呢?

王亚新:这个还是跟我做法规范分析的研究有关,就是刚才所提到的没有做过当事人、没有做过律师、法官,那么一个案件怎么进入程序?怎么操作?这样的描述性的东西是我的出发点。给学生讲道德的、应然的规范,法条的规定应该怎么样,就这样往往还觉得不满足,所以必须去了解法院是怎么去操作一个案件,或者当事人是怎么去应用法律的。所以,那时候如果你到高级法院或者到最高人民法院的话,他们的案件非常少,而且上诉很多案件、民诉的大部分案件都不会开庭,主要是书面审理。所以,只有到基层法院才会看到最根本的,这是一个很重要的背景。

另外,也跟我 90 年代刚回来时有一个小小的共同体有关吧:朱苏力、贺卫方、张志铭、梁治平,这些都是很好的朋友,有一些紧密的学术活动。甚至不限于法学界,像张维迎、汪晖、王绍光,都认识,大家坐在一起,进行深度对话。当然,我不是很中心的那种,但也参与了一部分的活动。当时很重要的一个研究方向是研究中国社会本身,尤其是基层社会,你们看看朱苏力当时所做的一些研究,到现在也是社科法学传统重要的根源。这些信息我们都是共通的。

说到这一点,我还做过农村法律服务的研究。今天刚好带来两本

---

① 王亚新、傅郁林、范愉、徐昀、朱芒合著:《法律程序运作的实证分析》,法律出版社 2005 年版。

书，我从2004年开始做，大概2007年、2008年结束的，之后就再也没做过实证调研了，尽管在期刊上也发表过，但现在才成书，送给你们两位。① （王老师当场送给尤陈俊、陈柏峰）这里面有一些文章还未发表过，尤其是理论分析，运用了很多社会学、人类学还有国外的资料，是美国、英国、日本关于纠纷的金字塔式的连续二三十年的资料，我这里面有比较全的介绍，你们有兴趣可以看看。

二、定性 vs. 定量

陈杭平：借这个机会，谈一下我跟王老师的事。我还在清华读本科时，2003年要写毕业论文，看了王老师《社会变革中的民事诉讼》的文章，觉得诉讼法的论文还可以这么写，就冒昧地给王老师写邮件，王老师看到邮件后马上给我打电话把我叫到办公室，开始对我进行指导，自此，我们之间就有了合作研究的、漫长的学术共同体的关系。2004年、2005年我在清华读研究生时，就一直跟着王老师，而那时正是王老师做实证调查最活跃的时期，我也有幸参与其中。经常跟王老师跑各地法院，包括刚才陈俊讲到的中级人民法院，跑了5个省市的接近10个法院。整个过程我觉得还是非常艰难的，但回想起来还是很有意思。包括柏峰的一些研究我也一直长期关注，从某种程度上讲，我们都是一种类型的研究方法，还是属于社会科学中的定性研究。

陈柏峰：今天我是第一次听说你也做这个，我好像听说你平时经常"讽刺"社科法学。

陈杭平：我现在为了"打入"法教义学，得把这些故事隐瞒起来，站在你们的对立面。但就像粽子一样，剥开叶子之后，我可能也是社科法学。这真的是很艰难，但通过这个研究方法，无论是定性还是定量，都是去接触、去了解中国社会的一个途径。现在我们做的还是定性方法

① 王亚新：《民事诉讼与法律服务》，法律出版社2015年版。

为主。借这个机会,我想问一下王老师,也是我长期以来的一个困惑,到底定量研究在中国这个社会背景下,以法律现象或司法制度为研究对象的话,研究价值在哪里?它的司法运用的实践性在哪里?

王亚新:社科法学也好,实证调研的定性、定量也好,都是一种相对的概念。我们其实也尽量用了定量方法。比如说,要去激励一个法院或法庭,要了解一般情况,总是会定一个量,一年或者某几个月的典型参照的样本情况,然后以某一个时间段的案件量、案件内容作为主要的自变量,再去找出因变量,作为参照系,等等,这样就比较像定量的办法。像我们做的证人出庭的研究,那就得算一个案件内有多少个证人证言、证人证言的证人出庭多少次。有时候很难定量也得定,怎么叫作一个证人一个证言、一份证人证言还是两份证人证言,这个得拿数量说话。你不数就没有数量,就不能拿数量说话,这是一个很重要的方面。

但另一方面,我们做法学实证研究时,定性方法甚至重要性超过一般的科学。我举个例子,所谓的证人很少、证人出庭就更少,证人证言相比其他证据种类就很少,这个从数量上就可以分析出来。但结论反而很奇怪,证人证言其实非常重要,这个结论不是通过对比它的量或者它起的作用得出来的,而是通过对比它在这个案件里面的动机。为何在以前案件中没有人去关注这个问题?我们要怎么做这个问题?我们要去关注它的动机本身,这就决定了它的重要性。就是说,证人本身出庭不出庭已经根本不重要,但是等到我们去调查的时候,其实我们的出发点有一个前见吧,就是证人出庭特别重要,但是最后这个前见追索起来就是跟审判方式变化有关。以前我们审判方式是调解,调解解决问题不就成了吗?你查清事实不就行了吗?什么方式根本不重要,问谁是证人,谁是当事人,或者说谁是基层可依靠的干部,等等。这些都不是问题,证人概念本身不重要。而教材中强调的证人跟其他诉讼参与人不一样,证人必须出庭,这个话语背后的动机就特别重要。我们要通过这样一种反推,把自己的"先见"或者"前见"暴露出来后,就能够定性研究,证人的意义是什么?

尤其是参照以前的判断,似乎还是质而不是量上见分晓,但有明显的提高。比如说，以前十件里没有一两件，现在十件里有四件到五件，这个从量上看基本没有意义，但是从刚才讲的那种定性分析看，它就开始有重大意义了，所以这就是定量和定性的重要性。换句话讲，定性的重要性在于不断地反思自己的价值、自己的参照系，回到你调查的最根本的那个层次，这个特别重要。虽然有一些实证调查、大量的现象、大量的台面数据也好、所谓的“第一手资料”，但你怎样去通过它看到理论层面更加抽象、更加重要、对每个人都有指导意义的东西。这就是定量和定性一个很重要的关系。

陈柏峰：我听了很有启发，想再问一下这个问题。实际上王老师是从价值上去讲的，他主要是说，当社会面临这个问题时，它反映背后的价值问题。他讲了一个我认为很重要的问题，就是结构性的分析发生了变化。我们的讨论，比如说一般的学者去讨论证人证言时就会去盯着这个问题，他看不到整个问题背后的结构发生了变化。按照王老师的说法，实际上在过去诉讼或者解决纠纷机构里，证人其实是很好找的，而且大家也是很容易去做的，只不过没有人贴一个证人的“标签”，有什么事情、有什么疑问去问一下当地的干部，大家说了实情给，它起到的功能就是新诉讼法里证人的功能。一旦新的诉讼结构制度化以后，需要一个制度化的证人出现的时候，大家就不出庭了。这些变化，是我听了以后比较有启发的地方。证人为什么不出庭这方面的文章其实挺多的，但是从这么深入的角度研究的比较少。

当然，王老师是在讲定性问题时引入这么一个例子，我听了很有启发。由此，我引申的一点，就是定性和定量的问题其实一直都是有争议的。当然，从客观的角度来说没有孰优孰劣的问题，只有合适不合适的问题，可能有些问题用定性更合适一些，有些问题用定量更合适一些。那么我想说的是，在一个转型社会里，定性方法更重要，首先要认识这个社会的性质，就是刚才王老师所强调的。要认识一个社会，如果一上来就定量的话，就很可能像很多中国学者所做的那样，把自己背后所想象的结构性的东西强加给了社会。所以我觉得转型的社会，而且因为它转化、变化很快，往往会导致我们不了解现实。今天很多人不了解现实,包括我们自己。如果不去调研是不了解现实的,我们所想象的现实是媒体告诉我们的。这么一个复杂的社会,它的变化是日新月异的,所以我觉得定性这种方法在转型时期,相对而言可能是更需要的。那么,一旦社会比较稳定,我们对社会基本性质的基本问题掌握比较好了,然后随着研究更加深入、更加微观,那么很多细微的东西它是定性不一定能解释的,到那时候定量可能更加适用。这个在美国看得很清楚,美国社会现在比较稳定,所以定量科学非常发达。各个学科定量研究是主流,但往前三四十年不是这样的,那时候定性方法用得很多。

尤陈俊:刚才柏峰也提到定性、定量的问题,我记得王老师2007年在清华组织过一个"法律实证研究"的会议,讨论的一个主题就是定性和定量方法各自优劣的分析。我记得那个会上刘思达就特别强调中国法律社会学研究总体而言定性应该优于定量。您刚才主要是解释其背后的理由是社会结构还不是很稳定、还在变化的一个问题。但另一方面,国内学界很多研究者,甚至国外的研究者在中国做研究时会有很大感慨,中国社会里面用于做定量研究的数据很难找。即使找到了相关数据,这些数据用起来也有很多问题,因为里面有很多的水分。您在90年代中期就看到研究既有定性的也有定量的,十几年过去之后,您觉得当年和现在的情况,至少在数据利用和获得方面有大的变化吗?您觉得在中国这个"大数据"时代,和以往相比而言,哪些是对我们更有利的条件?有哪些进步?

王亚新:坦率地说,这个问题真的不适合由我来回答。因为从2008年之后,我就基本不做实证研究了,都在做规范研究或法哲学研究。所以这本书里有一些文章还可以叫作社科法学,像第一篇关于司法改革的文章,①下面还会提到,这是去年刚发表的,里面有些观点,信访的也有。最近还会发表关于法院的经费省级统管的文章、关于司法教育等制度改革的文章。那么这些东西能不能用大数据?我觉得完全可行,现在有一些很好的条件,法院都可以做了,他们拥有数据。比如

---

① 王亚新、李谦:《解读司法改革——走向权能、资源与责任之新的均衡》,载《清华法学》2014年第5期。

说现在员额制，把法院所有的管理环节工作都细化，然后输入电脑，采取一定的软件处理，最后决定哪些工作可以分解到什么程度，需要多少时间和工作量，以此作为法官工作量、员额制或者说分工的依据。比起以前，无论是工具上还是统计上都大大方便了，以前我们根本就没有这些东西。

再举一个例子，现在有些数据比以前靠谱。比如说离婚或者说婚姻关系这个问题，记得是2005年到甘肃去做调研。大冬天，光秃秃的，刚修好的高速公路基本是没有车的，到了黄河边荒滩上的县城调研。所有的婚姻案件没有一件判离婚的，都叫解除非法同居关系。为什么呢？我们查看了两年内的上百件案卷，发现当地的老百姓是不会去办结婚证的。你要结婚，第一要给彩礼，第二要办酒，只有这两道程序做完了，父母之命，媒妁之言，在当地才被算是结婚。但这个问题闹到法院，没有任何国家的认证，最后都得算是非法同居关系，有的几十年了，孩子家产都得重新分。我们当时真的很吃惊，你想如果在那个情况下讨论离婚率呀，婚姻和非法同居的比例呀、问题就会很大。但是今天这种情况恐怕已经改变，结婚都得去政府去办一个结婚证，这个特别有意思。

这就是数据分析，我现在不做了，我也可以做类似社会科学这方面的一些研究，像司法制度改革这样的研究，或者说所谓的部门法学科，在社科法学和法规范学这一点上，它一开始就跟以前不一样，有比较明显的自然分工。比如刑法领域，犯罪学、刑事政策，显然只能采用社会学、人类学和心理学等知识去研究，你去单纯研究规范没有意义，美国早就这样了，中国直到这几年才开始成形，以前根本不可能。以前"坦白从宽，抗拒从严"，这个要去定量研究很困难，但是现在刑事政策学、犯罪学，自然而然地从规范的刑事犯罪法中慢慢独立出来。包括民诉有这么一点，就是只要做司法制度研究，无论是员额制、司法财政还是法官工作量的分解，必须使用社会科学。但我为什么从2008年之后就没有把精力放在这一方面呢？就是我刚才所说的，1998年到2008年相隔10年之间，社会发展这么快，民诉的法教义学，这是你们的叫法，姑且这么说吧,我叫作法解释学或者法的规范分析,它开始真正接地气了。你只要想想现在每天都有数万个判决产生,海量的、几百万甚至上千万的,每天都是接地气的。在这样的情况下,你如果要做大数据,这当然是很丰富的。但是可能更重要的是我们像美国、日本那样纯粹的法规范分析开始在中国大陆成为可能,就是说,这也是接地气的本土资源。

在这个意义上,刚才讲的定量也好、定性也好,都是大有用途的。现在手机上都有合同软件,只要稍微改一下数据就可以交易。这是一方面,但更重要的是,定性研究难度就变得更大。在定性中你分离出一点,就是法的规范分析怎么解决实际问题。法的一种技法、一种技术它开始变得重要,所以这一点就跟下面要讲的政法传统里也开始有另外一种变化,这是一个很新的,然后社科法学跟法教义学的对话也好、争论也好,也是在这个背景下开始成长起来的。我觉得这个特别有意思。

三、社会与法律的转型

陈杭平:王老师的回答真是精彩,我想接着问,您在十几年前所做的实证研究,除了满足您的好奇心——中国到底是什么——之外,这个上课的需要,包括要做法解释学的前提、要做规范研究首先要认识事实是什么,在那种社会条件下,只能亲自跑到现场、深入现场,尽管困难重重也得克服困难。刚才陈俊也提到了,现在大量的文书上网,大量的关于司法、关于裁判的信息能够通过网络、不用出家门就可以获得,客观条件的改变是支撑你们研究方法转型的一个很重要的原因。那么,除此之外,正如刚才您说的,似乎也暗藏一种更深层的关于社会结构转型的大背景里。除此之外,您的研究方法的转变,是否也有这个方面的原因?

王亚新:对的,这个问题是我想进一步展开的,也是对柏峰、陈俊的一个回应。我认为刚才提到的非法同居和离婚案件在边远地区是很有趣的，除此之外，我们先讲一个具体的，就是 1994 年（比刚才柏峰所提到的那篇文章还要早）我在《中国社会科学》上面发了一篇文章《论民事、经济审判方式的改革》。① 那篇文章是典型的社科法学的方法，但是处理的问题是规范问题，就是诉讼的一个模型、模式问题。这个问题就涉及根本模式转变，它跟社会转型是密切相关的，它反映的是技术性的问题，但是背后有价值观，包括政治、经济、文化的转型，我当时认为那个转型刚刚开始。当然，我用了调解型、审判型等审判模型，然后得出一个有点应然的结论。

我当时强调，从刚开始的一个弱小的现象，1994 年的时候审判方式改革只是在大城市、中心城市展开。但是到了 20 世纪 90 年代，1992 年、1993 年在我写这篇文章之前，还没有从日本回来的时候，苏力就已经谈到这个问题，到 1994 年《中国社会科学》第 1 期发表出来之后，大概在 1995 年的时候，全国人大就正式开始着手改革，而且声势浩大。这就是调解型或者说政治解决纠纷型的审判方式向审判型或者说判决型审判方式转变。这是一种很刚性的层次，从请求怎么提，到举证责任的分配，一直到作出判决，判决以后的结果等，这样的一种改革。中国自清末到民国都没有成功过。但是在全国这么大规模地推进还是第一次，它在 80 年代后期提出来的，90 年代中期正式推进的司法改革铺开了，一直到 2008 年，我认为这样一个转型已经大体形成框架，这么快的速度，这是一个技术性的转变，它背后其实有着整个社会的转型。

我举个例子，20 世纪 90 年代我在日本写博士论文的时候，我回贵州调研（查卷宗、收集数据等）。当时根本就没有多少开庭，也没有多少东西需要举证，都是法官一肩挑，深入群众调查研究，或者就是法官宣传一下，“当事人动动嘴，法官跑断腿”。这些例子如果讲给当时美国人、日本人来听是不能理解的，但是我最后能够成功地告诉他们，为什么中国必须这样、应该这样。这就是我为什么能在国外拿到博士学

① 王亚新：《论民事、经济审判方式的改革》，载《中国社会科学》1994 年第 1 期。

位、能进入大学担任教授的另一个本事。但回到中国后,我这些本事就开始失效了,重要的是,我要看清楚中国当时社会现象背后,将来会怎么走,那么思考怎么走的时候,这些问题就远远不只是技术层面的了。以前不需要举证的,现在需要举证了,这就涉及整个社会背后的人际关系、交往方式。

再举个例子,那时候我查了很多借贷关系案件,都是没有借条的,都得法官去调查取证,最后查清真相。哪怕是没有借条、没有完整的证据,最后案子也判了。这样的案子我查了很多,80年代千把块钱可不是闹着玩的,根本没有借条,同村的一般也不讲究这个。你只要看看费孝通的《乡土中国》就会明白为什么不需要这个。但现在发生了翻天覆地的变化,现在谁敢借十万元借条也不打的?所有的人际关系在某种程度上是相对瓦解的,那是现代化的一个规律。很多温情脉脉的东西已经被收了起来,人与人之间的关系已经逐步陌生化。有人感慨地说,这个现代社会很糟糕,田园牧歌式的社会已经一去不复返了,但是你要明白,现实就是一条不归路,交往方式、交易方式已经发生了改变,所以最后每个人都拿着借条,就没有了罪恶感。所以这个审判方式的改革最后是社会的变革,高速地变革,包括一些根本的价值,导致刚性的层次跟实体法变成费孝通所讲过的外来东西,或者说跟乡土社会格格不入的东西硬要推行,结果乡土社会本来的好处也没有了,得好处的全是一些“刁民”。这种我们现在所讲的技术变成了每个老百姓过日子都得惦记的,人际交往关系发生了很大改变。

每天都在大量地产生案件,现在每年民事案件超过一千万件了,它的增长是非常迅速的。就是很小的案件、很小的标的额,也要请律师、请法律工作者,要交证据,承担举证责任。像这样的变化在短短20年里发生了,所以我从那时候开始认为,中国做这个法解释学、法规范学研究的时机已经成熟。而这一切都是与我们每天的生活是息息相关的。我从中找到意义了,找到好奇的、新的视角,所以我现在的主业不是社科法学,而是法规范学的研究。

陈柏峰:说到这里,我想问一个稍微敏感的问题。您刚才概括得确实好，中国社会、中国司法经历了一个重大变化，审判方式的变化和整个社会结构的变化是同步的。但我想问的问题是，与之相关，我们有没有做得有点过头了。我要说它是敏感的，就是最近发生了我们的十堰法官被刺这个案件，昨天学校校友会和法学院领导也去看过这个被刺的校友，现在状况挺好。但那个一审判决不是校友判的，校友是二审。一审判决书出来后，大家还是有不同的反应。我也听过很多实务工作者的看法，我自己直觉跟很多实务工作者的看法比较类似，就觉得这个案子如果法官稍微费点劲去问一下，恐怕不至于此。因为它里面的劳动关系还是比较好确定的，事实还是比较明确，不至于说能够黑白颠倒。这个您怎么看？有没有我们审判方式转型过快的原因？

王亚新：对的，这个《南方周末》刚刚采访我，报道出来了，不知你们看过没有。① 我是各打五十大板，从当事人、律师、劳动仲裁、劳动监察一直到法律援助进行分析的，但我认为这个案件判得基本没什么破绽。就像刚才你所讲的，我认为大家都陷入这么一个怪圈，而这个怪圈需要各种不同的社会方法去接近。社科的、价值的，这些方法都非常重要，但是法解释学比较欠缺，为什么这么说？你仔细看这个一审判决，你会发现，这个当事人，包括他的律师提的请求，跟我们现在一般看到的不一样，比如一个合同，一般看的都是很具体的东西，但是判决书不可能都是这样的写法。第一，他要的是 4 万多元钱，双倍工资，有一个明确的法律关系，就是说不签订劳动合同；除此之外，他要 8000 多元的加班费，还有一个是 1000 多元还是 1 万多元的，我记不清楚了，是欠工资的赔偿。而这些请求在我们现在来看，你都应该有对应的事实，对吧？比如说，你从什么时候进去，从什么时候出来，因为你要 4 万多元的双倍工资，你一天工资多少，多少天？然后加班费，就更明显了，加班的基数是多少，你加了多少天？还有，如果加上一个欠工资的赔偿，这样才完整了。最后媒体去查，才知道劳动监察干预了，给过欠的工资

① 《捅向法官的刀　十堰法官被刺事件调查》，载南方周末网，http://www.infzm.com/content/111803，最后访问日期：2017 年 1 月 12 日。

了,才知道其中的问题。就一般的劳动诉状而言,他们的事实并没有讲得清楚,就是谁跟谁有劳动关系。法官不让他讲清楚?是不是在庭审过程已经讲清楚但是我们并不知道。至少从判决书来看有很大的缺失。

那么当事人能全部依赖法官吗?我估计不能。但是法官没有问过吗?我看不见得,至少其中一个证据是有复印件的。尽管有人提到举证责任倒置问题,但我不同意有人所说的举证责任在务工单位,不在原告方。这是错的。举证责任绝对在于原告方,你要被告去证明没有劳动关系得多难,对吧?即便你不能全程举证,但是就启动而言,也是原告启动的,原告启动之后才有可能将责任转移到被告方,让其承担不利的后果。或者说被告说根本没有这个合约,那原告就最好拿出相关材料来证明,原告总要反驳吧。现在里面没有任何这方面的材料。这样一来,我们就完全有必要质疑这个法官,从原告开始问清楚,原告问清楚了问被告,最后也能把这个问题解决了。现在看来法官都没做,这是为什么呢?

《南方周末》没有把我的原话全讲出来。我认为劳动关系争议跟别的领域相比,很难做法解释学。因为它有过多的政策考量,甚至地方上价值的争论都反映在此,包括有两家用人单位,法院就畏首畏尾在中间,连起码的技术活儿都没法做扎实。结果就造成这么一个现象:闹得凶一些,就给他多一点;闹得小,就给他少一些。企业认账是有很多压力的,劳动者能忍的就不给他应得的钱,使其感到很冤屈。各方推来推去的,没有矫正的程序,结果造成了这样的悲剧。为什么合同、集资、侵权不会发生这种现象,因为它已经经历过太多这样的事情。所以我现在更加强调法解释学的重要性,这是一个非常有意义的案件。

尤陈俊:刚刚王老师讲到社会结构发生了很大变化,所以您1994年就提倡从调解型向审判型转变这个论断。现在这个论断有了这么坚实的社会基础,但是回过头来看这一二十年,包括最高人民法院对审判方式的改革中间也是飘忽不定的。前几年出现调解回潮,最近又提倡职业化。我想问的是,您作为一位诉讼法学者,怎么看待过去十几年以来的这个调解型向审判型转化的大趋势下，两个不同的审判类型来回摆荡这个现象？

王亚新：这个问题提得非常好。这种回潮是十分正常的现象，从调解型审判向审判型审判推演出来，然后波浪式地发展，包括今天也是这样，我们经历了很多风险。但有一点不能忽视，就是社会的发展不平衡，国家太大、人口太多了，而且流动性这么大，地域之间差异大，这些都是题中之意。但始终有一个大的趋势，包括全球，我们已经不可能再孤立，是中国自身的一个问题。就法律而言，整个地域，甭管你地域差别有多大，信息的共享和传播，手机、电视、自媒体等这些因素对于理解中国当代变迁是非常重要的。

我想强调的是，虽然有法解释学这种规范的东西不断增加，但还是解释不完。同时，需要社科或者别的渠道、别的进路来研究的问题太多了。所以那种进进退退，有时是以偏概全，有时是因为领导人的爱好。尽管转型进进退退，我为什么觉得它很难改变大趋势呢？就是刚才所讲的陌生人化，你原来是乡土社会，这几年变化非常大。你看武汉变化也是日新月异的，这样一种变化带来新的问题，就是像刚才所讲的非法同居变成离婚了。

我再举个例子，即便今天有些东西发生了变化，有些东西还是没法做。像我有一个学生想做返还彩礼纠纷这样实体和程序交织的问题。很用心，找了很多资料，我也很感兴趣，但这个根本没法做法解释学或规范分析，一个条文都没有。这就是因为在社会激烈动荡变迁的过程中，其实它已经促进很多东西发生转型。像婚姻、彩礼等发生交集，在很多地方，女人可能是一种财产，甚至她的贞操也是一种特殊的财产，但是在很多地方就不能叫作财产，女人的主体性、女性主义或者说女权主义这样的问题就出来了。而在这两极之间，就是刚才所讲的彩礼要不要返还的问题。这个结果法官要考量，这两个人同居过没有？甚至住过一个晚上没有？等等。这些都是需要考量的因素。该返还多少？甚至说住过多长？有没有小孩？甚至说当初这个彩礼是谁拿到？是父母拿到还是本人拿到？这样无穷的细节，而且在不同的地方完全不一样。这样的纠纷很多,你怎么去解决?

当然这样的纠纷城市里很少,但是问题还是很多,比如婚姻赠与是不是合法的问题,这在婚姻法解释出来之前就是一个问题。任何"一刀切"的东西,包括女权主义所主张的"我的身体我做主",和古时候或者说现在也部分存在的"女人是一笔财产"的观点,古时候部落征伐,男的是要全部杀光的,女人是宝贵的资产,还有小孩,有的时候也是宝贵的资产,还是那么一个逻辑在里面。比如父母说养他那么大当然是希望得到越多越好。而这里面还有更多的变种,比如这钱父母拿了,对象没有拿到,或者父母被媒人坑了等,这样的彩礼怎么分,等等,完全不可类型化。所以,社会科学或哲学的思考,比如自杀,你想做社会学、神学的研究都可以,但法解释学就是碰不了。

四、社科法学 vs. 法教义学

陈柏峰:您提到有很多问题适合社科法学或者说实证、经验方法去研究的领域,也举了很多这样的例子。但是您过去所做的研究都是集中在司法领域,为什么集中在司法领域?立法领域也可以这么做呀。我和我的学生最近集中精力要做执法研究,国家社科基金的一个重点项目,也是关于执法的。为什么过去大家都把研究集中在司法?从执法来说,国家法律可能 80% 是通过执法系统来观测的,它跟法院是没有多少关系的,可为什么法学家做经验研究都集中在司法,而社会学家基本都不做法律问题?当然这不是绝对,但的确很少。这种现象您怎么看?

王亚新:这个问题我恐怕很难回答。因为我自己就是研究程序法的,程序法你也知道,如果要做社科方面的研究,就是司法制度、司法改革的研究,所以包括民诉、刑诉,包括刑法领域的刑事政策学,做的当然是同样的东西。但是你提这个问题我是非常支持、非常赞同,就是我们确实是要有多样的研究路径、研究对象,而且完全没有必要只限于司法领域。

为什么大家都集中在司法领域？这个可能是跟法学界人才培养的方式有关。美国顶尖的法学家都是有社科和规范分析的双重背景,高等法院的法官也往往具有社科、人文学科的背景,但是,我们现在法学院的教师也好、学生也好,背景都过于单调。这种情况中南地区还好一些。但是如果中南地区的老师也到一些比较强调规范分析的法学院去,你就会成为边缘人物。我在我的第一本书就说过,有生在边缘的感觉,是很荣幸我在边缘。现在这个情况会有改变,这个改变不是靠别的,还得靠我们自己。我们不做司法,我们就做点别的,只要你做下去,将来这个学术生态就平衡了,像你所讲的不平衡的状态就会慢慢地改变。这是我要回答的第一点。

还有两点我要特别强调的,可能也牵涉我现在为什么愿意做法解释学,而你们为什么愿意做社科法学,这有一个自然分工问题。我们做法解释学的人越来越倾向于微观的,或者说是工匠的、技术性的工作。这个工作对我有意义在什么地方呢？它跟我们的日常生活、跟老百姓的结婚、吵架到做生意、赌钱、继承、坐车被别人撞了、上医院被医坏了等事情,每天都在重复,就是过日子。我特别重视日常生活,我当年在北大还没有出国的时候也是豪情万丈,动不动就是治国平天下的士大夫的那种“达则兼济天下,穷则独善其身”“天下兴亡匹夫有责”的情怀。

我在国外待了十几年后回到国内,这种精英意识没有了,我早就成了沉默的大多数,是芸芸众生之一。我最大的理想就是在现代社会做一个合格的“工匠”。这种“工匠”在西方是不得了的,叫“天职”或者说是“profession”。这样的东西其实跟一种技巧、一种技能是紧密相关的。跟中国的士大夫或者说知识分子,或所谓“公共知识分子”,这样一种精英式的话语,我早就有意识地保持距离了。所以我现在对于哲学的讨论、左的右的,我一概不参加,老老实实不说话。终于到了我不需要再说话的时候,也允许我待在一边老老实实干点自己喜欢的事情,我就觉得很满足了。这种心态比较适合做技术性的分析。但是我不反对,而且中国亟须能够从战略性、站在国家整个发展的高度来分析的人才,实现我们当年的豪情万丈,有更多的资源、更多的话语权去做这些事情,我非常支持这些人。包括公共知识分子,不管是左的右的,我都对他们很尊敬,我认为中国很需要他们。尽管他们说的我不是很赞成,我有自己的观点,但我从来不会反对别人的观点。他们说的任何言论在今天竟然能够表达,这是一个了不得的事情。所以社科法学跟法教义学,可能在另一个层面,社科法学可能更加接近一点宏观的、战略意义的,或者说对于国家发展有重要意义的研究,这点我非常支持。但是,我个人兴趣已经完全转换了,这只是个人的背景不同而已,我愿意做一个很好的"工匠"。

最后再简单地讲一个方面,这种区分还是与面对的领域有关,比如你要做农村问题,可能就无法做规范分析。你看时下的几个争论,比如说土地问题、私有制问题、财政制度等,任何一个问题在其所属的领域都很重要,我们保持对这些问题的关注也有自身的价值。但是适当时候我选择保持沉默,就是在你们这些战略性方向之下,我能够做一些与老百姓日常生活接地气的研究就很满足了。同时我还能从这些研究中找到求知乐趣,所以我特别爱读你们的东西,跟这样一种学术生态越来越完善是有关的,所以这个分类或者说分工它绝对不是什么坏事,而是社会进步的表现。

陈柏峰:王老师讲得非常好,我补充一些想法。第一个,我们为什么要来做"社科法学连线",杭平经常讽刺我们,就是因为我们很边缘。即使是在中南地区,我们也很边缘。为什么很边缘?举个例子,每次院长说能不能搞一搞传统法理学的时候我就问他什么叫作传统法理学。实际上今天我们这些做法理的人中,做所谓传统法理学的人没几个。而且我说做传统法理学的人可能根本达不到我们的要求,他们的产出很低。他们一方面想要GDP,其实骨子里是很传统的一套。他们在法学院里面(跟美国法学院有很大不同),对于有不同学术背景的人,不管是哪个法学院,他们都是很排斥的。所以才要"抱团取暖",这是原因之一。

我们为什么去做这个，有一个很重要的原因，这个工作其实不应该由我们来做，应该由社会学家来做的。你看美国法社会学家的经典著作，很多都是社会学家做出来的，而中国没有。首先法学院的规模很大，社会学的比例它不成规模的小。社会学系的规模，比如武汉大学社会学系它只相当于我们法学院一个专业，武大社会学系是30人左右，武大法学院100多人。中国法学院号称有600多所，但是社会学系全国可能只有六七十所，它规模很小，不抵法学的1/10。我们经常讽刺他们，你一个社会学的有什么协会，你跟我们二级学科的法理学学会都没法比，这是中国的情况。但在美国情况是不一样的，美国的社会学系跟法学院差不多，可能会略少一点。政治学也处理法学所关心的问题。这样，本来不是应该由我们来承担的工作，但社会科学它没有做得更多。我就补充这一些。

王亚新：说得非常好。

陈杭平：我相信您十几年的兴趣，包括您所付出的精力，都不是白费的。您研究方法或者志向可能发生了改变，但是，之前的研究对您今后即使是做法解释学研究仍会带来深刻影响。我的问题是，在中国社会仍然处于急剧转型的过程中，要做规范法学或法解释学，具有中国特色的法解释学应该是什么样子，朝着什么方向努力？

王亚新：这个问题问得很好，相信柏峰和陈俊也会很感兴趣。我觉得你们讨论政法法学、社科法学，你们对传统法理学的反感，还有法教义学，是强调彼此的差异，要形成一个对比才行。像抱团取暖的这么一个对话，的确是一种正确战略，应该坚持。但我现在更想强调的是到了一定阶段要互相交叉、互相交融。

其实我当年从国外回来时，我就是要做法解释学研究，但我没有想这么快就做，我是想以后培养学生做。2001年出版了社会变迁那本书之后，[①]我就说将来要做两件事：一个是做系统的实证调查，另一个就是写程序法教科书。当然，教科书到今天还没有完成，但是实证调查已

① 王亚新：《社会变革中的民事诉讼》，中国法制出版社2001年版。

经完成。刚才给你们那本书算是结项完成了,但司法研究的一个项目还没有完成。我做了另一本书法解释学的书——《对比的判例》,这是重新去打基础的研究。我当年在日本读博士时,并没有真正花工夫在规范分析上,都花在包括方法论、描述中国情况、调研调查上。我后来又有机会再做调查时,又把德、日整个民诉系统理论再梳理了一遍,作为这本书的基础。但这毕竟都是外国东西,尽管里面也用到模型、用到理论,把英美法这些理论也放到了里面,但它主要还是关于国外的一个规范研究。在这个基础上,我终于可以写一本属于自己的教科书了。它跟所有人的教科书不一样,已经写了好多年了,而且我很享受它,也不急,包括很多出版社要签合同,我都没有答应。

在这个过程中,跟社科法学,当然只是暂且这么说,是另外一种研究方向,甚至是相互促进的过程。我们有一个共同的敌人,那就是学术泡沫、学术腐败。中国转型真是太快了,从禁止法律系存在到600多所法学院,门槛降得很低,从上大学、读博士,最后到走上社会,真正能够解决问题,上能够升到国家战略、民族的发展和未来,下能够解决百姓的生活的问题的人很少。这样“两边不着地”“非驴非马”的一些外国的东西放在中国里,或者说早就有了中国人本质的东西,不去做社会调查,不去看社会的发展,充斥着泡沫,而且泡沫花样不断翻新,这是我们共同感到不满的地方。

这是社科法学和法规范分析都想解决的一个问题,但它在这个转型期是不可避免的。我以日本为例,明治维新之后五六十年才开始有了所谓的法解释学基础,真正开花结果也是50年代以后,用了100多年。德国的实体法也好、程序法也好也是从中世纪普通法时代,罗马法时代,分离状态,潘德克顿学派一直到德意志帝国统一。19世纪才真正开花结果,都经过很长时间的转变。所以无论是真正的社科法学、真正的法教义学要变成中国自己的东西,上能够服务国家战略、回答人类共同的命运的问题,下能够解决老百姓生活问题,怎么谈恋爱、怎么分财产、被别人撞了会怎么样、自己把人撞了怎么样、怎么做买卖等跟这些事情都能联系起来,而这个过程中争论是必要的。

但我觉得这算是一个学术共同体形成的必要的过程，而且这种学术生态的多样性，有一种进化论般的自由选择，还有这个社会怎么看待泥沙俱下现象。但总的趋势还是在不断进步，所以我还是相信历史是有进步的。时代是开放的，我们的反思能力、具备的知识和视野能够解决很多共同的问题。只要有信念，任何事情你都能做得尽善尽美，那么我就是要做一个合格的、既不妄自菲薄也不自我膨胀、踏踏实实过自己日子的“工匠”。我觉得能够有这样的日子，在中国就已经非常幸福了。

尤陈俊：刚才王老师也谈到中国的法教义学很大程度上是以司法为中心的，正像您所研究的民诉法领域，程序法也往往强调以审判为中心的这个程序设计改革。但是如果我们关注程序法的运作，就会发现，大多数的诉讼法专家，包括您和左卫民教授，都是关注程序是如何在审判中运行的，去描述、分析直接运作是什么样的。但我的印象中无论是刑诉法学者，还是民诉法学者，相对来讲比较少的去关注审判结束后的执行，但在刑诉法学界可能关注得更多一些，而民诉关注执行的远远要比刑诉的少，我不知道这背后是什么样的原因？

王亚新：这个问题确实非常重要，正好我跟杭平也在讲这个问题。我是比较重视执行问题的，而且写了好几篇有关文章，一般都不发在核心期刊，而是发在最高人民法院执行局的内部刊物《执行工作指导》。动不动就是几万字的规范分析。我跟学生也发过两篇合写文章。而且现在我带的博士，专门要求招学执行的。包括杭平，他来了之后，我们要开执行法课程，我还没做过，但将来要做这样的事情。这是因为执行在德国、日本以及英美法是边缘的。无论是从社会、经济还是从法规范的角度都具有重要意义，但中国是奇异的，因为很多法它既是实体性又是技术性的，同时又是社会的政治的问题，所以它有巨大的特殊性。

我想退休以后，我会找一帮学生专门做执行问题研究，而且不仅是从规范分析的角度。我认为它是解决中国各种问题交接的一个重要问题，我最近参与司法改革，责任制、员额制，包括中央政法委、中国法学会等活动都去了。但我更关注审执分离的改革，北京一些法院也参与讨论,我不能透露太多内容,但这个审执改革非常重要,里面就包含社科法学相互交叉的一个很重要的领域。这是我好奇心的最大旨向,其实早就有了,一直在调整。

五、司法改革

陈柏峰:王老师几次提到司法改革,这也是现在一个热点问题,党的十八届三中、四中全会之后,关于司法改革的措施大概有两百多条,但我感觉现在体制内外的人对这个改革怀疑的比较多,情绪不是太乐观。我们想问问您对这个怎么看?一下子这么多改革,将来预期会是什么样的结果?到底能不能改革到位?但这个问题很大,总体上我个人也不是太乐观。

王亚新:我跟你相比总体上要乐观一些,但要加很多前提条件。我这本书的第一篇文章是去年刚发表的,民诉界很少有人写这样的文章,我也是二十多年没有写过这样的文章了。最早应该是1994年那篇关于经济审判方式改革的文章,那篇文章牵涉很多社会经济层面的问题,也没有回避政法传统。这篇文章从党的领导,到社会、经济、文化来谈,你如果看了会对我的基本观点有大致了解。除此之外,我还在做省级统管,目前只有三个地方做了,一个是上海,还没有做出什么具体的来。另一个是海南省人民检察院今年7月开始做,只限于检察院。再一个就是湖北8月27号《湖北日报》也报道了,但是这个讯息非常之少。这方面我有一篇文章,很快就会出来。

但是最重要的,这些政策能够行得通吗?它带来的难道只有好处没有坏处吗?这一点我是悲观的,改革绝对不会那么顺畅,按下葫芦浮起瓢,拔走萝卜带出泥,各种各样的问题,甚至有些地方会使问题恶化,所以我讲原有的被打破,好的东西建立不起来,这都有可能。但我认为这次改革还有一个很重要的背景,就是一会儿可以跟陈俊一起深入讨论的文化的变迁和转型。其实我根本就没有太在意现在炒得特别凶的概念，如员额制、省级统管、立案登记制、陪审制。

我更注重的是2014年4月中办和国办联合下发的一个关于信访的文件。我有一篇文章内容很短，讲得主要是信访问题。信访问题的改革确实是关键之关键。但中办的文件是第一次提出这个问题，这在历史上从来没有过。我在《中国法学》发表的文章是有所限制的，但也从历史角度讨论将来转型的可能，这个过程需要很长的时间。但现在居然提了出来，这就是了不得的事情。所以司法改革重要的不在于它现在成功不成功，而是提出来了。

再举个例子，1991年行政诉讼法改革，当时没有人看好，长期备而不用，备受诟病，在实际上也没有起到多少作用，但现在再回头看，几十年过去了，这个法律真的是太重要了，它起到了一种宣示作用，民可以告官，这在当时是不可以想象的。陈俊你从法文化学、历史学的角度来分析，这是不得了的、破天荒的事情。这个东西放在那，它哪一天起到作用或许我们根本看不到，历史上这样的东西太多了。从这个意义上讲，我跟柏峰所讲的那些悲观基本类似，包括桑本谦不是写过一个冷思考吗？[①] 我在这里对他都有直接回应，但我还是觉得这个改革非常重要，要仔细讲就没那么多时间了。可以看看我这两篇文章，尤其是关于涉诉性、涉法性信访的问题，尤其是依法终结问题。

陈柏峰：主要是讲依法终结和中国古代传统的改变？

王亚新：对，主要是讲依法终结和作为传统的重要和分量。现在居然还可以提到它的重要意义，尤其是帝制后期，中国大概要从明末左右开始这么长的时段来看，它的分量才能呈现出来。

陈杭平：提到司法改革，最新一轮顶层设计的范畴直接从中央的层面开始，这也是从来没有过的，当然集权制的体制没有发生任何改变。既然这个改革已经启动了，我们作为法律人，包括在座各位同学，对我们身家性命、对我们所获得的资源，在某种程度上也是依赖于我们正常司法改革能否成功，或者说将来的前景有多大、市场有多大，它已经把

---

① 桑本谦、赵耀彤：《“司法独立”的冷思考》，载《财经》2014年5月12日。

我们捆绑在了一起。站在这个角度,我们每一个人都希望它能够成功,或者希望它能够成型。这是一场自上而下的顶层设计的司法改革,我们作为个人、作为法律研究者,或者说是法律的实践者可以扮演什么样的角色?怎么来参与这次可能会带来深刻社会变革的改革?

王亚新:这个问题,比起你们几位年轻人,我跟柏峰相比,我在北京,有时候有各种中央的会可能叫我们过去一下,虽然跟两位"80后"的教授相比,我们的年龄可能要大一些,但坦率地讲,学者讲的话能有什么影响我不知道。现在中央是有程序的,什么时候要听学者的,就像机器运行一样,很多时候你千万不要当真,有时候你很难感觉到自己像一个人。但我所讲的话很多时候没有人跟他们讲,首先我会讲技术层面的东西是什么,最近我是很少干这样的事了。我并不是很感兴趣什么国家战略、顶层设计,更不要说什么"国师""帝师"这样的,这种很古老的士大夫的梦想早就已经忘光了。但有一点可以跟他们讲,那就是技术层面的东西,有的时候细节问题他们会听你的。像前段时间从司法责任制、陪审制到立案登记制,包括中央宣传部,找记者,指定几个人,我也在其中。最高人民法院更是,本来说三四天交的稿,明天就得交,这个三千字、四千字,拿到《人民日报》等报纸上一登,然后就轻松了。这些东西坦率地说就是配合,我们作为共产党员,等于党交代我办点小差事,跑腿的,你这么想,你根本不要把这当作任务,有分量。他们等于咨询方嘛,我们等于出点力就完了,就这种感觉。所以,不要以为学者说的话很管用,这是第一点。

但是,无论如何,我们还是用心做好,不是面向中央、不是左右政策,刚才讲到的"公共知识分子",不管左的、右的,不可能左右中央的,充其量就是有可能成为监视对象而已。但是,这个公共的议论空间,这是公共的资源问题,所以无论怎么样我都认为每个人都有生存和发言的机会,从这个角度把握就好。另外,我们讲你从技术层面也好,你有一个普及,你有一个在共同体内互相刺激、互相探讨,通过我们自己、我们的学生,传递我们的见解、一种现代社会所谓的"力量"。也许他发出的声音是众多声音的一个,没有突出,没有什么了不起,但是也不能妄自菲薄，只要能做到这个就足够了。

尤陈俊：刚才您也谈到，就是您对司法改革更多是一种旁观者的角度去看待，可能不是切身参与。从1999年第一个关于司法改革的启动，就是对过去几轮的司法改革，您作为旁观者怎么去描述、去理解这样一个趋势？

王亚新：我那篇文章已经讲得很清楚，第一部分是回顾这一二十年的司法改革。简单来说，有些是没有多大意义，甚至被嘲讽为“开倒车”，没有留下太多痕迹，但是有些还是非常有意义的，像我讲的民事审判方式改革，或者像现在的刑诉领域的排除非法证据，2001年年底才开始起步，现在已经开始成规模了。但是它并不只是带来好的，还会带来很多问题。像柏峰，肯定有一些批判，朱苏力也讲到“好，只要疑罪就放了，这合适吗”？等，这些意见我觉得非常值得重视。但我还是肯定这种改革，这样改革的文化意义非常深远，它类似于曹操杀陈宫一样，功利主义非常重。集体的事情再小也是大事，个人的事再大也是小事，但是一旦出现恶性犯罪，整个社会都动摇了，总得有个人出来主持一下。这种正当性，就是每个人的生命比整个社会的治安还要重要。像这样一种正当性，中国古代是不存在的，以前只有罪有和罪疑从轻，疑罪从无是不存在的，现在居然有“疑罪从无”，这都是不得了的正当性的改变，一个文化背景的改变。所以这些改革就有了实质意义，跟《行政诉讼法》的成立一样，也是具有很深远的意义，但什么时候它才发挥作用我们不知道。

至于你说我是旁观者，其实我并不总是旁观者。我现在是北京高级人民法院和好几个基层法院的专家咨询委员会委员。有些是法官咨询实际案子，有的是组织开研讨会，一下子拿出十几个案子都是一种类型，进行研讨。我会站在法官的角度分析怎么处理才是最好，而不是从律师的角度。

但是我也干过律师的事情，比如香港的一个律师来请我写意见书，我完全乐意，像他们和我是一个客户和受委托方，我就站在他们的角度告诉他们。他们问我：“我们能赢吗？”我说：“我不行，我承诺我会努力。”因为这个是收费的,尤其是香港那边收费还是很贵的,这时候我就参与进来了,我就是完全站在当事人的立场。换句话讲,我也可以完全告诉你,我跟政府也可以是这么一个关系,他要是来找我,他就是我的委托方,他是我的当事人,然后站在他的立场帮他说话。但是我有我的底线,这里面有一个做法律实务的基本伦理问题。这个只要分清了,我觉得就行了。这种参与的机会你们将来都会有。中央也有这样的机会,陈俊你们都会有这样的机会,这样参与社会,去做你的贡献,哪怕是非常小的作用,也是一个学习的机会,这个时候我们就不再是旁观者,这是一个正常的角色转换。因为已经是这个时间了,我就讲这么多吧,看看剩下来要不要给学生们一点机会,我们一起交流一下。

陈柏峰:我再补充一下自己的想法,刚才您提到信访那篇文章,我觉得您大概讲的是信访终结的争议,跟过去的传统不一样,我们的文化传统里没有一个东西是可以定下来的,很多东西过几百年可能还要翻案,清朝人还给明朝人翻案,这种现象很普遍。但有一点我跟您是一样的,我觉得将来这个社会的发展是会逐渐改变的,但这个过程很长,跟政治过程也是联系在一起的。比如政治上的很多决议,包括新中国成立以来若干问题的决议,这些东西都不一定是定案,以后也可能翻过来。在这种情况下,我觉得很多东西,包括过去很多的政治案子不断有人要去翻它,那么这种东西都不能稳定的话,就是这个社会政治不能稳定,那么法律上的东西你怎么可能就让他服了你?这不是一个矛盾吗?

王亚新:这个问题还是从不同的层面理解,我们现在讲的这些东西,包括政治上的意识,都有可能变化,历史会改变的,因为观察的角度不一样。但是有一些东西它在一定的时期内它是需要安定性或者稳定性的,就是老百姓过日子这个层面。而中国这个传统就是最清楚的,我曾经翻译日本的法制史专家的书里就讲到中国社会为什么是这个道理,它是一个很独特的文明,这样的文明需要生活的意义。

生活的意义是非常重要的,写中国人的自杀就跟写外国人的自杀不一样,这跟生命的意义有关,像贺雪峰老师就追寻生命的意义去做研究,写出来的东西特别有深度。但是,在这样的一个现代社会,这样一个现代法,已经深入了每个人的生活,成了“不归路”。它的好处跟坏处就像一个硬币的两个面一样,你还想幻想某些方面永远是不可变的,那是完全不可能的事情。所以在这种情况下,虽然是暂定的,但是从交易的安全一直到人际关系的安全对中国人而言可能就是可遇的,而且是有意义的。所以就这个意义上来讲,我的观点是,只有是从文化的意义上想问题,你才能知道哪些东西是可终结的,哪些东西是不可终结的。要分开来看。

六、学术翻译

尤陈俊:我来追问一下,我们发现王老师跟很多民事诉讼法的研究者不一样,就是他对很多问题有着历史的非常长的关注,跟我们谈了很多历史的、传统的、文化的东西。如果读过王老师的书,你会发现他写了很多跟民诉法专业有关的、非常有深度的法解释学方面好文章,像基层法律服务、怎样促进法院的运作。但是,我觉得王老师对于中国法学界还有一个非常大的贡献,大一、大二的同学可能不一定知道,就是他组织翻译了很多非常优秀的、对中国法学界影响非常大的法律史著作。[①] 其中有一本书,学法律史的同学可能读过,是法律出版社出版的,日本著名的法律史学家、已经去世的滋贺秀三教授和寺田浩明、岸本美绪、夫马进等教授合著的《明清时期的民事审判和民间契约》。这本书在 1998 年出版,可以说是 20 世纪在中国法律史学界引证率颇高的几本著作之一,影响力跨越了法律史学界。后来王老师在 2012 年又翻译出版了寺田浩明《权利与冤抑:寺田浩明中国法史论集》,这本书影响也非常大。去年我在香港开会的时候,正好司寺田浩明、岸本美

① 王亚新教授主持编译的日本著作主要有:棚濑孝雄:《纠纷的解决与审判制度》,中国政法大学出版社 1994 年版(2004 年新版重印);滋贺秀三等:《明清时期的民事审判与民间契约》(合编、合译),法律出版社 1998 年版;谷口安平:《程序的正义与诉讼》(合译),中国政法大学出版社 1995 年版(2003 年出版增补本);寺田浩明:《权利与冤抑:寺田浩明中国法史论集》,清华大学出版社 2012 年版。

绪、夫马进三位老师也来开会,滋贺秀三去世了,他们三个难得一起出来,也谈到了这样的一些问题。我比较好奇的是,您作为一个研究诉讼法这个非常当代的一门学问的学者,怎么会花那么多的精力去翻译像滋贺秀三这些人的著作呢,那么对法律史这样的研究,您是基于一个什么样的考虑?

王亚新:这个问题已经有点私人化,但确实有趣。我也可以给大家披露一下,其实我平时基本不看法学的书,不买法学的书。买得最多的是历史的书,看得最多的是史学方面的文章,而且我现在最爱看的是自然史、科学史和社会史这方面的文章,比如美国加州大学的一位叫戴蒙德(Jared Diamond)写的《枪炮、病菌与钢铁:人类社会的命运》,他后来又写了几本,如《大崩坏》,[①]以及最新的信息。与此相关的文明史的一些东西我现在都是非常感兴趣的,包括救荒史这些,我在日本的时候买了很多西方科技传道,比如西医怎么在日本传播的,或者说文艺复兴时期的医生、他们的地位等这样的东西。这些东西只能是个人的兴趣,我刚才说了嘛,当年我是文学青年嘛,我爱看文学的,但更多的是看历史,而且历史的东西现在越来越好看了,很多故事、很多图片,对吧。当然,我还不至于去看《明朝那些事儿》,看的要更为专业的东西。这些东西对我的法学研究特别有帮助,那因此结识了滋贺秀三先生、寺田浩明先生。

去年,夫马进(京都大学文学部的教授)、寺田浩明(京都大学大学院法学部教授)请到我们国内的几位学者北大的(有周飞舟,他是社会学的,中国政法大学社会系应星教授)参加在京都开的"中国维权的历史和限制"的研讨会,非常精彩。很大一部分都是讲古代的事情,包括以尸体来抗争,上吊呀、喝敌敌畏呀等古时候早就有了,以自杀相威胁呀。陈俊也是很关注这个东西,其实我们俩认识很久了,有很多共同兴趣,也是跟这个有关。包括柏峰所写的博士论文,关于"混混"的问题,

① 《大崩坏——人类社会的明天》[Collapse:How Societies Choose to Fail or Succeed (2005)],ISBN 0-670-03337-5,台北:时报(2006)。

这些我都非常感兴趣，还有吴毅写的《小镇喧嚣》，[①]这些都是我平时最爱看的书。这些是个人爱好，但是它变成了我写这个法学方法论，包括法解释论的一些基本根据。

这个技术性的处理靠不靠谱？跟老百姓的感觉对不对路？跟实务界法官、律师的想法对不对路？有时候对于一个问题我们不可能做那么多的实证调查，但是从历史上鲜活的场景去了解里面的东西，尤其是现在历史越来越好看，各种各样的档案、各种各样的资料，你就会从中找到怎么去接中国现在的地气。因为我们永远都是在传统中传承，是在文化中传承，文化的重要性怎么强调都不会过分。所以我特别沉醉其中，有特别的爱好，这就好办，就跟打游戏一样，大家都是在网吧熬夜，那就是"铁哥们"对吧？当然，我没有到那种程度，但是在这个层面而言，的确是特别沉迷。有时候你可以去看完全不同的东西，但关键的时候往往能派上用场。

尤陈俊：我接着再问一个细节的问题，您 1998 年就组织包括梁治平老师一起翻译这本书的时候，当时怎么会选择滋贺秀三、寺田浩明、岸本美绪、夫马进合著的这本？我可以理解您选择滋贺秀三、寺田浩明，因为滋贺秀三是那一代人的领袖，寺田浩明也是京都大学法学部的教授（王老师更正：那时候他是东北大学的）。夫马进我大概也能理解，因为他研究过很长一段时间中国的"讼师"。但是就我个人而言，我不大能理解您选岸本美绪教授的东西，因为岸本美绪教授主要是研究古代文化史的，因为日本同期还有很多这些的研究法律史的学者，您最后怎么就选择了这四个人的？

王亚新：其实我读这些人的东西，是很杂很泛的，因为日本有一个特点，尤其是史学，其实法学也是这样，就是跨专业跨领域。像岸本教授正好就是一个跨领域的学术组织者，举个例子，他组织一个研究契约的项目，找一个研究印度的、中东的、东亚的、法国和英国的专家——当然是日本的，如果有外国学者访问，他会做很长很长的准备——这些不

① 吴毅：《小镇喧嚣——一个乡镇政治运作的演绎与阐释》，三联书店 2007 年版。

同文化中的契约是怎么来的。那时候读这些东西多痛快呀,直到今天只要有这样的东西,我还是很爱读的。日本还有一个很好的传统,就是中国的明清史、地域史,它不同的研究叫作合署,要一起住几天,这个传统中国都没有。我们现在开始尝试,找自己的学生来做一个专题,然后反复地让他修改,别人都做不到,但在日本已经是体制化了。接触一个,你就会接触一些,最后我都有兴趣虽然只有夫马进在京都,但直到今天我都没见过夫马进因为他在文学部,写了一个叫《中国善会善堂史研究》①。善会善堂是中国古代的慈善机构,这是我们一般人都想不到的,但是日本有这么厚的一本书,后来好像拿到了日本学术院的大奖。我根本就没法懂它,但是因为要写讼师,所以就跟我们这个主题对上了。岸本美绪教授不仅参加了很多法制史的讨论,他还专门买了读了我的日文专著《中国民事裁判研究》,给我发邮件。他送我他写的很厚的一本定量分析的书《白银如何流入中国》,从明代一直到清代,就是经济史。我翻看过,但是没有本领全部看完,因为是日文的,有很多图表和数据。在这个过程中,在日本的这段时间,其实就是自由地在知识的海洋里荡漾的感觉。很遗憾,现在日本法学界已经没有这种气氛了。

尤陈俊:刚才王老师提到了,日本学界学风的一个转向。正好比较凑巧,最近我们人大法学院刚刚开了一个"中日韩三国法律职业和法律教育的国际研讨会",我们请了日本的专家进行了介绍,同学们可能不大清楚,其实日本现在有法科大学职业化的趋势,有的法科大学已经关门了,在比较偏远的地方,像鹿儿岛那个法科大学一样,马上要关门了。在日本法科大学中也在质疑"日本的今天会不会是他们的明天"。同样有意思的现象,当然这是一个题外话。

① 中译本有:[日]夫马进:《中国善会善堂史研究》,伍跃、杨文信、张学锋合译,商务印书馆2005年版。

七、学生提问

提问一:西方民事诉讼有一个概念,就是在司法改革的文本里有一个需要推进的"文明的正义"的概念。这不是一个严格的概念。一个文明的正义,那么这个文明是什么意思?文明的正义不是一个严格的正义?如何推进一个文明的正义的建构?

王亚新:文明的正义不是一个严格的正义?我开始理解你的意思,就是有一种法律叫作"law",对吧?另一个概念我们不能用外语来表达的,用中国话就叫法家,就是古代的一些思想家,他们主张的法治,就是你讲的要有严刑峻法,然后让所有的人信赏必罚。比如古代有一位这样的思想家,他当改革家之后就立一根柱子,说谁把这根柱子搬到哪就有多少钱,结果没有人相信,但是有人大胆尝试了一下,就给了钱。然后他建立的一个刑罚很严酷,大家都觉得不可能,他就把违反的人杀掉了。这样的一种法治,也是用法律、用规则来推行"regulation"。但是我们现在所讲的就是你所讲的文明的"rule of law",是以一种非人的法律,类似于一种自然法,或者说是一种自然的正义"natural justice"。这样一个法律,大家都服从它,无论你是什么身份,这个确实是一个中国经常使用的对比,这个中国现在也使用。但是,中国的情况复杂就在于,这样的一种两分法——在这个问题上我跟柏峰是一条战线的——是很难简单说明中国问题的,有的时候还会带来大的退步,所以我个人认为中国的司法改革有这样的一种向着文明或者说向着"rule of law"的方向推进的因素,但是这只是其中一个很复杂的因素之一而已。

追问:我感觉这个概念很复杂,这个"rule of law"也很复杂,没有一个约定的定义,只记得意大利有,只记得英国有,只记得美国有。也有一些完全改变这个落后的概念,特别是19世纪之后,有那个神学主义的法治理论。那么这个"rule of law"的未来会有什么样的改变?

王亚新:这个西方的问题我们很难发表意见,但就中国来讲,刚才讲的"现代性"叫作"modernization",[①]在某种意义上,它恐怕是全球化"globalization"的不可改变的趋势,比如你们用Facebook,我们用微博、微信,还有现在这个高速公路等交通的方便,它会带来一些基础的东西,越来越趋同。所以在这种趋同的基础上,确实有些东西是可以讨论和争论的,我个人还是相信这一点,这就是一个全球村的时代。

提问二:我想问的问题是,说到司法改革,大家常常谈以审判为中心的司法改革。在以审判为中心的模式下,公安机关和检察院不是中心,他们是以一种次要的地位来参与。但是我认为检察院在宪法中明确规定享有法律监督权,而且习总书记也很强调反腐倡廉,那么在此背景下,检察院的职能是不是很重要呢?换句话说,公安机关以前以"侦查为中心"怎么的不合理,现在都转移到法院这来,但是我认为应该强调三机关的制约,而不是仅仅强调法院一家独大,不是吗?王老师你怎么看待这个问题?

王亚新:这是一个刑诉的典型问题。因为我们民诉根本就没有"以审判为中心"这个提法,它早就是"以审判为中心"了,现在法院反而是要推进诉外的和解,而不特别强调以审判为中心。但是正如你所讲的在刑事诉讼这个领域,"以审判为中心"的概念会对"三家相互合作、相互制约"这样原来合作的关系带来很大的冲击,但是很抱歉,这个问题我无权也无这方面的知识进行回答。这个得问刑诉的老师。

提问三:老师您好,我听您昨天的讲座是关于司法改革的。我有一个问题是关于审执分离化的。目前腐败多发生在法院的执行这一块,如果把这个执行权分离出去的话,岂不是同样还会有腐败的现象?对于这个问题您怎么看?

王亚新:对,这是我们专业的一个问题。其实这个"审执分离"早就一直在提,比如以前执行就是一个执行,它拿到一个案子最后到执行一直都是他的活儿,其实就跟"承办员"这个概念是中国特有的问题相

---

① 其实现代性是modernity,现代化才是modernization。

关。现在是分段,有一个分工制衡的机制,当然,它叫不叫审执分离咱们另说,但是这里面包含什么问题?因为有一些关于执行中的裁判,比如说案外人异议之诉、参与分配方案之诉等,这些都是诉讼,参杂在里面,这些都非常专业,在座如果有学民诉的同学大致就会知道,我就不展开了。但是现在中央提出这个问题,正在尝试,带来两大方案。

其实早就有了,一个方案就是贺卫方教授早就提出来了,英美都是警察做嘛,你分给警察不就完了吗?这是20年以前就说的话了,现在贺卫方有没有发生转变,我就不知道了,这个是专业的问题。另一个方案就是由司法部(就像当年监狱是公安局管,但是改革开放后交给司法部)或者成立一个国家执行总局等,这是一种。另外,在法院内部也有各种各样的分法,比如裁决权收到中级人民法院或者高级人民法院,具体的由基层法院去做等,这个我也不具体展开了。但是我要提醒你,这个问题绝对不是所谓的一般法的问题了,它牵涉钱、人、房子,比如说你要建立一个执行局,编制、拨款、盖楼,这些问题不去讨论,那就真的是不接地气,不讲油盐柴米,那么谈"审执分离"是根本没法谈到点子上的。背后的话题,我们同学可以关注一下,但是你一定要想清楚,真正的政策的决策和实施是有它非常复杂的问题的。我刚才所讲的,学者所讲的话大部分是不算数的,就在这个地方,不当家不知油盐柴米贵。

图书在版编目(CIP)数据

法律和社会科学. 第15卷. 第2辑 / 苏力主编. —
北京:法律出版社,2017
ISBN 978-7-5197-1258-7

Ⅰ.①法… Ⅱ.①苏… Ⅲ.①法律—文集 Ⅳ.
①D9-53

中国版本图书馆CIP数据核字(2017)第207042号

法律和社会科学(第15卷第2辑)
FALÜ HE SHEHUI KEXUE(DI 15 JUAN DI 2 JI)

苏 力 主编

责任编辑 韩满春
装帧设计 马 帅

出版 法律出版社
总发行 中国法律图书有限公司
经销 新华书店
印刷 固安华明印业有限公司
责任校对 郭艳萍
责任印制 陶 松

编辑统筹 学术·对外出版分社
开本 720毫米×960毫米 1/16
印张 22.5
字数 298千
版本 2017年9月第1版
印次 2017年9月第1次印刷

法律出版社/北京市丰台区莲花池西里7号(100073)
网址/www.lawpress.com.cn
投稿邮箱/info@lawpress.com.cn
举报维权邮箱/jbwq@lawpress.com.cn
销售热线/010-63939792
咨询电话/010-63939796

中国法律图书有限公司/北京市丰台区莲花池西里7号(100073)
全国各地中法图分、子公司销售电话:
统一销售客服/400-660-6393
第一法律书店/010-63939781/9782
西安分公司/029-85330678
重庆分公司/023-67453036
上海分公司/021-62071639/1636
深圳分公司/0755-83072995

书号:ISBN 978-7-5197-1258-7
定价:70.00元
(如有缺页或倒装,中国法律图书有限公司负责退换)